Le Monde
de Sophie

Jostein Gaarder

Le Monde de Sophie

Roman sur l'histoire
de la philosophie

Traduit et adapté du norvégien
par Hélène Hervieu et Martine Laffon

OUVRAGE TRADUIT ET PUBLIÉ AVEC LE CONCOURS
DU NORLA ET DU CENTRE NATIONAL DU LIVRE

Éditions du Seuil
27, rue Jacob, Paris VIᵉ

Titre original : *Sofies Verden*
© Éditeur original : H. Aschehoug & Co (W. Nygaard), Oslo
ISBN original : 82-03-16841-8
© original : H. Aschehoug & Co (W. Nygaard), Oslo, 1991

ISBN 2-02-021949-2
(ISBN 2-02-026220-7, éd. reliée)

© Éditions du Seuil, mars 1995, pour la traduction française

REMERCIEMENTS

Ce livre n'aurait pas vu le jour sans l'aide et les encouragements de Siri Dannevig. Je tiens aussi à remercier Maiken Ims pour avoir relu le manuscrit et m'avoir fait de judicieux commentaires, ainsi que Trond Berg Eriksen pour ses fines observations et son soutien précieux durant toutes ces années.

J. G.

Qui ne sait pas tirer les leçons de 3000 ans vit seulement au jour le jour.

GOETHE

SOMMAIRE

Chapitre 1

LE JARDIN D'ÉDEN

…il a bien fallu qu'à un moment donné quelque chose surgisse du néant…

Sophie Amundsen rentrait de l'école. Elle avait d'abord fait un bout de chemin avec Jorunn. Elles avaient parlé des robots. Pour Jorunn, le cerveau humain était un ordinateur sophistiqué. Sophie sentait qu'elle n'était pas tout à fait de son avis. On ne pouvait pas réduire l'être humain à une machine, non ?

En arrivant près du centre commercial, chacune était partie de son côté. Sophie habitait un pavillon au fond d'un quartier résidentiel et mettait presque deux fois plus de temps que Jorunn pour aller à l'école. Sa maison était comme au bout du monde car derrière le jardin commençait déjà la forêt.

Elle tourna dans l'allée des Trèfles. Tout au fond, il y avait un virage à angle droit, le « virage du capitaine ». On n'y rencontrait jamais personne sauf le samedi ou le dimanche.

On était dans les premiers jours du mois de mai. Dans certains jardins, des jonquilles se pressaient au pied des arbres fruitiers et les bouleaux s'étaient couverts de vert tendre, léger comme un voile.

N'était-ce pas étrange de voir comme tout se mettait à pousser à cette époque de l'année ? Qu'est-ce qui permettait à l'ensemble de la végétation de jaillir de la terre inanimée dès qu'il se mettait à faire beau et que disparaissaient les dernières traces de neige ?

En poussant le portail du jardin, Sophie jeta un coup d'œil dans la boîte aux lettres. En règle générale, c'était bourré de prospectus plus quelques grandes enveloppes adressées à sa mère. Elle déposait habituellement tout ça sur la table de la cuisine avant de monter dans sa chambre faire ses devoirs.

Il arrivait de temps à autre que des relevés de banque arrivent au nom de son père, mais il faut dire qu'il n'était pas un papa comme les autres. Capitaine sur un grand pétrolier, il était absent presque toute l'année. Quand il passait quelques semaines à terre, il traînait en pantoufles et cherchait à se rendre utile. Mais quand il naviguait, il devenait un personnage assez lointain.

Aujourd'hui, il n'y avait qu'une petite lettre dans la boîte et elle était adressée à Sophie.

La lettre était simplement adressée à :

Sophie Amundsen
3, allée des Trèfles

Rien d'autre. Aucune mention d'expéditeur et même pas de timbre.

Sophie se hâta de refermer le portail et ouvrit l'enveloppe. Elle ne trouva à l'intérieur qu'un petit bout de papier guère plus grand que l'enveloppe avec juste écrit dessus : *Qui es-tu ?*

Rien d'autre. Le bout de papier ne disait ni bonjour ni de la part de qui, juste ces trois mots griffonnés suivis d'un grand point d'interrogation.

Elle regarda à nouveau l'enveloppe. Mais si, la lettre lui était bien adressée… Qui avait bien pu la glisser dans la boîte aux lettres ?

Sophie courut vers la maison en bois rouge et referma la porte à clé. Comme d'habitude le chat Shérekan surgit des buissons, fila jusqu'au perron et parvint à se faufiler à l'intérieur avant qu'elle n'ait eu le temps de tourner la clé.

– Minou, minou !

Quand la maman de Sophie était de mauvaise humeur pour une raison ou pour une autre, il lui arrivait de qualifier la maison de véritable ménagerie. Une ménagerie, c'était une collection de divers animaux et en ce sens, oui, Sophie était plutôt fière de la sienne. On lui avait d'abord donné un bocal avec trois poissons rouges : Boucle d'or, le Petit Chaperon rouge et Pierre le Pirate. Puis elle eut les deux perruches Cricri et Grigri, la tortue Govinda et pour finir Shérekan, un chat roux tigré. On lui avait offert tous ces animaux pour compenser en quelque sorte les absences de sa mère qui travaillait si tard et de son père toujours à l'autre bout du monde.

Sophie se débarrassa de son cartable et donna à manger à Shérekan. Puis elle s'assit dans la cuisine avec la mystérieuse lettre à la main.

Qui es-tu ?

Quelle question idiote ! comme si elle ne savait pas qu'elle était Sophie Amundsen ! Mais qui était cette Sophie en définitive ? Elle ne savait pas trop au juste.

Et si elle s'était appelée autrement ? Anne Knutsen, par exemple. Aurait-elle *été* alors quelqu'un d'autre ?

Elle se rappela tout à coup que Papa avait d'abord voulu l'appeler Synnøve. Sophie essaya de s'imaginer tendant la main et se présentant sous le nom de Synnøve Amundsen, mais non, ça n'allait pas. C'était chaque fois une fille complètement différente qui surgissait.

Elle descendit de son tabouret et alla à la salle de bains en tenant toujours l'étrange lettre à la main. Elle se plaça devant le miroir et se regarda droit dans les yeux.

– Je suis Sophie Amundsen, dit-elle.

La fille dans la glace ne répondit rien, même pas une grimace. Sophie avait beau faire, l'autre faisait exactement pareil. Sophie tenta bien de la prendre de court en bougeant très vite, mais l'autre fut aussi rapide qu'elle.

– Qui es-tu ? demanda-t-elle.

Elle n'eut pas plus de réponse que tout à l'heure, mais une fraction de seconde elle n'aurait su dire qui du miroir ou d'elle avait posé la question.

Sophie appuya son index sur le nez qu'elle voyait dans la glace en disant :

– Tu es moi.

N'obtenant toujours pas de réponse, elle retourna la phrase :

– Je suis toi.

Sophie Amundsen n'avait pas toujours accepté son image. On lui répétait souvent qu'elle avait de beaux yeux en amande, sans doute pour ne pas faire remarquer que son nez était trop petit et sa bouche un peu trop grande. Ses oreilles étaient en outre beaucoup trop rapprochées de ses yeux. Mais le pire, c'était ses cheveux raides comme des baguettes de tambour et impossibles à coiffer. Son père lui passait parfois la main dans les cheveux en l'appelant sa « fille aux cheveux de lin », faisant allusion à un morceau de musique de Claude Debussy. C'était facile à dire pour lui qui n'était pas condamné toute sa vie à ces longs cheveux qui tombaient tout droit. Aucune laque ni aucun gel ne tenaient sur la chevelure de Sophie.

Elle se trouvait une si drôle de tête qu'elle s'était parfois demandé si elle n'était pas née avec un défaut physique. En tous cas, sa mère lui avait dit que sa naissance avait été difficile. Mais notre naissance conditionnait-elle notre apparence pour toujours ?

N'était-il pas étrange qu'elle ne sût pas qui elle était ? Et n'était-ce pas injuste de ne pas pouvoir choisir son aspect extérieur ? Ça vous tombait dessus comme ça. On pouvait peut-être choisir ses amis, mais on ne s'était pas choisi soi-même. Elle n'avait même pas choisi d'être un être humain.

Qu'est-ce que c'était, une personne ?

Sophie leva à nouveau les yeux vers la fille dans le miroir.

– Je crois que je vais monter faire mes devoirs de biologie, glissa-t-elle comme pour s'excuser.

L'instant d'après, elle était déjà dans le couloir.

« Non, finalement je préfère aller dans le jardin », pensa-t-elle.

– Minou, minou !

Sophie poussa le chat sur le perron et referma la porte derrière elle.

Parvenue à l'allée de gravier en tenant toujours la mystérieuse lettre à la main, elle fut envahie par un sentiment étrange : comme si elle avait été jusqu'alors une poupée et qu'un coup de baguette magique venait de la rendre vivante.

Comme c'était bizarre de se retrouver au monde mêlée à une histoire aussi invraisemblable !

Sherekan bondit dans l'allée et disparut derrière quelques groseilliers touffus. Un chat bien vivant, celui-là, du moindre poil blanc de sa tête jusqu'à la queue traînante au bout de son corps bien lisse. Il se trouvait aussi dans le jardin, mais lui n'en avait pas conscience comme Sophie.

Plus elle se rendait compte qu'elle était en vie, plus s'insinuait en elle la pensée qu'elle ne serait pas toujours là.

J'existe maintenant, réfléchit-elle, mais un jour, je ne serai plus là.

Y avait-il une vie après la mort ? Pour sûr, cette question n'empêchait pas le chat de dormir.

Cela ne faisait pas si longtemps que sa grand-mère était morte et presque chaque jour, depuis plus de six mois, Sophie avait senti combien elle lui manquait. N'était-ce pas injuste de devoir mourir un jour ?

Sophie resta dans l'allée à méditer. Elle tentait de se convaincre de sa propre existence pour chasser l'idée qu'elle ne vivrait pas éternellement. Mais en vain. A peine se concentrait-elle sur sa vie qu'elle imaginait aussitôt la fin de celle-ci. L'inverse aussi était vrai : lorsqu'elle acceptait l'idée que sa vie puisse prendre fin un jour, elle ressentait alors comme jamais auparavant quelle chance extraordinaire elle avait d'être en vie.

On aurait dit comme les côtés pile et face d'une même pièce qu'elle n'arrêtait pas de retourner dans sa main. Ce qui apparaissait plus clairement sur une face ne faisait que renforcer du même coup l'autre face. La vie et la mort se renvoyaient dos à dos.

Impossible de se sentir en vie si l'on ne pense pas aussi qu'on mourra un jour, songea-t-elle. Et on ne peut pas non plus penser à sa mort sans au même instant ressentir l'étrange miracle d'être en vie.

Sophie se rappela soudain que sa grand-mère avait dit quelque chose du même genre le jour où elle avait appris par le médecin qu'elle était gravement malade. « Ce n'est que maintenant que je me rends compte à quel point la vie est belle », avait-elle dit.

N'était-ce pas triste de constater que la plupart des gens devaient tomber malades pour savoir apprécier la vie ? Ou fallait-il recevoir une mystérieuse lettre dans sa boîte aux lettres ?

Et si elle retournait voir s'il n'y avait pas autre chose ? Sophie se précipita vers le portail et souleva le couvercle vert. Elle sursauta en découvrant une enveloppe similaire à l'intérieur. Elle était pourtant sûre d'avoir bien regardé tout à l'heure, quand elle avait pris la première lettre...

Sur cette enveloppe aussi était marqué son nom. Elle l'ouvrit et en sortit un petit papier en tout point identique au précédent sur lequel on avait inscrit :

D'où vient le monde ?

Je n'en ai pas la moindre idée, pensa Sophie. Personne ne peut *savoir* ce genre de choses ! Cependant, la question méritait d'être posée. Pour la première fois de sa vie, elle jugea qu'on ne pouvait quand même pas vivre sans *s'interroger* au moins sur ses origines.

Les deux lettres mystérieuses lui avaient tellement donné le vertige qu'elle décida d'aller s'asseoir au calme dans sa cabane.

Sa cabane, c'était le refuge top secret de Sophie. Elle n'allait là que lorsqu'elle était très en colère, très triste ou très contente. Mais aujourd'hui elle ne savait tout simplement plus où elle en était.

La maison de bois peinte en rouge se trouvait au milieu d'un grand jardin avec beaucoup de massifs de fleurs, d'arbustes et d'arbres fruitiers, une grande pelouse avec une balancelle et même un petit pavillon que Grand-père avait fait construire pour Grand-mère quand elle perdit son premier enfant quelques semaines après la naissance. On avait appelé la pauvre petite fille Marie et sur sa tombe, on avait inscrit : « La petite Marie nous salua, fit trois petits tours et s'en alla. »

Tout au fond, dans un coin du jardin, derrière tous les framboisiers, s'étendait un taillis épais qui interdisait aussi bien aux fleurs qu'aux arbustes fruitiers de pousser. Il faut dire que cela avait été une ancienne haie qui séparait à l'origine le jardin de la forêt proprement dite, mais comme personne ne s'en était occupé ces vingt dernières années, c'était devenu de véritables broussailles impénétrables. Grand-mère lui avait expliqué que, pendant la guerre, la haie avait compliqué la tâche des renards qui convoitaient les poules laissées en liberté dans le jardin.

Pour tous les autres à part Sophie, cette ancienne haie était aussi inutile que les vieux clapiers qu'on avait laissés plus haut. Mais c'était parce qu'ils ne connaissaient pas le secret de Sophie.

Aussi loin qu'elle s'en souvienne, Sophie avait toujours su qu'il y avait un petit passage dans la haie. En rampant dessous, elle débouchait alors, entre les buissons, sur un espace assez dégagé. Ça faisait comme une vraie cabane. Elle pouvait être sûre que personne n'irait la dénicher à cet endroit.

Tenant toujours ses deux lettres à la main, elle traversa le jardin en courant, se mit à quatre pattes et se faufila sous la haie. Sa cabane était si grande qu'elle pouvait presque y tenir debout, mais elle préféra aujourd'hui s'asseoir sur de grosses racines. De sa place, elle pouvait tout surveiller par de minuscules ouvertures entre les branchages et les feuilles. Même si aucun trou ne dépassait la taille d'une pièce de cinq couronnes, elle pouvait néanmoins surveiller tout le jardin. Quand elle était plus petite, ça l'avait amusée d'observer son père ou sa mère la cherchant derrière tous les arbres.

Sophie avait toujours pensé que le jardin était un monde en lui-même. Chaque fois qu'elle entendait parler du jardin d'Éden et de la Création, elle s'imaginait assise dans sa cabane en train d'admirer son petit paradis bien à elle.

D'où vient le monde ?

En voilà une question ! Sophie savait bien que la Terre n'était qu'une petite planète au sein de l'immense univers. Mais d'où venait cet univers ?

On pouvait évidemment supposer que l'univers avait toujours existé et ça permettait de laisser tomber la question de son origine. Mais est-ce que quelque chose *pouvait* avoir toujours existé ? Elle sentit qu'elle n'était pas vraiment d'accord avec cette idée. Il fallait bien que tout ait un commencement, non ? Donc l'univers avait dû être créé à partir de quelque chose d'autre.

Mais si l'univers avait son origine dans autre chose, cet autre chose aussi avait dû être créé un jour. On ne faisait que déplacer le problème, Sophie s'en rendait bien compte. A un moment donné, il a bien fallu que quelque chose surgisse du néant. Mais était-ce concevable ? N'était-ce pas tout aussi impossible à imaginer que l'idée d'un monde qui aurait toujours existé ?

A l'école, on lui avait appris que Dieu avait créé le monde, aussi essaya-t-elle de trouver quelque consolation dans cette explication. Mais cela ne la satisfaisait pas entièrement. Bon, d'accord, Dieu avait créé le monde, mais Dieu alors ? S'était-il créé à partir de rien du tout ? Ça n'allait pas non plus. A supposer que Dieu puisse créer ce qu'il voulait, il fallait bien qu'il fût quelque chose *avant* pour pouvoir se créer lui-même. Il ne restait plus qu'une solution : Dieu avait toujours existé. Mais c'était justement cette affirmation qu'elle avait rejetée ! Tout ce qui existait devait bien avoir un commencement.

– Zut et zut alors !

Elle ouvrit encore une fois les deux enveloppes.

Qui es-tu ?

D'où vient le monde ?

Ce n'était vraiment pas du jeu de poser des questions pareilles ! Et d'où venaient ces lettres ? Ça aussi, c'était un mystère.

Qui avait tiré Sophie de sa petite vie tranquille pour la mettre en face des grandes énigmes de l'univers ?

Pour la troisième fois, Sophie alla regarder la boîte aux lettres.

Le facteur venait de repasser. Sophie plongea la main et sortit toute une pile de journaux et de publicités ainsi que quelques lettres pour sa mère. Il y avait aussi une carte postale avec la photo d'une plage du Sud. Elle retourna la carte. Les timbres étaient norvégiens et le cachet indiquait « Contingent norvégien des Nations unies ». Était-ce de son père ? Il se trouverait donc au Liban alors qu'elle le croyait à un tout autre endroit du globe... Mais ce n'était pas son écriture.

Son cœur se mit à battre plus fort en lisant le nom du destinataire :

Hilde Møller Knag c/o Sophie Amundsen,
3, allée des Trèfles...

Le reste de l'adresse était juste. Voilà ce que disait la carte :

Chère Hilde,
Je te souhaite plein de bonnes choses pour tes quinze ans. Comme tu sais, je tiens à te faire un cadeau qui te permette de grandir. Pardonne-moi si j'envoie la carte à Sophie. C'était plus commode comme ça.
Je t'embrasse

ton Papa.

Sophie rentra à la maison en courant et alla à la cuisine. Elle bouillait d'indignation.

Qui était donc cette « Hilde » qui se permettait d'avoir quinze ans un mois à peine avant son anniversaire ?

Sophie alla chercher l'annuaire dans l'entrée. Il y en avait beaucoup qui s'appelaient Møller ou Knag. Mais personne ne portait le nom de Møller Knag.

Elle ressortit la carte postale. Non, c'était une vraie carte, avec de vrais timbres et un vrai cachet de poste.

Dans quel but un papa envoyait-il une carte d'anniversaire à l'adresse de Sophie alors qu'elle était visiblement destinée à quelqu'un d'autre ? Quel papa aurait la mauvaise idée de priver sa fille d'une carte d'anniversaire en l'envoyant à une autre adresse ? Pourquoi était-ce « plus commode comme ça » ? Et surtout, comment retrouver cette Hilde ?

Encore un problème qui lui tombait dessus. Elle tenta de mettre un peu d'ordre dans ses pensées.

En un après-midi, c'est-à-dire à peine en quelques heures, elle se retrouvait en face de trois énigmes. La première consistait à savoir qui avait placé les deux enveloppes blanches dans la boîte aux lettres. La deuxième, c'était les questions délicates que posaient ces lettres. La troisième énigme était de comprendre qui était cette Hilde Møller Knag et pourquoi c'était elle, Sophie, qui avait reçu à sa place une carte d'anniversaire.

Elle eut l'intuition que ces trois énigmes étaient liées d'une façon ou d'une autre, car jusqu'à ce jour elle avait mené une vie plutôt banale.

Chapitre 2

LE CHAPEAU
HAUT-DE-FORME

…la seule qualité requise pour devenir un bon
philosophe est de s'étonner…

Sophie ne doutait pas un instant que l'auteur des lettres anonymes chercherait à reprendre contact avec elle. Mais d'ici là, autant
tenir sa langue.

Elle commença par avoir du mal à fixer son attention en classe.
Le professeur ne parlait que de choses sans aucun intérêt. Pourquoi
ne parlait-il pas plutôt de la nature de l'homme ou de celle du
monde et de son origine ?

Soudain elle se rendit compte que les gens, que ce soit à l'école
ou ailleurs, s'intéressaient à des choses purement accidentelles. Il
existait pourtant des questions autrement plus essentielles et difficiles que celles du programme !

Qui savait répondre à de telles questions ? En tous cas, d'y réfléchir, c'était quand même autre chose que passer son temps à râbâ-
cher les verbes irréguliers.

Elle partit si précipitamment après la dernière heure de cours que
Jorunn dut courir pour la rattraper.

— On joue aux cartes ce soir ? demanda-t-elle.

Sophie haussa les épaules.

— Je crois que les jeux de cartes, ça ne m'intéresse plus tellement.

Jorunn n'en croyait pas ses oreilles.

— Ah bon ? Tu préfères jouer au badminton ?

Sophie garda les yeux fixés au sol, puis regardant son amie :

— Je crois que même le badminton, ça ne m'intéresse plus tellement.

— Bon, si c'est comme ça !

Cet accent de dépit n'échappa pas à Sophie.

– Tu pourrais peut-être me dire ce que tu trouves si important alors ?

Sophie fit un mouvement imperceptible de la tête.

– C'est… c'est un secret.

– Bof ! T'es amoureuse, c'est ça ?

Les deux amies marchèrent un long moment en silence. Arrivées au terrain de football :

– Bon, je coupe par le stade, dit Jorunn.

« Couper par le stade » était un raccourci, mais Jorunn l'empruntait seulement quand il fallait être à l'heure pour une visite ou pour aller chez le dentiste.

Sophie s'en voulait de lui avoir fait de la peine. Mais qu'est-ce qu'elle aurait dû lui répondre ? Qu'elle avait envie tout à coup de savoir qui elle était, comment l'univers avait été créé, et par conséquent qu'elle n'avait plus le temps de jouer au badminton ? Pas sûr que Jorunn aurait compris.

Pourquoi le fait de s'intéresser à ces questions essentielles mais somme toute banales rendait-il la vie si difficile ?

En ouvrant la boîte aux lettres, elle sentit son cœur battre plus fort. Elle ne vit tout d'abord qu'une lettre de la banque et quelques grandes enveloppes jaunes. Oh, non ! Sophie avait tellement espéré trouver un nouveau message de son inconnu.

En refermant le portail, elle eut la surprise de découvrir son nom sur une des grandes enveloppes. Quand elle voulut l'ouvrir, elle lut ces mots inscrits au dos de l'enveloppe : *Cours de philosophie. A manipuler avec grande précaution.*

Elle remonta en courant l'allée de gravier et posa son cartable sur le perron. Puis elle glissa les autres lettres sous le paillasson, courut dans le jardin derrière la maison et alla se réfugier dans sa cabane. Là seulement elle aurait le droit d'ouvrir la grande lettre.

Sherekan la suivit mais tant pis. Sophie était sûre que le chat n'irait rien raconter.

Il y avait dans l'enveloppe trois grandes feuilles dactylographiées réunies par un trombone. Sophie se mit à lire :

Qu'est-ce que la philosophie ?

Chère Sophie,

Les gens ont toutes sortes d'occupations : certains collectionnent les pièces anciennes ou les timbres, quelques-uns s'intéressent aux travaux manuels ou au bricolage et d'autres consacrent presque tout leur temps libre à tel ou tel sport. Beaucoup apprécient aussi la lecture. Mais tout dépend de ce qu'on lit. On peut se contenter de lire des journaux ou des bandes dessinées, n'aimer que les romans ou préférer des ouvrages spécialisés sur des sujets aussi divers que l'astronomie, la vie des animaux ou les découvertes scientifiques.

Si j'ai une passion pour les chevaux ou les pierres précieuses, je ne peux pas exiger des autres qu'ils la partagent. Et si je ne manque pas un reportage sportif à la télévision, cela ne me donne pas pour autant le droit de critiquer ceux qui trouvent le sport ennuyeux.

Et s'il y avait pourtant quelque chose de nature à intéresser tous les hommes, quelque chose qui concernerait chaque être humain, indépendamment de son identité et de sa race ? Eh bien oui, chère Sophie, il y a des questions qui devraient préoccuper tous les hommes. Et ce genre de questions est précisément l'objet de mon cours.

Qu'est-ce qu'il y a de plus important dans la vie ? Si l'on interroge quelqu'un qui ne mange pas à sa faim, ce sera la nourriture. Pour quelqu'un qui a froid, ce sera la chaleur. Et pour quelqu'un qui souffre de la solitude, ce sera bien sûr la compagnie des autres hommes.

Mais au-delà de ces nécessités premières, existe-t-il malgré tout quelque chose dont tous les hommes aient encore besoin ? Les philosophes pensent que oui. Ils affirment que l'homme ne vit pas seulement de pain. Tous les hommes ont évidemment besoin de nourriture. Et aussi d'amour et de tendresse. Mais il y a autre chose dont nous avons tous besoin : c'est de savoir qui nous sommes et pourquoi nous vivons.

Le désir de savoir pourquoi nous vivons n'est donc pas une occupation aussi « accidentelle » que celle de collectionner des timbres. Celui qui se pose ce genre de questions rejoint en cela les préoccupations de toutes les générations qui l'ont précédé. L'origine du cosmos, de la Terre et de la vie est un problème autrement plus crucial que de savoir qui a remporté le plus de médailles d'or aux derniers jeux Olympiques.

La meilleure façon d'aborder la philosophie, c'est de poser quelques questions philosophiques :

Comment le monde a-t-il été créé ? Y a-t-il une volonté ou un sens derrière ce qui arrive ? Existe-t-il une vie après la mort ? Comment trouver des réponses à de telles questions ? Sans oublier celle-là : comment faut-il vivre ?

Les hommes se sont de tout temps posé ces questions. A notre connaissance, il n'existe aucune culture qui ne se soit préoccupée de savoir qui sont les hommes ou comment le monde a été créé.

Au fond il n'y a pas tant de questions philosophiques que ça. Nous en avons déjà vu les plus importantes. Mais l'histoire nous propose différentes *réponses* pour chaque question.

Il est également beaucoup plus facile de poser des questions philosophiques que d'y répondre.

Aujourd'hui, aussi, il s'agit pour chacun d'entre nous de trouver *ses* réponses aux mêmes questions. Inutile de chercher dans une encyclopédie s'il existe un dieu ou s'il y a une vie après la mort. L'encyclopédie ne nous renseigne pas non plus sur la façon dont nous devons vivre. Mais lire ce que d'autres hommes ont pensé peut nous aider à former notre propre jugement sur la vie.

On pourrait comparer la chasse à la vérité des philosophes à un roman policier. Certains croient que c'est Dupond le coupable, d'autres que c'est Durand. Quand il s'agit d'une vraie enquête policière, la police finit un jour par résoudre l'énigme. Bien sûr on peut aussi penser qu'elle n'y arrivera jamais. Mais dans tous les cas, *il existe* toujours une solution.

Aussi pourrait-on penser que même si c'est difficile de répondre à une question, il y a une et une seule bonne réponse. Soit il *existe* une sorte de vie après la mort, soit il n'y en a pas.

La science a fini par résoudre un grand nombre de vieilles énigmes. Il fut un temps où la face cachée de la Lune était un grand mystère. Le débat n'aboutissait à rien et chacun laissait libre cours à son imagination. Mais nous savons parfaitement aujourd'hui à quoi ressemble l'autre face de la Lune. Et nous ne pouvons plus croire que la Lune est habitée ou qu'elle est un fromage.

Un vieux philosophe grec qui vivait il y a plus de deux mille ans pensait que la philosophie était née grâce à l'étonnement des hommes. L'homme trouve si étrange le fait d'être en vie que les questions philosophiques apparaissent d'elles-mêmes, disait-il.

C'est comme assister à un tour de prestidigitation : nous ne comprenons pas ce qui s'est déroulé sous nos yeux. Alors nous demandons : comment le prestidigitateur a-t-il transformé quelques foulards de soie en un lapin vivant ?

Beaucoup pensent que le monde est aussi incompréhensible que le coup du lapin qui sort du chapeau haut-de-forme qu'on avait pourtant cru vide. En ce qui concerne le lapin, on comprend qu'on s'est fait avoir. Mais comment il a fait, toute la question est là. Le problème est un peu différent quand il s'agit du monde. Nous savons que le monde n'est pas un tour de passe-passe car nous vivons sur cette terre et nous en faisons partie. Au fond, le lapin blanc qu'on sort du chapeau haut-de-forme, c'est nous. A la différence que le lapin blanc n'a pas conscience de participer à un tour de magie. Nous, c'est quand même différent. Nous nous sentons participer au mystère et aimerions bien comprendre comment tout ça est imbriqué.

P.-S. : Concernant le lapin blanc, la comparaison avec l'univers serait plus juste. Nous autres ne serions que de toutes petites bestioles incrustées dans la fourrure du lapin. Les philosophes, eux, essaieraient de grimper le long d'un des poils fins afin de regarder le prestidigitateur dans les yeux.

Tu me suis toujours, Sophie ? La suite au prochain numéro.

Sophie n'en revenait pas. Si elle suivait toujours ? Pendant qu'elle lisait, elle en avait même oublié de respirer !

Qui avait déposé les lettres ? Qui ? Mais qui ?

Ce ne pouvait pas être l'expéditeur de la carte d'anniversaire à Hilde Møller Knag, puisqu'il y avait sur cette carte des timbres et un cachet de la poste. L'enveloppe jaune avait été déposée directement dans la boîte aux lettres tout comme les deux enveloppes blanches.

Sophie regarda sa montre. Il n'était que trois heures moins le quart. Presque deux heures encore jusqu'au retour de sa mère.

Elle sortit à quatre pattes du fourré et courut vers la boîte aux lettres. Et s'il y avait encore quelque chose ?

Elle trouva une autre enveloppe jaune avec son nom écrit dessus.

Elle regarda autour d'elle mais ne vit personne. Elle courut même jusqu'à la lisière de la forêt pour voir s'il n'y avait pas quelqu'un sur le sentier.

Pas âme qui vive.

Il lui sembla pourtant entendre un léger craquement de brindilles loin là-bas dans la forêt. Mais elle n'en était pas sûre et de toute façon à quoi bon courir après quelqu'un qui essaie de fuir ?

Sophie rentra à la maison, déposa son cartable et le courrier pour sa mère. Elle monta dans sa chambre, sortit sa belle boîte en fer où elle gardait sa collection de jolies pierres, les renversa par terre et mit à leur place les deux grandes enveloppes. Ensuite elle ressortit dans le jardin avec la boîte sous le bras. Auparavant, elle n'oublia pas de préparer le repas pour Sherekan.

– Minou ! Minou !

De retour dans sa cabane, elle ouvrit l'enveloppe et en sortit plusieurs feuilles dactylographiées qu'elle se mit à lire :

Une étrange créature

Nous revoilà. Comme tu constates, ce petit cours de philosophie t'arrive par petits morceaux pas trop indigestes, j'espère. Voici quelques autres remarques d'introduction.

T'ai-je déjà dit que la seule qualité requise pour devenir un bon philosophe est notre capacité d'étonnement ? Sinon, je te le répète maintenant : LA SEULE QUALITÉ REQUISE POUR DEVENIR UN BON PHILOSOPHE EST DE S'ÉTONNER.

Tous les petits enfants possèdent ce don. Il ne manquerait plus que ça. Après quelques mois à peine, ils se retrouvent projetés dans une toute nouvelle réalité. Il semble toutefois que ce don de s'étonner se perde en grandissant. Pourquoi ça ? Sophie Amundsen connaîtrait-elle par hasard la bonne réponse ?

Reprenons : si un nourrisson avait su parler, il aurait sûrement exprimé son étonnement de tomber dans un monde étrange. En effet, même si l'enfant ne peut parler, il n'y a qu'à le voir montrer du doigt toutes sortes de choses et saisir avec curiosité tout ce qui lui passe à portée de la main.

Avec l'apparition du langage, l'enfant s'arrête et se met à crier « Ouah ouah ! » dès qu'il aperçoit un chien. Nous voyons l'enfant s'agiter dans sa poussette en levant les bras : « Ouah ouah ! Ouah

ouah ! » Nous autres qui sommes un peu plus avancés en âge, on se sent un peu dépassés par cet enthousiasme débordant. « Oui, je sais, c'est un ouah ouah, ajoutons-nous d'un ton blasé, mais maintenant ça suffit, sois sage ! » Nous ne partageons pas sa jubilation. Nous avons déjà vu des chiens.

Ce déchaînement de cris de joie se reproduira peut-être des centaines de fois avant que l'enfant réussisse à croiser un chien sans se mettre dans tous ses états. Ou un éléphant, ou un hippopotame. Mais bien avant que l'enfant ne sache parler correctement – et bien avant qu'il n'apprenne à penser de manière philosophique – le monde sera devenu une habitude.

Quel dommage ! si tu veux mon avis.

Mon propos est que tu ne dois pas faire partie de ces gens qui acceptent le monde comme une évidence, ma chère Sophie. Par mesure de sécurité, nous allons nous livrer à des petits exercices de l'esprit avant de commencer le cours de philosophie proprement dit.

Imagine-toi que tu te balades un beau jour en forêt. Soudain tu aperçois un vaisseau spatial sur le chemin devant toi. Un Martien en descend et reste planté là à te dévisager…

Qu'est-ce qui te viendrait alors à l'esprit ? Oh, peu importe finalement. Mais n'as-tu jamais été frappée par le fait que tu *es* un Martien toi-même ?

Les probabilités de tomber sur un être d'une autre planète sont faibles, je le reconnais. Nous ne savons même pas si la vie est possible sur d'autres planètes. Mais on peut imaginer que tu tombes sur toi-même. Il peut arriver que tu marques un temps d'arrêt et te sentes soudain tout autre. Cela peut se produire notamment lors d'une balade en forêt.

Je suis un être étrange, penses-tu. Je suis un animal fabuleux…

Comme si tu te réveillais telle la Belle au Bois dormant d'un long sommeil. Qui suis-je ? te demandes-tu. Tu sais seulement que tu rampes le long du globe dans l'univers. Mais l'univers, qu'est-ce que c'est ?

Si tu te perçois de cette façon, tu auras découvert quelque chose d'aussi mystérieux que le Martien de tout à l'heure. Tu n'auras pas seulement vu un de ces êtres qui peuplent l'univers. Mais tu auras senti de l'intérieur que tu es toi-même un de ces êtres étranges.

Tu suis toujours, Sophie ? Bon, on va faire une autre expérience :

C'est le matin, Maman, Papa et le petit Thomas de deux ou trois ans prennent leur petit déjeuner dans la cuisine. Maman se lève de table et alors… Papa profite de ce qu'elle a le dos tourné pour s'élever dans les airs et flotter sous le regard de Thomas resté assis.

A ton avis, que va dire Thomas ? Peut-être montrera-t-il son papa du doigt en disant : « Papa vole ! »

Bien sûr cela le surprendra un peu, mais au fond ça ne l'étonnera pas outre mesure. De toute façon, Papa fait tellement de choses bizarres qu'un petit tour dans les airs au-dessus de la table du déjeuner ne change rien à ses yeux. Il le voit se raser chaque matin avec une drôle de machine, parfois même grimper sur le toit pour changer l'orientation de l'antenne de télévision ou encore plonger sa tête dans le moteur de la voiture et la ressortir noire comme du cirage.

Au tour de Maman à présent. Elle a entendu ce que Thomas a dit et se retourne d'un air décidé. A ton avis, comment va-t-elle réagir à la vue de Papa flottant au-dessus de la table de la cuisine ?

Elle laissera sans doute échapper le pot de confiture en poussant un hurlement. Peut-être qu'il faudra faire venir le médecin, une fois que Papa sera enfin redescendu s'asseoir. (Depuis le temps il devrait savoir comment se tenir à table !)

Pourquoi, selon toi, Maman et Thomas ont-ils eu des réactions si différentes ?

C'est une histoire d'*habitude.* (Retiens bien cela !) Maman a appris que les hommes ne peuvent pas voler, et pas Thomas. Il ne sait pas encore très bien ce qu'il est possible ou non de faire dans ce monde.

Mais qu'en est-il du monde lui-même, Sophie ? Trouves-tu qu'il est *comme il faut* ? Lui aussi flotte dans l'espace !

Ce qui est triste, c'est qu'en grandissant nous nous habituons à bien d'autres choses qu'à la pesanteur. On finit par tout trouver naturel.

Il semble bien qu'avec l'âge plus rien ne nous étonne. Mais nous perdons là quelque chose d'essentiel et que les philosophes essaient de réveiller en nous. Car, tout au fond de nous, une petite voix nous dit que la vie est une grande énigme. Et cela, nous en avons fait l'expérience bien avant qu'on ne nous l'ait enseigné.

Précisons : bien que les questions philosophiques concernent tous les hommes, tout le monde ne devient pas philosophe pour autant. Pour différentes raisons, la plupart des gens sont tellement pris par leur quotidien qu'ils n'ont pas le temps de s'étonner de la vie. (Ils s'enfoncent, si tu préfères, tout au fond de la fourrure du lapin et s'y installent bien confortablement une bonne fois pour toutes.)

Pour les enfants, le monde – et tout ce qui s'y trouve – est quelque chose de radicalement *neuf*, ils n'en reviennent pas. Il n'en va pas de même pour tous les adultes, puisque la plupart d'entre eux trouvent que le monde n'a rien d'extraordinaire.

Les philosophes constituent à ce titre une exception honorable. Un philosophe, c'est quelqu'un qui n'a jamais vraiment pu s'habituer au monde. Pour le philosophe, homme ou femme, le monde reste quelque chose d'inexplicable, de mystérieux et d'énigmatique. Les philosophes et les petits enfants ont par conséquent une grande qualité en commun. On pourrait dire que les philosophes gardent toute leur vie une peau aussi fine que celle d'un enfant.

A toi de choisir, chère Sophie. Es-tu un enfant qui n'a pas encore assez grandi pour être *habitué au monde* ? Ou es-tu un philosophe qui peut jurer de ne jamais tomber dans ce travers ?

Si tu secoues la tête en ne t'identifiant ni à l'enfant ni au philosophe, c'est parce que tu t'es fait un petit nid tellement douillet que le monde ne t'étonne plus. Dans ce cas, il y a urgence. C'est pourquoi tu reçois ce cours de philosophie, histoire de vérifier que tu n'es pas sur la mauvaise pente. Je ne veux justement pas que tu fasses partie des gens mous ou des indifférents. Je veux que tu vives les yeux grands ouverts.

Les cours seront entièrement gratuits. Aussi on ne te remboursera rien si tu ne les suis pas. Si tu désires les interrompre, rien ne t'en empêche. Tu n'auras qu'à me glisser un mot dans la boîte. Une grenouille vivante fera aussi l'affaire. Du moment que c'est quelque chose d'aussi vert que la boîte aux lettres pour ne pas effrayer le facteur.

En résumé : un lapin blanc sort d'un chapeau haut-de-forme et parce que c'est un lapin énorme, ce tour de magie prend plusieurs milliards d'années. Tous les enfants des hommes naissent à l'extrémité des poils fins de sa fourrure. Ce qui les rend à même de s'étonner de l'impossible tour de passe-passe. Mais en grandissant, ils s'enfoncent de plus en plus dans le creux de la fourrure du lapin. Et ils y restent. Ils s'y trouvent si bien qu'ils n'ont plus jamais le courage de remonter le long des poils. Seuls les philosophes ont le courage de faire le dangereux voyage qui les mène aux frontières extrêmes du langage et de l'existence. Certains retombent dans le fond, mais d'autres s'agrippent aux poils du lapin et encouragent tous les autres hommes qui ne font en bas que boire et se remplir la panse à venir les rejoindre.

– Mesdames et messieurs, déclarent-ils, nous flottons dans l'espace !

Mais personne ne prête attention aux mises en garde des philosophes.

– Ah, ceux-là, qu'est-ce qu'ils peuvent nous casser les oreilles ! lancent des voix bien au chaud dans la fourrure.

Et de reprendre :

– Eh, tu peux me passer le beurre ? Quel est le cours de la Bourse ? Combien coûtent les tomates ? Tu savais que Lady Di était à nouveau enceinte ?

Quand sa mère rentra en fin d'après-midi, Sophie était toujours en état de choc. Elle avait soigneusement mis à l'abri la boîte avec les lettres de l'inconnu philosophe dans sa cabane. Elle avait beau essayer de faire ses devoirs, son esprit n'arrêtait pas de s'interroger sur ce qu'elle venait de lire.

Dire qu'elle n'avait jamais pensé à tout cela avant ! Elle n'était plus une enfant, mais pas non plus tout à fait une adulte. Sophie comprit qu'elle avait déjà commencé à s'enfoncer dans la fourrure du lapin qui sortait du chapeau haut-de-forme de l'univers. Le philosophe venait d'arrêter sa chute : il – ou était-ce elle ? – l'avait prise par la peau du cou et reposée là où elle avait déjà joué enfant. Et à cette place, tout à l'extrémité des poils fins, elle avait retrouvé un regard neuf sur le monde.

Le philosophe l'avait sauvée. Aucun doute là-dessus. L'inconnu l'avait tirée de l'indifférence du quotidien.

Quand sa mère rentra vers cinq heures, Sophie l'entraîna dans le salon et la poussa dans un fauteuil :

– Maman, tu ne trouves pas que c'est bizarre de vivre ? commença-t-elle.

Sa mère fut si ahurie qu'elle ne trouva rien à répondre. D'habitude, quand elle rentrait, Sophie était en train de faire ses devoirs.

– Euh… commença-t-elle. Parfois, oui.

– Parfois ? Mais ce que je veux dire… tu ne trouves pas étrange qu'il *existe* un monde ?

– Mais enfin Sophie, qu'est-ce qui te prend de parler comme ça ?

– Pourquoi pas ? Tu trouves peut-être que le monde est tout à fait normal, toi ?

– Eh bien, oui. Du moins dans les grandes lignes…

Sophie comprit que le philosophe avait raison. Les adultes trouvaient que tout dans le monde allait de soi. Une bonne fois pour toutes, ils étaient plongés dans le doux assoupissement de leur routine quotidienne.

– Peuh ! Tu t'es tellement habituée à ton petit confort que plus rien au monde ne t'étonne, ajouta-t-elle.

– Mais qu'est-ce que tu racontes ?

– Je dis que tu es beaucoup trop blasée. En d'autres termes, que tu es complètement foutue.

– Je t'interdis de me parler sur ce ton !

– Alors disons que tu t'es fait ta petite place bien au chaud dans la fourrure d'un lapin blanc qui vient de sortir du chapeau haut-de-forme de l'univers. Mais c'est vrai, j'oubliais, tu dois mettre les pommes de terre sur le feu, puis tu dois lire ton journal et après tes trente minutes de sieste, tu dois regarder les informations.

Une ombre passa sur le visage de sa mère. Elle alla comme prévu à la cuisine et mit les pommes de terre sur le feu. Puis elle revint dans le salon et c'est elle qui cette fois obligea Sophie à s'asseoir :

– J'ai quelque chose à te dire, commença-t-elle.

Sophie comprit au ton de sa voix que c'était du sérieux.

– Dis, mon trésor, tu n'as encore jamais touché à la drogue, j'espère ?

Sophie eut envie de rire, mais elle comprenait pourquoi sa mère abordait justement ce sujet maintenant.

– T'es folle ou quoi ? répliqua-t-elle. Pour devenir *encore davantage* une larve ?

Cet après-midi-là, il ne fut plus question ni de drogue ni de lapin blanc.

Chapitre 3

LES MYTHES

...un fragile équilibre entre les forces du bien et du mal...

Il n'y eut aucune lettre pour Sophie le lendemain matin.

Elle s'ennuya toute la journée à l'école et s'appliqua à être spécialement gentille avec Jorunn pendant les récréations. Sur le chemin du retour, elles décidèrent de partir en randonnée avec une tente dès qu'il ferait plus sec en forêt.

Puis elle se retrouva devant la boîte aux lettres. Elle ouvrit d'abord une lettre de petit format avec un cachet de Mexico. C'était une carte de Papa. Il avait le mal du pays et pour la première fois avait battu son second aux échecs. Il ajoutait qu'il aurait bientôt épuisé les vingt kilos de livres qu'il avait emportés à son dernier passage.

Et elle trouva aussi une grande enveloppe jaune avec son nom dessus ! Sophie alla déposer son cartable et le courrier dans la maison, referma à clé et courut retrouver sa cabane. Elle sortit d'autres feuilles dactylographiées et se mit à lire :

La représentation mythique du monde

Salut, Sophie ! Il y a du pain sur la planche, alors commençons sans plus tarder.

Le terme *philosophie* recouvre une façon de penser radicalement nouvelle qui vit le jour en Grèce environ 600 ans avant Jésus-Christ. Auparavant, diverses religions s'étaient chargées de répondre à toutes les questions que se posaient les hommes. Ces explications d'ordre religieux se transmettaient de génération en génération sous forme de mythes. Un *mythe*, c'est un récit sur les dieux qui cherche à expliquer les phénomènes naturels et humains.

Pendant des millénaires, il y a eu dans le monde entier une véritable floraison d'explications mythiques aux problèmes philo-

LE MONDE DE SOPHIE

sophiques. Les philosophes grecs tentèrent de démontrer que les hommes ne devaient pas se fier à ces mythes.

Pour saisir la démarche de ces premiers philosophes, nous devons donc comprendre aussi le sens d'une conception mythique du monde. Pour cela, nous n'avons qu'à examiner quelques mythes, pourquoi pas nordiques. (Autant parler de ce que je connais bien !)

Tu as certainement entendu parler de *Thor* et de son marteau. Avant la venue du christianisme en Norvège, les hommes du Nord croyaient que Thor traversait le ciel dans un char tiré par deux boucs. Chaque fois qu'il brandissait son marteau, il provoquait la foudre et l'orage. Le mot norvégien *torden* (orage) signifie justement *Tor-dønn*, c'est-à-dire « le grondement de Thor ». En suédois, l'orage se dit *åska*, en réalité *ås-aka*, qui veut dire « le voyage du dieu » dans le ciel.

Qui dit éclair et tonnerre dit également pluie. Cela pouvait être vital pour les paysans au temps des Vikings. Thor était par conséquent honoré comme dieu de la fertilité.

Selon le mythe, Thor faisait venir la pluie en brandissant son marteau. Et quand il pleuvait, tout poussait et les récoltes étaient bonnes.

C'était en soi incompréhensible que tout pousse dans la terre et porte des fruits. Mais les paysans avaient en tout cas deviné que cela avait un rapport avec la pluie. Et comme tous croyaient que Thor était responsable de la pluie, il fut l'un des dieux nordiques les plus importants.

Thor était aussi important pour une autre raison qui a trait à l'ordre du monde.

Les Vikings concevaient le monde habité comme une île constamment menacée par des dangers extérieurs. Ils appelaient cette partie du monde Midgard. Cela signifie l'empire du milieu. Le Midgard comprenait en outre Åsgard, la résidence des dieux. Au-delà de Midgard se trouvait Utgard, c'est-à-dire l'empire qui se situe à l'extérieur. C'est là qu'habitaient les dangereux trolls (les géants) qui essayaient par d'habiles manœuvres de détruire le monde. Nous donnons à ces monstres néfastes le nom de « forces du chaos ». Aussi bien dans la littérature norroise que dans les autres cultures, les hommes ont ressenti le fragile équilibre entre les forces du bien et du mal.

Pour détruire Midgard, les trolls tentaient par exemple d'enlever la déesse de la fertilité Freyia. S'ils réussissaient, rien ne pousserait dans les champs et les femmes ne pourraient plus enfanter. C'est pourquoi il était primordial que les dieux bienfaisants les tiennent en échec.

Ici aussi Thor jouait un grand rôle. Son marteau ne provoquait pas seulement la pluie, mais constituait en soi une arme excellente dans la lutte contre les dangereuses forces du chaos, car il lui conférait pour ainsi dire la puissance absolue. Il lui suffisait de le lancer sur les trolls pour les tuer. Il ne craignait pas de le perdre non plus, car, pareil à un boomerang, celui-ci revenait toujours vers son maître.

Telle était la *conception mythique* des phénomènes naturels et de l'éternel combat entre le bien et le mal. C'est justement ce genre d'explications que refusaient les philosophes.

Mais, au-delà de ces divergences, il y avait aussi autre chose.

Les hommes ne pouvaient pas rester assis les bras croisés à attendre que les dieux interviennent chaque fois que le malheur s'abattait sur eux sous forme de sécheresse ou d'épidémie. C'était à eux de prendre les choses en main et de livrer combat contre les forces du mal. Ceci se produisait de différentes manières par des pratiques religieuses ou des *rites*.

La pratique religieuse la plus importante à l'époque des anciens Scandinaves était le sacrifice. Sacrifier à un dieu le rendait plus puissant. Les hommes devaient par exemple sacrifier aux dieux afin de l'emporter sur les forces du chaos. A cette fin, on sacrifiait souvent un animal. Ainsi, pour Thor, il était d'usage de sacrifier des boucs. Pour Odin, il y eut parfois des sacrifices humains.

Le mythe le plus connu en Norvège nous a été transmis par le poème *Trymskvida*. Nous y apprenons qu'un jour Thor se réveilla et vit qu'on lui avait dérobé son marteau. Thor entra dans une colère si violente que ses mains se mirent à trembler et sa barbe aussi. En compagnie de Loki, son ami, il se rendit chez Freyia pour lui emprunter ses ailes afin que Loki puisse voler jusqu'au Jotunheimen (la maison des géants) et découvrir si les trolls étaient bien les coupables. Loki rencontra le roi des géants Trym qui confirma le méfait en se vantant d'avoir caché le marteau huit mille mètres sous terre. Et il ajouta : les *Ases* ne récupéreront le marteau que s'il peut épouser Freyia.

Tu es toujours là, Sophie ? Donc, les dieux bienveillants se retrouvent d'un seul coup face à un épouvantable drame d'otages. Les trolls sont désormais en possession de la plus importante arme défensive des dieux et la situation est complètement bloquée. Aussi longtemps que les trolls détiennent le marteau de Thor, ils ont le pouvoir absolu sur le monde des dieux et des hommes. En échange du marteau, ils exigent Freyia. Mais c'est impossible : sans déesse de la fertilité qui protège toute vie, l'herbe se dessécherait dans les champs et les hommes tout comme les dieux mourraient. Il n'y a pas d'issue. (Tu n'as qu'à t'imaginer un groupe de terroristes menaçant de faire exploser une bombe en plein Londres ou Paris si leurs dangereuses revendications ne sont pas satisfaites, et tu auras une idée de ce que je veux dire.)

Le mythe se poursuit avec le retour de Loki à Âsgard. Il prie Freyia de revêtir ses plus beaux atours de fiancée, car elle doit se marier là-bas. (Ah, la pauvre !) Freyia se fâche et déclare qu'elle va passer pour une nymphomane si elle accepte d'épouser un des trolls.

Le dieu Heimdal a alors une idée de génie : il propose de déguiser Thor en mariée. Ils n'ont qu'à lui attacher les cheveux et lui mettre des pierres en guise de poitrine afin qu'il ressemble à une femme. Thor n'est pas vraiment emballé, mais il comprend qu'ils sont contraints de suivre le conseil de Heimdal s'ils veulent récupérer le marteau.

On habille finalement Thor en mariée et Loki le suit comme demoiselle d'honneur. « Allez, les deux femmes, en route pour Jotunheimen ! » lance Loki.

Dans un langage plus moderne, on dirait que Thor et Loki forment la « brigade antiterroriste » des dieux. Déguisés en femmes, ils vont s'infiltrer dans la forteresse des trolls et délivrer le marteau de Thor.

A peine sont-ils arrivés au Jotunheimen que les trolls préparent un grand banquet de noces. Toutefois, au cours du festin, la mariée, c'est-à-dire Thor, engloutit un taureau entier et huit saumons. Elle vide aussi trois tonneaux de bière. Trym s'en étonne et c'est moins une que le « commando antiterroriste » déguisé ne soit démasqué. Mais Loki les sauve de ce faux pas en prétendant que Freyia n'a pas mangé pendant huit nuits tellement elle se réjouissait à l'idée de venir au Jotunheimen.

Trym soulève le voile de la mariée pour l'embrasser et recule devant la dureté du regard de Thor. Encore une fois Loki parvient à sauver la situation. Il raconte que la mariée n'a pas pu fermer l'œil pendant huit nuits tant elle était heureuse de se marier. Rassuré, Trym ordonne qu'on apporte le marteau et qu'on le pose sur les genoux de la mariée pendant la cérémonie.

En recevant le marteau sur les genoux, Thor fut pris d'un fou rire, dit-on. Il commença par tuer Trym avec, puis toute la famille des géants. Le terrible drame connut ainsi un heureux dénouement. Encore une fois, Thor, le « Batman » ou le « James Bond » des dieux, l'avait emporté sur les forces du mal.

Voilà pour le mythe proprement dit, Sophie. Mais quelle est sa signification ? On ne l'a pas écrit simplement pour s'amuser. Ce mythe a aussi un *message* à délivrer. Une des interprétations possibles est la suivante :

Quand la sécheresse s'abattait sur un pays, les hommes avaient besoin de comprendre pourquoi il ne pleuvait pas. Était-ce parce que les trolls s'étaient emparés du marteau de Thor ?

Il est normal que les mythes aient cherché à expliquer le cycle des saisons : en hiver, la nature est morte car le marteau de Thor est au Jotunheimen. Mais au printemps, il s'en empare à nouveau. Le mythe tente ainsi de donner une réponse à ce que les hommes ne comprennent pas.

Mais le rôle du mythe n'est pas seulement d'expliquer. Les hommes observaient différentes pratiques religieuses en relation avec le mythe. On peut supposer qu'une manière de répondre à la sécheresse ou aux mauvaises années était de mettre en scène un drame racontant le mythe. Peut-être qu'on déguisait un homme du village en mariée (avec des pierres à la place de la poitrine) pour récupérer le marteau dérobé par les trolls. Les hommes avaient alors le sentiment de faire vraiment quelque chose pour que la pluie revienne fertiliser les champs.

Nous connaissons en effet beaucoup d'exemples d'autres parties du monde où les hommes mettent en scène ces « mythes des saisons » pour hâter les processus naturels.

Nous avons jusqu'à présent seulement donné un aperçu de la mythologie nordique. Il existe d'innombrables mythes sur *Thor* et *Odin*, *Freyr* et *Freyia*, *Hod* et *Balder*, ainsi que beaucoup d'autres. Ces mythes étaient légion dans le monde entier quand les philosophes décidèrent de les examiner d'un peu plus près. Avant la venue du premier philosophe, les Grecs aussi avaient une conception mythique du monde. Pendant des siècles, les générations s'étaient transmis l'histoire de leurs dieux qui s'appelaient *Zeus* et *Apollon, Héra* et *Athéna, Dionysos* et *Asklépios, Héraclès* et *Héphaïstos.* Et je n'en cite que quelques-uns.

Vers 700 avant Jésus-Christ, *Homère* et *Hésiode* retranscrirent de nombreux mythes grecs. Cela créa une situation sans précédent. Les mythes une fois couchés sur papier pouvaient en effet faire l'objet de discussions.

Les premiers Grecs critiquèrent le panthéon des dieux de Homère, car ils ressemblaient par trop aux hommes et étaient aussi égoïstes et inconstants qu'eux. Pour la première fois il apparut que les mythes ne mettaient pas en scène autre chose que les hommes.

Nous trouvons un premier regard critique sur le mythe chez le philosophe *Xénophane* qui vivait aux alentours de 570 avant Jésus-Christ. « Les hommes ont créé les dieux à leur image, dit-il : ils croient que les dieux sont nés avec un corps et des vêtements et qu'ils parlent comme nous. Les Éthiopiens disent que leurs dieux sont camus et noirs, les Thraces que les leurs ont les yeux bleus et les cheveux roux. Si les taureaux, les chevaux et les lions avaient su peindre, ils auraient représenté les dieux en bœufs, chevaux ou lions ! »

C'est justement vers cette époque que les Grecs fondèrent des cités en Grèce, mais aussi des colonies dans le Sud de l'Italie et en Asie mineure. Les esclaves accomplissaient toutes les tâches matérielles et les citoyens libres avaient tout loisir de s'intéresser à la vie politique et culturelle.

Dans les grandes villes, on vit naître une nouvelle manière de penser. Un individu isolé avait le droit de s'interroger sur l'organisation de la société. De la même façon, chacun pouvait se poser des questions d'ordre philosophique sans avoir recours à la tradition des mythes.

Nous dirons que nous sommes passés d'un mode de pensée mythique à un mode de pensée fondé sur l'expérience et la raison. Le but des premiers philosophes grecs fut en effet de trouver des *causes naturelles* aux phénomènes naturels.

Sophie se mit à arpenter le grand jardin en essayant d'oublier tout ce qu'elle avait appris à l'école. Surtout ce qu'on lui avait enseigné en sciences naturelles.

Et si elle avait grandi dans ce jardin sans jamais avoir rien appris sur la nature, dans quel état d'esprit aurait-elle perçu l'arrivée du printemps ?

Est-ce qu'elle aurait imaginé tout un scénario pour expliquer un jour la pluie ? Et inventé toute une histoire pour justifier la disparition de la neige ou le mouvement ascendant du soleil dans le ciel ?

Certainement, elle en était persuadée. Là-dessus, elle commença à laisser flotter son imagination :

…L'hiver tenait tout le pays emprisonné dans sa main gelée parce que le méchant Muriat avait jeté la belle princesse Sikita dans un cachot glacial. Mais un jour le prince courageux Bravato venait la délivrer. Alors Sikita dansa de joie sur les prairies en chantant un air qu'elle avait composé dans sa prison glaciale. Et la terre et les arbres étaient si émus que toute la neige fondit en larmes. Le soleil monta dans le ciel et sécha tous les pleurs. Les oiseaux reprirent le chant de Sikita et lorsque la belle princesse défit ses cheveux, quelques boucles tombèrent sur le sol et se transformèrent en lys dans les champs…

Sophie trouva qu'elle avait inventé une belle histoire. Si elle n'avait pas eu d'autres explications sur le changement des saisons, elle aurait sans aucun doute fini par croire ce qu'elle venait d'inventer.

Elle comprit que, de tout temps, les hommes avaient eu besoin d'expliquer les phénomènes naturels. Peut-être ne pouvaient-ils pas s'en passer ? Alors, comme la science n'existait pas à cette époque, ils avaient créé des mythes.

Chapitre 4

LES PHILOSOPHES DE LA NATURE

...rien ne naît du néant...

Quand sa mère rentra du travail dans l'après-midi, Sophie se balançait dans le jardin et tentait d'établir un lien entre le cours de philosophie et Hilde Møller Knag qui ne recevrait jamais la carte d'anniversaire de son père.

– Sophie ! cria sa mère de loin. Il y a une lettre pour toi !

Elle tressaillit. Elle avait déjà été prendre le courrier tout à l'heure, ce ne pouvait être qu'un coup du philosophe. Qu'allait-elle dire à sa mère ?

Lentement Sophie quitta la balancelle et alla chercher sa lettre.

– Il n'y a pas de timbre. Je parie que c'est une lettre d'amour.

Sophie prit la lettre.

– Tu ne l'ouvres pas ?

Que répondre ?

– Tu as déjà vu quelqu'un ouvrir une lettre d'amour devant sa mère, toi ?

Tant pis, autant la laisser croire ce qu'elle voulait. Sophie se sentait terriblement gênée, car elle était aux antipodes de recevoir une lettre d'amour, mais cela aurait été finalement encore pire si sa mère avait su qu'elle recevait par correspondance des cours de philosophie de la part d'un inconnu qui, de plus, jouait au chat et à la souris avec elle.

C'était une de ces petites enveloppes blanches. Arrivée dans sa chambre, Sophie lut trois nouvelles questions sur le bout de papier à l'intérieur.

Existe-t-il un principe premier dont tout découlerait ?
L'eau peut-elle se transformer en vin ?
Comment la terre et l'eau peuvent-elles devenir une grenouille vivante ?

Sophie jugea d'abord ces questions passablement farfelues, mais elles lui trottèrent dans la tête toute la soirée. Le lendemain, à l'école, elle reconsidéra les trois questions les unes après les autres, dans l'ordre.

S'il existait un « principe premier » dont tout découlerait ? A supposer qu'il existe bel et bien une « matière » à l'origine de tout ce qui se trouve sur terre, comment expliquer qu'elle puisse prendre la forme d'un bouton-d'or ou pourquoi pas celle d'un éléphant ?

La même remarque s'appliquait à la deuxième question. Sophie connaissait certes l'histoire de Jésus qui transforma l'eau en vin, mais elle ne l'avait jamais prise au pied de la lettre. Et si Jésus avait malgré tout réussi à changer l'eau en vin, c'était justement un miracle, c'est-à-dire normalement quelque chose d'impossible ! Elle avait beau savoir que le vin contient beaucoup d'eau comme c'est le cas de toute la nature, si un concombre était à 95% formé d'eau, il fallait quand même qu'il y ait autre chose pour que ce soit justement un concombre et pas seulement de l'eau.

Quant à cette histoire de grenouille... Son professeur de philosophie semblait avoir une prédilection pour les grenouilles ! Sophie acceptait à la rigueur l'idée qu'une grenouille était formée de terre et d'eau, mais dans ce cas la terre ne pouvait pas être constituée d'une seule matière. Si la terre était composée de différentes matières, alors on pouvait bien sûr imaginer que l'alliance de la terre et de l'eau produise une grenouille. Sans oublier de passer par l'œuf de grenouille et le têtard. Une grenouille ne poussait pas comme ça dans le potager, même si on arrosait très consciencieusement.

Quand elle revint de l'école cet après-midi-là, une grosse enveloppe l'attendait dans la boîte aux lettres et Sophie alla l'ouvrir comme les jours précédents dans sa cabane.

Le projet du philosophe

Ah, te revoilà ! Nous allons tout de suite examiner la leçon du jour sans passer par les lapins blancs et autres préliminaires de ce genre.

Je vais te brosser à grands traits la façon dont les hommes ont réfléchi aux problèmes philosophiques de l'Antiquité à nos jours. Mais chaque chose en son temps.

Du fait que les philosophes vivaient à une autre époque – et peut-être dans une tout autre culture que la nôtre – il n'est pas superflu d'essayer de définir le *projet* de chaque philosophe. Pour cela, nous devons tenter de cerner les centres d'intérêt spécifiques du philosophe. Tel philosophe peut s'intéresser à l'origine des plantes ou des animaux, tel autre à l'existence de Dieu ou à l'immortalité de l'âme.

Une fois ce « projet » clairement défini, il devient plus facile de comprendre la démarche de chaque philosophe. Car un philosophe ne s'intéresse pas à toutes les questions philosophiques à la fois.

Je dis « un » et non « une » philosophe, car l'histoire de la philosophie est jalonnée par des hommes. Les femmes ont été opprimées en tant que femmes et aussi comme êtres pensants. C'est dommage, car de cette manière nous avons perdu beaucoup de précieux témoignages. Ce n'est qu'au XXe siècle que les femmes ont enfin pu prendre une place dans l'histoire de la philosophie.

Tu n'auras pas de devoirs à faire à la maison – en tout cas pas de problèmes difficiles comme en mathématiques. Quant à la liste des verbes irréguliers en anglais, je n'en ai vraiment rien à faire. Je te donnerai tout au plus un petit exercice d'application de temps à autre.

Si tu acceptes ces conditions, on peut commencer.

Les philosophes de la nature

Les premiers philosophes grecs sont souvent appelés « les philosophes de la nature », parce qu'ils s'attachaient avant tout à la nature et aux phénomènes naturels.

Nous nous sommes déjà interrogés sur l'origine du monde. Nombreux sont ceux aujourd'hui qui pensent que quelque chose est né pour ainsi dire du néant. Cette pensée était loin d'être répandue chez les Grecs. Eux soutenaient, pour une raison ou pour une autre, qu'au contraire « quelque chose » avait toujours existé.

Comment tout avait été créé à partir du néant ne constituait pas le fond du problème. Par contre, les Grecs se demandaient comment l'eau pouvait se transformer en un poisson vivant, la terre inanimée faire pousser de grands arbres et le ventre de la femme donner vie à un petit enfant !

Les philosophes avaient sous les yeux les *changements* perpétuels de la nature. Mais comment les expliquer ? Comment la matière pouvait-elle changer de nature et devenir quelque chose de complètement différent, par exemple quelque chose de vivant ?

Les premiers philosophes croyaient qu'il existait *une substance élémentaire* à l'origine de toutes ces métamorphoses. Difficile de savoir comment ils en vinrent à cette idée, mais une chose est sûre : ils développèrent la conception d'une substance élémentaire dissimulée derrière chaque forme créée dans la nature. Il devait y avoir « quelque chose » à l'origine de tout et vers quoi tout retournait.

Les diverses réponses auxquelles aboutirent les premiers philosophes ne doivent pas trop retenir notre attention. Ce qui nous intéresse, c'est de voir quelles questions ils posaient et quels types de réponses ils espéraient trouver. Il s'agit donc de nous concentrer davantage sur leur *manière* de penser que sur le *contenu* exact de leur pensée.

Nous pouvons affirmer qu'ils s'interrogeaient sur les changements visibles au sein de la nature. Ils essayaient de formuler quelques lois naturelles éternelles. Ils voulaient comprendre les événements qui se produisaient dans la nature sans avoir recours aux mythes qu'ils connaissaient, donc étudier avant tout la nature elle-même afin de mieux comprendre tous les phénomènes naturels. C'était autre chose que de rendre les dieux responsables de la foudre, du tonnerre, de l'hiver ou du printemps !

Le philosophe se libéra peu à peu de la religion. On pourrait dire que les philosophes firent les premiers pas vers un mode de pensée *scientifique* et furent les précurseurs de ce qui allait devenir la science de la nature.

Avec le temps, les philosophes de la nature nous ont laissé peu de traces de ce qu'ils ont dit ou écrit. Le peu qu'il nous reste nous a été transmis par *Aristote* qui vécut quelques siècles après eux. Aristote se borne à résumer les conclusions auxquelles étaient parvenus ces philosophes, ce qui ne nous permet malheureusement pas de comprendre comment ils y sont arrivés... Disons que le « projet » des premiers philosophes tournait autour du « principe premier » et de ses métamorphoses au sein de la nature.

Les trois philosophes de Milet

Le premier philosophe dont nous ayons entendu parler est *Thalès*, originaire de Milet qui était une colonie grecque en Asie mineure. Il voyagea beaucoup. On raconte entre autres qu'il calcula la hauteur d'une pyramide en Égypte en mesurant l'ombre de celle-ci au moment précis où l'ombre de son propre corps coïncida avec sa taille réelle. Il aurait également prédit une éclipse de soleil en 585 avant Jésus-Christ.

Thalès pensait que *l'eau* était à l'origine de toute chose. Nous ne savons pas au juste ce qu'il entendait par là. Peut-être voulait-il dire que toute vie naît dans l'eau et que tout retourne à l'eau en se désagrégeant.

Se trouvant en Égypte, il a dû voir que la décrue du Nil laissait les plaines du Delta fertiles. Peut-être a-t-il également constaté que les grenouilles et les vers de terre sortaient dès qu'il avait plu.

Il est en outre probable que Thalès ait observé l'eau se transformer en glace ou en vapeur avant de redevenir de l'eau.

On prête à Thalès l'affirmation que « tout est rempli de dieux ». Là encore on ne pourra jamais savoir au juste ce qu'il entendait par là. Était-ce d'avoir vu cette terre de couleur noire être à l'origine de tout, de la fleur aux champs de blé en passant par les insectes et les cafards ? Il pensait en tout cas que la terre était remplie de minuscules « germes de vie » invisibles. Rien à voir en tout cas avec les dieux de Homère.

Le deuxième philosophe que nous connaissons est *Anaximandre* qui, lui aussi, vécut à Milet. Notre monde n'était, selon lui, qu'un monde parmi beaucoup d'autres et, comme eux, avait son origine et sa fin dans ce qu'il appelait l'« infini », c'est-à-dire l'illimité. Difficile de dire ce qu'il entendait clairement par là, mais il ne s'agissait en aucun cas d'un élément connu comme chez Thalès. Il voulait sans doute exprimer l'idée que ce qui est à l'origine de tout est différent de ce qui se crée. Le principe premier ne pouvait donc pas être tout bonnement de l'eau, mais bien quelque chose d'« infini ».

Le troisième philosophe de Milet s'appelait *Anaximène* (environ 570-526 avant Jésus-Christ). Lui prétendait que *l'air* ou *le brouillard* étaient à l'origine de toute chose.

Anaximène connaissait évidemment la doctrine de Thalès à

propos de l'eau. Mais l'eau, d'où venait-elle ? Selon Anaximène, l'eau devait être de l'air concentré. Nous observons l'eau sortir de l'air quand il pleut. Quand l'eau est encore plus concentrée, cela devient de la terre. Sans doute avait-il vu la glace fondre et se décomposer en terre et sable. Dans le même ordre d'idées, le feu n'était pour lui que de l'air raréfié. Tout, la terre, l'eau et le feu avaient pour seule origine l'air.

Il n'y a pas loin de la terre et de l'eau aux plantes qui poussent dans les champs. Seule l'union de la terre, de l'air, du feu et de l'eau permettait de créer la vie, devait-il penser tout en restant convaincu que l'« air » ou le « brouillard » étaient à l'origine de la chaîne. Il rejoint la doctrine de Thalès en affirmant qu'une substance unique était à la base de toutes les formes dans la nature.

Rien ne naît de rien

Les trois philosophes de Milet pensaient qu'il existait seulement une substance unique à l'origine du monde. Mais comment une seule matière pouvait-elle prendre autant de formes différentes ? Nous appellerons cette question *le problème du changement*.

Vers 500 avant Jésus-Christ vivaient quelques philosophes dans la colonie grecque d'Élée en Italie du Sud et ces « Éléates » débattaient ce genre de questions. Le plus connu d'entre eux était un certain *Parménide* (environ 515-450 avant Jésus-Christ).

Selon lui, tout ce qui existe a toujours existé. Cette pensée était fort répandue chez les Grecs. Pour eux, rien de plus normal que ce qui existe au monde soit éternel. Rien ne naît de rien, estimait Parménide. Ce qui n'est pas ne peut pas non plus devenir quelque chose.

Mais Parménide alla plus loin que les autres. Pour lui il n'y avait pas de réelle transformation. Rien ne pouvait devenir autre chose que ce qu'il est. Il était bien conscient que la nature offrait des formes en changement perpétuel. Ses *sens* percevaient comment les choses se modifiaient. Mais sa *raison* lui tenait un autre discours. Et quitte à choisir entre les sens et la raison, il préférait se fier à sa raison.

Tu connais l'expression : « Ne pas y croire avant de l'avoir vu de ses propres yeux » ? Eh bien, pour Parménide, tout ça, c'est du vent. Les sens, selon lui, nous donnent une fausse image du monde, une image qui ne correspond pas à ce que dit la raison. Son travail de philosophe consista à mettre en évidence la *trahison des sens* sous toutes ses formes.

Cette foi inébranlable dans la raison de l'homme, cela s'appelle le *rationalisme*. Un rationaliste est celui pour qui la raison est la source de toute connaissance au monde.

Tout s'écoule

A la même époque que Parménide vivait *Héraclite* (environ 540-480 avant Jésus-Christ) qui, lui, était originaire d'Éphèse en Asie mineure. Que tout change constamment de forme, tel était, selon lui, le trait caractéristique de la nature. Nous pouvons peut-être avancer que Héraclite faisait plus confiance aux sens que Parménide.

« Tout s'écoule », dit Héraclite. Tout est en mouvement et rien n'est éternel. C'est pourquoi nous ne pouvons pas « descendre deux fois dans le même fleuve ». Car quand je me baigne la deuxième fois, le fleuve a changé et moi aussi.

Héraclite mit aussi l'accent sur les oppositions inhérentes au monde. Si nous n'étions jamais malades, nous ne saurions pas ce qu'est la santé. Si nous ne souffrions jamais de la faim, nous ne connaîtrions pas la joie d'avoir assez à manger. S'il n'y avait pas la guerre, nous n'apprécierions pas la paix à sa juste valeur et si l'hiver n'existait pas, nous ne pourrions pas assister à l'éclosion du printemps.

Le bien comme le mal ont leur place nécessaire dans l'ordre des choses selon Héraclite. Sans le jeu constant entre ces contraires, le monde n'existerait plus.

« Dieu est le jour et la nuit, l'hiver et l'été, la guerre et la paix, la faim et la satiété », déclarait-il. Il employait le terme « Dieu », mais il va sans dire qu'il ne faisait aucunement référence aux dieux des mythes. Pour Héraclite, Dieu ou le divin est quelque chose qui englobe le monde entier. Dieu se manifeste justement dans les transformations et les contrastes de la nature.

A la place du mot « Dieu », il emploie souvent le terme grec λογος *(logos)*. Cela signifie raison. Bien que nous autres hommes ne pensons pas la même chose ni n'avons la même faculté de raisonner, il doit toutefois exister, selon Héraclite, une sorte de

« raison universelle » qui gouverne tout ce qui se passe dans la nature. Cette « raison universelle » ou cette « loi universelle » est commune à tous et chacun doit s'y référer. Cependant, d'après Héraclite, chacun n'en fait qu'à sa tête. Comme tu vois, il ne tenait pas les autres hommes en très haute estime. « L'opinion de la plupart des gens peut se comparer à des jeux d'enfant », disait-il.

Derrière toutes ces transformations et oppositions dans la nature, Héraclite voyait donc une unité ou un tout. Ce « quelque chose » à l'origine de tout, il l'appelait « Dieu » ou « logos ».

Les quatre éléments primitifs

Parménide et Héraclite soutenaient des thèses complètement opposées. La *raison* de Parménide expliquait que rien ne pouvait changer. Tandis que les *expériences de nos sens* confirmaient à Héraclite que la nature était en perpétuelle mutation. Lequel des deux avait raison ? Devons-nous croire ce que nous dit notre *raison* ou bien faire confiance à nos *sens* ?

Parménide, comme Héraclite, affirme deux choses. Il soutient que :

a) rien ne peut se transformer ;
b) nos sens sont par conséquent trompeurs.

Héraclite en revanche défend la thèse que :

a) tout se transforme (« tout s'écoule ») ;
b) nos sens sont fiables.

On peut difficilement être plus antagonistes ! Mais qui a raison ? Eh bien, *Empédocle* (environ 490-430 avant Jésus-Christ), originaire de Sicile, sortit la philosophie de cette impasse. Tous les deux avaient raison dans une de leurs affirmations, mais tous deux avaient aussi tort sur un point.

Selon Empédocle, toute la confusion provenait de l'hypothèse de départ qu'une seule substance était à l'origine de tout. Si tel était le cas, le fossé entre, d'une part, ce que nous dit la raison et, d'autre part, « ce que nous voyons de nos propres yeux » serait tout à fait infranchissable.

L'eau ne peut pas devenir un poisson ou un papillon. En fait l'eau ne peut pas du tout changer de nature. L'eau pure restera éternellement de l'eau pure. Parménide avait donc raison en affirmant que « rien ne peut se transformer ».

D'un autre côté, Empédocle était d'accord avec Héraclite pour faire confiance à nos sens. Nous devons croire ce que nous voyons, et nous voyons justement une nature en perpétuelle mutation.

Empédocle en vint donc à la conclusion qu'il fallait rejeter l'idée d'une substance première et unique. Ni l'eau ni l'air ne peuvent *seuls* se transformer en rosier ou en papillon. Il était impossible que la nature procède d'un seul « élément ».

Empédocle croyait que la nature disposait de quatre substances élémentaires qu'il appelait « racines ». Ces quatre racines, c'était *la terre, l'air, le feu* et *l'eau.*

Tout ce qui se meut dans la nature est dû au mélange et à la séparation de ces quatre éléments. Car tout est composé de terre, d'air, de feu et d'eau, seules changent les proportions. A la mort d'une fleur ou d'un animal, les quatre éléments se séparent à nouveau. Cela peut s'observer à l'œil nu. Mais la terre, l'air, le feu ou l'eau restent, eux, inchangés, « indemnes » de toutes ces métamorphoses. Il n'est pas juste de dire que « tout » se transforme. Au fond, rien ne change. Seuls quatre éléments s'unissent et se séparent avant de se mélanger à nouveau.

On peut essayer de comparer cela avec le travail d'un peintre. Avec une seule couleur à sa disposition, disons le rouge, il lui est impossible de peindre des arbres verts. Mais s'il a aussi le jaune, le bleu et le noir sur sa palette, il peut peindre des centaines de couleurs différentes en variant simplement chaque fois leurs proportions respectives.

Ou prenons la cuisine, par exemple. Avec seulement de la farine, je serais un magicien si je parvenais à faire un gâteau. Mais si j'ai des œufs, de la farine, du lait et du sucre, alors je peux faire une infinité de gâteaux différents à partir de ces quatre matières premières.

Ce n'est pas un hasard si Empédocle pensait que les « racines » de la nature étaient justement la terre, l'air, le feu et l'eau. Avant lui d'autres philosophes avaient tenté de prouver pourquoi la substance première était soit l'eau, soit l'air, soit le feu. Que l'eau comme l'air fussent des éléments importants au sein de la nature,

Thalès et Anaximène en étaient tous deux convaincus. Les Grecs croyaient aussi que le feu était essentiel : il suffisait de considérer l'importance du soleil pour la vie végétale et de penser aussi à la chaleur du corps humain ou animal.

Peut-être qu'Empédocle avait vu brûler un morceau de bois. Quelque chose se désagrège. Nous entendons le bois craquer et gémir : c'est l'« eau ». Quelque chose s'en va en fumée : c'est l'« air ». Quant au « feu », on l'a sous les yeux. Puis il reste quelque chose quand le foyer s'éteint : c'est la cendre ou la « terre ».

Quand Empédocle montre que tout ce qui change dans la nature est dû à l'alliance et à la séparation des quatre racines, il omet quelque chose. Pour quelle raison ces éléments s'assemblent-ils pour créer la vie ? Qu'est-ce qui est à l'origine de leur séparation, dans le cas d'une fleur par exemple ?

Pour Empédocle, deux *forces* différentes sont à l'œuvre dans la nature : l'amour et *la haine*. Ce qui unit les choses, c'est l'amour ; ce qui les désunit, c'est la haine.

Il est intéressant de remarquer qu'il fait une distinction entre un « élément » et une « force ». De nos jours, la science fait la distinction entre les « matières élémentaires » et les « forces naturelles ».

La science moderne pense que tous les phénomènes naturels peuvent être ramenés à une alliance entre les diverses *substances élémentaires* et un petit nombre de *forces naturelles*.

Empédocle souleva aussi le problème du phénomène de la perception. Comment puis-je « voir » une fleur par exemple ? Que se passe-t-il exactement ? As-tu jamais songé à cela, Sophie ? Sinon, c'est le moment ou jamais !

Nos yeux seraient, d'après Empédocle, composés de terre, d'air, de feu et d'eau comme tout dans la nature. La « terre » dans mon œil percevrait l'élément terre dans ce que je vois, l'« air » l'élément air, le « feu » l'élément feu et l'« eau » ce qui appartient à l'élément eau. Si un seul de ces éléments faisait défaut à mon œil, je ne pourrais pas voir la nature dans son intégralité.

Une partie du tout dans tout

Un autre philosophe ne pouvait accepter l'idée qu'une substance première, comme l'eau par exemple, puisse se transformer en tout ce que nous voyons : un certain *Anaxagore* (500-428 avant Jésus-Christ). Lui non plus n'admettait pas l'idée que la terre, l'air, le feu et l'eau puissent devenir du sang et des os.

Selon lui, la nature est formée de minuscules morceaux invisibles à l'œil. Tout peut se diviser en parties encore plus petites, mais dans chacune d'elles il y a une fraction du tout. Si la peau et les cheveux peuvent se transformer en autre chose, cela revient à dire qu'il y a de la peau et des cheveux dans le lait que nous buvons et la nourriture que nous mangeons !

Quelques exemples modernes vont nous permettre de mieux cerner la pensée d'Anaxagore. Avec la technique actuelle du laser, nous sommes capables de produire des hologrammes. Si un hologramme reproduit une voiture, par exemple, et qu'on détruise une partie de cet hologramme, nous verrons malgré tout une image de la voiture en entier, même si nous n'avons plus que la partie de l'hologramme qui représentait le pare-chocs. Tout simplement parce que le motif entier est présent dans les moindres parties.

Notre corps aussi est construit d'une certaine manière selon ce schéma. Si je détache une cellule d'un de mes doigts, celle-ci révélera l'état et la nature de ma peau, mais aussi ceux de mes yeux, la couleur de mes cheveux, le nombre et l'aspect extérieur de mes doigts, etc. Chaque cellule de mon corps détient les informations détaillées de la composition des autres cellules du corps. C'est bien une « partie du tout » que possède chaque cellule. La totalité est présente dans chaque partie, aussi infime soit-elle.

Anaxagore appelait ces « minuscules parties » qui possédaient « quelque chose de la totalité » des « graines » ou des « germes ».

Nous nous souvenons qu'Empédocle pensait que l'« amour » unissait les différentes parties pour former des corps entiers. Anaxagore, lui aussi, concevait une sorte de force qui « structure » et donne forme aux animaux, aux êtres humains, aux fleurs et aux arbres. Cette force, il l'appelait l'« intellect » ou encore l'« intelligence » : νοῦς *(nous)*.

Anaxagore nous intéresse à un autre titre : il est le premier philosophe d'Athènes dont nous entendions parler. Certes il venait d'Asie mineure, mais il s'installa à Athènes vers l'âge de quarante ans. On l'accusa d'athéisme et il fut contraint de quitter la ville. Il avait entre autres osé prétendre que le Soleil n'était pas un dieu, mais une pierre chauffée à blanc qui dépassait de loin en taille la presqu'île du Péloponnèse...

Anaxagore était passionné d'astronomie. Il soutenait que tous les corps célestes étaient formés de la même matière que la Terre. Telle était la conclusion à laquelle il avait abouti après avoir examiné une météorite. C'est pourquoi il n'était pas exclu, selon lui, que des hommes vivent sur d'autres planètes. Il fit remarquer que la Lune ne s'éclairait pas toute seule, mais qu'elle recevait sa lumière de la Terre et il expliqua par ailleurs le phénomène des éclipses de Soleil.

P.-S. : Je te remercie de ton attention, Sophie. Tu seras sans doute amenée à relire ce chapitre plusieurs fois avant de bien le comprendre. Mais un tel résultat mérite bien qu'on se donne un peu de mal. Tu n'apprécierais guère une amie qui serait incollable sur tous les sujets sans que cela lui ait coûté le moindre effort, ou je me trompe ?

Il te faudra attendre jusqu'à demain pour avoir la réponse au problème de la substance unique et des transformations au sein de la nature. Tu feras aussi la connaissance de Démocrite. Je ne t'en dis pas plus !

Sophie écarta légèrement les broussailles épaisses et, grâce à cette petite ouverture, jeta un coup d'œil dans le jardin. Il fallait qu'elle remette un peu d'ordre dans ses pensées après tout ce qu'elle avait lu.

Il était clair comme de l'eau de roche que justement l'eau ne pouvait devenir autre chose que de la glace ou de la vapeur. Il était hors de question que l'eau puisse se transformer en pastèque, même si de nombreuses langues l'appellent « melon d'eau », car même une pastèque était composée d'autre chose que simplement de l'eau. Mais si elle en était si convaincue, n'était-ce pas parce qu'on le lui avait dit ? Aurait-elle vraiment su que la glace n'est que de l'eau, si elle ne l'avait pas appris ? N'aurait-elle pas dû sinon étudier très précisément le phénomène de l'eau qui commence par geler avant de fondre et redevenir eau ?

Sophie essaya de penser par elle-même sans se référer à ce qu'elle avait appris.

Parménide avait refusé de reconnaître toute forme de changement. Plus elle y réfléchissait, plus elle était obligée d'admettre qu'il y avait du vrai dans ce qu'il disait. Son bon sens lui interdisait d'accepter l'idée que « quelque chose » puisse d'un seul coup devenir « quelque chose de complètement différent ». Il n'avait pas manqué de cran, car il avait été obligé de réfuter dans le même temps les phénomènes naturels que chacun pouvait constater par soi-même. Tout le monde avait dû se moquer de lui.

Empédocle aussi avait été assez astucieux pour affirmer que l'univers ne saurait être composé d'un seul mais de plusieurs éléments. De cette façon, tout changement dans la nature était rendu possible sans pour autant transformer quoi que ce soit.

Le vieux philosophe grec avait abouti à ces conclusions en raisonnant et en étudiant la nature, mais sans toutefois pouvoir se livrer à des analyses chimiques comme le font les scientifiques aujourd'hui.

Sophie ne savait pas au juste si elle devait vraiment croire que la terre, l'air, le feu et l'eau étaient à l'origine de tout ce qui est créé dans la nature. Mais au fond, quelle importance ? Sur le principe, Empédocle ne s'était pas trompé. La seule possibilité que nous ayons d'accepter toutes les transformations que nos yeux perçoivent sans pour autant perdre le nord, c'est d'introduire plus d'une substance élémentaire.

Sophie trouva que la philosophie, c'était vraiment génial, car elle pouvait suivre toutes ces idées avec sa propre raison, sans avoir besoin de se rappeler ce qu'elle avait appris en classe. Elle en vint à la conclusion que la philosophie n'était pas vraiment quelque chose qu'on peut apprendre, mais qu'on pouvait peut-être apprendre à *penser* de manière philosophique.

Chapitre 5

DÉMOCRITE

...le jouet le plus génial du monde...

Sophie referma la boîte en fer-blanc qui contenait toutes les feuilles dactylographiées de son professeur de philosophie inconnu. Elle se faufila hors de sa cabane et resta un moment à contempler le jardin. Elle revit soudain ce qui s'était passé la veille. Sa mère l'avait même taquinée au petit déjeuner à propos de cette « lettre d'amour ». Elle se dépêcha d'aller voir la boîte aux lettres pour éviter que la même scène ne se reproduise. Recevoir une lettre d'amour, passe encore, mais deux jours de suite, ce serait carrément la honte.

Elle trouva à nouveau une petite enveloppe blanche ! Sophie commença à entrevoir un certain système dans les livraisons : chaque après-midi, elle avait droit à une grande enveloppe jaune dans la boîte et tandis qu'elle était occupée à lire cette longue lettre, le philosophe parvenait discrètement à glisser dans la boîte une petite enveloppe blanche.

Cela signifiait que Sophie pouvait facilement le démasquer. Mais qui sait si ce n'était pas une femme ? Elle n'avait qu'à se poster à sa fenêtre, car de là elle avait une bonne vue sur la boîte aux lettres. Elle finirait bien par coincer ce mystérieux personnage. Les enveloppes blanches ne venaient quand même pas toutes seules !

Sophie décida de mettre son plan à exécution dès le lendemain. On serait vendredi et elle aurait ensuite tout le week-end devant elle.

Elle monta dans sa chambre pour ouvrir l'enveloppe. Aujourd'hui, il n'y avait qu'une question sur le petit bout de papier, mais elle paraissait encore plus débile que les trois autres de la fameuse « lettre d'amour » :

Pourquoi le Lego est-il le jouet le plus génial du monde ?

Tout d'abord, Sophie n'était pas vraiment d'accord pour dire que le Lego était le jouet le plus génial du monde, en tout cas cela faisait des années qu'elle n'y avait plus touché. Par ailleurs elle ne voyait vraiment pas ce que le Lego avait à faire avec la philosophie.

Mais elle était une élève obéissante. Elle fouilla dans son armoire sur l'étagère du haut et finit par dénicher un sac de plastique rempli de pièces de Lego de toutes les tailles et de toutes les formes.

Elle n'avait pas touché à ce Lego depuis belle lurette. Tandis qu'elle s'évertuait à construire quelque chose, elle réfléchit à la particularité de ces pièces de Lego.

Rien de plus facile au départ, se dit-elle. Quelles que soient leur forme et leur taille, on peut toujours les assembler entre elles. Et en plus ces morceaux de plastique sont inusables. A-t-on jamais vu un Lego abîmé ? De fait, le sien paraissait aussi neuf que lorsqu'elle l'avait reçu il y a quelques années. Et surtout, on pouvait construire tout ce qu'on voulait à partir de ces pièces. On pouvait défaire et recommencer à l'infini en construisant quelque chose de complètement différent.

Que demander de plus ? Sophie se rendit compte que finalement le Lego méritait bien d'être appelé le jouet le plus génial du monde. Mais quel rapport avec la philosophie ? Là encore, mystère et boule de gomme.

Elle eut tôt fait de construire une grande maison de poupée. Elle n'osait pas trop s'avouer que ça faisait longtemps qu'elle ne s'était pas autant amusée. Au fait, pourquoi en grandissant s'arrêtait-on un jour de jouer ?

Sa mère rentra et, en voyant ce que Sophie avait fabriqué, laissa échapper :

– Ah, ça me fait plaisir de voir que tu sais encore jouer comme une petite fille !

– Mais non ! J'essaie de me livrer à quelques expériences philosophiques assez difficiles.

Sa mère soupira profondément. Elle devait sans doute repenser à cette histoire de lapin blanc et de chapeau haut-de-forme.

En revenant de l'école le lendemain, Sophie reçut à nouveau plusieurs feuilles dans une grande enveloppe jaune. Elle prit l'enveloppe et monta dans sa chambre. Elle voulait d'une part tout de suite lire ce qui était écrit et d'autre part surveiller la boîte aux lettres.

La théorie de l'atome

Coucou, Sophie ! Tu vas entendre parler aujourd'hui du dernier grand philosophe de la nature. Il s'appelait *Démocrite* (environ 460-370 avant Jésus-Christ) et venait de la ville côtière d'Abdera au nord de la mer Égée. Si tu as réussi à résoudre l'énigme du Lego, tu ne devrais pas avoir de problèmes à comprendre le projet de ce philosophe.

Démocrite était d'accord avec ses prédécesseurs pour dire que les changements observables dans la nature n'étaient pas la conséquence d'une réelle « transformation ». Il supposa donc que tout devait être constitué de minuscules éléments de construction, chacun, pris séparément, étant éternel et immuable. Démocrite appela ces infimes parties des *atomes*.

Le terme grec ατομος signifie « indivisible ». Il s'agissait pour Démocrite d'établir que ce qui est la base de toute la construction du monde ne peut pas se subdiviser indéfiniment. On ne pourrait pas sinon s'en servir comme éléments de construction. En effet, si les atomes pouvaient être cassés et divisés en parties de plus en plus petites, la nature finirait par perdre toute consistance et ressembler à une soupe de plus en plus diluée.

Les éléments de construction de la nature devaient d'autre part être éternels, car rien ne naît du néant. Démocrite rejoignait sur ce point Parménide et les Éléates. Il croyait que tous les atomes devaient être solides et massifs sans pour autant être les mêmes. Car si tous les atomes étaient identiques, il n'y aurait pas d'explication satisfaisante pour rendre compte de la variété des formes aussi différentes entre elles que la violette, l'olivier, la peau de chèvre ou les cheveux humains.

Démocrite pensait qu'il y avait une infinité d'atomes dans la nature. Certains étaient ronds et lisses, d'autres rugueux et crochus. Et c'est justement parce qu'ils avaient des formes différentes qu'ils pouvaient s'assembler en d'infinies variantes. Mais ils avaient beau être innombrables et différents les uns des autres, ils étaient tous éternels, immuables et indivisibles.

Quand un corps, prenons l'exemple d'un arbre ou d'un animal, meurt et se décompose, les atomes se dispersent et peuvent se regrouper pour former de nouveaux corps. Les atomes en effet bougent dans l'espace, mais parce que certains ont des « crochets » ou des « dents », ils s'accrochent les uns aux autres pour former les choses qui nous entourent.

Tu vois maintenant ce que je voulais dire avec les éléments de Lego, n'est-ce pas ? Ils possèdent tous plus ou moins les qualités que Démocrite attribue aux atomes, et c'est pourquoi ils permettent de tout construire. Tout d'abord ils sont indivisibles. Ils diffèrent par la taille et la forme et sont compacts et denses. Ils possèdent par ailleurs ces crochets et ces dents qui leur permettent de s'assembler pour former tout ce qu'on veut. Ce mode de fixation peut facilement se défaire pour permettre la reconstruction d'autres choses à partir des mêmes éléments.

Le fait de pouvoir réutiliser indéfiniment les éléments, c'est ce qui explique le succès qu'a remporté le Lego depuis sa création : ce qui un jour aura servi à une voiture permettra le lendemain de construire un château. On pourrait presque dire que ces éléments de Lego sont « éternels » : les enfants peuvent jouer avec le Lego que possédait leur père ou leur mère quand eux-mêmes étaient petits.

On peut aussi former différentes choses avec de l'argile, mais on ne peut pas la pétrir indéfiniment car elle s'effrite de plus en plus et il devient impossible au bout d'un moment de créer de nouveaux objets.

Nous pouvons affirmer aujourd'hui que la théorie des atomes de Démocrite était assez juste. La nature est vraiment formée de différents « atomes » qui s'assemblent et se défont. Un atome d'hydrogène qui se trouve dans une cellule tout au bout de mon nez faisait peut-être partie autrefois de la trompe d'un éléphant. Et qui sait si un atome de carbone de mon muscle cardiaque ne se trouvait pas, il y a bien longtemps, sur la queue d'un dinosaure ?

La science a entre-temps établi que les atomes pouvaient se subdiviser en « particules élémentaires » encore plus petites. Nous les appelons des protons, des neutrons et des électrons. Peut-être pourrait-on encore diviser ces dernières particules, mais les physiciens sont d'accord pour admettre qu'il y a une limite. Il doit exister des *parties infimes* qui servent à construire toute la nature.

Démocrite n'avait pas accès aux appareils électroniques de notre époque. La raison était son seul outil et elle ne lui laissait pas le choix. Si nous partons du principe que rien ne change, que rien ne naît du néant et que rien ne disparaît jamais, il faut admettre que la nature est constituée d'une infinité de petits éléments de construction qui s'assemblent et se défont à nouveau.

Démocrite ne faisait appel à aucune « force » ou « esprit » pour expliquer les phénomènes naturels. La seule chose à l'œuvre, pensait-il, ce sont les atomes et le vide. Comme il ne croyait qu'à ce qui est « matériel », nous l'appelons un *matérialiste*.

Il n'y a aucune « intention » dans les mouvements d'atomes. Tout dans la nature se produit de façon *mécanique*. Ce qui ne veut pas dire que tout est accidentel, car tout est soumis aux lois inviolables de la nature. Il y a derrière tous ces phénomènes une cause naturelle, pensait Démocrite, une cause dans les choses elles-mêmes. Il déclara même un jour qu'il préférerait découvrir une loi naturelle qu'être roi de Perse.

La théorie de l'atome expliquait aussi, selon Démocrite, nos *perceptions*. Quand nous percevons quelque chose, c'est à cause du mouvement des atomes dans le vide. Quand je vois la Lune, c'est parce que les « atomes de la Lune » touchent mon œil.

Mais qu'en est-il de l'*âme* ? Peut-on la réduire à des atomes, c'est-à-dire à des « choses » matérielles ? Eh bien oui ! Démocrite soutenait l'hypothèse que l'âme était composée de quelques atomes spécialement ronds et lisses, les « atomes de l'âme ». A la mort d'une personne, les atomes s'enfuient de tous côtés. Puis ils peuvent se rassembler pour former une nouvelle âme.

Cela signifie que l'homme n'a pas une âme immortelle. Cette pensée est de nos jours partagée par de nombreuses personnes qui pensent comme Démocrite que l'« âme » est liée au cerveau et que nous ne pouvons pas garder une forme de conscience quand le cerveau se décompose.

Avec sa théorie des atomes, Démocrite tira un trait définitif sur la philosophie grecque de la nature. Comme Héraclite, il pensait que tout « s'écoule » dans la nature. Les formes vont et viennent. Mais derrière ces corps en perpétuel mouvement, il existe quelques éléments éternels et immuables qui ne « s'écoulent » pas. C'est cela que Démocrite appelait les atomes.

Tout en lisant, Sophie ne manqua pas de jeter à plusieurs reprises un coup d'œil par la fenêtre pour voir si l'inconnu n'allait pas s'approcher de la boîte aux lettres. Elle resta assise dans cette position à le guetter tandis qu'elle se repassait en mémoire ce qu'elle venait de lire.

Démocrite avait réfléchi simplement et avait eu une idée géniale. Il avait résolu le problème insoluble entre la « substance unique » et le « changement » du monde. Alors que cela faisait des générations que les philosophes butaient sur cette question, Démocrite avait enfin trouvé la solution en utilisant tout simplement sa raison.

C'en était presque drôle. Il était finalement assez logique que la nature soit fondée sur quelques petits éléments qui, eux, ne changeaient jamais. D'un autre côté, Héraclite n'avait pas tort de dire que toutes les formes dans la nature sont en perpétuel mouvement. Car tous les hommes et les animaux meurent, même une chaîne de montagnes finit lentement par s'éroder. L'important à retenir, c'était que même cette chaîne de montagnes était formée de petits éléments indivisibles et indestructibles.

Mais Démocrite avait soulevé d'autres questions. Comme, par exemple, quand il disait que tout procède de façon mécanique. Il n'admettait pas l'idée de forces spirituelles dans l'univers, comme le faisaient Empédocle et Anaxagore. De plus, Démocrite pensait que l'âme de l'homme n'était pas immortelle.

Avait-il aussi raison sur ce point ?

Elle ne savait pas trop au juste. Il faut dire qu'elle venait à peine de commencer son cours de philosophie.

Chapitre 6

LE DESTIN

...le devin essaie d'interpréter quelque chose qui
par nature échappe à toute interprétation...

Sophie avait souvent tourné les yeux vers le jardin pendant qu'elle lisait sur Démocrite. Mais, pour en avoir le cœur net, elle descendit quand même jeter un coup d'œil à la boîte aux lettres.

En ouvrant la porte d'entrée, quelle ne fut pas sa surprise de découvrir sur les marches une petite enveloppe blanche. Avec bien sûr *Sophie Amundsen* écrit dessus.

Ah, il s'était bien moqué d'elle ! Juste le jour où elle observait la boîte aux lettres, le mystérieux philosophe s'était faufilé par un autre chemin derrière la maison et s'était contenté de déposer la lettre sur les marches avant de filer dans la forêt. Ça alors !

Comment avait-il deviné que Sophie surveillerait aujourd'hui la boîte aux lettres ? Est-ce que cette mystérieuse personne l'avait aperçue à la fenêtre ? Bon, elle avait au moins récupéré la lettre avant le retour de sa mère, c'était déjà ça.

Sophie regagna rapidement sa chambre et ouvrit la lettre. Les coins de l'enveloppe étaient légèrement mouillés et portaient comme des marques de dents assez profondes. Comment était-ce possible ? Cela faisait plusieurs jours qu'il n'avait pas plu !

Sur le bout de papier était écrit :

Crois-tu au destin ?
La maladie est-elle une punition des dieux ?
Quelles forces gouvernent le cours de l'histoire ?

Si elle croyait au destin ? A première vue, plutôt non. Elle connaissait beaucoup de personnes qui y croyaient. Plusieurs de ses amies de classe lisaient par exemple l'horoscope dans les revues. Et si elles croyaient à l'astrologie, elles devaient croire au destin, car les astrologues pensent que la place des étoiles dans le ciel joue un rôle dans la vie des hommes sur Terre.

Si on croyait qu'un chat noir traversant la rue est signe de malheur, alors on devait aussi croire au destin, non ? Plus elle y pensait, plus elle trouvait des exemples de superstitions. Tiens, pourquoi dit-on « je touche du bois » ? Et pourquoi le vendredi 13 portait-il malheur ? Sophie avait entendu dire que beaucoup d'hôtels sautaient le chiffre 13 dans les numéros de chambres. Ce qui prouvait qu'il y avait malgré tout beaucoup de gens superstitieux.

« Superstition », n'était-ce pas un drôle de mot au fond ? Si vous étiez chrétien ou musulman, on disait que vous aviez la « foi ». Mais si vous croyiez à l'astrologie ou au vendredi 13, cela devenait de la superstition !

Qui a le droit de qualifier la croyance des autres de « superstition » ?

Sophie était en tout cas sûre d'une chose : Démocrite ne croyait pas au destin. C'était un matérialiste. Il ne croyait qu'aux atomes et au vide.

Sophie essaya de réfléchir aux autres questions posées sur la feuille.

La maladie est-elle une punition des dieux ? Qui aurait encore pu croire une chose pareille de nos jours ? Cela dit, beaucoup demandaient l'aide de Dieu pour guérir, ce qui voulait dire qu'on croyait que Dieu avait son mot à dire sur la santé et la maladie de chacun.

Il était autrement plus difficile de se prononcer sur la dernière question. Sophie ne s'était jamais demandé ce qui gouvernait l'histoire. Ce devait être les hommes, non ? Mais si Dieu ou le destin existaient, les hommes ne pouvaient plus exercer librement leur volonté...

Cette idée du libre exercice de la volonté mit Sophie sur de tout autres rails. Pourquoi accepter que le philosophe mystérieux joue au chat et à la souris avec elle ? Pourquoi n'écrirait-elle pas à son tour une lettre à l'inconnu ? Il ou elle viendrait certainement déposer une autre grande enveloppe jaune dans la boîte aux lettres soit dans le courant de la nuit soit demain dans la matinée. A son tour de lui déposer une lettre !

Sophie se mit tout de suite à l'œuvre. Ce n'était pas si facile que ça d'écrire à quelqu'un qu'elle n'avait jamais vu. Elle ne savait même pas si c'était un homme ou une femme et si cette personne était jeune ou âgée. Peut-être était-ce même quelqu'un qu'elle connais-sait ?

Elle finit par rédiger la lettre suivante :

> *Très honoré philosophe,*
> *Il est fait grand cas, dans cette maison, de votre généreuse offre de cours de philosophie par correspondance. Mais on souffre aussi de ne pas savoir qui vous êtes. C'est la raison pour laquelle nous vous prions de vous présenter et de décliner votre identité. En échange, vous êtes cordialement invité à entrer prendre une tasse de café à la maison, mais de préférence quand Maman n'est pas là. Elle travaille de 7 heures 30 à 17 heures tous les jours du lundi au vendredi. Quant à moi, je vais pendant ce temps au collège sauf le jeudi où je rentre toujours à 14 heures 15. Je précise que je sais bien faire le café. D'avance, merci beaucoup.*
> *Salutations respectueuses de votre élève dévouée,*
> *Sophie, quatorze ans.*

Tout en bas de la feuille, elle écrivit : *Réponse souhaitée.*

Sophie trouva la lettre beaucoup trop officielle. Mais ce n'était pas commode de savoir quels mots employer pour écrire à une personne sans visage.

Elle fourra la feuille dans une enveloppe rose qu'elle referma. Puis elle écrivit au recto : *Au philosophe.*

Le problème consistait à déposer la lettre là-bas sans que sa mère ne la trouve. Il fallait dans un premier temps attendre que sa mère soit rentrée avant de la glisser dans la boîte aux lettres. Et dans un second temps ne pas oublier d'aller voir la boîte tôt le lendemain matin avant qu'on ne livre le journal. Si elle ne recevait pas de nouvelle lettre dans la soirée ou la nuit, elle serait obligée d'aller récupérer l'enveloppe rose.

Pourquoi fallait-il que tout soit si compliqué ?

Ce soir-là, bien que ce fût vendredi soir, Sophie monta se coucher tôt. Sa mère tenta de la retenir en lui proposant de manger une pizza et de regarder *Derrick*, leur série policière préférée, mais Sophie prétexta qu'elle était fatiguée et qu'elle voulait lire au lit. Et elle profita que sa mère avait les yeux rivés sur l'écran pour se faufiler dehors et glisser sa lettre dans la boîte.

Il était clair que sa mère se faisait du mauvais sang. Elle s'était mise à lui parler très différemment depuis l'histoire du lapin et du chapeau haut-de-forme. Sophie n'aimait pas lui faire de la peine, mais il fallait absolument qu'elle surveille la boîte aux lettres.

Quand sa mère monta sur le coup des onze heures, Sophie était toujours postée à la fenêtre et regardait la rue.

– Tu ne surveilles quand même pas la boîte aux lettres ? demanda-t-elle.

– J'ai bien le droit de regarder ce que je veux !

– Je crois bien que tu es amoureuse, Sophie. Mais si tu t'attends à une autre lettre, cela m'étonnerait qu'il vienne te la déposer en pleine nuit.

Ah ! Sophie détestait ces histoires de cœur à l'eau de rose. Mais elle ne voyait pas d'autre solution que de laisser sa mère dans l'erreur.

– C'est lui qui t'a parlé du lapin et du chapeau haut-de-forme ? poursuivit sa mère.

Sophie acquiesça.

– Il... il ne se drogue pas au moins ?

Sophie avait vraiment pitié d'elle. Mais elle ne pouvait pas la laisser se ronger d'inquiétude. Elle était tellement à côté de la plaque ! Faire un rapprochement avec la drogue parce qu'on s'amusait à avoir un peu d'esprit... Ce que les adultes pouvaient être débiles parfois !

– Maman, je te promets que je ne toucherai jamais à ce genre de choses..., répondit-elle en se retournant. Quant à « lui », il ne se drogue pas non plus. Par contre il s'intéresse beaucoup à la philosophie.

– Il est plus âgé que toi ?

Sophie fit non de la tête.

– Il a ton âge ?

Elle fit signe que oui.

– Et tu dis qu'il s'intéresse à la philosophie ?

Sophie acquiesça à nouveau.

– Eh bien, il est certainement très gentil. Allez, je crois que tu devrais essayer de dormir.

Mais Sophie resta à la fenêtre et continua à regarder la rue. A une heure du matin, elle était si fatiguée qu'elle se mit à cligner des yeux. Elle était sur le point d'aller au lit lorsqu'elle aperçut tout à coup une ombre qui sortait de la forêt.

Il faisait presque nuit dehors, mais encore assez clair pour qu'elle pût distinguer une silhouette. C'était un homme, et Sophie eut l'impression qu'il était plutôt âgé. En tous cas, pas de son âge ! Il portait sur la tête une espèce de béret.

Il eut l'air à un moment de lever les yeux vers la maison, mais Sophie avait éteint la lumière. L'homme se dirigea vers la boîte aux lettres et laissa glisser une grosse enveloppe. Juste à cet instant, ses yeux tombèrent sur la lettre de Sophie. Il mit la main dans la boîte et l'attrapa. La seconde d'après, il était déjà loin. Il rejoignit presque au pas de course le chemin qui mène à la forêt et disparut en un clin d'œil.

Sophie avait le cœur battant. Elle l'aurait bien poursuivi en chemise de nuit. Encore que... non, elle n'osait pas courir après un inconnu au beau milieu de la nuit. Mais il fallait sortir chercher l'enveloppe !

Elle attendit un petit moment avant de descendre prudemment l'escalier, de tourner la clé dans la serrure et d'aller à la boîte aux lettres. En moins de deux, elle était revenue dans sa chambre avec la grande enveloppe à la main. Elle s'assit sur le bord du lit et retint son souffle. Quelques minutes s'écoulèrent où il ne se passa rien, alors elle ouvrit la lettre et se mit à lire.

Elle ne s'attendait pas bien sûr à avoir déjà une réponse à sa lettre. Celle-ci viendrait demain au plus tôt.

Coucou, c'est moi, chère Sophie ! A toutes fins utiles je précise que tu ne dois jamais essayer de m'espionner. Nous nous rencontrerons un jour mais c'est à moi de décider où et quand. Voilà, c'est dit et tu ne vas pas être désobéissante, n'est-ce pas ?

Retournons à nos philosophes. Nous avons vu comment ils ont essayé d'expliquer le changement au sein de la nature. Autrefois c'était à travers les mythes que tout s'élucidait.

Mais les anciennes croyances devaient aussi céder du terrain dans d'autres domaines. Nous le voyons quand nous abordons la question de la *maladie* et de la *santé* ainsi que de la *politique*. Dans ces deux domaines, les Grecs avaient jusque-là toujours cru à la fatalité.

Croire au destin veut dire que tout ce qui va arriver est décidé à l'avance. Nous retrouvons cette conception dans le monde entier des temps les plus reculés jusqu'à nos jours. Dans le Nord existe une croyance très ancrée dans le *lagnad* (la prédestination) tel qu'il apparaît dans les anciennes sagas islandaises.

Chez les Grecs, comme dans d'autres parties du monde, nous trouvons l'idée que les hommes peuvent avoir accès à la connaissance de leur destin à travers diverses formes d'*oracles*. Cela signifie que le destin d'un homme ou d'un État peut être interprété de différentes manières.

Il y a encore des gens qui croient qu'on peut « se faire tirer les cartes », « se faire dire la bonne aventure » ou « lire dans les étoiles ».

Une variante consiste à lire dans le marc de café. Une fois la tasse bue, il reste au fond un petit dépôt. Peut-être que ces traces de café forment une image précise ou un motif, il suffit juste d'un peu d'imagination. Si le marc ressemble à une voiture, cela veut peut-être dire que celui qui a bu le café va bientôt faire un long voyage en voiture ?

Il apparaît clairement que le « devin » essaie d'interpréter quelque chose qui par nature échappe à toute interprétation. Cela vaut pour tous les arts divinatoires. Ce que l'on « interprète » est si obscur qu'il est difficile de contredire le devin.

Si on jette un coup d'œil aux étoiles, nous ne voyons qu'un chaos de points lumineux. Pourtant, de tous temps, de nombreux hommes ont cru que les étoiles pouvaient nous renseigner sur notre vie sur la Terre. Il y a encore de nos jours des chefs de partis politiques qui consultent des astrologues avant de prendre une décision importante.

L'oracle de Delphes

Les Grecs croyaient pouvoir connaître leur destin grâce à l'oracle de Delphes. Le dieu *Apollon* était ici le dieu de l'oracle. Il parlait par l'intermédiaire de la *Pythie*, sa prêtresse, qui trônait sur un fauteuil au-dessus d'une faille de la terre. Des gaz s'échappaient de cette faille et rendaient la Pythie quasi inconsciente. Cela était indispensable pour qu'elle devienne le porte-parole d'Apollon.

En arrivant à Delphes, on posait sa question aux prêtres qui officiaient là-bas. Ces derniers la transmettaient à la Pythie. Elle répondait quelque chose de si incompréhensible ou de si flou que les prêtres devaient ensuite traduire la réponse à celui qui l'avait posée. Les Grecs croyaient ainsi profiter de la sagesse d'Apollon qui savait tout du passé comme de l'avenir.

Beaucoup de dirigeants n'osaient pas s'engager dans une guerre ou prendre de graves décisions avant d'avoir été consulter l'oracle de Delphes. Les prêtres d'Apollon firent donc office de diplomates et de conseillers, puisqu'ils connaissaient particulièrement bien le pays et le peuple.

Au-dessus du temple de Delphes, il y avait une célèbre inscription : CONNAIS-TOI TOI-MÊME ! Cela devait rappeler à l'homme qu'il était mortel et qu'aucun homme ne pouvait échapper à son destin.

De nombreux Grecs composèrent des poèmes au sujet d'hommes rattrapés par leur destin. Ce devint le sujet de toute une série de pièces de théâtre (tragédies) mettant en scène ces personnages « tragiques ». La plus célèbre d'entre elles est l'histoire du roi Œdipe.

La science de l'histoire et la médecine

Le destin ne déterminait pas seulement la vie de chaque homme. Les Grecs croyaient aussi que la marche du monde elle-même reposait entre les mains du destin. L'issue d'une guerre pouvait dépendre des dieux. Encore aujourd'hui beaucoup de personnes croient que Dieu ou d'autres forces spirituelles gouvernent la marche du monde.

Mais exactement au moment où les philosophes grecs tentaient de trouver une explication rationnelle aux phénomènes naturels, une « science de l'histoire » était en train de se mettre en place, qui avait pour tâche de trouver les causes naturelles derrière le déroulement de l'histoire. Une guerre perdue n'était plus imputée désormais à une simple vengeance divine. Les historiens grecs les plus connus furent *Hérodote* (484-424 avant Jésus-Christ) et *Thucydide* (460-400 avant Jésus-Christ).

Pour les Grecs, la maladie aussi était le fait des dieux. Ceux-ci donnaient aux hommes des maladies contagieuses pour les punir. D'un autre côté, il était également dans leur pouvoir de les guérir à la seule condition que leur soient faits des sacrifices dans les règles de l'art.

Cette croyance n'est pas spécifiquement grecque. Avant l'avènement de la médecine moderne, la maladie était presque partout considérée comme ayant une cause surnaturelle. Les termes de *flue* en anglais ou *influensa* en norvégien pour dire la grippe signifiaient à l'origine que l'on subissait la mauvaise influence des étoiles.

Même aujourd'hui, beaucoup de personnes dans le monde croient que diverses maladies, comme le sida par exemple, sont une punition de Dieu. Et nombreux sont ceux qui s'imaginent pouvoir « guérir » grâce à des forces surnaturelles.

Ainsi, tandis que les philosophes grecs ouvraient la voie à un nouveau mode de pensée, naissait une nouvelle conception de la médecine qui tentait d'expliquer la maladie et la santé de manière naturelle. Le fondateur de la médecine grecque passe pour être *Hippocrate* qui naquit sur l'île de Cos vers 460 avant Jésus-Christ.

La meilleure défense contre la maladie consistait selon Hippocrate à vivre simplement et de manière mesurée. L'état de santé est naturel à l'homme. Quand on tombe malade, c'est parce que la nature « sort de ses rails » à cause d'un déséquilibre corporel ou spirituel. Le chemin qui mène à la santé passe par la modération, l'harmonie et « une âme saine dans un corps sain ».

De nos jours on ne parle que de l'« éthique de la médecine ». On entend par là qu'un médecin se doit d'exercer la médecine en respectant certaines lois morales. Ainsi un médecin n'a pas le droit de rédiger une ordonnance de médicaments pour des gens en bonne santé. Il est en outre tenu au secret professionnel, c'est-à-dire qu'il n'a pas le droit de rapporter les propos d'un patient au sujet de sa maladie. Tout ceci vient d'Hippocrate. Il exigeait que ses élèves prêtent le serment suivant :

Je jure par Apollon, médecin, par Esculape, par Hygie et Panacée, par tous les dieux et toutes les déesses, les prenant à témoin que je remplirai, suivant mes forces et ma capacité, le serment et l'engagement suivants : je mettrai mon maître de médecine au même rang que les auteurs de mes jours, je partagerai avec lui mon savoir, et, le cas échéant, je pourvoirai à ses besoins ; je tiendrai ses enfants pour des frères, et, s'ils désirent apprendre la médecine, je la leur enseignerai sans salaire ni engagement.

Je ferai part des préceptes, des leçons orales et du reste de l'enseignement à mes fils, à ceux de mon maître, et aux disciples liés par un engagement et un serment suivant la loi médicale, mais à nul autre.

Je dirigerai le régime des malades à leur avantage, suivant mes forces et mon jugement, et je m'abstiendrai de tout mal et de toute injustice.

Je ne remettrai à personne du poison, si on m'en demande, ni ne prendrai l'initiative d'une pareille suggestion ; semblablement, je ne remettrai à aucune femme un pessaire abortif.

Je passerai ma vie et j'exercerai mon art dans l'innocence et la pureté.

Je ne pratiquerai pas l'opération de la taille, je la laisserai aux gens qui s'en occupent.

Dans quelque maison que j'entre, j'y entrerai pour l'utilité des malades, me préservant de tout méfait volontaire et corrupteur et surtout de la séduction des femmes et des garçons, libres ou esclaves.

Quoi que je voie ou entende en société pendant l'exercice ou même hors de l'exercice de ma profession, je tairai ce qui n'a pas besoin d'être divulgué, regardant la discrétion comme un devoir en pareil cas.

Si je remplis ce serment sans l'enfreindre, qu'il me soit donné de jouir heureusement de la vie et de ma profession, honoré à jamais parmi les hommes ; si je le viole et que je me parjure, puissé-je avoir un sort contraire !

En se réveillant ce samedi-là, Sophie sauta du lit. Était-ce en rêve ou avait-elle vraiment *vu* le philosophe ?

Elle passa un bras sous le lit pour vérifier. Mais non, la lettre qu'il avait déposée cette nuit était toujours là. Sophie se souvint de tout ce qu'elle avait lu sur la croyance au destin chez les Grecs. Ce n'était donc pas un rêve.

Bien sûr qu'elle avait aperçu le philosophe ! Et encore mieux : elle l'avait observé de ses propres yeux emporter sa lettre à elle.

Sophie se mit à quatre pattes et tira de dessous le lit toutes les feuilles dactylographiées. Mais qu'est-ce que c'était que ça ? Tout contre le mur brillait quelque chose de rouge ! Un foulard ?

Elle rampa sous le lit et réapparut un foulard rouge en soie à la main. Elle était sûre d'une chose : il ne lui appartenait pas.

En examinant le foulard de plus près, elle poussa un petit cri en voyant qu'il y avait quelque chose d'écrit au stylo noir le long de l'ourlet. On pouvait lire : « HILDE ».

Hilde ! Mais qui était donc cette Hilde ? Comment se faisait-il que leurs chemins se croisent de cette façon ?

Chapitre 7

SOCRATE

...la plus intelligente est celle qui sait qu'elle ne sait pas...

Sophie enfila une robe d'été et se précipita vers la cuisine. Sa mère lui tournait le dos, tout occupée à préparer le repas. Sophie décida de ne pas mentionner le foulard de soie.

— Tu es descendue prendre le journal ? ne put s'empêcher de demander Sophie.

Sa mère se retourna.

— Non, mais sois gentille et va me le chercher.

Sophie descendit l'allée en courant et regarda dans la boîte aux lettres verte.

Il n'y avait que le journal. C'était trop tôt pour recevoir une réponse. Mais sur la première page du journal, quelques lignes à propos du contingent norvégien des Nations unies lui sautèrent aux yeux.

Le contingent norvégien des Nations unies... N'était-ce pas ce qui était marqué sur le cachet de la carte venant du père de Hilde ? Mais les timbres étaient norvégiens. Peut-être que les soldats norvégiens des Nations unies avaient leur propre poste norvégienne...

Quand elle revint dans la cuisine, sa mère lui lança sur un ton moqueur :

— C'est fou comme tu t'intéresses au journal maintenant !

Heureusement, elle ne mentionna ni la boîte aux lettres ni le courrier pendant le petit déjeuner et plus tard dans la journée non plus. Dès que sa mère fut partie faire les courses, Sophie emporta la lettre sur la croyance au destin avec elle dans sa cabane.

Elle eut un coup au cœur quand ses yeux tombèrent sur une petite enveloppe blanche posée à côté de la boîte qui contenait les lettres du professeur de philosophie. Sophie savait que ce n'était pas elle qui l'avait posée là.

Les coins de cette enveloppe-là aussi étaient humides. Et le papier portait des marques profondes comme sur l'enveloppe de la veille.

Le philosophe était donc venu jusqu'ici ? Il connaissait son secret ? Mais pourquoi les enveloppes étaient-elles un peu mouillées ?

Toutes ces questions lui donnèrent le vertige. Elle ouvrit l'enveloppe et lut la lettre suivante :

> *Chère Sophie,*
>
> *J'ai lu ta lettre avec grand intérêt, mais aussi avec une certaine inquiétude. Je suis malheureusement obligé de décevoir ton attente en ce qui concerne cette invitation à venir prendre le café. Un jour viendra où nous nous rencontrerons, mais il est encore trop tôt pour que j'apparaisse au tournant du fameux « virage du capitaine ».*
>
> *Il est en outre clair que je ne saurai dorénavant déposer les lettres en personne. Ce serait beaucoup trop risqué à la longue. Les lettres suivantes te seront remises par mon petit messager. Par contre, elles te seront directement déposées dans ton endroit secret au fond du jardin.*
>
> *Tu pourras toujours me contacter quand tu en éprouveras le besoin. Dans ce cas, veille à glisser dans ton enveloppe rose un biscuit ou un morceau de sucre. En découvrant une lettre de ce genre, le messager saura me transmettre ton courrier.*
>
> *P.-S. : Ce n'est pas agréable de devoir décliner l'invitation à prendre le café d'une jeune fille. Cependant c'est parfois obligatoire.*
>
> *P.-P.-S. : Si tu venais à découvrir un foulard de soie rouge, je te prierais d'en prendre grand soin. Il arrive de temps en temps que des affaires changent de propriétaire par erreur. Surtout à l'école ou dans des endroits de ce genre, et n'oublie pas que ceci est une école de philosophie.*
>
> *Amicalement,*
>
> *Alberto Knox*

Dans les quatorze années de sa courte vie, Sophie avait reçu malgré tout de nombreuses lettres : à Noël, pour son anniversaire ou certaines occasions particulières. Mais une lettre comme celle-ci était vraiment unique en son genre.

Elle ne portait même pas de timbre. N'avait même pas été postée. Elle avait été directement déposée dans sa cachette dans la vieille haie. Un autre mystère était qu'elle était humide par temps sec.

Le plus étrange restait malgré tout le foulard en soie. Le professeur de philosophie avait une autre élève, bon. Et cette autre élève avait égaré son foulard en soie, d'accord. Mais comment avait-elle fait pour l'égarer sous le lit de Sophie ?

Et cet Alberto Knox… quel drôle de nom en vérité !

En tout cas cette lettre lui avait confirmé qu'il existait bel et bien un lien entre le professeur de philosophie et Hilde Møller Knag. Mais que le père de Hilde lui aussi se soit mis à intervertir les adresses, ça, c'était incompréhensible.

Sophie retourna le problème dans tous les sens pour comprendre quelle relation il pouvait bien y avoir entre Hilde et elle-même, puis poussa un soupir de résignation. L'inconnu avait écrit qu'ils se rencontreraient un jour. Et Hilde, la rencontrerait-elle aussi ?

Elle retourna la feuille et découvrit de l'autre côté ces quelques phrases :

> *Existe-t-il une pudeur naturelle ?*
> *La plus intelligente est celle qui sait qu'elle ne sait pas.*
> *La vraie connaissance vient de l'intérieur.*
> *Celui qui sait ce qui est juste fera aussi ce qui est juste.*

Sophie avait compris que les courtes phrases notées dans les enveloppes blanches avaient pour but de la préparer à la grande enveloppe suivante. Elle eut soudain une idée : pourquoi ne pas attendre simplement son messager dans sa cabane, puisque ce dernier allait venir directement ici avec l'enveloppe jaune ? Elle le ferait parler et ne lâcherait pas prise avant d'en savoir plus sur ce philosophe quel qu'il soit ! La lettre mentionnait que le messager était « petit ». Peut-être s'agissait-il d'un enfant ?

Existe-t-il une pudeur naturelle ?

Sophie savait que « pudeur » était un mot vieux jeu pour exprimer la gêne qu'on éprouve par exemple à se montrer nu. Mais au fond était-ce naturel d'être gêné à cause de cela ? Quelque chose de naturel était par définition quelque chose de partagé par tous les hommes. Mais justement, dans de nombreuses parties du monde, il était tout naturel d'être nu. Était-ce donc la société qui déterminait ce qui était convenable ou pas ? Il aurait été par exemple impensable de bronzer les seins nus lorsque sa grand-mère était jeune, alors qu'aujourd'hui il n'y avait rien de plus naturel, bien que cela reste encore strictement interdit dans de nombreux pays. Sophie se gratta la tête. Mais que venait faire la philosophie dans tout ça ?

Elle passa à la seconde phrase : *La plus intelligente est celle qui sait qu'elle ne sait pas.*

Plus intelligente que qui ? Si le philosophe entendait par là que celui qui est conscient de ne pas tout savoir entre ciel et terre est plus intelligent que celui qui en sait tout aussi peu, mais s'imagine au contraire connaître beaucoup de choses, alors oui, elle était évidemment d'accord. Sophie n'avait jamais vu les choses sous cet angle, mais plus elle y réfléchissait, plus il lui apparaissait évident que se savoir ignorant est aussi une forme de savoir. Ce qui l'horripilait, c'était précisément ces gens qui la ramènent tout le temps, alors qu'ils ne savent même pas de quoi on parle.

Puis il y avait cette histoire de *vraie connaissance* qui viendrait *de l'intérieur...* Mais toute connaissance devait bien à un certain moment venir de l'extérieur avant d'entrer dans la tête des gens ? D'un autre côté, Sophie se souvenait d'avoir vécu des situations où elle était totalement imperméable à ce que sa mère ou les professeurs à l'école voulaient lui faire apprendre. Elle n'avait réellement pu apprendre quelque chose qu'en y mettant du sien. Cela devenait une évidence tout à coup, c'était sans doute ça qu'on appelait l'« intuition ».

Finalement, elle ne s'en sortait pas si mal avec ses premiers exercices. Mais l'affirmation suivante était si bizarre qu'elle ne put s'empêcher de rire : *Celui qui sait ce qui est juste fera aussi ce qui est juste.*

Est-ce que cela signifiait qu'un malfaiteur qui braque une banque ne pouvait pas faire autrement ? Sophie n'était pas d'accord. Elle pensait au contraire que les enfants comme les adultes pouvaient faire beaucoup de bêtises qu'ils regrettaient par la suite, et qu'ils agissaient parfois même contre leur propre conviction.

Tandis qu'elle réfléchissait à tout cela, elle perçut des craquements dans les broussailles du côté de la forêt. Était-ce déjà le messager ? Le cœur de Sophie s'emballa. Elle fut envahie par un sentiment de peur en l'entendant approcher et respirer comme un animal.

L'instant d'après, un gros chien sortant de la forêt débouchait dans sa cabane. Ce devait être un labrador. Il tenait dans sa gueule une grande enveloppe jaune qu'il laissa tomber sur les genoux de Sophie. La scène se déroula si vite qu'elle eut à peine le temps de réagir. Quelques secondes plus tard, elle se retrouva avec la grande enveloppe entre les mains, et le chien jaune avait déjà filé vers la forêt. La scène se déroula si vite qu'elle s'effondra sous le choc : elle prit son visage entre les mains et fondit en larmes.

Elle n'aurait su dire combien de temps elle resta ainsi avant de pouvoir relever la tête.

Alors, c'était lui le messager ! soupira-t-elle. C'était donc pour cela que les enveloppes blanches avaient les coins mouillés et portaient la trace de crocs. Comment ne pas y avoir songé plus tôt ? Au moins comprenait-elle à présent pourquoi elle devait glisser un biscuit ou un morceau de sucre dans les enveloppes qu'elle désirait faire parvenir au philosophe.

Elle n'était certes pas une lumière. Mais de là à imaginer que le messager était un chien dressé ! Il ne lui restait plus qu'à dire adieu à son idée de faire parler le messager pour savoir où habitait Alberto Knox.

Sophie ouvrit la grande enveloppe et se mit à lire :

La philosophie à Athènes

Chère Sophie,
Quand tu liras cette lettre, tu auras déjà fait sans doute la connaissance de *Hermès*. Au cas où tu n'aurais pas encore compris, j'ajoute que c'est un chien. Mais ne t'en fais pas, il est très gentil et au demeurant plus raisonnable que beaucoup d'hommes. Lui, du moins, ne prétend pas être plus intelligent qu'il n'est.

Tu remarqueras, en passant, que son nom n'a pas été choisi au hasard. Hermès était le messager des dieux grecs. Il était aussi le dieu des marins, mais laissons cela de côté pour l'instant. Le nom d'Hermès est à l'origine de l'adjectif « hermétique », qui signifie caché ou inaccessible. C'est une bonne image de la situation dans laquelle Hermès nous tient à distance les uns des autres.

Voilà pour la présentation du messager. Il obéit bien sûr quand on l'appelle et a de toutes les façons d'excellentes manières.

Revenons à la philosophie. Nous avons déjà vu la première partie du cours, j'entends par là la philosophie de la nature et la rupture avec la conception mythique du monde. A présent, nous allons aborder les trois plus grands philosophes de l'Antiquité : *Socrate*, *Platon* et *Aristote*. Chacun, à sa manière, a déterminé la civilisation européenne.

Les philosophes de la nature furent appelés par la suite les « présocratiques », car ils vécurent avant Socrate. Il est vrai que Démocrite mourut quelques années après Socrate, mais tout son raisonnement le rattache à la philosophie présocratique. Socrate ne signifie pas seulement un repère, une coupure dans le temps, mais témoigne aussi d'un changement de lieu, puisqu'il est le premier philosophe à être né et à avoir exercé à Athènes. Ce fut aussi le cas pour ses disciples. Peut-être te souviens-tu qu'Anaxagore vécut quelque temps dans cette ville, mais en fut chassé pour avoir soutenu que le Soleil était une boule de feu. (Tu verras quel sort fut réservé à Socrate !)

A partir de Socrate, la vie culturelle se concentra autour d'Athènes. Mais il faut surtout noter un changement radical dans la nature du projet philosophique entre les présocratiques et Socrate.

Cependant, avant d'aborder Socrate, nous allons parler des *sophistes*, c'est-à-dire de ceux qui caractérisaient l'image culturelle de la ville d'Athènes à l'époque de Socrate.

Rideau ! L'histoire de la pensée est un drame qui se joue en plusieurs actes.

L'homme au centre de tout

Athènes devint à partir de 450 avant Jésus-Christ la capitale culturelle du monde grec. La philosophie aussi prit un nouveau tournant.

Les philosophes de la nature étaient avant tout des hommes de science qui s'intéressaient à l'analyse physique du monde et, à ce titre, ils tiennent une place importante dans l'histoire de la science. Mais, à Athènes, l'étude de la nature fut supplantée par celle de l'homme et sa place dans la société.

Petit à petit, une démocratie avec des assemblées du peuple et des juges populaires vit le jour. Une condition *sine qua non* pour l'établissement de la démocratie était que le peuple fût assez éclairé pour pouvoir participer au processus démocratique. Qu'une jeune démocratie exige une certaine éducation du peuple, nous l'avons bien vu de nos jours. Chez les Athéniens, il était essentiel de maîtriser l'art du discours (la rhétorique).

Très vite une vague de professeurs et philosophes itinérants, originaires des colonies grecques, déferla sur Athènes. Ils s'étaient donné le nom de *sophistes*. Le terme « sophiste » signifie une personne cultivée et compétente. A Athènes, enseigner aux citoyens devint rapidement le gagne-pain des sophistes.

Les sophistes avaient un trait en commun avec les philosophes de la nature : ils critiquaient la mythologie. Mais, dans le même temps, ils rejetaient ce qui leur paraissait être pure spéculation sans objet. Même s'il existe peut-être une réponse aux questions philosophiques, l'homme ne peut pas trouver de certitudes concernant les énigmes de la nature et de l'univers, pensaient-ils. Ce point de vue a pour nom en philosophie le *scepticisme*.

Mais s'il n'est pas en notre pouvoir de résoudre les énigmes de la nature, nous savons néanmoins que nous sommes des hommes qui devons apprendre à vivre ensemble. Les sophistes choisirent de s'intéresser à l'homme et à sa place dans la société.

« L'homme est la mesure de toute chose », dit le sophiste *Protagoras* (environ 485-410 avant Jésus-Christ). Il entendait par là que le vrai et le faux, tout comme le bien et le mal, doivent être jugés en fonction des besoins de l'être humain. Quand on lui demanda s'il croyait aux dieux grecs, il se contenta de répondre : « C'est une question délicate et la vie des hommes est brève. » Quelqu'un qui ne peut se prononcer clairement à propos de l'existence ou de la non-existence d'un dieu s'appelle un *agnostique*.

Les sophistes aimaient parcourir le monde et comparer ainsi divers types de gouvernement. Ils constatèrent d'énormes différences dans les mœurs, les coutumes et les lois des cités. A partir de ces observations, les sophistes lancèrent le débat sur ce qui, d'une part, était déterminé par la nature et ce qui, d'autre part, était créé par la société. Ils jetèrent ainsi les bases d'une critique de la société dans la démocratie athénienne.

Ils purent de cette manière faire remarquer que l'expression « pudeur naturelle » ne correspondait pas toujours à la réalité. Car si être pudique est « naturel », cela sous-entend que c'est inné. Or l'est-ce vraiment, Sophie, ou n'est-ce pas plutôt le fait de la société ? Pour quiconque a un peu voyagé, la réponse est simple : ce n'est pas « naturel » ou inné d'avoir peur de se montrer nu. La pudeur ou l'impudeur sont avant tout des notions liées aux us et coutumes d'une société.

Comme tu vois, les sophistes provoquaient des débats animés au sein de la population athénienne en indiquant qu'il n'y avait pas de *normes* proprement dites pour le vrai et le faux. Socrate, lui, tenta au contraire de montrer que certaines normes sont pourtant absolues et valables pour tous.

Qui était Socrate ?

Socrate (470-399 avant Jésus-Christ) est sans doute le personnage le plus énigmatique de toute l'histoire de la philosophie. Il n'écrivit pas une seule ligne. Et pourtant il fait partie de ceux qui ont eu le plus d'influence sur la pensée européenne. Sa mort, qui survint dans des conditions dramatiques, y a aussi largement contribué.

Nous savons qu'il était né à Athènes et qu'il passa le plus clair de son temps à s'entretenir avec les gens qu'il rencontrait dans la rue ou sur la place du marché. Les arbres à la campagne ne peuvent rien m'apprendre, avait-il coutume de dire. Il avait aussi la faculté de rester plusieurs heures plongé dans ses pensées.

Déjà de son vivant il passait pour quelqu'un de très mystérieux, et à sa mort il fut considéré comme le fondateur d'écoles de philosophie pourtant très différentes entre elles. Son mystère et son ambiguïté permettaient en effet à ces diverses directions philosophiques de se réclamer de lui.

Il était laid comme un pou, on sait au moins ça. Petit et gros, avec des yeux globuleux et un nez retroussé. Mais intérieurement, on disait de lui qu'il était « merveilleux ». Ou encore : « On aura beau chercher dans le passé ou le futur, jamais on ne trouvera quelqu'un comme lui. » Cela ne l'empêcha pas néanmoins d'être condamné à mort à cause de son activité philosophique.

La vie de Socrate nous est surtout connue grâce à Platon qui fut son élève et devint lui-même un des plus grands philosophes de l'histoire. Platon écrivit plusieurs *dialogues* ou conversations philosophiques en se servant de Socrate comme porte-parole.

Quand Platon place des propos dans la bouche de Socrate, nous n'avons aucun moyen de savoir si Socrate a réellement tenu ces propos. Aussi est-il difficile de distinguer l'enseignement de Socrate des paroles de Platon lui-même. Ce problème se pose chaque fois que l'on ne possède aucune trace écrite de la personne historique, ce qui arrive plus fréquemment qu'on ne croit. L'exemple le plus célèbre est évidemment celui de Jésus. Comment être sûr que le « Jésus historique » a effectivement prononcé les paroles que Matthieu ou Luc lui prêtent ? Nous nous retrouvons dans le cas du « Socrate historique » face à une énigme de ce genre.

Mais, au fond, savoir qui était réellement Socrate n'est pas si important que cela. C'est avant tout l'image de Socrate transmise par Platon qui a inspiré les penseurs occidentaux pendant 2500 ans.

L'art du dialogue

Le secret de l'efficacité chez Socrate réside en ce qu'il ne cherchait pas à enseigner aux gens. Il donnait au contraire l'impression qu'il voulait apprendre de la personne avec qui il s'entretenait. Il ne faisait pas un cours comme un vulgaire professeur. Au contraire, il *discutait*.

Certes, il n'aurait jamais été un philosophe célèbre s'il s'était uniquement contenté d'écouter les autres. Mais il n'aurait pas été condamné à mort non plus. En réalité, il posait surtout des questions au début. De cette façon, il *faisait semblant* de ne rien savoir. Puis, au cours de la conversation, il s'arrangeait pour que l'autre découvre petit à petit les failles de son raisonnement. A la fin, son interlocuteur se retrouvait tellement coincé qu'il était obligé de distinguer le vrai du faux.

On raconte que la mère de Socrate était sage-femme et qu'il comparait sa pratique philosophique à la *maïeutique* (l'art de faire accoucher). En effet, ce n'est pas la sage-femme qui « met au monde » l'enfant. Elle est seulement là pour apporter son aide lors de la naissance. De même, la tâche de Socrate consistait à « faire accoucher » les esprits de pensées justes. La vraie connaissance ne peut venir que de l'intérieur de chacun. Personne ne peut vous l'asséner. La vraie connaissance vient de l'intérieur.

Je tiens à préciser : mettre un enfant au monde est quelque chose de naturel. De la même manière, tous les hommes peuvent accéder aux vérités philosophiques, s'ils consentent à se servir de leur raison. Quand un homme se met à raisonner, il puise en lui-même les réponses.

En faisant celui qui ne sait rien, Socrate obligeait précisément les gens à réfléchir. Socrate savait faire l'ignorant ou du moins passer pour plus bête qu'il n'était et c'est ce qu'on appelle « l'ironie de Socrate ». Il restait ainsi en mesure de déceler les faiblesses dans les raisonnements des Athéniens. Une telle scène se produisait souvent au beau milieu du marché, c'est-à-dire en public. Rencontrer Socrate, c'était courir le risque d'être tourné en ridicule et devenir la risée de la foule.

C'est pourquoi il ne faut pas s'étonner si certains finirent par le trouver dérangeant et irritant, surtout ceux qui détenaient un certain pouvoir dans cette société. « Athènes est comme un cheval paresseux, déclarait Socrate, et moi, je suis comme un taon qui essaie de le réveiller et le maintenir en vie. » (Et que fait-on d'un taon, Sophie ? Peux-tu me le dire ?)

Une voix divine

Ce n'était toutefois pas dans le but d'importuner ses concitoyens que Socrate leur mordait constamment les jarrets. Il était poussé par quelque chose qui ne lui laissait aucun choix. Il affirmait entendre en permanence une « voix divine » en son for intérieur. Socrate protesta par exemple quand on lui demanda de participer à la condamnation à mort de concitoyens. De même, il refusa de divulguer les noms d'opposants politiques. Cela finit par lui coûter la vie.

En 399, il fut accusé d'« introduire de nouveaux dieux » et de « corrompre la jeunesse ». A une très faible majorité, il fut reconnu coupable par un jury de 500 membres.

Il aurait pu demander sa grâce. Il aurait au moins pu sauver sa peau s'il avait accepté de quitter Athènes. Mais s'il l'avait fait, il n'aurait pas été Socrate. Il plaçait sa conscience et la vérité plus haut que sa propre vie, voilà tout. Il affirmait n'agir que pour le bien social. Et il fut condamné à mort. Il vida peu après une coupe de poison en présence de ses plus proches amis. Il tomba à terre et mourut.

Pourquoi, Sophie ? Pourquoi Socrate devait-il mourir ? Aujourd'hui encore, la question reste posée. Mais il n'est pas le seul homme à s'être écarté du chemin traditionnel et à l'avoir payé de sa vie. J'ai déjà cité Jésus et il existe beaucoup d'autres points communs entre Jésus et Socrate. Je vais juste t'en citer quelques-uns.

Jésus et Socrate furent tous deux considérés comme des personnages énigmatiques par leurs contemporains. Aucun d'eux ne laissa de traces écrites de son message, ce qui nous rend entièrement dépendants de l'image que leurs disciples nous ont donnée. Nous savons pourtant que tous deux étaient experts dans l'art du dialogue. Ils parlaient tous deux avec une telle assurance qu'on tombait immédiatement sous le charme ou au contraire qu'on en était irrité. Et surtout, tous deux se sentaient l'intercesseur auprès des hommes de quelque chose de plus grand qu'eux. Ils provoquaient l'ordre établi en critiquant l'injustice et l'abus de pouvoir sous toutes leurs formes. Et, détail non négligeable : cela leur coûta la vie.

Les procès de Jésus et de Socrate présentent également de troublantes ressemblances. Tous deux auraient pu demander d'être graciés et avoir la vie sauve. Mais ils se considéraient investis d'une mission à laquelle ils auraient failli en n'allant pas jusqu'au bout. Le fait qu'ils affrontèrent la mort avec un calme et une dignité extraordinaires eut pour effet de rassembler des milliers de fidèles après leur mort.

Si je souligne ces similitudes, ce n'est pas pour dire qu'ils se ressemblent, mais parce que tous deux avaient un message à délivrer indissociable de leur courage personnel.

Un joker à Athènes

Ah, Socrate ! On n'a pas fini de parler de lui, comme tu vois. Nous avons évoqué sa méthode, mais qu'en est-il exactement de son projet philosophique ?

Socrate a vécu en même temps que les sophistes. Comme eux, il s'intéressait davantage à l'homme et à la vie humaine qu'aux problèmes posés par la philosophie de la nature. Un philosophe romain, *Cicéron*, déclara quelques siècles plus tard que Socrate « fit descendre la philosophie du ciel jusqu'à terre et qu'il la laissa vivre dans les villes, entrer dans les maisons en contraignant les hommes à réfléchir à la vie, aux mœurs, au bien et au mal ».

Mais Socrate se différenciait des sophistes sur un point essentiel : il ne se considérait pas comme un sophiste, c'est-à-dire une personne cultivée ou savante. C'est pourquoi, à la différence des sophistes, il refusait d'accepter de l'argent pour son enseignement. Non, Socrate se disait philosophe au vrai sens du terme. Un « philo-sophe » signifie « celui qui cherche à atteindre la sagesse ».

Au fait, es-tu bien assise, Sophie ? C'est important pour la suite du cours que tu saisisses bien la différence qui existe entre un sophiste et un philosophe. Les sophistes acceptaient de l'argent en échange de leurs commentaires plus ou moins subtils, et de tels sophistes ont existé de tout temps. Je pense notamment à tous ces professeurs et autres donneurs de leçons qui sont soit parfaitement satisfaits du peu qu'ils savent, soit se vantent de connaître un tas de choses dont ils n'ont en réalité pas la moindre idée. Tu as certainement dû déjà rencontrer quelques-uns de ces sophistes dans ta jeune vie… Un vrai *philosophe*, Sophie, c'est tout à fait autre chose, c'est en fait tout le contraire. Un philosophe est conscient qu'il sait au fond fort peu. C'est la raison pour laquelle il essaie sans cesse d'atteindre la vraie connaissance. Socrate était un de ces êtres exceptionnels. Il était « conscient » qu'il ne savait rien de la vie et du monde. Et, avant tout, il souffrait vraiment de cette ignorance.

Un philosophe est donc quelqu'un qui reconnaît comprendre fort peu de choses et qui en souffre. Vu sous cet angle, il fait davantage preuve d'intelligence que ceux qui se vantent de tout connaître. *La plus intelligente est celle qui sait qu'elle ne sait pas*, t'ai-je déjà dit. Socrate, lui, affirma qu'il ne savait qu'une chose : qu'il ne savait rien. Retiens bien cette formule, car cet aveu est rare même chez les philosophes. C'est d'ailleurs même si dangereux de le déclarer publiquement que tu peux le payer de ta vie. Ce sont toujours ceux qui *posent des questions* qui sont les plus dangereux. Répondre, ce n'est pas si compromettant. Une seule question peut être plus explosive que mille réponses.

As-tu entendu parler des habits neufs de l'empereur ? Il était en fait nu comme un ver, mais aucun de ses subordonnés n'osait le faire remarquer. Et tout à coup un enfant s'écria qu'il était tout nu. C'était un enfant *courageux*, Sophie. Comme lui, Socrate osa dire tout haut à quel point nous autres hommes savons peu de choses. Nous avons déjà souligné combien les enfants et les philosophes se ressemblent.

Soyons plus précis : l'humanité est confrontée à un certain nombre de questions qui n'offrent aucune réponse satisfaisante. Nous avons alors le choix : soit se tromper soi-même ainsi que le reste du monde en faisant semblant de connaître ce qui se doit d'être connu, soit se fermer aux grands problèmes et abandonner définitivement tout espoir de progresser. L'humanité se divise ainsi en deux parties. En gros, les hommes font semblant de tout savoir ou bien ils sont tout bonnement indifférents. (Ces deux genres d'hommes rampent et se traînent tout au fond de la fourrure du lapin, rappelle-toi !) C'est comme partager un jeu de cartes en deux, chère Sophie. D'un côté les cartes noires, de l'autre les rouges. Mais de temps à autre surgit un joker, c'est-à-dire une carte qui n'est ni cœur ni trèfle ni carreau ni pique. Socrate était un de ces jokers à Athènes. Il ne prétendait pas tout savoir et il n'était pas non plus indifférent. Il savait seulement qu'il ne savait rien et cela ne faisait pas son affaire. Alors il devint philosophe, c'est-à-dire quelqu'un qui ne laisse pas tomber, quelqu'un qui inlassablement cherche à atteindre la vraie connaissance.

On raconte qu'un Athénien interrogea l'oracle de Delphes pour savoir qui était l'homme le plus intelligent d'Athènes. L'oracle répondit que c'était Socrate. En entendant cela, Socrate fut pour le moins étonné. (Je crois bien que ça l'a plutôt fait rire !) Il alla tout de suite en ville trouver un homme qui passait à ses propres yeux et aux yeux des autres pour quelqu'un de très intelligent. Mais cette personne fut incapable d'apporter une réponse satisfaisante aux questions que lui posa Socrate et ce dernier dut admettre que l'oracle avait peut-être raison.

Il importait à Socrate de trouver une base solide pour notre connaissance. Selon lui, cette base résidait dans la raison de l'homme. Sa foi dans la raison de l'homme fait de lui un *rationaliste*.

Une juste vision des choses conduit à une action juste

J'ai déjà mentionné le fait que Socrate prétendait entendre une voix divine en lui et que cette « conscience » lui disait ce qui était juste. *Celui qui sait ce qui est bien fera aussi le bien*, répétait-il. Pour lui, une juste vision des choses conduit à une action juste. Seul celui qui fait ce qui est juste est un « homme juste ». Quand nous agissons mal, c'est parce que nous sommes dans l'erreur. C'est pourquoi il est si important de parfaire ses connaissances. Socrate tenait à définir clairement et une bonne fois pour toutes ce qui est juste et ce qui ne l'est pas. Contrairement aux sophistes, il pensait que la faculté de discerner entre le bien et le mal se trouvait dans la raison de l'homme et non dans la société.

Tu as peut-être du mal à digérer tout cela, Sophie. Je fais une nouvelle tentative : pour Socrate il était impossible d'être heureux si l'on agissait contre ses convictions. Et qui sait comment être heureux fera tout pour l'être. C'est pourquoi celui qui sait ce qui est juste fera aussi ce qui est juste. Car quel homme souhaite être malheureux ?

Et toi, qu'en penses-tu, Sophie ? Peux-tu vivre heureuse si tu fais sans cesse des choses que tu sais très bien, en ton for intérieur, ne pas être justes ? Il y en a beaucoup qui passent leur temps à mentir, voler et calomnier les autres. Eh bien ! Tu ne penses pas qu'ils savent néanmoins parfaitement que ce n'est pas bien, que ce n'est pas justifié, si tu préfères ? Crois-tu que cela les rende heureux ?

Socrate, lui, ne le croyait pas.

Quand Sophie eut achevé la lecture de la lettre sur Socrate, elle la rangea vite dans la boîte et sortit de sa cabane. Elle voulait être à la maison quand sa mère rentrerait des courses afin de ne pas avoir à dire où elle avait été. D'ailleurs elle avait promis de faire la vaisselle.

Elle venait de faire couler l'eau quand sa mère fit irruption avec deux énormes sacs de provisions à la main. A peine avait-elle posé ses sacs qu'elle lança :

– Tu n'es vraiment pas dans ton état normal en ce moment, Sophie.

Sans trop savoir pourquoi, Sophie répondit du tac au tac :

– Socrate non plus.

– *Socrate ?*

Sa mère écarquillait les yeux.

– C'est seulement dommage qu'il ait dû expier ça par sa mort, poursuivit Sophie profondément plongée dans ses pensées.

– Écoute, Sophie ! Je ne sais vraiment plus quoi penser.

– Socrate non plus. Il ne savait qu'une chose et c'était qu'il ne savait rien du tout. Il était pourtant l'homme le plus intelligent d'Athènes.

Sa mère resta sans voix.

– C'est quelque chose qu'on t'a appris à l'école ? se hasarda-t-elle à demander.

Sophie secoua énergiquement la tête.

– Oh… Oh, c'est pas là-bas que j'apprends quelque chose. Tu vois, la grande différence entre un professeur d'école et un vrai philosophe, c'est que le professeur croit connaître un tas de choses qu'il n'arrête pas de vouloir faire apprendre de force à ses élèves, alors qu'un philosophe essaie de trouver des réponses aux questions qu'il se pose avec ses élèves.

– Ah, tu veux encore parler de cette histoire de lapin blanc. Tu sais, il me tarde de rencontrer ton petit ami. Je commence vraiment à croire qu'il est un peu bizarre.

Sophie s'arrêta un instant de faire la vaisselle et se tournant vers sa mère, la brosse à la main :

– Ce n'est pas lui qui est bizarre. Il est comme la mouche du coche qui essaie de déranger les autres. Pour les obliger à sortir de leur petit train-train mental.

– Bon, ça commence à bien faire ! Mais pour qui il se prend, celui-là ?

Sophie baissa la tête et se remit à faire la vaisselle.

– Ce n'est ni un savant ni un petit prétentieux. Il aimerait simplement accéder à une vraie connaissance. C'est ce qui fait toute la différence entre un vrai joker et les autres cartes du jeu.

– Tu as dit un joker ?

Sophie fit signe que oui et enchaîna :

– Est-ce que tu ne t'es jamais demandé pourquoi il y a autant de cœurs, de carreaux, de trèfles et de piques dans un jeu de cartes, mais seulement un joker ?

– Mais enfin, qu'est-ce que tu me chantes là ?

– Et toi alors, avec tes questions ?

Sa mère avait fini de ranger ses achats. Elle prit son journal et passa dans le salon. Sophie eut l'impression qu'elle claquait la porte derrière elle avec une certaine violence.

La vaisselle terminée, elle monta dans sa chambre. Elle avait rangé le foulard rouge en soie tout en haut de l'armoire à côté du Lego. Elle alla le chercher et l'examina attentivement.

Hilde...

Chapitre 8

ATHÈNES

…à la place des ruines s'élevaient plusieurs hauts édifices…

En début de soirée, sa mère partit rendre visite à une amie. Dès qu'elle fut sortie, Sophie descendit au jardin et alla dans sa cabane au fond de la vieille haie. Un gros paquet l'attendait à côté de sa grande boîte à biscuits. Sophie s'empressa de déchirer le papier. C'était une cassette vidéo !

Elle courut à la maison. Une cassette vidéo ! Ça, alors ! Mais comment le philosophe avait-il su qu'ils possédaient un magnétoscope ? Qu'est-ce qu'il pouvait bien y avoir dessus ?

Sophie mit la cassette dans l'appareil. L'image d'une grande ville apparut sur l'écran de télévision. Sophie comprit rapidement qu'il devait s'agir d'Athènes, car il y eut aussitôt après un zoom sur l'Acropole que Sophie reconnut pour l'avoir souvent vue reproduite.

C'était une image vivante. Dans ces ruines, ça grouillait de touristes en vêtements légers, un appareil photo autour du cou. Il y en avait même un qui brandissait une pancarte. Encore une pancarte ! Mais on aurait dit… mais oui, sur cette pancarte était écrit : « Hilde » !

Un peu plus tard, on voyait le portrait en gros plan d'un homme d'une quarantaine d'années. Il était plutôt petit, avec une barbe noire et soignée, et il portait un béret bleu. Il ne tarda pas à regarder la caméra en face en déclarant :

— Bienvenue à Athènes, Sophie. Tu as sans doute deviné que l'Alberto Knox de la lettre, c'est moi. Si tu n'as toujours pas deviné, je répète que le grand lapin blanc est tiré du chapeau haut-de-forme de l'univers. Nous nous trouvons dans l'Acropole. Ce qui signifie « le château de la ville » ou encore « la ville sur les hauteurs ». Ici, des hommes ont vécu depuis l'âge de pierre. A cause de ce site très particulier, bien sûr, car c'était plus facile de défendre ce haut plateau contre l'ennemi. De plus, on jouissait depuis l'Acropole d'une belle vue sur l'un des meilleurs ports de la Méditerranée... Petit à petit, Athènes se développant en contrefort du plateau, l'Acropole fut utilisée comme forteresse et comme lieu de culte. Dans la première moitié du IVᵉ siècle avant Jésus-Christ, il y eut une guerre terrible contre les Perses, et en 480 le roi des Perses, *Xerxès,* pilla Athènes et incendia toutes les vieilles constructions de bois sur l'Acropole. L'année suivante, les Perses furent battus et cela marqua le début de l'âge d'or d'Athènes. On reconstruisit l'Acropole – qui devint encore plus belle et majestueuse – et ce devint exclusivement un lieu de culte. C'est justement à cette époque que Socrate se promenait dans les rues et sur la place du marché pour s'entretenir avec les Athéniens. Il a ainsi pu suivre de près la reconstruction de l'Acropole et l'édification de tous les majestueux monuments qui nous entourent. Quel chantier ce dut être ! Derrière moi tu vois le plus grand temple. Il s'appelle le Parthénon, c'est-à-dire « la demeure de la Vierge », car il fut édifié en l'honneur d'*Athéna,* la déesse tutélaire d'Athènes. Le grand édifice de marbre n'a pas une seule ligne droite, les quatre côtés sont légèrement incurvés. Cela devait conférer plus de vie au bâtiment. Aussi, malgré ses proportions énormes, il ne paraît pas trop massif. Tout repose donc sur une illusion optique. Les colonnes sont un peu inclinées vers l'intérieur et auraient formé une pyramide de mille cinq cents mètres si on les avait prolongées jusqu'à les faire se toucher en un point situé au-dessus du temple. Le seul objet à l'intérieur de ce gigantesque édifice était une statue d'Athéna haute de douze mètres. Je pourrais aussi ajouter que le marbre blanc, qui fut peint en plusieurs couleurs vives, était extrait d'une montagne située à seize kilomètres de là...

Sophie était comme tétanisée. Était-ce vraiment le professeur de philosophie qui s'adressait à elle sur la cassette vidéo ? Elle avait seulement entr'aperçu sa silhouette l'autre soir dans l'obscurité. De là à dire que c'était le même homme qui se tenait sur l'Acropole à Athènes...

Il longea ensuite la plus longue façade du temple, la caméra restant braquée sur lui. Enfin il se dirigea vers le bord de la falaise et montra du doigt le paysage environnant. La caméra zooma sur un ancien théâtre construit aux pieds de l'Acropole.

– Tu vois l'ancien théâtre de Dionysos, poursuivit l'homme au béret. C'est très vraisemblablement le plus ancien théâtre en Europe.

C'est ici que les grandes tragédies d'*Eschyle*, de *Sophocle* et d'*Euripide* furent représentées justement à l'époque de Socrate. J'ai déjà mentionné la tragédie du malheureux roi Œdipe. Mais on y jouait des comédies également. L'auteur comique le plus célèbre était *Aristophane* qui écrivit entre autres choses une comédie peu flatteuse à propos de cet original de la ville qu'était Socrate. Tu aperçois tout au fond le mur de pierre contre lequel se tenaient les acteurs. Il s'appelait σκηνη et a donné chez nous le mot « scène ». Le terme *théâtre* vient d'ailleurs aussi d'un ancien mot grec pour dire « voir ». Mais nous allons revenir à la philosophie, Sophie. Faisons le tour du Parthénon et descendons jusqu'à l'entrée...

L'homme de petite taille fit le tour du Parthénon et montra quelques temples moins importants sur sa droite. Puis il commença à descendre les marches entre plusieurs hautes colonnes. En arrivant aux pieds du plateau de l'Acropole, il grimpa sur un petit monticule et dit en désignant Athènes du doigt :

– Le monticule où je me trouve a pour nom *Aréopage*. C'est ici que la plus haute cour de justice d'Athènes rendait ses verdicts en matière d'affaires criminelles. Plusieurs siècles plus tard, l'apôtre Paul prêcha ici la bonne parole de Jésus et le christianisme aux Athéniens. Mais nous reviendrons sur son prêche à une prochaine occasion. En bas à gauche, tu aperçois les ruines de l'ancienne place du marché d'Athènes. Hormis le grand temple du forgeron Héphaïstos, il ne reste plus que des blocs de marbre. Descendons maintenant...

L'instant d'après, il resurgissait d'entre les vieilles ruines. Haut dans le ciel – et tout en haut de l'écran de télévision de Sophie – se dressait le majestueux temple d'Athéna sur l'Acropole. Le professeur de philosophie s'était assis sur un bloc de marbre. Il ne tarda pas à regarder la caméra en disant :

– Nous nous trouvons à présent devant l'ancienne place du marché, αγορα (l'agora). Pas de quoi sauter au plafond, n'est-ce pas ? Je veux dire, pour nous aujourd'hui. Mais autrefois nous aurions été entourés de temples majestueux, de tribunaux et autres édifices publics, de boutiques, d'une salle de concert et même d'un grand gymnase. Tout ceci encadrant la place du marché en un parfait carré... C'est ce terrain de trois fois rien qui a été le berceau de toute la civilisation européenne. Des mots comme « politique », « démocratie », « économie », « histoire », « biologie », « physique »,

« mathématiques », « logique », « théologie », « philosophie », « éthique », « psychologie », « théorie », « méthode », « idée » et « système » – pour n'en citer que quelques-uns – viennent d'un tout petit peuple dont la vie quotidienne se concentrait sur cette place. C'est ici que Socrate se promenait et parlait avec les gens qu'il rencontrait. Peut-être arrêtait-il un esclave en train de porter une cruche d'huile d'olive pour lui poser une question philosophique. Car, pour Socrate, un esclave avait la même faculté de raisonner qu'un noble. Peut-être discutait-il un peu vivement avec un des bourgeois ou s'entretenait-il à voix basse avec son élève Platon. C'est étrange de songer à tout ça. Nous continuons de parler de philosophie « socratique » ou « platonicienne », mais c'est autre chose d'*être* Platon ou Socrate.

Sophie trouvait en effet que c'était étrange de les imaginer dans leur contexte. Mais elle trouvait pour le moins tout aussi étrange le fait que le philosophe s'adresse soudain à elle par le biais d'un enregistrement vidéo déposé directement dans son endroit secret par un drôle de chien.

Le philosophe finit par se lever de son bloc de marbre et reprit cette fois d'une voix basse :

– En fait, je devrais m'arrêter là, Sophie. Je tenais à te montrer l'Acropole et les ruines de l'ancienne place du marché d'Athènes. Mais je ne suis pas tout à fait sûr que tu aies vraiment saisi la grandeur de cet endroit autrefois, alors je suis assez tenté d'aller encore plus loin. J'outrepasse naturellement mes droits, mais je te fais confiance pour laisser cela entre nous. Bon, de toute façon, ça te donnera une idée...

Il n'en dit pas davantage et se contenta de rester à regarder un long moment la caméra de face. L'instant d'après apparut une tout autre image sur l'écran. A la place des ruines s'élevaient plusieurs hauts édifices. Comme d'un coup de baguette magique, toutes les vieilles ruines étaient reconstruites. Au loin, elle voyait toujours l'Acropole, mais flambant neuf tout comme les monuments entourant la place du marché. Ceux-ci étaient recouverts d'or et peints de couleurs vives. Sur la grande place carrée, des hommes en toges colorées se promenaient. Certains portaient une épée, d'autres une cruche sur la tête et l'un d'entre eux tenait un rouleau de papyrus sous le bras.

C'est alors que Sophie reconnut son professeur de philosophie.

Il avait toujours le béret bleu sur la tête, mais portait aussi comme tous les autres une toge jaune. Il se dirigea vers Sophie en fixant la caméra :

– Eh bien, voilà. Nous nous trouvons dans l'Athènes de l'Antiquité, Sophie. J'avais envie que tu viennes ici en personne, tu comprends ? Nous sommes en 402 avant Jésus-Christ, c'est-à-dire trois ans seulement avant la mort de Socrate. J'espère que tu apprécies cette visite rarissime, cela n'a pas été une mince affaire pour dénicher une caméra-vidéo…

Sophie se sentit prise d'un vertige. Comment cet homme mystérieux avait-il fait pour se retrouver dans cette Athènes d'il y a 2400 ans ? Comment pouvait-elle voir un enregistrement vidéo d'une époque aussi lointaine ? Sophie savait évidemment que la vidéo n'existait pas dans l'Antiquité. Est-ce que c'était un film ? Mais tous les monuments en marbre semblaient si réels ! Si on avait dû reconstruire toute l'agora et l'Acropole juste pour les besoins d'un film, les décors auraient été ruineux ! Et tout ça uniquement pour lui parler d'Athènes ?

L'homme au béret la regarda à nouveau.

– Tu vois les deux hommes en train de discuter là-bas sous les colonnes ?

Sophie découvrit un homme d'un certain âge dans une toge en piteux état. Il portait une longue barbe en broussaille, avait le nez plat, des yeux bleus saillants et le menton en galoche. A côté de lui se tenait un beau jeune homme.

– C'est Socrate et son jeune élève Platon. Tu comprends maintenant, Sophie ? Mais attends, je vais te les présenter.

Sur ces mots, le professeur de philosophie se dirigea vers les deux hommes qui se tenaient sous un haut chapiteau. En arrivant près d'eux, il souleva son béret et prononça des paroles que Sophie ne comprit pas. Ce devait être du grec. Après un moment, il se retourna vers la caméra en disant :

– Je leur ai raconté que tu étais une jeune fille désireuse de faire leur connaissance. Platon aimerait maintenant te poser quelques questions auxquelles tu pourras réfléchir. Mais nous devons le faire avant que les gardes ne nous repèrent.

Sophie avait les tempes qui battaient, car le jeune homme fit quelques pas en avant et regarda la caméra.

– Bienvenue à Athènes, Sophie, dit-il d'une voix douce.

Il parlait en marquant une pause entre chaque mot.

Je m'appelle Platon et je vais te donner quatre devoirs : tout d'abord tu vas t'interroger pour comprendre comment un pâtissier peut faire cinquante gâteaux exactement semblables. Puis tu te demanderas pourquoi tous les chevaux se ressemblent. Ensuite tu chercheras à savoir si l'homme a une âme immortelle et enfin si les hommes et les femmes sont aussi raisonnables les uns que les autres. Bonne chance !

Une seconde plus tard, l'écran était noir. Sophie fit avancer la bande, mais il n'y avait plus rien.

Sophie essaya de rassembler ses idées. Mais à peine parvenait-elle à se concentrer sur une pensée qu'elle partait sur une autre idée, avant même d'en avoir fini avec la première.

Que le professeur de philosophie fût un original, ça faisait long-temps qu'elle s'en était rendu compte. Mais de là à utiliser des méthodes d'enseignement qui défiaient toutes les lois naturelles, Sophie trouva qu'il allait vraiment trop loin.

Était-ce réellement Socrate et Platon qu'elle avait vus sur l'écran de télévision ? Bien sûr que non, c'était tout à fait impossible. Pour-tant ce n'était pas un dessin animé non plus.

Sophie retira la cassette du magnétoscope et monta dans sa cham-bre. Elle la rangea à côté des pièces de Lego sur la plus haute étagère de l'armoire. Puis elle se laissa tomber sur le lit, complètement épuisée, et ne tarda pas à s'endormir.

Quelques heures plus tard, sa mère entra dans sa chambre. Elle secoua un peu Sophie :

– Mais qu'est-ce qui ne va pas, Sophie ?

– Bof...

– Tu t'es couchée avec ta robe ?

Sophie ouvrit à peine un œil.

– Je suis allée à Athènes, répondit-elle.

Elle ne put en dire davantage, tourna le dos à sa mère et se rendormit.

Chapitre 9

PLATON

...une nostalgie de retrouver la vraie demeure de l'âme...

Sophie se réveilla en sursaut le lendemain matin. Elle regarda l'heure. Il était à peine cinq heures, mais n'ayant plus du tout sommeil, elle s'assit dans le lit.

Pourquoi avait-elle gardé sa robe ? Puis tout lui revint en mémoire. Elle grimpa sur un escabeau et regarda l'étagère en haut de son armoire. La cassette vidéo était bien là où elle l'avait rangée. Elle n'avait donc pas rêvé. En tout cas pas entièrement.

Mais elle n'avait quand même pas vu Platon et Socrate ? Oh, ça commençait à bien faire ! Sa mère avait peut-être raison quand elle trouvait qu'elle vivait en ce moment à côté de ses pompes.

Impossible de se rendormir. Et si elle allait à sa cabane voir si le chien n'y avait pas déposé une nouvelle lettre ?

Sophie descendit l'escalier sur la pointe des pieds, enfila ses tennis et sortit.

Dans le jardin, tout était merveilleusement calme et silencieux. Seuls les oiseaux chantaient à tue-tête et elle ne put s'empêcher de sourire. La rosée du matin scintillait dans l'herbe comme de petites gouttes de cristal.

Elle fut à nouveau frappée de constater à quel point le monde était un miracle incroyable.

Il faisait aussi un peu humide au fond de la vieille haie. Sophie ne vit aucune nouvelle lettre du philosophe, mais elle essuya une grosse racine et s'assit dessus.

Il lui revint à l'esprit que, sur la vidéo, Platon lui avait donné des devoirs à faire. D'abord, *comment un pâtissier pouvait-il faire cinquante gâteaux exactement semblables ?*

Sophie dut s'appliquer, car elle trouva que ce n'était pas aussi facile que ça en avait l'air. Les rares fois où sa mère se risquait à cuire une plaque de petits gâteaux, il n'y en avait jamais deux pareils. Et comme elle était loin d'être une experte en pâtisserie, cela prenait même parfois une tournure assez dramatique. Mais les gâteaux qu'on achetait au magasin eux non plus n'étaient jamais identiques, puisque le pâtissier les confectionnait un par un.

Sophie laissa échapper un sourire de satisfaction. Elle se souvenait d'un jour où son père l'avait emmenée en ville pendant que sa mère préparait les gâteaux de Noël. En rentrant, elle avait retrouvé une foule de petits bonshommes en pain d'épices éparpillés sur le plan de travail. Sans être parfaits, ils se ressemblaient tous plus ou moins. Et pourquoi donc ? Tout simplement parce que sa mère avait utilisé le même moule pour tous les gâteaux.

Sophie fut si contente de son raisonnement avec les petits bonshommes de pain d'épices qu'elle décréta qu'elle avait terminé son premier devoir. Quand un pâtissier confectionne cinquante gâteaux identiques, c'est parce qu'il utilise le même moule pour tous les gâteaux, un point c'est tout !

Ensuite le Platon de la vidéo avait regardé la caméra cachée et demandé *pourquoi tous les chevaux étaient semblables*. Pourtant aucun cheval ne ressemble à un autre cheval, pas plus que les hommes ne se ressemblent entre eux.

Elle était sur le point de laisser tomber cette question quand elle se souvint de la démarche qu'elle avait suivie avec les petits bonshommes en pain d'épices. Aucun d'eux n'était parfaitement identique à un autre, car il y en avait toujours de plus gros que d'autres et certains étaient abîmés, et pourtant tout le monde s'accordait à reconnaître qu'ils étaient « tout à fait identiques ».

Peut-être que Platon voulait demander pourquoi un cheval reste toujours un cheval et non un être hybride à mi-chemin entre par exemple le cochon et le cheval. Car si certains chevaux sont bruns comme des ours et d'autres blancs comme des moutons, ils ont tous quelque chose en commun. Sophie aurait bien aimé voir de quoi aurait eu l'air un cheval à six ou huit pattes !

Mais Platon ne voulait certainement pas dire que c'était parce que tous les chevaux étaient formés selon le même moule ?

Puis il avait posé une question importante et terriblement difficile : *l'homme a-t-il une âme immortelle ?* Sur ce point-là, Sophie se sentait incapable de répondre. Elle savait seulement que les dépouilles mortelles étaient brûlées ou enterrées et qu'elles n'avaient par conséquent aucun avenir en tant que telles. Si l'homme avait une âme immortelle, il fallait admettre l'idée que l'homme était composé de deux parties radicalement différentes : un corps qui s'use et se décompose après quelques années et une âme qui suit de manière plus ou moins indépendante l'évolution du corps. Sa grand-mère avait affirmé un jour qu'elle sentait seulement son corps vieillir. A l'intérieur, elle serait restée, à l'entendre, la même jeune fille qu'autrefois.

Ce terme de « jeune fille » amena Sophie à la dernière question : *les hommes étaient-ils aussi raisonnables que les femmes et vice versa ?* C'était vraiment impossible à dire. Tout dépendait de ce que Platon entendait par « raisonnables ».

Elle se souvint tout à coup de ce que le professeur de philosophie avait dit de Socrate. Ce dernier prétendait que tous les hommes étaient capables de découvrir des vérités philosophiques à condition d'utiliser leur raison. Un esclave disposait selon lui de la même faculté de raisonner pour résoudre des problèmes philosophiques qu'un homme libre. Sophie, quant à elle, était persuadée que les hommes et les femmes étaient également doués de raison.

Alors qu'elle était ainsi plongée dans ses pensées, elle entendit soudain de petits craquements dans la haie, accompagnés d'une respiration haletante comme une vraie locomotive à vapeur. Quelques secondes plus tard, le gros chien roux déboula comme un fou dans sa cabane. Il tenait une grande enveloppe dans la gueule.

– Hermès ! s'écria Sophie. Oh, merci !

Le chien laissa tomber l'enveloppe sur les genoux de Sophie qui étendit la main et commença à lui caresser la nuque.

– Hermès, t'es un bon chien, tu sais ! murmura-t-elle.

Le chien se coucha à ses pieds et se laissa caresser quelques instants avant de repartir comme il était venu, mais suivi cette fois de Sophie.

Hermès trottait d'un pas lourd vers la forêt. Sophie le suivait à quelques mètres de distance. Le chien se retourna quelquefois et grogna, mais il en fallait plus pour la décourager. Elle allait enfin savoir où se dissimulait le philosophe, dût-elle aller jusqu'à Athènes pour ça.

Le chien accéléra l'allure et s'engagea bientôt sur un petit sentier. Sophie pressa le pas elle aussi, mais, en l'entendant le talonner, le chien se retourna et se mit à aboyer comme un vrai chien de garde.

Sophie n'abandonna pas pour autant et en profita au contraire pour gagner quelques mètres.

Alors Hermès partit en flèche, lâchant complètement Sophie qui dut admettre que jamais elle ne parviendrait à le rattraper. Elle s'arrêta et entendit le chien se perdre dans la forêt. Puis tout redevint silencieux.

Elle s'assit sur un tronc d'arbre dans une clairière, ouvrit la grande enveloppe qu'elle tenait toujours à la main et se mit à lire :

L'Académie de Platon

Heureux de te retrouver, Sophie ! Enfin, depuis ta visite d'Athènes. Comme ça, tu as pu faire ma connaissance et j'ai aussi pu te présenter Platon. Alors enchaînons sans plus tarder.

Platon (427-347 avant Jésus-Christ) avait vingt-neuf ans quand Socrate dut boire la ciguë. Il avait longtemps été l'élève de Socrate et suivit avec grand intérêt le procès de son maître. Qu'Athènes puisse condamner à mort l'homme le plus éminent de la ville non seulement le marqua à jamais, mais détermina toute l'orientation de sa pratique philosophique.

La mort de Socrate fut pour Platon l'expression exacerbée de l'opposition qui existe entre les conditions existant réellement dans la société et ce qui est vrai ou idéal. Le premier travail de Platon en tant que philosophe consista à publier la plaidoirie de Socrate. Il rapporta donc les propos tenus par Socrate face à la foule des jurés.

Tu te souviens certainement que Socrate n'a rien écrit lui-même. Il n'en allait pas de même pour les présocratiques, mais malheureusement la plupart des sources écrites ont été détruites. En ce qui concerne Platon, nous pensons que ses œuvres maîtresses ont toutes été sauvegardées (sans compter *L'Apologie de Socrate*, il a laissé de nombreuses lettres et vingt-cinq dialogues philosophiques complets). Si ces écrits ont pu être conservés, c'est sans doute parce que Platon créa sa propre école de philosophie à l'extérieur d'Athènes. Celle-ci vit le jour dans des jardins qui portaient le nom du héros grec *Académos*. C'est pourquoi elle s'appela l'Académie. (D'innombrables « académies » ont été depuis fondées dans le monde entier et nous n'arrêtons pas de parler d'« académiciens » ou de sujets « académiques », c'est-à-dire universitaires.)

A l'Académie de Platon, on enseignait la philosophie, les mathématiques et la gymnastique. Encore que le mot « enseigner » ne soit pas très approprié. Le débat d'idées était le fer de lance de l'Académie. Aussi n'est-ce pas un hasard si le genre littéraire que Platon privilégia fut le dialogue.

Le vrai, le beau et le bien

En commençant ce cours, je t'ai dit qu'il n'était pas inutile de s'interroger sur le projet de chaque philosophe. Aussi te posai-je la question : qu'est-ce que Platon cherchait à découvrir ?

On pourrait dire *grosso modo* que Platon s'intéressait aux rapports entre ce qui est éternel et immuable d'une part et ce qui « s'écoule » d'autre part. (Dans la lignée des présocratiques, donc !)

Nous avons établi que les sophistes et Socrate se sont détachés des problèmes de la philosophie de la nature pour se tourner vers l'homme et la société. Il n'en reste pas moins vrai que Socrate, et les sophistes à leur manière, s'étaient aussi intéressés à la relation entre l'éternel et l'éphémère. Surtout quand il s'agissait de morale humaine et des idéaux ou vertus dans la société. On peut simplifier en disant que les sophistes pensaient que les notions de bien et de mal étaient relatives et pouvaient changer selon les époques. La question du bien et du mal n'avait donc rien d'absolu. C'est justement cette conception que Socrate ne pouvait accepter. Il était convaincu qu'il existait quelques règles éternelles et intemporelles concernant le bien et le mal. En utilisant notre raison, il nous est possible à nous autres hommes d'atteindre ces normes immuables, car la raison a précisément un caractère éternel et immuable.

Tu me suis, Sophie ? Arrive donc Platon. Il s'intéresse à ce qui est éternel et immuable à la fois dans la nature, la morale et la vie sociale. Platon met tout cela dans le même sac. Il essaie d'appréhender une « réalité » propre qui serait éternelle et immuable. Et, disons-le, c'est justement ce qu'on leur demande, aux philosophes. Ils ne sont pas là pour élire la plus jolie fille de l'année ou pour dire où acheter les tomates les moins chères. (C'est peut-être pour ça qu'on les écoute si peu !) Les philosophes tentent de faire abstraction de ce genre de questions frivoles et si terriblement « actuelles » aux yeux de certains. Ils recherchent au contraire ce qui est éternellement « vrai », « beau » et « bien ».

Avec ces mots, nous avons en tout cas tracé les grandes lignes du projet philosophique de Platon. A partir de maintenant, nous allons essayer de comprendre cette pensée singulière qui a profondément marqué toute la philosophie européenne.

Le monde des idées

Empédocle et Démocrite avaient montré que tous les phénomènes naturels étaient soumis au changement, mais qu'il y avait malgré tout quelque chose d'essentiel qui jamais ne changeait (les « quatre éléments » ou les « atomes »). Platon était d'accord pour considérer le problème, mais en le posant d'une autre façon.

Selon lui, tout ce qui est tangible dans la nature est susceptible de se transformer, soumis à l'épreuve du temps, et destiné à se dégrader et disparaître. Mais tout est fait d'après un « moule » intemporel qui est lui éternel et immuable...

You see? Bon, enfin...

Pourquoi tous les chevaux sont-ils identiques, Sophie ? Tu penses peut-être que ce n'est pas le cas. Mais il existe bien quelque chose que tous les chevaux ont en commun qui fait que nous pouvons les reconnaître de manière infaillible. Même si tout cheval est pris individuellement dans un processus évolutif qui le conduira à la mort, il n'en demeure pas moins que le « moule du cheval » restera, lui, éternel et immuable.

Ce qui est éternel et immuable n'est donc pas pour Platon quelque « matière élémentaire » physique, mais des principes de caractère spirituel, donc abstraits.

Soyons plus précis : les présocratiques avaient proposé une explication tout à fait séduisante quant aux changements dans la nature sans qu'il y ait de véritable changement en profondeur. Il y avait selon eux dans le cycle de la nature quelques éléments minuscules qui étaient indestructibles. Jusqu'ici rien à dire, Sophie ! Mais ils ne donnent aucune explication satisfaisante pour comprendre comment ces particules qui ont autrefois formé un cheval se retrouvent soudain quatre ou cinq siècles plus tard pour donner un cheval tout neuf! Ou, pourquoi pas, former un éléphant ou un crocodile. Là où Platon veut en venir, c'est que les atomes de Démocrite ne produiront jamais un « crocophant » ou un « élédile ». Tel est le point de départ de sa réflexion.

Si tu as déjà compris cela, tu peux sauter le paragraphe suivant. Mais on ne sait jamais, alors je répète : tu as des pièces de Lego et tu construis un cheval avec. Puis tu défais le tout et ranges les pièces dans une boîte. Il ne te suffira pas de secouer la boîte pour construire un cheval tout neuf. Comment les pièces de Lego y parviendraient-elles toutes seules ? Non, c'est toi qui dois reconstruire le cheval, Sophie. Et si tu réussis, c'est parce que tu as en toi une image de l'aspect extérieur du cheval. Ce cheval en Lego se construit donc d'après un modèle qui reste inchangé de cheval en cheval.

Au fait, as-tu résolu le problème des cinquante gâteaux parfaitement identiques ? Supposons que tu tombes du ciel et n'aies jamais vu de boulangerie-pâtisserie de ta vie. Tu entres par hasard, attirée par les gâteaux en vitrine, et tu aperçois cinquante petits bonshommes en pain d'épice tous identiques les uns aux autres. Tu te gratterais sans doute la tête en te demandant comment une telle similitude est possible. Certes, il manquerait peut-être un bras à celui-ci, un morceau de tête à celui-là ou il y aurait une boule sur le ventre de cet autre, mais tu conviendrais après mûre réflexion qu'ils possèdent tous un trait commun. Même si aucun d'eux n'est tout à fait parfait, tu devinerais qu'ils ont une même origine. Tu comprendrais vite que ces gâteaux proviennent tous d'un seul et même moule. Mieux encore, Sophie : tu ressentirais le violent désir de voir cette forme en te disant qu'elle doit être infiniment plus parfaite et donc beaucoup plus belle que toutes ses fragiles copies.

Si tu as réussi à faire ce devoir toute seule, tu as en fait résolu un problème philosophique exactement de la même manière que Platon. Comme la plupart des philosophes, il est « tombé du ciel » (il s'est assis tout à l'extrémité des poils de la fourrure du lapin). Il s'est étonné de voir tant de similitudes dans les phénomènes naturels et il en a déduit qu'il devait y avoir un nombre limité de moules qui sont « par-dessus » ou « derrière » tout ce qui nous entoure. Ces moules, Platon les appela les idées. Derrière tous les chevaux, les cochons et les hommes se trouve l'« idée du cheval », l'« idée du cochon » et l'« idée de l'homme ». (De même qu'une boulangerie peut aussi bien avoir des bonshommes que des chevaux ou des cochons en pain d'épice ; une boulangerie digne de ce nom a généralement plus d'un moule, même si un seul moule est suffisant pour chaque sorte de gâteau.)

Conclusion : Platon soutenait qu'il existait une autre réalité derrière le monde des sens. Cette réalité, il l'a appelée le monde des idées. C'est ici que se trouvent les « modèles » éternels et immuables qui sont à l'origine des différents phénomènes présents dans la nature. Cette conception très originale constitue la théorie des idées.

Un savoir sûr

Jusqu'ici, tu me suis, Sophie ? Mais tu te demandes : Platon pensait-il vraiment cela sérieusement ? Entendait-il par là qu'il existe de tels modèles dans une tout autre réalité ?

Il ne faut sans doute pas prendre cela trop au pied de la lettre (bien qu'il faille lire à cette lumière certains dialogues de Platon). Essayons de suivre son argumentation.

Un philosophe tente de cerner ce qui est éternel et immuable. On voit mal en effet l'intérêt d'un traité de philosophie sur l'existence d'une bulle de savon. Pour la bonne raison qu'on aurait à peine le temps de l'étudier qu'elle aurait déjà éclaté ; et, surtout, qui se donnerait la peine d'acheter un traité de philosophie sur quelque chose que personne n'aurait vu et qui aurait en tout et pour tout existé seulement cinq secondes ?

Pour Platon, tout ce que nous voyons autour de nous dans la nature peut être comparé à une bulle de savon. Rien de ce qui existe dans le monde des sens ne dure. Je ne t'apprends rien en te disant que tous les hommes et les animaux doivent tôt ou tard mourir et se décomposer. Même un bloc de marbre change et s'érode lentement. (L'Acropole est en ruine, Sophie ! Scandaleux, mais c'est comme ça.) Il est donc impossible d'avoir une connaissance sûre de ce qui est en perpétuel changement. Concernant tout ce qui a trait au monde des sens et que nous pouvons toucher et sentir, nous pouvons tout juste hasarder des interprétations incertaines ou des hypothèses. Seule la raison appliquée à ce qu'elle voit permet une vraie connaissance.

Attends, Sophie, je m'explique : un seul petit bonhomme en pain d'épice peut être tellement raté à cause de la pâte, de la levure ou de la cuisson que bien malin qui pourra deviner ce qu'il était censé représenter. Mais après avoir vu vingt ou trente petits bonshommes identiques, plus ou moins parfaits, je saurai avec certitude à quoi ressemble le moule. Même si je ne l'ai jamais vu. Il n'est pas sûr que ça vaille la peine de le voir de ses propres yeux. Car comment faire confiance à ses sens ? La faculté même de voir peut varier d'un homme à l'autre. En revanche, nous pouvons faire confiance à notre raison, car elle est la même chez tous les hommes.

Si tu es en classe avec trente autres élèves et que le professeur demande quelle est la plus belle couleur de l'arc-en-ciel, il obtiendra sans aucun doute des réponses fort variées. Mais s'il demande combien font trois fois huit toute la classe donnera le même résultat. C'est en effet la raison qui rend son jugement et la raison est en opposition radicale avec le sentiment et la perception. Nous pouvons affirmer que la raison est éternelle et universelle, justement parce qu'elle s'applique uniquement à des objets de nature éternelle et universelle.

Il est établi que Platon s'intéressait beaucoup aux mathématiques. Tout simplement parce que les rapports mathématiques ne changent jamais. C'est pourquoi nous pouvons prétendre à une vraie connaissance dans ce domaine. Prenons un exemple : imagine que tu trouves dehors une pomme de pin ronde. Tu as peut-être l'« impression » qu'elle est toute ronde, alors que Jorunn soutient qu'elle est un peu aplatie sur un des côtés. (Vous commencez à vous disputer !) Vous ne pouvez pas retirer une vraie connaissance de ce que voient vos yeux. Par contre, vous pouvez dire en toute assurance que la somme des angles dans un cercle est de 360 degrés. Vous vous référez dans ce cas à l'idée du cercle, qui n'existe peut-être pas dans la nature, mais que vous vous représentez parfaitement en votre for intérieur. (Vous parlez à présent du moule du petit bonhomme en pain d'épices et non de l'un d'entre eux dans la cuisine.)

Pour résumer : nos perceptions nous permettent d'avoir seulement de vagues interprétations. Mais ce que nous voyons de l'intérieur grâce à la raison nous conduit à la vraie connaissance. La somme des angles d'un triangle sera éternellement égale à

180 degrés. De même, « l'idée du cheval » se tiendra aussi sur quatre jambes, même si tous les chevaux appartenant au monde des sens devaient être boiteux.

Une âme immortelle

Nous avons vu comment Platon divisait la réalité en deux parties.

La première est constituée par le monde des sens dont nous acquérons une connaissance approximative et imparfaite en nous servant de nos cinq sens, par nature approximatifs et imparfaits. Ce monde des sens est sous le signe du changement et rien n'y est permanent ; rien effectivement n'y existe une fois pour toutes, il y a seulement des choses qui naissent et disparaissent.

La deuxième est constituée par le monde des idées qui nous permet grâce à l'usage de notre raison d'accéder à la vraie connaissance. Ce monde des idées est inaccessible aux sens. En revanche, les idées – ou les modèles – sont éternelles et immuables.

D'après Platon, l'homme est aussi composé de deux parties : nous avons un corps soumis au changement qui est indissociablement lié au monde des sens et connaît le même destin que toutes choses ici-bas (une bulle de savon, par exemple). Tous nos sens sont liés au corps et sont donc peu fiables. Mais nous avons aussi une âme immortelle qui est le siège de la raison. C'est précisément parce que l'âme n'est pas matérielle qu'elle peut voir le monde des idées.

Je t'ai presque tout dit. Mais il y a encore autre chose, Sophie : Platon pensait que l'âme a existé avant de venir habiter un corps. Autrefois, l'âme était dans le monde des idées. (Elle se trouvait tout là-haut au milieu des moules à gâteaux.) Mais dès que l'âme se réveille dans un corps humain, elle oublie les idées parfaites. Il se produit alors un étrange processus : au fur et à mesure que l'homme, grâce à sa sensibilité, appréhende les différentes choses qui l'entourent, un vague souvenir resurgit dans l'âme. L'homme voit un cheval, mais un cheval imparfait (voire un cheval en pain d'épices !) et cela suffit pour réveiller le vague souvenir du « cheval » parfait que l'âme a connu autrefois dans le monde des idées. D'où le désir de retrouver la vraie demeure de l'âme. Platon appelle ce désir *éros,* ce qui signifie amour. Sur les ailes de l'amour, l'âme rejoindra sa demeure dans le monde des idées. Elle se libérera de la « prison du corps ».

Je tiens tout de suite à préciser que Platon décrit ici un cycle de vie idéal. Car tous les hommes ne laissent pas l'âme s'échapper librement pour rejoindre le monde des idées, loin s'en faut ! La plupart des hommes s'accrochent aux « reflets » des idées qu'ils perçoivent dans le monde sensible. Ils voient un cheval, puis un autre cheval. Mais ils ne voient pas l'original qui se dissimule derrière chaque mauvaise copie. Platon décrit le chemin du philosophe, c'est-à-dire que toute sa philosophie peut se lire comme une description de la pratique philosophique.

Quand tu vois une ombre, Sophie, tu te dis que quelque chose projette cette ombre. L'ombre d'un animal, par exemple : c'est peut-être un cheval, mais tu n'en es pas tout à fait sûre. Alors tu te retournes et tu vois le cheval en vrai qui est évidemment beaucoup plus beau, avec des contours plus précis que son ombre. PLATON PENSAIT QUE TOUS LES PHÉNOMÈNES NATURELS NE SONT QUE LES OMBRES DE FORMES OU D'IDÉES ÉTERNELLES. Force est pourtant de constater que la grande majorité des gens sont satisfaits de vivre parmi des ombres. Ils croient que ces ombres sont la seule chose qui existe et n'ont pas conscience que ces ombres ne sont que des projections. Ce faisant, ils oublient le caractère immortel de leur âme.

Le chemin pour sortir de l'obscurité de la caverne

Platon raconte une allégorie qui illustre parfaitement mon propos : c'est l'Allégorie de la caverne. Je vais te la raconter avec mes mots à moi.

Imagine des hommes qui habitent dans une caverne. Ils sont assis le dos tourné à la lumière et sont pieds et poings liés, de sorte qu'ils sont condamnés à ne voir que le mur devant eux. Dans leur dos se dresse un autre mur derrière lequel marchent des hommes brandissant diverses formes au-dessus du mur. Parce qu'il y a un feu derrière ces figures, celles-ci jettent des ombres vacillantes contre le mur au fond de la caverne. La seule chose que les habitants de cette caverne puissent voir est par conséquent ce « théâtre d'ombres ». Ils n'ont pas bougé depuis qu'ils sont nés et pensent naturellement que ces ombres sont la seule réalité au monde.

Imagine maintenant que l'un des habitants de la caverne parvienne enfin à se libérer. Il se demande tout d'abord d'où proviennent ces ombres projetées sur le mur de la caverne. Que va-t-il selon toi se passer quand il va découvrir les formes qui dépassent du mur ? Il sera dans un premier temps ébloui par la forte lumière, mais il sera aussi ébloui par les formes, puisqu'il n'a vu jusqu'ici que leurs ombres. A supposer qu'il réussisse à escalader le mur et à franchir le feu pour se retrouver à l'air libre, il serait alors encore davantage ébloui. Mais, après s'être frotté les yeux, il serait frappé par la beauté de tout ce qui l'entoure. Il distinguerait pour la première fois des couleurs et des contours bien précis. Il verrait en vrai les animaux et les fleurs dont les ombres dans la caverne n'étaient que de pâles copies. Il se demanderait d'où viennent tous les animaux et toutes les fleurs. Alors, en voyant le soleil, il comprendrait que c'est lui qui permet la vie des fleurs et des animaux sur terre, de même que le feu dans la caverne permettait d'apercevoir des ombres.

Maintenant l'heureux habitant de la caverne pourrait s'élancer dans la nature et profiter de sa liberté reconquise. Mais il pense à tous ceux qui sont restés là-bas. C'est pourquoi il veut y retourner et, dès qu'il est redescendu, il essaie de convaincre les autres habitants de la caverne que les ombres sur le mur ne sont que le pâle reflet vacillant de choses bien réelles. Mais personne ne le croit. Ils montrent le mur du doigt et maintiennent que la seule réalité est ce qu'ils voient. Et ils finissent par le tuer.

Ce que Platon illustre avec l'Allégorie de la caverne est le chemin du philosophe qui va des représentations incertaines aux vraies idées qui se cachent derrière les phénomènes naturels. Il pense sans aucun doute à Socrate que les « habitants de la caverne » mirent à mort parce qu'il dérangeait leurs représentations habituelles et leur montrait le chemin d'une vraie vision intérieure. L'Allégorie de la caverne devient une métaphore du courage du philosophe et de sa responsabilité vis-à-vis des autres hommes sur le plan pédagogique.

Platon veut démontrer que le contraste entre l'obscurité de la caverne et la nature à l'extérieur est le même qui existe entre le monde sensible et le monde des idées. Cela ne veut pas dire que la nature est sombre et triste, mais qu'elle l'est, comparée à la clarté du monde des idées. L'image d'une belle jeune fille n'est pas non plus sombre ou triste, bien au contraire. Mais ce n'est qu'une image.

La république philosophique

L'Allégorie de la caverne de Platon se trouve dans le dialogue intitulé La *République*. Platon y brosse le portrait d'un « État idéal », c'est-à-dire d'un État modèle ou « utopique ». Disons pour résumer que Platon prône une république gouvernée par des philosophes et, pour argumenter, il se réfère au corps humain.

Il considère que le corps de l'homme se divise en trois parties : la tête, le tronc et le bas du corps. A chacune de ces parties correspond également une qualité de l'âme. La tête est le siège de la raison, le tronc celui de la volonté et le bas du corps celui des envies ou du désir. A chacune de ces trois qualités de l'âme correspond en outre un idéal ou une vertu. La raison doit se donner pour but la sagesse, la volonté doit faire preuve de courage et il faut brider le désir pour que l'homme fasse preuve de mesure. Il n'y a que lorsque les trois parties de l'homme fonctionnent pour former un tout que nous avons affaire à un homme harmonieux, « bien conçu ». Les enfants doivent d'abord apprendre à l'école à contenir leurs désirs, puis à développer leur courage. A la fin, la raison doit les aider à parvenir à la sagesse.

Platon conçoit à partir de là un État construit à l'image de l'être humain en gardant le schéma des trois parties. Tout comme le corps a la tête, le cœur et le ventre, l'État a des gardiens, des guerriers (ou des soldats) et des travailleurs (comme les paysans par exemple). Il est clair que Platon se sert ici du modèle de la médecine grecque. De même qu'une personne qui fonctionne bien dans son corps comme dans sa tête fait preuve d'équilibre et de mesure, une cité juste se reconnaît à ce que chacun est à sa place pour former un tout.

Comme dans toute la philosophie de Platon, sa philosophie de l'État est sous le signe du rationalisme. L'essentiel pour une bonne cité est d'être gouvernée par la raison. Tout comme la tête commande au corps, c'est aux philosophes de gouverner la société.

Dressons un tableau simplifié du parallélisme entre les trois parties du corps et de la Cité :

Corps	Âme	Vertu	Cité
tête	raison	sagesse	gardiens
cœur	volonté	courage	guerriers
ventre	besoin	mesure	travailleurs

La Cité idéale de Platon peut évoquer le vieux système des castes en Inde où chacun a sa fonction particulière pour le bien de l'ensemble. Déjà, à l'époque de Platon, l'Inde a connu le système des castes avec la caste dirigeante (celle des prêtres), la caste des guerriers, la caste des marchands et agriculteurs et celle des artisans et serviteurs.

Aujourd'hui, nous aurions tendance à qualifier la Cité rêvée par Platon d'État totalitaire. Mais il est intéressant de remarquer que les femmes pouvaient comme les hommes accéder au rang de dirigeants. Car c'est en puisant dans la force de leur raison que les dirigeants doivent gouverner la Cité et les femmes, selon Platon, jouissaient de la même faculté de raisonner que les hommes, si seulement elles pouvaient recevoir le même enseignement qu'eux et ne pas être cantonnées à la garde des enfants et aux travaux ménagers. Platon voulait abolir la famille et la propriété privée pour les chefs et les gardiens de la Cité. L'éducation des enfants était de toute façon une chose trop importante pour être laissée à l'appréciation de chacun. (Il fut le premier philosophe à revendiquer la création de jardins d'enfants et d'écoles communales.)

Après avoir connu de grandes déceptions sur le plan politique, Platon écrivit son dialogue intitulé *Les Lois,* où il décrit la Cité régie par la loi comme étant juste derrière la Cité parfaite. Il réintroduit à la fois la propriété privée et les liens familiaux. Ainsi la liberté de la femme se trouve à nouveau restreinte, mais il continue d'affirmer qu'une Cité qui n'éduque ni n'emploie les femmes est semblable à un homme qui ne se servirait que de son bras droit.

D'un point de vue général, Platon avait une vision positive des femmes, du moins replacée dans le contexte de son époque. Dans le dialogue *Le Banquet,* c'est une femme, la légendaire prêtresse Diotima, qui confère à Socrate son intelligence philosophique.

Voilà pour ce qui concerne Platon, Sophie. Depuis deux mille ans, les hommes discutent et critiquent ses thèses étonnantes. Le premier homme à le faire fut son propre élève à l'Académie. Son nom était Aristote, le troisième grand philosophe d'Athènes. Je ne t'en dis pas plus !

Pendant que Sophie, assise sur une grosse racine, lisait ces pages sur Platon, le soleil s'était levé à l'est derrière les collines boisées. Le disque du soleil avait paru à l'horizon juste au moment où elle en était au passage où l'homme sort de la caverne en clignant des yeux à cause de la trop forte lumière du dehors.

Elle eut elle-même l'impression de sortir d'une grotte. Après la lecture de Platon, la nature tout entière lui apparut sous un autre angle. Comme si auparavant elle avait été daltonienne. Des ombres, pour ça elle en avait vu, mais il lui semblait qu'elle n'avait jamais vu les idées dans tout leur éclat.

Cela dit, Platon ne l'avait pas tout à fait convaincue avec son explication de modèles, mais elle trouva que c'était somme toute une jolie idée de penser que tout ce qui était vivant n'était qu'une copie imparfaite de formes éternelles dans le monde des idées. Toutes les fleurs, tous les arbres, les hommes et les animaux n'étaient-ils pas en effet « imparfaits » ?

Tout ce qui l'entourait était si beau et si vivant que Sophie dut se frotter les yeux. Mais rien de ce qu'elle voyait n'allait durer. Pourtant, dans cent ans, des fleurs et des animaux identiques seraient ici à nouveau et même si chaque fleur et chaque animal étaient condamnés à disparaître et être oubliés, il y aurait quelque part quelque chose qui se « souviendrait » d'eux.

Sophie contemplait le monde autour d'elle. Un écureuil grimpa en sautillant le long d'un pin, tourna plusieurs fois autour du tronc, puis disparut prestement dans les branches.

Toi, je t'ai déjà vu ! pensa Sophie. Elle savait bien qu'il ne pouvait s'agir du même écureuil, mais elle avait vu la même « forme ». Autant qu'elle pût juger, Platon avait peut-être raison en affirmant qu'elle avait dû voir l'« écureuil » éternel avant que son âme ne s'incarne dans un corps.

Était-il possible qu'elle ait vécu une vie antérieure ? Son âme avait-elle existé avant de trouver un corps pour s'incarner ? Était-ce possible qu'elle ait en elle une pépite d'or, un bijou sur lequel le temps n'avait pas de prise, oui, une âme qui continuerait à vivre quand son corps un jour deviendrait vieux et cesserait d'exister ?

Chapitre 10

LE CHALET DU MAJOR

…la fille dans le miroir cligna des deux yeux…

Il n'était que sept heures et quart. Il n'y avait donc aucune raison pour se dépêcher de rentrer à la maison. La mère de Sophie allait certainement dormir encore quelques heures, elle aimait bien faire la grasse matinée le dimanche.

Et si elle s'enfonçait dans la forêt à la recherche d'Alberto Knox ? Oui, mais pourquoi le chien s'était-il mis à gronder si méchamment en la regardant ?

Sophie se leva et reprit le chemin où Hermès avait disparu en courant. Elle tenait à la main l'enveloppe jaune avec tous les feuillets sur Platon. Chaque fois qu'il y avait une bifurcation, elle restait sur le sentier le plus important.

La forêt résonnait de chants d'oiseaux : dans les arbres, l'air, les arbustes et les broussailles. Ils avaient fort à faire le matin. Eux ne faisaient aucune différence entre le dimanche et les autres jours de la semaine. Mais qui avait appris aux oiseaux à faire tout ce qu'ils faisaient ? Chacun d'eux avait-il un petit ordinateur dans sa tête, une sorte de « programme informatique » qui leur dictait ce qu'ils avaient à faire ?

Le sentier déboucha bientôt sur une petite butte avant de redescendre à pic entre de hauts pins. La forêt était si dense à cet endroit-là qu'elle ne pouvait voir à plus de quelques mètres à travers les arbres.

Tout à coup elle aperçut une tache claire entre les troncs de pins. Ce devait être un lac. Le sentier continuait de l'autre côté, mais Sophie coupa à travers les arbres. Elle n'aurait trop su dire pourquoi, mais ses pas la portaient de ce côté.

Le lac était à peu près aussi grand qu'un terrain de football. De l'autre côté, elle découvrit un chalet peint en rouge sur un petit terrain entouré par des troncs blancs de bouleaux. Un filet de fumée s'échappait de la cheminée.

Sophie marcha jusqu'au bord du lac. Le sol était très humide aux abords du lac, mais très vite elle aperçut une barque. Celle-ci avait été tirée à mi-chemin sur la rive. Il y avait une paire de rames à l'intérieur.

Sophie jeta un regard autour d'elle. De toute façon, il était hors de question d'atteindre le chalet en gardant les pieds secs. D'un air résolu, elle se dirigea vers la barque et la poussa sur l'eau. Elle monta à bord, plaça les rames sur les pivots et éloigna le bateau de la rive. Quelques instants plus tard, elle toucha l'autre rive. Elle sauta à terre et essaya de tirer la barque à terre. Le sol était beaucoup plus incliné de ce côté du lac que là d'où elle était venue.

Elle se retourna une fois, puis monta jusqu'au chalet.

Elle ne revenait pas de sa propre audace. Comment osait-elle ? Elle ne le savait pas elle-même, c'était comme si elle était guidée par « quelque chose d'autre ».

Sophie alla vers la porte et frappa. Elle attendit un moment, mais personne ne vint ouvrir. Alors elle tourna doucement la poignée et ouvrit la porte.

– Ohé ! cria-t-elle. Il y a quelqu'un ?

Sophie entra dans un grand salon. Elle n'osa pas refermer la porte derrière elle.

On voyait clairement que la maison était habitée. Le feu crépitait dans un vieux poêle. Ceux qui vivaient ici avaient dû partir précipitamment.

Sur une grande table, il y avait une machine à écrire, quelques livres, des crayons et beaucoup de papier. Devant la fenêtre qui donnait sur le lac, une table et deux chaises. Sinon, il n'y avait guère de mobilier ; mais un des murs était entièrement tapissé de livres. Un grand miroir rond dans un cadre en laiton trônait au-dessus d'une commode blanche. Il paraissait terriblement ancien.

Sur un autre mur étaient accrochés deux tableaux. Le premier représentait une maison blanche qui se trouvait à un jet de pierre d'une petite baie avec un hangar à bateau peint en rouge. Entre la maison et le hangar s'étendait un jardin en pente douce avec un pommier, quelques arbustes touffus et quelques rochers. Des bouleaux en formation serrée tressaient une sorte de couronne autour du jardin. Le tableau avait pour titre : *Bjerkely* (à l'ombre des bouleaux).

A côté de ce tableau, il y avait le portrait d'un vieil homme assis dans un fauteuil avec un livre sur les genoux. On apercevait là aussi une petite baie avec des arbres et des rochers à l'arrière-plan. Le tableau devait dater de plusieurs siècles et s'intitulait *Berkeley*. Celui qui avait peint ce tableau s'appelait Smibert.

Berkeley et *Bjerkely*. Drôle de coïncidence, non ?

Sophie continua à inspecter le chalet. Une porte conduisait du salon à une petite cuisine. On venait de faire la vaisselle. Des assiettes et des verres séchaient sur une serviette en lin et quelques assiettes portaient encore des traces de savon. Une gamelle contenant des restes de nourriture était posée à terre. Un animal vivait donc ici aussi, un chien ou un chat.

Sophie retourna au salon. Une autre porte menait à une petite chambre à coucher. Devant le lit s'entassaient des couvertures. Sophie remarqua quelques poils roux qui traînaient sur les couvertures. C'était la preuve qu'elle attendait, elle en mettait sa main au feu, c'était bien Alberto Knox et Hermès qui habitaient dans ce chalet.

De retour au salon, Sophie se plaça devant le miroir accroché au-dessus de la commode. Le verre était mat et un peu bombé, aussi l'image était-elle un peu floue. Sophie commença par faire des grimaces, comme elle le faisait de temps en temps à la maison dans la salle de bains. Le miroir lui renvoyait exactement ce qu'elle faisait, ce qui était somme toute normal.

Mais tout à coup, il se produisit un phénomène étrange : une seule fois, l'espace d'une seconde peut-être, Sophie vit clairement que la fille dans le miroir cligna des deux yeux. Sophie recula effrayée. Si elle avait réellement cligné des deux yeux, comment aurait-elle pu *voir* l'autre cligner elle aussi ? Ce n'était pas tout : c'était comme si l'autre fille avait fait un clin d'œil à Sophie. Comme pour dire : je te vois, Sophie ! Je suis là, de l'autre côté.

Le cœur de Sophie battait à tout rompre. Au même instant elle entendit l'aboiement d'un chien au loin. C'était sûrement Hermès ! Il s'agissait de déguerpir et vite !

Ses yeux tombèrent sur un portefeuille vert posé sur la commode sous le miroir en laiton. Sophie le prit et l'ouvrit prudemment. Il y avait à l'intérieur un billet de cent couronnes, un autre de cinquante couronnes… et un certificat de scolarité. Sur ce certificat, on pouvait voir la photo d'une jeune fille aux cheveux blonds. La légende de la photo disait : *Hilde Møller Knag* et *Collège de Lillesand*.

Sophie eut froid dans le dos. Le chien au loin se remit à aboyer. Il fallait partir de là au plus vite.

En passant près de la table, elle aperçut parmi tous les livres et les papiers une enveloppe blanche sur laquelle était écrit *SOPHIE*.

Sans prendre le temps de réfléchir, elle la saisit et la fourra dans la grande enveloppe jaune avec tous les feuillets sur Platon et se précipita hors du chalet en refermant la porte derrière elle.

Les aboiements du chien indiquaient qu'ils seraient là d'une minute à l'autre. Mais le pire, c'était que la barque avait disparu. Il lui fallut une seconde, disons deux, pour se rendre compte qu'elle dérivait au milieu du lac, une des rames flottant à côté du bateau.

Tout ça parce qu'elle n'avait pas réussi à bien tirer la barque sur la terre ferme. Elle entendit encore le chien aboyer et aperçut déjà quelque chose qui bougeait entre les arbres de l'autre côté du lac.

Sophie avait la tête vide. Tenant la grande enveloppe à la main, elle bondit dans les buissons derrière le chalet et finit par tomber sur un marécage où elle s'enfonça à plusieurs reprises si profondément qu'elle eut de l'eau jusqu'à mi-jambes. Mais elle n'avait pas le choix. Il fallait bien qu'elle coure si elle voulait rentrer à la maison.

Elle finit par croiser un sentier. Était-ce celui par lequel elle était venue ? Sophie s'arrêta, tordit sa robe et l'eau se mit à couler en petites rigoles le long du sentier. Alors seulement elle se mit à pleurer.

Comment avait-elle pu être aussi bête ? Et l'histoire du bateau, alors ? Elle ne pouvait s'empêcher de revoir la barque à la dérive avec une des rames qui flottait sur l'eau du lac. Toute cette aventure était si lamentable, si minable…

A l'heure qu'il était, le philosophe devait être arrivé au bord de l'eau. Il avait besoin de la barque pour rentrer chez lui. Sophie eut l'impression de lui avoir joué un sale tour. Alors que ce n'avait pas du tout été son intention.

Et l'enveloppe ! C'était peut-être encore pire. Pourquoi l'avait-elle prise ? Certes, il y avait son nom dessus et elle s'était dit que c'était un peu la sienne. Malgré ça, elle se sentait une voleuse. En plus elle avait par cet acte clairement signalé sa présence.

Sophie sortit une petite feuille de l'enveloppe où était écrit :

> *Qu'est-ce qui vient d'abord ? La poule ou l'idée de la poule ?*
> *L'homme a-t-il des idées innées ?*

Quelle est la différence entre une plante, un animal et un être humain ?
Pourquoi pleut-il ?
Que faut-il à l'homme pour qu'il mène une vie heureuse ?

Sophie ne pouvait pas réfléchir à ces questions immédiatement, mais elle supposa qu'elles avaient à voir avec le prochain philosophe. N'était-ce pas celui qui s'appelait Aristote ?

Apercevoir la haie après avoir couru des kilomètres dans la forêt, c'était comme toucher au rivage après un naufrage. Ça faisait une drôle d'impression de voir la haie de l'autre côté. Une fois seulement qu'elle eut rampé dans sa cabane, elle regarda sa montre. Elle indiquait dix heures et demie. Elle rangea la grande enveloppe dans la boîte à gâteaux avec les autres feuilles. Quant au petit mot avec les nouvelles questions, elle le glissa dans son collant.

Sa mère était au téléphone quand elle poussa la porte de la maison. A la vue de Sophie, elle raccrocha aussitôt :

– D'où sors-tu comme ça, Sophie ?

– Je... j'ai fait un petit tour en forêt, bégaya-t-elle.

– Ça alors ! Comme si ça 'ne se voyait pas !

Sophie ne répondit pas, sa robe ruisselait d'eau.

– Je téléphonais justement à Jorunn...

– A Jorunn ?

Sa mère alla lui chercher des vêtements secs et fut à deux doigts de découvrir le petit mot du professeur de philosophie avec les questions. Puis elles s'installèrent dans la cuisine et sa mère lui prépara un chocolat chaud.

– Tu étais avec lui ? lui demanda-t-elle aussitôt.

– Avec lui ?

– Oui, avec *lui*. Avec ton espèce de... « lapin ».

Sophie fit non de la tête.

– Mais qu'est-ce que vous faites quand vous êtes ensemble, Sophie ? Pourquoi es-tu trempée comme ça ?

Sophie gardait les yeux fixés sur la table, mais au fond d'elle-même ne pouvait s'empêcher de trouver la situation plutôt comique. Pauvre Maman, c'était donc pour *ça* qu'elle se faisait du souci.

Elle refit un signe négatif de la tête, ce qui eut pour effet de provoquer une avalanche de nouvelles questions.

– Maintenant j'exige de connaître la vérité. Tu es sortie cette nuit, n'est-ce pas ? Pourquoi as-tu gardé ta robe pour dormir ? Est-ce que tu es redescendue et t'es faufilée dehors dès que je me suis couchée ? Tu oublies que tu n'as que quatorze ans, Sophie. J'exige de savoir avec qui tu sors.

Sophie fondit en larmes. Et se mit à lui expliquer. Elle était encore sous le coup de la peur, et généralement quand on a peur, on dit la vérité.

Elle lui raconta qu'elle s'était réveillée tôt et était partie se balader dans la forêt. Elle parla aussi du chalet et du bateau, sans oublier le drôle de miroir. Mais elle réussit à cacher tout ce qui avait trait au cours de philosophie proprement dit. Elle ne dit pas un mot non plus du portefeuille vert. Elle ne savait pas trop pourquoi au juste, mais elle sentait qu'il fallait qu'elle garde pour elle toute l'histoire avec Hilde.

Sa mère l'entoura affectueusement de ses bras. Sophie comprit qu'elle la croyait enfin.

– Je n'ai pas de petit ami, avoua-t-elle en pleurnichant, j'ai juste dit ça parce que tu étais si inquiète à cause de ce que je racontais sur le lapin blanc.

– Alors comme ça tu es allée jusqu'au chalet du major… reprit sa mère toute pensive.

– Au chalet du major ? demanda Sophie en ouvrant de grands yeux.

– La petite maison que tu as découverte dans la forêt a été surnommée « le chalet du major » ou Majorstua, si tu préfères, parce qu'un vieux major a vécu là, il y a bien longtemps de ça. Il était un peu bizarre, disons un peu fou, Sophie. Mais à quoi bon penser à lui maintenant ? Ça fait une éternité que plus personne n'habite le chalet.

– C'est ce que tu crois. Mais il y a un philosophe qui y habite à présent.

– Écoute, ne te laisse pas encore une fois emporter par ton imagination !

Sophie resta dans sa chambre à réfléchir à tout ce qui lui était arrivé. Sa tête bourdonnait comme un cirque en pleine effervescence avec des éléphants au pas lourd, des clowns facétieux, des trapézistes intrépides et des singes apprivoisés. Une image ne cessait de la poursuivre : celle de la petite barque avec une des rames à la dérive sur le lac tout au fond de la forêt… quelqu'un en avait pourtant besoin pour rentrer chez lui…

Elle savait que le professeur de philosophie ne lui ferait aucun mal et qu'il lui pardonnerait s'il apprenait que c'était elle qui était entrée dans le chalet. Mais elle avait rompu le pacte. Était-ce ainsi qu'on remerciait quelqu'un de vous instruire en philosophie ? Comment se rattraper après une sottise pareille ?

Sophie sortit le papier à lettres rose et se mit à écrire :

> *Cher philosophe,*
> *C'est moi qui suis venue au chalet tôt dimanche matin. Je voulais tellement vous rencontrer pour discuter plus précisément de quelques points de vue philosophiques. Je suis pour l'instant une fan de Platon, mais je ne suis pas si sûre qu'il ait raison de croire que les idées ou les modèles d'images existent dans une autre réalité. Ils existent bien sûr dans notre âme, mais cela est, à mon humble et provisoire avis, une tout autre histoire. Je dois aussi vous avouer ne pas encore être tout à fait convaincue que notre âme soit immortelle. Personnellement, je n'ai en tout cas aucun souvenir de mes vies antérieures. Si vous pouviez me convaincre que l'âme de ma grand-mère défunte est heureuse dans le monde des idées, je vous en serais très reconnaissante.*
> *A vrai dire, ce n'est pas pour parler de philosophie que j'ai commencé à écrire cette lettre que je vais glisser dans une enveloppe rose avec un sucre dedans. Je voulais juste vous prier de me pardonner d'avoir été désobéissante. J'ai essayé de tirer toute la barque sur la rive, mais je n'étais pas assez forte. D'ailleurs il est possible que ce soit une vague plus grosse qui l'ait entraînée à nouveau vers le lac.*
> *J'espère que vous avez réussi à regagner à pied sec la maison. Sinon sachez, si cela peut vous consoler, que pour ma part je suis rentrée trempée et aurai probablement un bon rhume. Mais je l'aurai bien mérité.*
> *Je n'ai touché à rien dans le chalet, mais j'ai malencontreusement cédé à la tentation de prendre l'enveloppe avec mon nom écrit dessus. Non que j'aie eu l'intention de voler quoi que ce soit, mais comme mon nom était inscrit sur l'enveloppe, j'ai eu quelques secondes l'illusion que l'enveloppe m'appartenait. Je vous prie ins-*

*tamment de me pardonner et vous promets de ne pas vous décevoir
une autre fois.*

> *P.-S. : Je vais tout de suite réfléchir aux questions posées sur
> la feuille.*

>> *P.-P.-S. : Le miroir en laiton au-dessus de la commode blan-
>> che est-il un miroir tout à fait normal ou est-ce un miroir magi-
>> que ? Je demande cela parce que je n'ai pas l'habitude de voir
>> mon propre reflet cligner des deux yeux à la fois.*
>> *Votre élève sincèrement intéressée,*

>>> *Sophie.*

Sophie relut la lettre deux fois avant de la glisser dans l'enveloppe.
Elle lui paraissait en tout cas moins solennelle que la précédente
lettre qu'elle avait écrite. Avant de descendre à la cuisine chiper un
morceau de sucre, elle ressortit la feuille avec les exercices intellec-
tuels de la journée.

Qu'est-ce qui vient d'abord : la poule ou l'idée de la poule ? La
question semblait au premier abord aussi ardue que le vieux problème de la poule et de l'œuf. Sans œuf, il n'y avait pas de poule,
mais sans poule il n'y avait pas d'œuf non plus. Était-ce aussi
embrouillé pour trouver si c'était la poule ou l'idée de la poule qui
venait d'abord au monde ? Sophie comprenait ce qu'avait voulu
dire Platon : l'idée de la poule existait dans le monde des idées bien
avant qu'on ne trouve la moindre poule dans le monde des sens.
Selon Platon, l'âme avait « vu » l'idée de la poule avant qu'elle ne
s'incarne dans un corps. Mais n'était-ce pas précisément sur ce point
qu'elle n'était plus d'accord avec Platon ? Comment un être humain
qui n'aurait jamais vu de vraie poule ni aucune image de poule
pourrait-il se faire une « idée » de ce qu'est une poule ? Cela l'amena
à considérer la question suivante :

L'homme a-t-il des idées innées ? Rien de moins évident, pensa-
t-elle. On ne pouvait guère prêter à un nouveau-né des pensées très
élaborées. D'un autre côté, on ne pouvait être aussi catégorique, car
un enfant n'avait pas nécessairement la tête vide parce qu'il ne savait
pas parler. Cependant, il faut bien d'abord voir les choses au monde
avant de savoir quelque chose à leur sujet ?

Quelle est la différence entre une plante, un animal et un être humain ? Les différences sautaient aux yeux. Sophie ne croyait pas par exemple qu'une plante ait une quelconque vie affective. Avait-on jamais entendu parler des peines de cœur d'une jacinthe des bois ? Une plante pousse, puise de la nourriture et produit de petites graines qui lui permettent de se reproduire. Il n'y avait pas grand-chose à ajouter à cela. Mais Sophie se rendit compte que cela aurait tout aussi bien pu être dit pour un animal ou un homme. Les animaux avaient certes des qualités particulières en plus. Ils pouvaient se déplacer (avait-on jamais vu une rose courir un cent mètres ?). Quant aux différences entre les animaux et les hommes, c'était plus difficile à cerner. Les hommes pouvaient penser, mais les animaux aussi, non ? Sophie était persuadée que son chat Sherekan pouvait penser. Il savait en tout cas agir de façon très calculée. Mais de là à se poser des problèmes philosophiques... Un chat s'interrogeait-il sur la différence entre une plante, un animal et un être humain ? Certainement pas ! Un chat pouvait se montrer heureux ou contrarié, mais se demandait-il s'il existe un dieu ou s'il a une âme immortelle ? Sophie en vint à la conclusion que c'était fort peu probable. Mais il fallait faire ici les mêmes réserves qu'à la question précédente concernant les idées innées, puisqu'il était aussi difficile de discuter de ces problèmes avec un chat qu'avec un nouveau-né.

Pourquoi pleut-il ? Sophie haussa les épaules. Là, ce n'était pas sorcier : il pleut parce que la mer devient de la vapeur d'eau et que les nuages s'assemblent pour donner de la pluie. Elle le savait depuis le cours élémentaire. On pouvait bien sûr dire aussi qu'il pleuvait pour que les plantes et les animaux puissent pousser. Mais est-ce que c'était vrai ? Un arc-en-ciel avait-il vraiment un but ?

La dernière question avait en tout cas à voir avec la finalité : *Que faut-il à l'homme pour qu'il mène une vie heureuse ?* Le professeur de philosophie en avait parlé tout au début du cours. Tous les hommes ont besoin de nourriture, de chaleur, d'amour et de tendresse. Voilà qui semblait constituer la première condition pour mener une vie heureuse. Puis il avait fait remarquer que tous les hommes avaient besoin d'une réponse à certains problèmes philosophiques qu'ils se posaient. Par ailleurs, exercer un métier qu'on aime semblait un élément important. Si l'on détestait par exemple la circulation, autant ne pas choisir d'être chauffeur de taxi. Et si l'on n'aimait pas spécialement faire ses devoirs, autant ne pas devenir professeur.

Sophie aimait bien les animaux et elle se serait bien vue vétérinaire. Nul besoin de décrocher le gros lot au loto pour mener une vie heureuse. Bien au contraire. N'y avait-il pas un proverbe qui disait que « l'oisiveté est mère de tous les vices » ?

Sophie resta dans sa chambre jusqu'à ce que sa mère l'appelle pour déjeuner. Il y avait une entrecôte avec des pommes de terre. Quel régal ! Sa mère avait aussi allumé des bougies. Et pour le dessert, il y avait de la crème aux baies arctiques.

Elles parlèrent de tout et rien. Sa mère lui demanda comment elle comptait fêter ses quinze ans. Il ne restait plus que quelques semaines jusqu'à son anniversaire.

Sophie haussa les épaules.

– Est-ce que tu vas inviter quelqu'un ? Euh, je veux dire, est-ce que tu veux faire une fête ?

– Peut-être...

– Nous pourrions inviter Marte et Anne-Marie... et Hege. Et Jorunn bien entendu. Et Jørgen, peut-être... Mais je te laisse décider ça toute seule. Tu sais, je me souviens parfaitement de l'anniversaire de mes quinze ans. Cela ne me paraît pas si loin que ça. Je me sentais déjà adulte à l'époque, Sophie. N'est-ce pas étrange ? Au fond, je ne trouve pas que j'aie tellement changé.

– Non, c'est vrai. Rien ne « change ». Tu t'es seulement épanouie, tu es devenue plus mûre...

– Hum... ça, c'est parler en adulte ! Je trouve seulement que le temps a passé si vite...

Chapitre 11

ARISTOTE

...un homme d'ordre méticuleux fait le ménage dans nos concepts...

Pendant que sa mère faisait la sieste, Sophie alla dans sa cabane. Elle avait glissé un morceau de sucre dans l'enveloppe rose et écrit *Pour Alberto* dessus.

Elle ne trouva pas de nouvelle lettre, mais ne tarda pas à entendre approcher le chien.

– Hermès ! cria Sophie.

L'instant d'après, il surgissait dans la cabane en tenant une grande enveloppe jaune dans la gueule.

– Bon chien, va !

Sophie passa un bras autour de lui, il haletait furieusement. Elle sortit l'enveloppe rose avec le sucre et la lui mit dans la gueule. Il se faufila hors de la cabane et repartit en direction de la forêt.

En ouvrant l'enveloppe, Sophie était un peu nerveuse. Disait-il un mot à propos du chalet et de la barque ?

L'enveloppe contenait les feuilles habituelles maintenues ensemble par un trombone. Mais il y avait aussi un petit mot sur papier libre :

> *Chère mademoiselle Détective ou plus exactement mademoiselle Cambrioleur,*
>
> *La police est déjà au courant du vol perpétré... Non, je ne suis pas vraiment fâché. Si tu mets la même ardeur à résoudre des questions philosophiques, c'est plutôt bon signe. Le seul ennui, c'est que je me vois contraint de déménager. Enfin, c'est de ma faute. J'aurais dû me douter que tu irais au fond des choses.*
>
> *Amicalement,*
>
> *Alberto.*

Sophie laissa échapper un soupir de soulagement. Il n'était donc pas fâché. Mais dans ce cas, pourquoi déménager ?

Elle emporta les grandes feuilles et courut dans sa chambre. Mieux valait être à la maison quand sa mère se réveillerait. Elle s'installa bien confortablement dans son lit et commença à lire sur Aristote.

Philosophe et homme de science

Chère Sophie. La théorie de Platon t'a certainement surprise. Et tu n'es pas la seule. Je ne sais pas si tu as tout pris pour argent comptant ou si tu as formulé quelques objections. Si oui, tu peux être sûre que ce sont les mêmes objections qu'*Aristote* (384-322 avant Jésus-Christ) souleva, lui qui fut l'élève de Platon à son Académie pendant plus de vingt ans.

Aristote lui-même n'était pas athénien. Il était originaire de Macédoine, mais vint à l'Académie de Platon quand ce dernier avait soixante et un ans. Son père était un médecin réputé et un homme de science. Ce milieu nous renseigne déjà sur le projet philosophique d'Aristote.

Il s'intéressa surtout à la nature vivante. Il ne fut pas seulement le dernier grand philosophe grec, il fut le premier grand « biologiste » en Europe.

En caricaturant un peu, on pourrait dire que Platon s'était tellement concentré sur les formes éternelles ou les « idées » qu'il ne prêtait guère attention aux phénomènes naturels. Aristote, au contraire, s'intéressait à ces phénomènes naturels, que l'on pourrait aussi appeler les cycles de la vie.

En poussant encore plus loin, nous dirons que Platon se détourna du monde des sens pour aller au-delà de tout ce qui nous entoure. (Il voulait sortir de la caverne. Il voulait apercevoir le monde éternel des idées !) Aristote fit exactement l'opposé : il se mit à quatre pattes et étudia les poissons, les grenouilles, les anémones et les violettes.

Platon n'utilisa que sa raison, si tu préfères, alors qu'Aristote utilisa aussi ses sens.

De grandes différences apparaissent également dans leur façon d'écrire. Platon était un poète et un créateur de mythes, tandis que les écrits d'Aristote sont secs et descriptifs comme un dictionnaire. En revanche, la plupart de ses écrits sont fondés sur des recherches de terrain.

On mentionnait dans l'Antiquité quelque cent soixante-dix titres écrits par Aristote. Parmi ces écrits, quarante-sept d'entre eux seulement ont pu être conservés. Il ne s'agit pas de livres achevés, car les écrits d'Aristote sont le plus souvent de simples notes devant servir à ses cours. N'oublions pas qu'à l'époque d'Aristote aussi la philosophie était avant tout une activité orale.

La culture européenne doit à Aristote l'élaboration d'un langage scientifique propre à chacune des sciences, ce qui n'est pas rien ! Il fut le grand systématicien qui fonda et ordonna les différentes sciences.

Comme Aristote a écrit sur toutes les sciences, je vais me contenter de passer en revue les domaines les plus importants. Et puisque je t'ai longuement parlé de Platon, tu vas apprendre quelle était son opinion à propos de la théorie de ce dernier. Après nous verrons comment il a développé sa propre philosophie. Aristote commença par résumer ce que les philosophes de la nature avaient dit avant lui, puis il mit de l'ordre dans nos concepts et fonda la logique comme science. Enfin, je te dirai quelques mots de la conception d'Aristote sur l'être humain et la société.

Si tu acceptes ces conditions, il ne nous reste plus qu'à remonter nos manches et nous mettre au travail.

Aucune idée innée

Comme les philosophes avant lui, Platon voulait définir quelque chose d'éternel et d'immuable au sein de tous les changements. Aussi inventa-t-il les idées parfaites qui planent au-dessus du monde des sens. Platon pensait d'ailleurs que les idées étaient plus réelles que les phénomènes naturels. Il y avait d'abord l'idée du cheval, puis tous les chevaux du monde arrivaient au trot et défilaient en ombres chinoises sur le mur de la caverne. L'idée de la poule venait donc tout à la fois avant la poule et avant l'œuf.

Aristote trouva que Platon avait posé le problème à l'envers. Il reconnaissait avec son maître que le cheval pris séparément « flottait » et qu'aucun cheval ne vivait éternellement. Il reconnaissait aussi que la forme du cheval est éternelle et immuable. Mais l'idée du cheval est seulement un concept que nous autres hommes avons créé *après* avoir vu un certain nombre de chevaux. L'idée ou la « forme » du cheval n'existe pas en soi. La « forme » du cheval est constituée, selon Aristote, par les qualités propres du cheval, ce qu'en d'autres termes nous appelons l'*espèce* cheval.

Précisons : quand Aristote emploie le terme de « forme », il veut dire ce qui est commun à tous les chevaux. Ici, l'image avec les moules de petits bonshommes de pain d'épices n'est plus valable, car les moules de ces gâteaux existent indépendamment des bonshommes de pains d'épices qu'on forme grâce à eux. Selon Aristote, il n'existe pas de tels moules qui seraient pour ainsi dire stockés sur une étagère en dehors de la nature. Les « formes » sont pour Aristote présentes dans les choses comme la somme de leurs qualités particulières.

Aristote n'est donc pas d'accord avec Platon quand celui-ci affirme que l'idée de poule précède la poule. Ce qu'Aristote appelle la « forme » de la poule est présent dans chaque poule, ce sont ses qualités spécifiques, comme celle par exemple de pondre des œufs. Vu sous cet angle, la poule proprement dite et la « forme » de la poule sont tout aussi indissociables que l'âme et le corps.

Cela posé, nous avons en fait résumé l'essentiel de la critique d'Aristote vis-à-vis de la théorie de Platon. Remarque cependant que nous sommes à un moment clé de l'histoire de la pensée. Pour Platon, le plus haut degré de réalité est constitué par ce que nous *pensons* grâce à notre raison. Pour Aristote, c'était une évidence que le plus haut degré de réalité était ce que nous *percevons* avec nos sens. Platon pensait que tout ce que nous voyons autour de nous n'est qu'un reflet de quelque chose qui au fond a plus de réalité dans le monde des idées et, par conséquent, dans l'âme humaine. Aristote pense exactement le contraire : ce qui est dans l'âme humaine n'est qu'un reflet des objets de la nature. C'est la nature et elle seule qui constitue le vrai monde. Platon reste prisonnier, selon Aristote, d'une vision du monde mythique où l'homme projette ses représentations et les substitue au monde réel.

Selon Aristote, rien ne peut exister dans la conscience qui n'ait d'abord été perçu par nos sens. Platon, lui, aurait dit qu'il n'y a rien dans la nature qui n'ait d'abord existé dans le monde des idées. Aristote trouvait que de cette façon Platon « doublait le nombre des choses ». Il expliquait le moindre cheval en recourant à l'idée du cheval. Mais quel genre d'explication est-ce, Sophie ? D'où vient donc l'idée du cheval ? Il existe peut-être un troisième cheval, alors, dont l'idée de cheval ne serait qu'une copie ?

Aristote pensait que toutes nos idées et pensées avaient leur origine dans ce que nous voyons et entendons. Mais nous naissons aussi avec une raison. Certes, nous n'avons pas d'idées innées au sens où l'entendait Platon, mais nous avons une faculté innée de classer toutes les impressions de nos sens en différents groupes et catégories. Ainsi jaillissent les concepts de « pierre », « plante », « animal » et « homme » comme ceux de « cheval », « homard » et « canari ».

Aristote ne nie aucunement que l'homme soit né doué de raison. Bien au contraire, la *raison* est selon Aristote le signe distinctif de l'homme. Mais notre raison est toute vide avant que nos sens ne perçoivent quelque chose. Un être humain n'a donc pas selon lui d'idées innées.

La forme d'une chose, c'est l'ensemble de ses caractéristiques spécifiques

Après avoir déterminé sa position vis-à-vis de la théorie de Platon, Aristote constate que la réalité est composée de différentes choses qui, prises séparément, sont elles-mêmes composées de *forme* et de *matière*. La « matière », c'est ce dont la chose est faite, tandis que la « forme » est la somme de ses qualités particulières, spécifiques.

Imagine-toi, Sophie, une poule qui battrait des ailes. La « forme » de la poule explique qu'elle batte des ailes, caquette et ponde des œufs. La « forme » de la poule recouvre donc les caractéristiques propres de son espèce ou, si tu préfères, ce qu'elle *fait*. Quand la poule meurt et ne caquette plus, alors la « forme » de la poule cesse elle aussi d'exister. Tout ce qui reste, c'est la « matière » de la poule (pas très gai, tout ça…), mais ce n'est plus une « poule » au sens proprement dit.

Comme je l'ai déjà dit, Aristote s'intéressait aux changements dans la nature. La « matière » porte toujours en elle la possibilité d'atteindre une certaine « forme ». Nous pouvons dire que la

« matière » tend à rendre réelle une possibilité sous-jacente. Chaque changement s'explique selon Aristote comme un passage de la matière du « possible » au « réel ».

Attends, laisse-moi t'expliquer, Sophie. Je vais essayer de mieux me faire comprendre en te racontant une histoire drôle : Il était une fois un sculpteur qui était penché au-dessus d'un gros bloc de granit. Chaque jour, il taillait et sculptait dans la pierre informe et un jour il reçut la visite d'un petit garçon. « Qu'est-ce que tu cherches ? » demanda le garçon. « Attends et tu vas voir », répondit le sculpteur. Quelques jours plus tard, le garçon revint et le sculpteur avait transformé le bloc de granit en un splendide cheval. Le garçon fixa bouche bée le cheval. Puis il se tourna vers le sculpteur en lui demandant : « Comment pouvais-tu savoir qu'il était caché à l'intérieur ? »

En effet, comment avait-il fait ? Le sculpteur avait d'une certaine manière vu la forme du cheval dans le bloc de granit. Car ce bloc de granit portait en lui la possibilité d'être sculpté en cheval. Aristote pensait de la même façon que toutes les choses dans la nature ont en puissance de devenir, de réaliser, une certaine « forme ».

Revenons à la poule et l'œuf. Un œuf de poule est une poule en puissance. Ce qui ne veut pas dire que tous les œufs de poule deviendront des poules, car certains finiront sur la table du petit déjeuner sous la forme d'œuf à la coque, d'omelette ou d'œuf mollet, sans que la « forme » inhérente à l'œuf devienne réalité. Mais en aucun cas un œuf de poule ne donnera naissance à une oie. Car cette possibilité-là ne fait pas partie de l'œuf de poule. La « forme » d'une chose nous renseigne par conséquent sur ce qu'elle peut être mais aussi sur ses limites.

Quand Aristote parle de la « forme » et de la « matière » des choses, il ne pense pas seulement aux organismes vivants. De même qu'il est dans la « forme » de la poule de caqueter, de battre des ailes et de pondre, il est dans la nature de la pierre de tomber à terre. La poule ne peut pas plus s'empêcher de caqueter que la pierre de tomber sur le sol. Tu peux bien entendu soulever une pierre et la jeter très haut en l'air, mais parce qu'il est dans la nature de la pierre de chuter, tu ne pourras jamais la lancer jusqu'à atteindre la Lune. (Prends d'ailleurs garde si tu fais cette expérience, car la pierre peut chercher à se venger. Elle revient le plus vite possible sur la terre et gare à qui elle trouve sur sa trajectoire !)

La cause finale

Avant d'en finir avec cette « forme » que toutes les choses vivantes et inanimées possèdent et qui révèle ce que ces choses sont en puissance, j'aimerais ajouter qu'Aristote avait une conception tout à fait étonnante des phénomènes de causalité dans la nature.

Quand nous parlons aujourd'hui de « cause », nous cherchons à comprendre *comment* telle ou telle chose s'est produite. La vitre a été cassée parce que Peter a jeté un caillou contre elle, une chaussure est fabriquée parce que le bottier coud ensemble des morceaux de cuir. Mais Aristote pensait qu'il y a plusieurs sortes de causes dans la nature. Il en distingue quatre en tout. Il est tout d'abord essentiel de comprendre ce qu'il entendait par « cause finale ».

Quand il s'agit de la vitre cassée, il est légitime de demander *pourquoi* Peter a lancé un caillou contre elle. Nous voulons savoir quelle était son intention. Que le but ou le « dessein » entre aussi en jeu dans la fabrication de la chaussure, cela va de soi. Mais Aristote appliquait aussi cette « intention » aux phénomènes naturels. Un exemple va nous éclairer sur ce dernier point :

Pourquoi pleut-il, Sophie ? Tu as certainement appris en classe qu'il pleut parce que la vapeur d'eau contenue dans les nuages se refroidit et se condense en gouttes de pluie qui tombent sur la terre en vertu de la loi de la pesanteur. Aristote n'aurait rien trouvé à redire à cela. Mais il aurait ajouté que trois causes seulement sont mises en lumière avec cette explication. La « cause matérielle » est que la vapeur d'eau réelle (les nuages) se trouvait là précisément quand l'air se refroidit. La « cause efficiente » est que la vapeur d'eau se refroidit, et la « cause formelle » est que la « forme » ou la nature de l'eau est de tomber (patatras !) sur la terre. Si tu n'avais rien dit de plus, Aristote, lui, aurait ajouté qu'il pleut *parce que* les plantes et les animaux ont besoin de l'eau de pluie pour croître et grandir. C'est ce qu'il appelait la « finalité ». Comme tu vois, Aristote donna d'un seul coup aux gouttes d'eau une finalité dans la vie, un « dessein ».

Nous sommes tentés de retourner le problème et dire que les plantes poussent parce qu'il y a de l'humidité. Saisis-tu la nuance, Sophie ? Aristote pensait que chaque chose dans la nature avait son utilité. Il pleut afin que les plantes puissent croître, et il pousse des oranges et des raisins afin que les hommes puissent en manger.

La science pense différemment de nos jours. Nous disons que la nourriture et l'humidité sont une condition pour la vie des animaux et des hommes. Si ces conditions n'avaient pas été remplies, nous n'aurions pu vivre. Mais ce n'est pas la *finalité* de l'eau ou de l'orange de nous nourrir.

En ce qui concerne sa conception des causes, nous serions tentés d'affirmer qu'Aristote s'est trompé. Mais gardons-nous de tirer des conclusions trop hâtives. Beaucoup croient que Dieu a créé le monde sous cette forme afin que les hommes et les animaux puissent y vivre. Si on part de ce principe, on peut naturellement soutenir qu'il y a de l'eau dans les fleuves parce que les hommes et les animaux ont besoin d'eau pour vivre. Mais nous parlons dans ce cas de l'intention ou du dessein de *Dieu*. Ce ne sont pas les gouttes de pluie ou l'eau du fleuve qui nous veulent du bien.

La logique

La différence entre la « forme » et la « matière » joue aussi un rôle important quand Aristote décrit comment l'homme distingue les choses au monde.

Nous classons toutes les choses que nous percevons en différents groupes ou catégories. Je vois un cheval, puis j'en vois un autre et encore un autre. Les chevaux ne sont pas exactement semblables, mais il y a *quelque chose* qui est commun à tous les chevaux, et cet élément de ressemblance entre tous les chevaux, c'est justement la « forme » du cheval. Ce qui différencie tel cheval d'un autre relève de la « matière » du cheval.

Ainsi nous parcourons le monde en cloisonnant les choses. Nous mettons les vaches à l'étable, les chevaux à l'écurie, les cochons dans la porcherie et les poules au poulailler. C'est exactement ce que fait Sophie Amundsen quand elle range sa chambre. Elle met les « livres » sur l'étagère, les « livres de classe » dans son cartable et les revues dans le tiroir de sa commode. Elle plie soigneusement ses vêtements et les range dans l'armoire, les T-shirts sur une étagère, les pulls sur une autre et les chaussettes dans un tiroir à part. Eh bien, nous faisons la même chose dans notre tête : nous faisons une distinction entre les choses qui sont en pierre, en laine ou en plastique. Nous distinguons les choses vivantes des objets inanimés, et nous faisons une différence entre les plantes, les animaux et les hommes.

Jusque-là, tu me suis, Sophie ? Aristote voulait en quelque sorte faire à fond le ménage dans la chambre de jeune fille de la nature. Il s'attacha à démontrer que toutes les choses dans la nature appartiennent à différents groupes eux-mêmes subdivisés en sous-groupes. (Hermès est un être vivant, plus exactement un animal, plus exactement un animal vertébré, plus exactement un mammifère, plus exactement un chien, plus exactement un labrador et enfin plus exactement un labrador mâle.)

Monte dans ta chambre, Sophie. Prends n'importe quel objet par terre. Tu peux prendre ce que tu veux, cela pourra toujours faire partie d'un groupe supérieur. Le jour où tu trouveras quelque chose que tu ne parviendras pas à classer, tu auras un choc. Si tu découvres par exemple un petit bout de quelque chose et que tu ne puisses déterminer avec assurance s'il appartient au monde végétal, animal ou minéral, je te garantis que tu n'oseras pas y toucher.

J'ai parlé du monde végétal, du monde animal et du monde minéral. Je pense à ce jeu où l'on envoie quelqu'un dans le couloir pendant que les autres se mettent d'accord sur quelque chose que l'exclu devra deviner en revenant.

Le petit groupe a choisi par exemple de penser au chat Mons qui se trouve pour l'instant dans le jardin du voisin. Le malheureux revient et pose ses premières questions. On a juste le droit de répondre « oui » ou « non ». Si le malheureux est un bon aristotélicien (ce qui dans ce cas exclut le terme de malheureux), voilà à quoi pourrait ressembler la conversation :

– Est-ce concret ? (Oui !)
– Est-ce que cela appartient au règne minéral ? (Non !)
– Est-ce une chose vivante ? (Oui !)
– Est-ce que cela appartient au règne végétal ? (Non !)
– Est-ce un animal ? (Oui !)
– Est-ce un oiseau ? (Non !)
– Est-ce un mammifère ? (Oui !)

– Est-ce un animal en entier ? (Oui !)
– Est-ce un chat ? (Oui !)
– Est-ce Mons ? (Ouiiii ! ! ! Rires.)

Aristote a donc inventé ce jeu de société. Nous laisserons à Platon l'honneur d'avoir inventé le jeu de cache-cache dans le noir. Quant à Démocrite, nous l'avons déjà remercié d'avoir eu l'idée du Lego.

Aristote était un homme d'ordre qui voulait faire un peu de rangement dans les concepts des êtres humains. Ainsi c'est lui qui a fondé la *logique* comme science. Il indiqua plusieurs règles strictes pour que des conclusions ou des preuves soient logiquement valables. Nous allons nous en tenir à un exemple : Si j'affirme que tous les êtres vivants sont mortels (première prémisse) et que j'énonce que « Hermès est un être vivant » (deuxième prémisse), alors j'en tire l'élégante conclusion que « Hermès est mortel ».

L'exemple montre que la logique d'Aristote s'attache aux relations entre les concepts, dans le cas présent entre le concept de vie et le concept de mortalité. Même si nous voulons bien reconnaître qu'Aristote avait raison dans sa conclusion logique, il faut avouer qu'il ne nous apprend pas grand-chose. Nous savions dès le départ qu'Hermès est mortel. (Il est un chien et tous les chiens sont des êtres vivants, donc mortels, contrairement au massif du Mont-Blanc.) Eh oui, Sophie, jusqu'ici rien de nouveau. Mais les relations entre les différentes notions ne sont pas toujours aussi évidentes. Il peut s'avérer nécessaire de mettre un peu d'ordre dans nos concepts.

Là encore, prenons un exemple : est-il vraiment possible que les minuscules souriceaux tètent le lait de leur mère tout comme les moutons et les cochons ? Je sais que ça peut sembler tout à fait ridicule, mais arrêtons-nous un instant : une chose est sûre, c'est que les souris ne pondent pas. (Quand ai-je vu pour la dernière fois un œuf de souris ?) Elles mettent en monde des petits déjà vivants, exactement comme les cochons et les moutons. Mais les animaux qui mettent au monde des petits déjà vivants sont appelés mammifères et être un mammifère, c'est téter sa mère. Nous y voilà. Nous avions la réponse en nous, mais devions réfléchir un instant, réfléchir à la question. Dans notre précipitation, nous avions oublié que les souris tètent vraiment leur mère. Peut-être parce que nous n'avons jamais vu de souriceaux téter car les souris sont gênées de nourrir leurs petits devant nous.

L'échelle de la nature

Quand Aristote s'occupe de « faire le ménage » dans l'existence, il commence aussitôt par dire que toutes les choses dans la nature peuvent être divisées en deux groupes principaux. D'un côté les *choses inanimées* telles les pierres, les gouttes d'eau et les mottes de terre. Celles-ci n'ont en elles aucune possibilité de se transformer en autre chose. Ces choses non vivantes peuvent, selon Aristote, uniquement se modifier par une intervention extérieure. De l'autre côté, nous avons les *choses vivantes* qui portent en elles la possibilité de se transformer.

Concernant les « choses vivantes », Aristote indique qu'elles appartiennent à deux groupes : les *végétaux vivants* (ou les plantes) et les *êtres vivants*. Pour finir, les êtres vivants se divisent en deux sous-groupes : les *animaux* et les *hommes*.

Reconnais que cette classification est simple et claire. Il y a une différence fondamentale entre une chose vivante et une chose inanimée, par exemple entre une rose et une pierre. De même, il existe une différence fondamentale entre les végétaux et les animaux, par exemple entre une rose et un cheval. J'ajouterai même qu'il existe une différence assez nette entre un cheval et un homme. Mais si l'on veut être plus précis, en quoi consistent ces différences ? Peux-tu me le dire ?

Je n'ai malheureusement pas le temps d'attendre que tu me répondes par écrit en glissant un sucre dans une enveloppe rose, aussi autant répondre moi-même : quand Aristote sépare les phénomènes naturels en différents groupes, il part des qualités des choses, ou plus exactement de ce qu'elles *peuvent faire* ou de ce qu'elles *font*. Toutes les « choses vivantes » (végétaux, animaux et hommes) possèdent la faculté de se nourrir, de grandir et de se développer à partir d'elles-mêmes. Tous les « êtres vivants » (animaux et hommes) possèdent également la faculté de percevoir le monde environnant et de se mouvoir dans la nature. Tous les hommes ont en outre la faculté de penser, autrement dit de classer les impressions de leurs sens en différents groupes et catégories.

Vu sous cet angle, il n'y a pas de frontières bien délimitées dans la nature. Nous assistons davantage à un glissement du plus simple au plus compliqué aussi bien pour les végétaux que pour les animaux. Tout en haut de cette échelle se trouve l'homme dont la vie, selon Aristote, résume celle de la nature tout entière. L'homme grandit et se nourrit de plantes, il possède la faculté de percevoir le monde et de s'y mouvoir au même titre que les animaux, tout en étant le seul par ailleurs à posséder une capacité exceptionnelle, celle de penser de manière rationnelle.

L'homme détient là une parcelle de raison divine, Sophie. Oui, j'ai bien dit divine. Aristote déclare dans certains passages qu'il doit exister un dieu qui doit avoir mis tout l'univers en mouvement. Dieu se trouve ainsi placé tout en haut de l'échelle de la nature.

Aristote pensait que les mouvements des étoiles et des planètes gouvernaient les mouvements sur la Terre. Mais il doit exister quelque chose qui mette aussi en mouvement les planètes. C'est ce qu'Aristote appelait « le premier moteur » ou « Dieu ». « Le premier moteur » lui-même ne bouge pas, mais c'est lui qui est « la première cause » des mouvements des planètes et partant de tous les mouvements dans la nature.

L'éthique

Revenons à l'homme, Sophie. La « forme » de l'homme est, selon Aristote, qu'il a à la fois une « âme de plante » (âme végétative), une « âme d'animal » (âme sensitive) et une « âme de raison » (âme intellective). Il s'interroge alors : comment l'homme devrait-il vivre ? Que faut-il pour qu'un homme vive une vie épanouie ?

Je vais répondre en une seule phrase : l'homme ne sera heureux que s'il développe toutes les facultés qu'il possède en puissance.

Aristote distinguait trois formes de bonheur : la première forme de bonheur est une vie dans le plaisir et les divertissements. La deuxième forme de bonheur est de vivre en citoyen libre et responsable. La troisième forme de bonheur est de vivre en savant et philosophe.

Aristote souligne que ces trois conditions doivent être réunies pour que l'homme mène une vie heureuse. Il rejetait toute forme de parti pris. Mais s'il avait vécu aujourd'hui, il aurait sans doute critiqué celui qui ne cultive que son corps ou sa tête. Dans les deux cas, ce sont des limites extrêmes qui sont chaque fois l'expression d'un mode de vie déréglé.

Concernant les relations avec les autres hommes, Aristote indiqua la voie royale : nous ne devons être ni lâches ni casse-cou, mais *courageux*. Faire preuve de peu de courage est de la lâcheté et trop de courage, c'est de l'inutile témérité. De la même façon, nous ne devons nous montrer ni avares ni dépensiers, mais *généreux*. Là encore, ne pas être assez généreux, cela s'appelle l'avarice, et être trop généreux, c'est jeter l'argent par les fenêtres.

C'est la même chose pour la nourriture. Il est dangereux de ne pas manger assez et il est aussi dangereux de trop manger. L'éthique d'Aristote, comme celle de Platon, rappelle la médecine grecque : vivre dans l'équilibre et la modération est l'unique moyen pour un homme de connaître le bonheur ou l'« harmonie ».

La politique

Que l'homme ne doit jamais se cantonner à un seul aspect des choses, ceci se retrouve dans la conception d'Aristote sur la société. L'homme est, dit-il, un « animal politique ». Sans la société autour de nous, nous ne serions pas vraiment des hommes. La famille et le village couvrent nos besoins de base pour vivre, tels que la nourriture, la chaleur, le mariage et l'éducation des enfants. Quant à la plus haute forme de société, ce ne peut être que l'État.

Alors comment organiser l'État ? (Tu te souviens sans doute de la Cité philosophique chez Platon ?) Aristote cite trois différentes formes réussies d'État. La première est la *monarchie,* où il n'y a qu'un seul chef d'État. Pour que cette forme d'État soit bonne, elle ne doit pas succomber à la « tyrannie », c'est-à-dire à la mainmise sur l'État d'un seul dirigeant pour son bien personnel. Une autre forme d'État est l'*aristocratie*. Dans une aristocratie, on trouve un nombre plus ou moins important de dirigeants. Cette forme d'État doit veiller à ne pas devenir un jouet entre les mains de quelques hommes de pouvoir, on dirait aujourd'hui une junte militaire. La troisième forme d'État, Aristote l'appelait πολις (polis) ce qui signifie *démocratie*. Mais cette forme d'État elle aussi a un revers. Une démocratie peut rapidement dégénérer en état totalitaire.

L'image de la femme

Pour finir nous dirons un mot concernant sa conception de la femme. Elle n'est malheureusement pas aussi sublime que celle de Platon. Aristote n'était pas loin de penser qu'il manquait quelque chose à la femme. Elle était un « homme imparfait ». Dans la procréation, la femme est passive et reçoit tandis que l'homme est actif et donne. L'enfant, selon Aristote, n'hérite que des qualités de l'homme. Il croyait que toutes les qualités de l'enfant se trouvaient telles quelles dans la semence de l'homme. La femme était comme la terre qui se contentait d'accueillir et de faire pousser la semence alors que l'homme était lui le « semeur ». Ou encore, pour reprendre les termes d'Aristote : l'homme donne la « forme » et la femme la « matière ».

Qu'un homme aussi intelligent qu'Aristote puisse se tromper aussi lourdement sur les rapports entre hommes et femmes est bien entendu surprenant et tout à fait regrettable. Mais cela prouve deux choses. Premièrement, Aristote ne devait pas avoir une grande expérience de la vie des femmes et des enfants ; deuxièmement, cela montre à quel point il est dangereux de laisser les hommes entièrement souverains en matière de philosophie et de science.

L'erreur de jugement d'Aristote sur les hommes et les femmes fut particulièrement désastreuse, car c'est sa conception – et non celle de Platon – qui prévalut jusqu'au Moyen Age. L'Église hérita ainsi d'une conception de la femme qui ne reposait aucunement sur la Bible. Jésus, lui, n'était pas misogyne !

Je ne t'en dis pas plus ! Mais tu auras bientôt de mes nouvelles.

Quand Sophie eut lu et relu le chapitre sur Aristote, elle rangea les feuilles dans l'enveloppe jaune et, jetant un coup d'œil sur sa chambre, fut frappée du grand désordre qui y régnait. Le sol était jonché de livres et de classeurs. L'armoire débordait de chaussettes, de collants, de chemisiers et de jeans. Sur la chaise de son bureau s'entassaient pêle-mêle des vêtements à mettre au sale.

Sophie sentit monter en elle une irrésistible envie de *ranger*. La première chose qu'elle fit fut de vider toutes les étagères de l'armoire. Elle étala tout par terre. Il était important de tout reprendre à zéro. Puis elle s'appliqua à plier soigneusement tous ses vêtements et à les remettre sur les étagères. Son armoire en comptait sept. Sophie en réserva une pour ses maillots de corps et ses T-shirts, une pour ses chaussettes et ses collants et une pour ses pantalons. Elle finit par les remplir toutes les unes après les autres. Elle savait exactement où ranger chaque chose. Quant aux vêtements qui allaient au sale, elle les fourra dans un sac en plastique qu'elle trouva sur l'étagère du bas.

Elle arriva à tout ranger, sauf une chose : un mi-bas blanc. D'abord il n'y en avait qu'un et de plus il n'était pas à elle.

Elle l'examina sous toutes les coutures. Aucun nom n'était indiqué, mais Sophie avait de sérieuses présomptions quant à l'identité de sa propriétaire. Elle le jeta sur l'étagère du haut où se trouvaient déjà le Lego, la cassette vidéo et le foulard en soie rouge.

Puis ce fut au tour du plancher. Sophie tria les livres, les classeurs, les revues et les posters – exactement comme l'avait décrit le professeur de philosophie dans son chapitre sur Aristote. Quand tout fut enfin rangé, elle fit son lit puis s'attaqua à son bureau.

Pour finir, elle rassembla toutes les feuilles consacrées à Aristote et les remit en ordre. Elle prit une poinçonneuse, perfora les feuilles et les rangea soigneusement dans un classeur qu'elle glissa ensuite sur l'étagère du haut avec le mi-bas blanc. Plus tard dans la journée, elle irait rechercher la boîte à gâteaux dans sa cabane.

A partir de maintenant, les choses allaient être en ordre. Cela ne s'appliquait pas seulement à ce qui était dans sa chambre, mais, après avoir lu Aristote, elle comprit qu'il était également important d'avoir de l'ordre dans ses idées et ses concepts. Elle avait réservé toute l'étagère du haut à ce genre de questions. C'était le seul endroit de la pièce qui finalement continuait à lui échapper.

Cela faisait plusieurs heures que sa mère ne s'était pas manifestée. Sophie descendit l'escalier. Avant de réveiller sa mère, elle tenait d'abord à nourrir ses animaux.

Dans la cuisine, elle se pencha au-dessus du bocal des poissons. L'un d'eux était noir, l'autre orange et le troisième blanc et rouge. C'est pourquoi elle les avait surnommés Pirate Noir, Boucle d'or et Petit Chaperon rouge. Tout en leur jetant des glaçons et des daphnies, elle leur dit :

– Vous appartenez au monde vivant de la nature ; c'est pourquoi vous pouvez vous nourrir, grandir et vous développer. D'une manière plus définie, vous appartenez au monde animal : vous pouvez bouger et regarder autour de vous. Pour être encore plus précis, vous êtes des poissons, aussi vous pouvez respirer avec des branchies et nager en tous sens dans l'eau de la vie.

Sophie remit le couvercle sur la boîte de daphnies. Elle se sentait satisfaite de la place des poissons rouges dans l'ordre de la nature, et tout particulièrement de l'expression « l'eau de la vie ». Puis ce fut au tour des perruches. Sophie plaça un peu de nourriture dans la coupelle en disant :

– Chers Cricri et Grigri ! Vous êtes devenues d'adorables perruches en vous développant à partir d'adorables œufs de perruches et parce qu'il était dans la nature de ces œufs de donner des perruches, vous n'êtes heureusement pas devenues d'horribles perroquets jacasseurs.

Sophie alla dans la salle de bains. C'est là, dans un grand carton, que vivait sa tortue si paresseuse. Régulièrement, disons une fois sur trois ou quatre, elle entendait sa mère hurler sous la douche qu'elle finirait un jour par la tuer. Mais ce n'était qu'une menace en l'air. Elle sortit une feuille de salade d'un grand pot de confiture et la déposa au fond du carton.

– Chère Govinda ! dit-elle. On ne peut pas dire que tu fasses partie des animaux les plus rapides qui soient, mais tu n'en es pas moins un animal qui a sa petite place dans le grand monde où nous vivons. Si ça peut te consoler, dis-toi que tu n'es pas la seule qui ne cherche pas à se surpasser.

Sherekan était sans doute parti à la chasse aux souris selon sa nature de chat. Pour aller dans la chambre de sa mère, Sophie traversa le salon. Sur la table, il y avait un vase rempli de jonquilles. Elle eut l'impression que les fleurs jaunes s'inclinaient respectueusement sur son passage. Sophie s'arrêta un instant et laissa ses doigts caresser les corolles lisses.

– Vous aussi, vous appartenez au monde vivant de la nature, dit-elle. Vu sous cet angle, vous avez un certain avantage sur le vase en cristal dans lequel vous êtes. Malheureusement, vous n'êtes pas capables de vous en rendre compte.

Sophie se glissa ensuite dans la chambre de sa mère. Celle-ci dormait encore profondément et Sophie lui posa la main sur la tête :

– Tu es parmi les plus heureuses créatures ici, dit-elle. Car tu n'es pas seulement vivante comme les jonquilles dans les prés et tu n'es pas simplement un être vivant comme Sherekan et Govinda. Tu es un être humain, c'est-à-dire que tu as une faculté rare : celle de penser.

– Qu'est-ce que tu dis, Sophie ?

Tiens, elle se réveillait un peu plus vite que d'habitude.

– Je dis seulement que tu ressembles à une tortue indolente. Sinon, si ça t'intéresse, à titre d'information, j'ai rangé ma chambre. Je me suis attelée à cette tâche avec une application toute philosophique.

Sa mère se redressa à moitié dans le lit.

– Attends, je me lève. Tu veux bien me préparer un peu de café ?

Sophie fit ce qu'elle lui demandait et elles se retrouvèrent bientôt toutes les deux dans la cuisine devant une tasse de café, une tasse de chocolat et un jus de fruit.

– Tu ne t'es jamais demandé pourquoi nous vivons, Maman ? demanda Sophie en rompant le silence.

– Ah, on peut vraiment dire que tu ne me lâches pas, toi !

– Mais si, parce que maintenant j'ai la réponse. Des hommes vivent sur cette planète pour que quelqu'un s'y promène en donnant un nom à chaque chose ici-bas.

– Ah ? Je n'avais jamais pensé à ça.

– Alors tu as un gros problème, car l'homme est un être pensant. Si tu ne penses pas, tu n'es donc pas un être humain.

– Sophie !

– Imagine un peu qu'il n'y ait que des plantes et des animaux ici-bas. Personne n'aurait su distinguer les chats des chiens ou les jonquilles des groseilles à maquereau. Les plantes et les animaux eux aussi sont vivants, mais nous sommes les seuls à pouvoir classer la nature en différentes catégories.

– Tu es vraiment une drôle de fille, laissa tomber sa mère.

– J'espère bien ! répliqua Sophie. Tous les êtres humains sont plus ou moins bizarres. Je suis un être humain, donc je suis plus ou moins bizarre. Tu n'as qu'une fille, il est donc normal que je te paraisse « une drôle de fille ».

– Je voulais simplement dire que tu m'effraies avec tous ces... discours que tu me tiens.

– Eh bien, il n'en faut pas beaucoup pour t'effrayer.

Plus tard dans l'après-midi, Sophie retourna dans sa cabane chercher la boîte à gâteaux et elle réussit à la ramener discrètement dans sa chambre sans que sa mère s'en aperçoive.

Tout d'abord, elle commença par classer tous les feuillets par ordre chronologique, elle les perfora et les rangea dans le classeur avant le chapitre sur Aristote. Pour finir, elle numérota les pages tout en haut à droite. Il y en avait déjà plus de cinquante. Elle était en réalité en train de composer son premier livre de philosophie. Certes, elle ne l'avait pas écrit elle-même, mais il avait été écrit spécialement pour elle.

Elle n'avait pas encore eu le temps de penser à ses devoirs pour lundi. Elle risquait d'avoir une interrogation écrite en religion, mais le professeur ne cessait de répéter qu'il appréciait les prises de position et les opinions personnelles et Sophie se rendait compte qu'elle commençait maintenant à savoir argumenter.

Chapitre 12

L'HELLÉNISME

...une étincelle du feu...

Le professeur de philosophie avait commencé à faire parvenir les lettres directement à la vieille haie, mais, par habitude, Sophie tint cependant à jeter un coup d'œil à la boîte aux lettres lundi matin.

Elle était vide, il fallait s'y attendre. Alors elle se mit à descendre l'allée des Trèfles et aperçut soudain une photographie par terre. C'était l'image d'une Jeep blanche avec un drapeau bleu qui portait la mention « ONU ». N'était-ce pas le drapeau des Nations unies ?

Sophie retourna la photo et vit que c'était une carte postale, adressée à « Hilde Møller Knag, c/o Sophie Amundsen... ». Le timbre était norvégien et avait été oblitéré par le « Contingent des Nations unies » le vendredi 15 juin 1990.

Le 15 juin ! Mais c'était l'anniversaire de Sophie !

Le texte de la carte disait :

> *Chère Hilde,*
> *Je suppose que tu es encore en train de fêter ton anniversaire. A moins que ce ne soit déjà le lendemain ? Enfin, savoir combien de temps tu profiteras de ce cadeau, voilà qui n'est pas le plus important puisque d'une certaine façon il durera toute ta vie. Alors laisse-moi juste te souhaiter un joyeux anniversaire ! Tu auras compris, je pense, pourquoi j'envoie les cartes à Sophie. J'ai la profonde certitude qu'elle te les transmettra.*
>
> *P.-S. : Maman m'a dit que tu avais perdu ton portefeuille. Je te promets de te donner 150 couronnes pour le remplacer. Quant à ton certificat de scolarité, tu en obtiendras sans problème un autre de l'école avant les grandes vacances.*
> *Ton Papa qui t'embrasse tendrement.*

Sophie resta pétrifiée, comme collée à l'asphalte. Quelle était la date du cachet de la poste sur la carte précédente ? Quelque chose en elle lui disait que l'autre carte avait aussi été oblitérée en juin, bien qu'il restât encore un mois d'ici là. Mais elle n'avait peut-être pas fait attention...

Elle regarda sa montre et rentra précipitamment à la maison. Tant pis si elle était en retard.

Elle referma la porte à clé derrière elle et monta dans sa chambre où elle retrouva sous le foulard de soie rouge la première carte adressée à Hilde. Elle ne s'était pas trompée ! Le cachet indiquait le 15 juin, c'est-à-dire l'anniversaire de Sophie et le dernier jour de classe avant les grandes vacances.

Tout en courant rejoindre Jorunn au centre commercial, ses pensées se bousculaient.

Qui était Hilde ? Comment son père pouvait-il être aussi sûr que Sophie la retrouverait ? De toute façon, c'était complètement absurde de lui envoyer des cartes à elle plutôt qu'à sa fille directement. Il devait quand même connaître l'adresse de sa propre fille ! C'était une plaisanterie ou quoi ? Voulait-il faire une surprise à sa fille en se servant d'une inconnue pour jouer les détectives et les messagers ? Était-ce pour cette raison que les cartes étaient anti-datées d'un mois ? S'imaginait-il en la prenant comme intermédiaire offrir à sa fille une nouvelle amie en cadeau d'anniversaire ? Était-ce elle ce cadeau qui devait « durer toute la vie » ?

Si cet étrange père se trouvait vraiment au Liban, comment avait-il obtenu son adresse ? Sophie et Hilde avaient en tout cas deux points communs. Si l'anniversaire de Hilde tombait aussi un 15 juin, elles étaient nées le même jour et avaient toutes les deux un papa qui voyageait dans le vaste monde.

Sophie se sentit entraînée dans un univers magique. Après tout, croire au destin, ce n'était pas si idiot que ça. Mais elle ne devait pas tirer des conclusions trop hâtives, il existait certainement une explication. Cela dit, comment se faisait-il qu'Alberto Knox ait retrouvé le portefeuille de Hilde alors qu'elle habitait à Lillesand, à des dizaines de kilomètres du chalet ? Et pourquoi Sophie avait-elle trouvé la carte postale par terre ? Est-ce que le postier l'avait perdue de sa sacoche juste avant d'arriver à la boîte aux lettres de Sophie ? Mais dans ce cas pourquoi juste cette carte-là ?

– Non mais tu as vu l'heure ? s'écria Jorunn en apercevant enfin Sophie.

– Je sais…

Jorunn lui jeta un regard aussi sévère que celui d'un professeur d'école :

– J'espère que tu as une excuse valable.

– C'est à cause de l'ONU, répondit Sophie. J'ai été retenue par une milice ennemie au Liban.

– Arrête avec tes histoires ! T'es amoureuse, c'est ça ?

Puis elles coururent à l'école aussi vite que possible.

L'interrogation écrite du cours de religion que Sophie n'avait pas eu le temps de réviser eut lieu en troisième heure. Tel était l'intitulé du sujet :

Conception de la vie et tolérance

1) Dressez une liste de ce qu'un homme doit savoir. Puis une seconde liste de ce en quoi un homme doit croire.

2) Indiquez certains facteurs qui déterminent la conception de vie d'un homme.

3) Que veut-on dire par conscience ? La conscience est-elle selon vous la même pour tous ?

4) Qu'entend-on par échelle des valeurs ?

Sophie se concentra longuement avant d'écrire la première ligne. Pouvait-elle se servir de certaines choses qu'elle avait apprises d'Alberto Knox ? Elle y était en fait obligée, car cela faisait plusieurs jours qu'elle n'avait même pas ouvert son livre de religion. A peine avait-elle commencé que les phrases jaillirent de sa plume.

Sophie écrivit que nous savons que la Lune n'est pas un grand fromage et qu'il y a aussi des cratères sur la face cachée de la Lune, que Socrate et Jésus furent condamnés à mort, que tous les êtres humains sont appelés à mourir un jour ou l'autre, que les grands temples sur l'Acropole furent érigés après les guerres persiques vers l'an 400 avant Jésus-Christ et que le principal oracle des Grecs était celui de Delphes. Comme exemple de ce que nous pouvons seulement croire, elle cita le problème de savoir s'il y avait de la vie sur d'autres planètes, s'il existe un dieu, s'il y a une vie après la mort et si Jésus était le fils de Dieu ou juste un être intelligent. « En tout cas nous ne pouvons pas savoir quelle est l'origine du monde, conclut-elle. L'univers peut se comparer à un gros lapin qu'on sort d'un grand chapeau haut-de-forme. Les philosophes essaient de grimper le long de l'un des poils fins de la fourrure du lapin pour regarder le Grand Magicien droit dans les yeux. Y parviendront-ils un jour, on peut se poser la question. Mais si chaque philosophe grimpe sur le dos d'un autre philosophe, ils finiront par s'éloigner de plus en plus de la fourrure moelleuse du lapin, et, à mon avis, ils réussiront un jour.

P.-S. : Dans la Bible, nous entendons parler de quelque chose qui peut avoir été un de ces poils fins de la fourrure du lapin. Ce poil-là, c'était la tour de Babel qui fut rasée parce que le Grand Magicien n'a pas aimé que des petites bestioles d'hommes veuillent se hisser et s'échapper du lapin blanc qu'il venait de créer. »

Elle passa à la deuxième question : « *Indiquez certains facteurs qui contribuent à déterminer la conception de vie d'un homme.* » Le milieu et l'éducation jouaient, cela va de soi, un rôle primordial. Les hommes qui vivaient à l'époque de Platon avaient une conception de vie différente de celle des gens d'aujourd'hui simplement qu'ils vivaient à une autre époque et dans un autre milieu. Les expériences que l'on choisissait de faire comptaient elles aussi. La raison ne dépendait pas du milieu, elle était commune à tous les hommes. On pouvait peut-être comparer le milieu et les conditions sociales avec la situation qui prévalait au fond de la caverne de Platon. La raison permettait à l'individu de quitter en rampant l'obscurité de la caverne. Mais une telle entreprise nécessitait une bonne dose de courage personnel. Socrate constituait un bon exemple de quelqu'un qui s'était affranchi des opinions courantes de son temps en faisant appel à sa raison. Sophie conclut en écrivant : « De nos jours, des hommes de pays et de cultures très différents se mêlent de plus en plus. Dans un même immeuble on peut voir se côtoyer des chrétiens, des musulmans et des bouddhistes. Il importe davantage de respecter la croyance de chacun plutôt que se demander pourquoi tous ne croient pas en la même chose. »

Tout bien réfléchi, Sophie trouva qu'elle ne se débrouillait pas trop mal avec ce qu'elle avait appris de son prof de philosophie. Il suffisait de rajouter quelques remarques sensées ici et là et reprendre des phrases qu'elle avait lues ou entendues dans un autre contexte.

Elle attaqua la troisième question : « *Qu'entend-on par conscience ?*

La conscience est-elle selon vous la même pour tous ? » C'était un sujet dont il avait été beaucoup question en classe. Sophie écrivit : « On entend généralement par conscience la faculté qu'ont les hommes de réagir vis-à-vis du juste et du faux. Tous les hommes possèdent, selon moi, cette faculté, en d'autres termes, la conscience est innée. Socrate aurait dit la même chose. Mais ce qu'on entend par conscience peut beaucoup varier d'un individu à l'autre. Il est légitime de se demander si sur ce point les sophistes n'avaient pas raison. Eux pensaient que la distinction entre le juste et le faux dépendait avant tout du milieu dans lequel l'individu grandit, alors que Socrate prétendait que la conscience était commune à tous. Il est difficile de dire qui a raison et qui a tort, car si certains hommes n'ont pas mauvaise conscience à se montrer nus, la plupart ont en tout cas mauvaise conscience s'ils ont fait du tort à leur prochain. Précisons en passant qu'avoir une conscience n'est pas la même chose qu'utiliser sa conscience. Certaines personnes peuvent paraître agir sans le moindre scrupule, mais à mon avis ils ont aussi une conscience, même si cette dernière est bien cachée. Ainsi il est des êtres apparemment dépourvus de raison, mais c'est parce qu'ils ne s'en servent pas.

P.-S. : La raison comme la conscience peuvent être comparées à un muscle. Si on ne se sert pas d'un muscle, il devient progressivement de plus en plus faible. »

Il ne restait plus que la dernière question : « *Qu'entend-on par échelle des valeurs ?* » C'était un sujet à la mode. Rien de tel que savoir conduire pour se déplacer rapidement d'un endroit à l'autre, mais si les automobilistes contribuent à la mort de la forêt et à l'empoisonnement de la nature, on se trouve confronté à un problème moral et Sophie écrivit que des forêts saines et une nature propre étaient finalement plus importants que d'arriver vite au travail. Elle cita d'autres exemples et conclut : « Mon avis personnel est que la philosophie est une matière plus importante que la grammaire anglaise. Ce serait par conséquent respecter l'échelle des valeurs que de rogner un peu sur les heures d'anglais pour introduire la philosophie dans l'emploi du temps. »

Pendant la récréation, le professeur prit Sophie à part.

– J'ai déjà corrigé votre devoir, dit-il. Il était tout en haut de la pile.

– J'espère que vous y avez trouvé votre bonheur.

– C'est justement ce dont je voudrais vous parler. En un sens vous avez répondu avec beaucoup de maturité. Oui, une maturité étonnante même. Et très personnelle. Mais vous n'aviez pas révisé, n'est-ce pas ?

Sophie se défendit :

– Vous aviez dit que vous apprécieriez les considérations personnelles.

– Soit... mais il y a des limites.

Sophie le regarda droit dans les yeux. Elle trouvait qu'elle pouvait se le permettre après tout ce qu'elle venait de vivre.

– J'ai commencé à étudier la philosophie, déclara-t-elle. Cela donne de bonnes bases pour se forger ses propres opinions.

– Mais cela rend votre devoir difficile à noter. Soit je vous donne vingt, soit je vous mets zéro.

– Ce que j'ai écrit est donc tout juste ou tout faux, c'est ça ?

– Allez, on va dire vingt, conclut le professeur. Mais que cela ne vous empêche pas de réviser la prochaine fois !

Quand Sophie revint de l'école l'après-midi, elle jeta son cartable dans l'escalier et courut aussitôt vers sa cabane. Elle trouva une enveloppe jaune posée sur la grosse racine. Les coins étaient tout secs, cela devait faire quelque temps qu'Hermès était venu la déposer.

Elle emporta l'enveloppe et s'enferma dans la maison. Elle donna d'abord à manger à tous ses animaux puis monta dans sa chambre. Elle s'allongea sur le lit, ouvrit la lettre d'Alberto et lut :

L'hellénisme

Comment ça va depuis la dernière fois, Sophie ? Je t'ai déjà parlé des philosophes de la nature, de Socrate, de Platon et d'Aristote. Avec eux tu as en main les fondements de la philosophie occidentale. C'est pourquoi nous laisserons tomber dorénavant les questions à méditer entre chaque leçon que je te donnais en devoir dans une enveloppe blanche. Les devoirs et autres exercices, je pense que tu en as déjà assez comme cela en classe.

Je vais te parler de la longue période qui s'étend d'Aristote, à la fin du IVe siècle avant Jésus-Christ, jusqu'au début du Moyen Age, vers 400 après Jésus-Christ. Tu remarqueras que nous écrivons désormais avant et après Jésus-Christ, car justement il s'est passé à cette époque quelque chose de primordial – et de très étrange –, à savoir la chrétienté.

Aristote mourut en 322 avant Jésus-Christ, date à laquelle Athènes n'exerçait plus sa domination. Telle était la conséquence des grands changements politiques ainsi que des conquêtes d'*Alexandre le Grand*.

Alexandre le Grand était roi de Macédoine. Aristote aussi venait de Macédoine, il fut même un temps le précepteur du jeune Alexandre. C'est Alexandre qui remporta la dernière victoire décisive contre les Perses. Autre chose encore, Sophie : à l'aide de sa nombreuse armée, il relia l'Égypte et tout l'Orient jusqu'à l'Inde à la civilisation grecque.

On entre alors dans une ère toute nouvelle de l'histoire des hommes. Une nouvelle société à l'échelle mondiale vit le jour, au sein de laquelle la culture et la langue grecques jouèrent un rôle prédominant. Cette période, qui dura environ 300 ans, on l'a appelée l'*hellénisme*. Le terme d'« hellénisme » recouvre à la fois la période proprement dite et la culture à prédominance grecque qui s'épanouit dans les trois grands royaumes hellénistiques : la Macédoine, la Syrie et l'Égypte.

A partir de 50 avant Jésus-Christ, Rome eut la suprématie militaire et politique. La nouvelle grande puissance reconquit les unes après les autres toutes les provinces hellénistiques et ce fut au tour de la culture romaine et du latin de pénétrer loin en Asie et de s'étendre à l'ouest jusqu'en Espagne. Ce fut le début de l'*époque romaine*, ce que nous appelons aussi l'*Antiquité tardive*. Mais il faut bien retenir une chose : lorsque les Romains réussirent à conquérir le monde hellénistique, Rome était déjà devenue une province de culture grecque. Ainsi s'explique le fait que la culture grecque, et partant la philosophie grecque, continuèrent à jouer un rôle important alors que les Grecs, sur le plan politique, en étaient réduits à n'être plus que les acteurs d'une épopée.

Religion, philosophie et science

L'hellénisme était caractérisé par la suprématie du modèle grec qui ignorait les frontières entre les pays ainsi que leurs propres cultures. Les Grecs, les Romains, les Égyptiens, les Babyloniens, les Syriens et les Perses avaient autrefois vénéré leurs dieux dans le cadre de ce que nous pourrions appeler une « religion natio-nale ». Désormais, les différentes cultures se fondaient en une seule gigantesque potion de sorcière où se retrouvaient pêle-mêle toutes les conceptions religieuses, philosophiques et scientifiques.

L'agora ou la place publique fut en quelque sorte remplacée par la scène mondiale. L'agora aussi résonnait de différentes voix qui vendaient toutes sortes de marchandises, colportant en même temps des idées et des pensées. La nouveauté, c'était que les marchés regorgeaient dorénavant de denrées et d'idées du monde entier. Et qu'on y entendait parler toutes sortes de langues.

Que la pensée grecque ait trouvé là un terrain de prédilection bien au-delà des anciennes provinces grecques, nous l'avons déjà dit. Dorénavant, les dieux orientaux furent également vénérés tout autour de la Méditerranée. Plusieurs nouvelles religions virent le jour qui empruntaient leurs dieux et leurs croyances à plusieurs vieilles nations. C'est ce qu'on appelle le *syncrétisme* ou le mélange de religions.

Les hommes étaient autrefois intimement liés à leur propre peuple et à leur cité. Avec l'abolition des frontières et des lignes de démarcation, beaucoup furent envahis par le doute et l'incer-titude concernant leur conception de vie. L'Antiquité tardive était sous le signe du doute, de la chute des valeurs culturelles et du pessimisme. « Le monde est vieux », voilà ce qu'on disait.

Les nouvelles religions qui virent le jour pendant l'hellénisme ont toutes un point commun, à savoir un enseignement pour délivrer les hommes de la mort. Cet enseignement était le plus souvent secret. En accomplissant en outre certains rites, l'homme pouvait espérer l'immortalité de l'âme et la vie éternelle. Il impor-tait autant d'avoir une *intuition* de la vraie nature de l'univers que de respecter les pratiques religieuses pour obtenir le salut de l'âme.

Voilà pour ce qui est des nouvelles religions, Sophie. Mais la *philosophie* aussi s'orienta de plus en plus vers le salut et une certaine sérénité de la vie. La pensée philosophique n'avait pas seulement une valeur en elle-même, elle devait permettre à l'homme de se libérer de l'angoisse de la mort et du pessimisme. La frontière entre la religion et la philosophie devint alors bien ténue.

On peut avancer sans se tromper que la philosophie de l'hellénisme ne brillait pas par son originalité. Aucun nouveau Platon ou Aristote à l'horizon. Cependant les trois grands philosophes d'Athènes contribuèrent fortement à inspirer plusieurs courants philosophiques que je vais te brosser à grands traits.

La *science* de l'hellénisme était aussi caractérisée par le mélange d'expériences de différentes cultures. La ville d'Alexandrie en Égypte joua un rôle clé comme point de rencontre entre l'Orient et l'Occident. Tandis qu'Athènes restait la capitale de la philosophie avec les écoles philosophiques héritées de Platon et d'Aristote, Alexandrie devint la capitale de la science. Avec son extraordinaire bibliothèque, cette ville devint le centre des mathématiques, de l'astronomie, de la biologie et de la médecine.

On pourrait comparer la culture hellénistique avec le monde d'aujourd'hui. Notre XXᵉ siècle est également caractérisé par une société très ouverte aux influences extérieures. Cela a provoqué aussi de grands bouleversements en matière de religion et de conception de la vie. Comme à Rome au début de notre ère on pouvait rencontrer des représentations de dieux grecs, égyptiens et orientaux, nous pouvons trouver à la fin du XXᵉ siècle des représentations religieuses de toutes les parties du monde dans la plupart des grandes métropoles européennes.

Nous pouvons observer à notre époque tout un mélange d'anciennes et de nouvelles religions, de philosophie et de science réapparaître sous diverses formes et proposer sur le marché de prétendus nouveaux choix de vie. Méfions-nous de ces prétendus nouveaux savoirs qui ne sont en réalité bien souvent que des résurgences d'anciennes connaissances qui remontent entre autres à l'hellénisme.

Comme je l'ai déjà dit, la philosophie hellénistique travailla à approfondir les questions soulevées par Socrate, Platon et Aristote. Le problème essentiel pour eux était de définir la meilleure façon pour un homme de vivre et de mourir. L'*éthique* devint le projet philosophique le plus important dans la nouvelle société : toute la question était de savoir en quoi consistait le vrai bonheur et comment l'atteindre. Nous allons étudier quatre de ces courants philosophiques.

Les cyniques

On raconte que Socrate s'arrêta un jour devant une échoppe qui proposait différentes marchandises. A la fin, il s'écria : « Que de choses dont je n'ai pas besoin ! »

Cette déclaration pourrait être le mot d'ordre des *cyniques*. *Antisthène* jeta les bases de cette philosophie à Athènes vers 400 avant Jésus-Christ. Il avait été l'élève de Socrate et avait surtout retenu la leçon de frugalité de Socrate.

Les cyniques mettaient l'accent sur le fait que le bonheur n'est pas dans les choses extérieures comme le luxe matériel, le pouvoir politique et la bonne santé. Le vrai bonheur est de savoir se rendre indépendant de ces conditions extérieures, accidentelles et instables. C'est justement parce que le véritable bonheur ne dépend pas de ce genre de choses qu'il est à la portée de tous. Et une fois atteint, c'est pour toujours.

Le cynique le plus célèbre fut *Diogène*, qui fut un élève d'Anthistène. On raconte qu'il vivait dans un tonneau et ne possédait qu'un manteau, un bâton et un sac pour son pain. (Difficile dans ces conditions de l'empêcher d'être heureux !) Un jour qu'il était assis devant son tonneau à profiter du soleil, il reçut la visite d'Alexandre le Grand. Celui-ci s'arrêta devant le sage et lui demanda s'il désirait quelque chose. Diogène répondit : « Je veux bien que tu fasses un pas de côté pour laisser le soleil briller sur moi. » Il démontra par là qu'il était à la fois plus riche et plus heureux que le grand conquérant, puisqu'il avait tout ce qu'il désirait.

Les cyniques pensaient que l'homme ne devait se préoccuper ni de sa propre santé, ni de la souffrance, ni de la mort. Ils ne devaient pas non plus se laisser troubler en prêtant attention aux souffrances d'autrui.

De nos jours, les termes « cynique » et « cynisme » s'emploient pour exprimer le manque de compassion envers autrui.

Les stoïciens

Les cyniques eurent une grande importance pour les stoïciens dont la philosophie vit le jour à Athènes vers 300 avant Jésus-Christ. Leur fondateur fut *Zénon*, qui était originaire de Chypre, mais se joignit aux cyniques à Athènes après que son navire eut fait naufrage. Il avait coutume de rassembler ses disciples sous un portique. Le nom « stoïcien » vient du mot grec στοικη (portique). Le stoïcisme exerça par la suite une grande influence sur la culture romaine.

Comme Héraclite, les stoïciens pensaient que tous les hommes faisaient partie intégrante de la raison universelle ou du « logos ». Chaque individu est un monde en miniature, un « microcosme » qui est le reflet du « macrocosme ».

Ceci permettait d'établir un droit valable pour tous les hommes, le « droit naturel ». Parce que le droit naturel est fondé sur la raison intemporelle de l'homme et de l'univers, il ne change pas en fonction du temps et du lieu. Ils prirent ainsi le parti de Socrate contre les sophistes.

Le droit naturel est le même pour tous, même pour les esclaves. Les stoïciens considéraient les livres de lois des différents États comme de pâles copies du « droit » inhérent à la nature.

De même que les stoïciens gommaient la différence entre l'individu et l'univers, ils rejetaient aussi toute idée de contradiction entre l'« esprit » et la « matière ». Il n'y a qu'une nature et une seule, disaient-ils. On appelle une telle conception le « monisme » (en opposition par exemple au « dualisme » de Platon, c'est-à-dire au caractère double de la réalité).

En dignes enfants de leur époque, les stoïciens étaient de vrais « cosmopolites ». Ils étaient plus ouverts à la culture de leur temps que les « philosophes du tonneau » (les cyniques). Ils soulignaient l'aspect communautaire de l'humanité, s'intéressaient à la politique et plusieurs d'entre eux y jouèrent un rôle important, comme l'empereur romain *Marc Aurèle* (121-180 après Jésus-Christ). Ils contribuèrent à étendre la culture et la philosophie grecque dans Rome, comme ce fut le cas de l'orateur, du philosophe et de l'homme politique *Cicéron* (106-43 avant Jésus-Christ). C'est lui qui créa le concept d'« humanisme », c'est-à-dire d'un mode de vie qui place l'individu au centre. Le stoïcien *Sénèque* (4 avant Jésus-Christ-65 après Jésus-Christ) déclara quelques années plus tard que « l'homme est quelque chose de sacré pour l'homme ». Ceci est resté la devise de tout l'humanisme après lui.

Les stoïciens faisaient d'ailleurs remarquer que tous les phénomènes naturels – comme par exemple la maladie et la mort –

suivent les lois indestructibles de la nature. C'est pourquoi l'homme doit apprendre à se réconcilier avec son destin. Selon eux, rien n'arrive par hasard. Tout ce qui arrive est le fruit de la nécessité et rien ne sert de se lamenter quand le destin vient frapper à la porte. Les heureuses circonstances de la vie, l'homme doit aussi les accueillir avec le plus grand calme. Nous reconnaissons ici une parenté avec les cyniques, qui prétendaient que toutes les choses extérieures étaient indifférentes. Nous parlons aujourd'hui de « calme stoïque » pour qualifier une personne qui ne se laisse pas emporter par ses sentiments.

Les épicuriens

Socrate se demandait, nous l'avons dit, comment l'homme pouvait vivre heureux. Les cyniques et les stoïciens l'interprétèrent en prétendant que l'homme devait se libérer de tout luxe matériel. Mais Socrate eut aussi un élève qui s'appelait *Aristippe*. Selon lui, le but de la vie devait être d'atteindre la plus grande jouissance possible. « Le bien suprême est le plaisir, affirmait-il, le plus grand des maux est la douleur. » Ainsi il voulait développer un art de vivre qui consistait à éviter toute forme de souffrance. (Le but des cyniques et des stoïciens était d'*accepter* la souffrance sous toutes ses formes. C'est autre chose que de chercher à tout prix à *éviter* la souffrance.)

Vers 300 avant Jésus-Christ, *Épicure* (341-270) fonda une école philosophique à Athènes (les épicuriens). Il développa la morale de plaisir d'Aristippe tout en la combinant avec la théorie des atomes de Démocrite.

On raconte que les épicuriens se retrouvaient dans un jardin. C'est pourquoi on les appelait les « philosophes du jardin ». La tradition rapporte qu'au-dessus de l'entrée du jardin était placée cette inscription : « Étranger, ici tu seras bien traité. Ici, le plaisir est le bien suprême. »

Épicure insistait sur le fait que la satisfaction d'un désir ne doit pas faire oublier les effets secondaires éventuels qui peuvent en résulter. Si tu as déjà eu une crise de foie pour avoir trop mangé de chocolat, tu comprendras ce que je veux dire. Sinon, je te donne l'exercice suivant : prends tes économies et va t'acheter du chocolat pour deux cents couronnes (dans l'hypothèse où tu aimes le chocolat). Il s'agit maintenant de tout manger d'un seul coup. Une demi-heure environ après, tu ne manqueras pas d'éprouver ce que Épicure appelait les « effets secondaires ».

Selon Épicure, la satisfaction d'un désir à court terme doit être mise dans la balance avec la possibilité d'un plaisir plus durable ou plus intense à long terme. (Imagine que tu décides de te priver de chocolat pendant toute une année afin d'économiser ton argent de poche et t'acheter un nouveau vélo ou passer des vacances à l'étranger.) A la différence des animaux, l'homme a en effet la possibilité de planifier sa vie. Il possède la faculté de « programmer » ses plaisirs. Du bon chocolat, cela représente quelque chose, mais le vélo et le voyage en Angleterre aussi.

Cela dit, Épicure insistait sur la différence qu'il peut exister entre le plaisir et la satisfaction des sens. Des valeurs comme l'amitié ou le plaisir esthétique existent elles aussi. Pour jouir pleinement de la vie, les vieux idéaux grecs de maîtrise de soi, de modération et de calme intérieur sont déterminants. Il faut dompter le désir, car la sérénité permet de mieux supporter aussi la souffrance.

Les hommes tourmentés par l'angoisse des dieux cherchaient souvent refuge dans le jardin d'Épicure. A cet égard, la théorie des atomes de Démocrite constituait un bon remède contre la religion et la superstition. Car pour avoir une vie heureuse, il faut d'abord surmonter sa peur de la mort. Sur ce point précis, Épicure se servait de la théorie de Démocrite sur les « atomes de l'âme ». Tu te souviens peut-être qu'il n'y avait pas selon lui de vie après la mort, car tous les « atomes de l'âme » s'éparpillaient de tous côtés à notre mort.

« La mort ne nous concerne pas, affirmait Épicure tout simplement. Car tant que nous existons, la mort n'est pas là. Et quand vient la mort, nous n'existons plus. » (Il est vrai que l'on n'a jamais entendu parler de quelqu'un se plaignant d'être mort.)

Épicure donna lui-même un résumé de sa philosophie libératrice avec ce qu'il a appelé les « quatre plantes médicinales » :

Nous n'avons rien à craindre des dieux.
La mort ne mérite pas qu'on s'en inquiète.
Le Bien est facile à atteindre.
Le terrifiant est facile à supporter.

Dans le contexte grec, ce n'était pas une nouveauté que de comparer le devoir du philosophe avec l'art de la médecine. La pensée qui sous-tend ce discours est que l'homme doit se munir d'une « pharmacie de voyage philosophique » qui contienne ces quatre plantes miracles.

A la différence des stoïciens, les épicuriens manifestaient peu d'intérêt pour la politique et la vie sociale. « Vivons cachés ! », tel était le conseil d'Épicure. Nous pouvons hasarder une comparaison entre son « jardin » et les communautés de jeunes d'aujourd'hui qui partagent le même appartement. De nombreuses personnes à notre époque ont cherché à trouver un refuge, un havre de paix pour échapper à une société trop anonyme.

A la suite d'Épicure, beaucoup se sont cantonnés à la seule satisfaction de leurs désirs avec pour devise : « Vis le moment présent ! » Le terme « épicurien » s'utilise de nos jours pour qualifier de manière péjorative un « bon vivant ».

Le néo-platonisme

Les cyniques, les stoïciens et les épicuriens se référaient, nous l'avons vu, aux présocratiques comme Héraclite et Démocrite, ainsi qu'à Socrate. Mais le courant d'idées le plus remarquable dans l'Antiquité tardive fut surtout inspiré par la théorie de Platon. C'est pourquoi nous l'appelons le néo-platonisme.

Le néo-platonicien le plus important fut *Plotin* (environ 205-270), qui étudia la philosophie à Alexandrie et vint par la suite s'établir à Rome. Il est intéressant de noter qu'il venait d'Alexandrie, cette ville qui pendant des siècles avait été le point de rencontre entre la philosophie grecque et la mystique orientale. Dans ses bagages, Plotin avait une théorie du salut qui allait devenir un sérieux concurrent pour le christianisme à ses débuts. Mais le néo-platonisme allait aussi exercer une forte influence sur la théologie chrétienne.

Tu te souviens, Sophie, de la théorie des idées chez Platon. Il distinguait le monde des idées et le monde des sens et séparait clairement l'âme de l'homme et son corps. Ainsi, il y a une dualité dans l'homme : le corps se compose de terre et de poussière comme toute chose ici-bas dans le monde des sens, tandis que l'âme est immortelle. Cette idée était largement répandue chez beaucoup de Grecs bien avant Platon. Plotin connaissait aussi des conceptions similaires qui avaient cours en Asie.

Le monde est selon Plotin tendu entre deux pôles. D'un côté il y a la lumière divine, ce qu'il appelle l'« Un » ou parfois « Dieu ». De l'autre côté règne l'obscurité totale, là où la lumière de l'Un ne peut pénétrer. Toute la démarche de Plotin est de nous faire prendre conscience que cette obscurité n'a pas d'existence. Elle est une absence de lumière, certes, mais elle n'*est* pas. La seule chose qui existe, c'est Dieu ou l'Un, mais telle une source de lumière qui petit à petit se perd dans le noir, il y a une certaine limite à la portée du rayonnement divin.

Selon Plotin, l'âme reçoit les rayons de l'Un, tandis que la matière est cette obscurité qui n'a pas de réelle existence. Même les formes dans la nature reçoivent toutes un pâle reflet de l'Un.

Imagine, chère Sophie, un feu de camp dans la nuit. Des étincelles crépitent de tous côtés. Dans un large périmètre autour du feu, la nuit est comme illuminée et, à des kilomètres de là, on apercevra la faible lumière de ce feu lointain. Si nous nous éloignons davantage, nous ne verrons plus qu'un minuscule point lumineux, telle une faible lanterne dans la nuit. Et si nous nous éloignons encore davantage, la lumière ne nous parviendra plus. A un endroit, la lumière se perdra dans le noir, et quand il fait tout noir nous ne pouvons rien voir. Il n'y a alors ni ombres ni silhouettes.

Représente-toi maintenant la réalité comme ce feu de camp. Ce qui brûle, c'est Dieu, et l'obscurité à l'extérieur est la matière dont sont faits les hommes et les animaux. Tout près de Dieu se trouvent les idées éternelles qui sont la matrice de tout ce qui est créé. L'âme de l'homme est avant toute chose une « étincelle du feu ». Cependant, toute la nature reçoit un peu du rayonnement divin. Il suffit de regarder tous les êtres vivants, même une rose ou une jacinthe des bois dégage quelque chose de la lumière divine. Le plus loin du Dieu vivant, on trouve la terre, l'eau et la pierre.

Je dis que tout ce qui est participe du mystère divin. Nous voyons que quelque chose brille au fond d'un tournesol ou d'une pensée sauvage. Un papillon qui volette de fleur en fleur ou un poisson rouge qui nage dans son bocal nous font pressentir ce mystère insondable. Mais c'est grâce à notre âme que nous nous approchons le plus près de Dieu. Là seulement, nous faisons un avec le grand mystère de la vie. Oui, il peut même nous arriver, à de rares occasions, de ressentir que *nous sommes ce mystère divin lui-même.*

Les images de Plotin rappellent l'allégorie de la caverne chez Platon : plus on s'approche de l'entrée de la grotte, plus on se rapproche de l'origine de tout ce qui est. Mais à la différence de Platon qui sépare la réalité en deux parties distinctes, la pensée de Plotin est sous le signe d'une expérience de la totalité. Tout est un, car tout est Dieu. Même les ombres tout au fond de la caverne de Platon reçoivent un pâle reflet de l'Un.

Au cours de sa vie, Plotin eut quelquefois la révélation que son âme fusionnait avec Dieu. C'est ce que nous appelons une *expérience mystique.* Plotin n'est pas le seul à avoir eu ce genre de révélation. Il y a eu de tous temps et dans toutes les cultures des personnes qui en ont parlé. Le récit de leur expérience peut légèrement varier, mais on retrouve des traits essentiels dans toutes ces descriptions. Examinons quelques-uns de ces traits.

La mystique

Une expérience mystique signifie que l'on ressent une unité avec Dieu ou l'« âme du monde ». Certaines religions insistent sur le fossé qui existe entre Dieu et la création, mais le mystique fait justement l'expérience qu'un tel fossé n'existe pas. La personne « fait corps » avec Dieu, « s'est fondue » en Lui.

Derrière tout cela, il y a l'idée que ce que nous appelons communément « moi » n'est pas notre véritable moi. Dans des moments de fulgurance, nous faisons l'expérience d'appartenir à un Moi beaucoup plus vaste. Certains l'appellent Dieu, d'autres l'« âme du monde », la « Nature universelle » ou encore la « totalité du monde ». Au moment de la révélation, le mystique « se perd lui-même », il disparaît ou se fond en Dieu, telle une goutte d'eau qui se perdrait elle-même en se mêlant à l'océan. Un mystique indien s'exprima en ces termes : « Quand j'étais, Dieu n'était pas. Quand Dieu est, je ne suis plus. » Le mystique chrétien *Angelus Silesius* (1624-1677) dit quant à lui que chaque goutte devient l'océan en se fondant en lui, de même que l'âme s'élève et devient Dieu.

Tu penses peut-être que ce ne doit pas être très agréable de « se perdre soi-même ». Je comprends tes réticences. Seulement voilà : ce que tu perds a infiniment moins de valeur que ce que tu gagnes. Tu te perds toi-même dans ta forme présente, mais tu prends aussi conscience que tu es quelque chose d'infiniment plus grand. Tu es l'univers. Oui, c'est toi, Sophie, qui es l'âme du monde. C'est toi qui es Dieu. Même si tu dois renoncer à toi-même en tant que Sophie Amundsen, console-toi en te disant que tu finiras bien un jour ou l'autre par perdre ce « moi de tous les jours ». Ton vrai moi, que tu ne peux réussir à connaître qu'en renonçant à toi-même, est selon les mystiques semblable à un feu étrange qui brûle de toute éternité.

Mais une telle expérience mystique n'arrive pas toujours d'elle-même. Le mystique doit souvent suivre le « chemin de la purification et de l'illumination » à la rencontre de Dieu. Ce chemin consiste en un mode de vie rudimentaire et en diverses pratiques méditatives. Et un jour survient où le mystique atteint son but et peut enfin s'écrier : « Je suis Dieu » ou « Je suis Toi ».

Nous trouvons des orientations mystiques au sein de toutes les grandes religions dans le monde. Et il est frappant de constater à quel point les descriptions que le mystique fait de son expérience se rejoignent par-delà les différences culturelles. Ce n'est que lorsque le mystique tente de donner une interprétation religieuse ou philosophique de son expérience que l'arrière-plan culturel réapparaît.

Dans la *mystique occidentale*, influencée par les religions monothéistes, judaïsme, christianisme et islam, le mystique souligne qu'il fait l'expérience d'une rencontre avec un Dieu personnel. Même si Dieu est présent dans la nature et dans l'âme de l'homme, il plane aussi bien au-dessus du monde.

Dans la *mystique orientale*, c'est-à-dire au sein de l'hindouisme, du bouddhisme et du taoïsme, il est plus courant de souligner que le mystique fait l'expérience d'une fusion totale avec Dieu ou l'« âme du monde ». « Je suis l'âme du monde » peut s'écrier le mystique, ou encore « je suis Dieu ». Car Dieu n'est pas *aussi* dans le monde, il n'est précisément en aucun autre lieu que là. En Inde tout particulièrement, il y a eu bien avant l'époque de Platon de forts courants mystiques. *Swami Vivekananda,* qui fit connaître la pensée hindoue en Occident, dit un jour : « De même que certaines religions dans le monde nomment athée l'homme qui ne croit pas à un Dieu existant en dehors de sa personne, nous disons quant à nous qu'est athée l'homme qui ne croit pas en lui-même. De ne pas croire à la splendeur de sa propre âme, voilà ce que nous nommons athéisme. »

Une expérience mystique peut se révéler d'une grande importance pour l'éthique. Un ancien président indien, *Radhakrishnan*, déclara un jour : « Tu dois aimer ton prochain comme toi-même parce que tu es ton prochain. C'est une illusion qui te fait croire que ton prochain est autre chose que toi-même. »

Il existe aussi des personnes qui, sans appartenir à une quelconque religion, peuvent témoigner d'une expérience mystique. Ils ont soudain ressenti quelque chose qu'ils ont appelé la « conscience cosmique » ou « sentiment astral ». Ils se sont sentis arrachés du temps et ont fait l'expérience du monde « sous l'angle de l'éternité ».

Sophie se redressa sur son lit. Il fallait qu'elle s'assure qu'elle avait toujours un corps...

Au fur et à mesure qu'elle avançait dans sa lecture sur Plotin et les mystiques, elle avait commencé à se sentir flotter dans la chambre, sortir par la fenêtre ouverte et planer au-dessus de la ville. De là-haut, elle avait aperçu tous les gens sur la grande place et avait continué à flotter au-dessus de la terre où elle vivait, au-delà de la mer du Nord et de l'Europe en survolant le Sahara puis les vastes savanes africaines.

La Terre tout entière était devenue comme une seule personne vivante, et c'était comme si cette personne était Sophie elle-même. Le monde, c'est moi, pensa-t-elle. Tout cet immense univers qu'elle avait si souvent ressenti comme incommensurable et angoissant, c'était son propre moi. Maintenant l'univers restait majestueux et imposant, mais elle-même était à son tour devenue infiniment grande.

Cette impression étrange eut tôt fait de se dissiper, mais Sophie savait que jamais elle ne l'oublierait. Quelque chose en elle s'était projeté hors d'elle et mêlé à l'ensemble de la création, telle une seule goutte de teinture qui pouvait donner de la couleur à toute une carafe d'eau.

Quand ces impressions se dissipèrent, elle eut la sensation de se réveiller avec une migraine après avoir fait un beau rêve. Légèrement déçue, elle constata qu'elle avait un corps qui essayait péniblement de se redresser dans le lit. Elle avait mal au dos d'être restée sur le ventre à lire. Mais l'expérience qu'elle venait de vivre resterait à jamais gravée dans sa mémoire.

Elle parvint enfin à mettre un pied par terre. Elle perfora les feuilles et les archiva dans son classeur avec les autres leçons. Puis elle alla se promener dans le jardin.

Les oiseaux pépiaient comme si le monde venait d'être créé. Derrière les vieux clapiers à lapins, le vert tendre des bouleaux se détachait avec une telle netteté qu'on avait l'impression que le Créateur n'avait pas fini de mélanger la couleur.

Pouvait-elle réellement croire que tout était un Moi divin ? Qu'elle avait en elle une âme qui était une « étincelle du feu » ? S'il en était ainsi, alors elle était vraiment un être divin.

Chapitre 13

LES CARTES POSTALES

…je m'impose une censure sévère…

Pendant plusieurs jours Sophie ne reçut aucune nouvelle du professeur de philosophie. Jeudi serait le 17 mai, le jour de la Fête nationale, et ils n'auraient pas classe le 18 non plus.

Ce mercredi 16 mai, en sortant de l'école, Jorunn demanda tout à coup :

– Et si on partait camper ?

Sophie pensa tout d'abord qu'elle ne pouvait pas s'absenter trop longtemps de la maison. Mais elle prit sur elle :

– Si tu veux.

Quelques heures plus tard, Jorunn débarqua chez Sophie chargée de son gros sac à dos. Sophie aussi était prête avec la tente. Elles emportaient leurs sacs de couchage, des matelas isolants, des vêtements chauds, des lampes de poche, de grandes Thermos de thé et plein de bonnes choses à manger.

Quand la mère de Sophie rentra à la maison vers les cinq heures, elles eurent droit à toute une série de recommandations sur ce qu'il fallait faire et ne pas faire et elles durent bien préciser où elles avaient l'intention d'aller.

Elles répondirent qu'elles allaient camper du côté de Tiurtoppen. Peut-être qu'elles attendraient le lendemain matin pour partir.

Sophie n'avait pas choisi cet endroit-là tout à fait par hasard. Elle avait cru comprendre que Tiurtoppen n'était pas très loin du chalet du major. Quelque chose lui disait de retourner là-bas, mais elle savait qu'elle n'oserait plus jamais y aller seule.

Elles empruntèrent le sentier qui partait devant la maison de Sophie. Les deux amies parlaient de tout et rien, et Sophie éprouva un certain plaisir à se détendre complètement et à laisser pour une fois de côté la philosophie.

Vers huit heures, elles avaient déjà monté la tente sur un plateau dégagé près de Tiurtoppen, sorti leurs sacs de couchage et tout préparé pour la nuit. Une fois qu'elles eurent fini de manger leurs copieux sandwiches, Sophie demanda :

– Tu as entendu parler de Majorstua ?

– Majorstua ?

– C'est le nom d'un chalet, là-bas dans la forêt au bord d'un petit lac. Autrefois y habitait un drôle de major, c'est pourquoi on l'appelle le chalet du major ou encore Majorstua.

– Il y a quelqu'un maintenant qui habite là ?

– On pourrait y jeter un coup d'œil…

– Mais c'est où ?

Sophie indiqua une vague direction entre les arbres.

Jorunn n'était pas très chaude pour y aller, mais elles finirent par se mettre en route. Le soleil était bas à l'horizon.

Elles s'enfoncèrent d'abord entre les hauts sapins, puis se frayèrent un chemin à travers le sous-bois et les broussailles avant de trouver un sentier. Était-ce celui qu'elle avait pris l'autre dimanche matin ?

Mais oui, elle reconnut de loin le chalet.

– C'est là-bas, dit-elle.

Elles arrivèrent au bord du petit lac. Sophie observa le chalet dont les volets étaient à présent fermés. La maison rouge semblait tout à fait abandonnée.

Jorunn regarda autour d'elle.

– On va marcher sur l'eau ou quoi ? demanda-t-elle.

– Fais pas l'idiote, on y va en barque.

Sophie montra du doigt les roseaux. La barque avait été ramenée à la même place que la dernière fois.

– Tu es déjà venue ?

Sophie fit non de la tête. C'était trop compliqué à expliquer. Comment parler de sa première visite sans dévoiler une partie du secret qui la liait à Alberto Knox et son cours de philosophie ?

Elles se lancèrent quelques vannes et rirent de bon cœur pendant qu'elles traversaient le lac. Sophie veilla à bien tirer la barque sur la rive de l'autre côté et elles se retrouvèrent devant la porte. Jorunn tourna la poignée, mais il était clair qu'il n'y avait personne dans le chalet.

– C'est fermé… Tu ne t'imaginais quand même pas que c'était ouvert ?

– Attends, peut-être qu'on va trouver une clé, dit Sophie.

Elle se mit à chercher entre les pierres du mur.

– Non, allez, on s'en va, dit Jorunn après quelques minutes.

Mais au même instant Sophie s'écria :

– Ça y est, je l'ai trouvée !

Elle brandissait triomphalement une clé. Elle la mit dans la serrure et la porte s'ouvrit.

Les deux amies se glissèrent rapidement à l'intérieur comme des voleuses. Il faisait froid et sombre à l'intérieur.

– On n'y voit goutte, dit Jorunn.

Mais Sophie avait tout prévu. Elle sortit de sa poche une boîte d'allumettes et en gratta une. Cela leur suffit juste pour se rendre compte que le chalet était complètement vide. Sophie en gratta une autre et eut le temps d'apercevoir une bougie dans un chandelier en fer forgé posé sur le bord de la cheminée. Elle l'alluma et elles purent enfin inspecter la pièce.

– N'est-ce pas étonnant à quel point une petite lumière peut éclairer une telle obscurité ? demanda Sophie.

Son amie acquiesça.

– Mais il existe un endroit où la lumière se perd dans le noir, poursuivit Sophie. En fait, l'obscurité n'existe pas en tant que telle. Elle n'est que l'absence de la lumière.

– Mais qu'est-ce qui te prend de parler comme ça ? Allez viens, on s'en va…

– Non, on va d'abord se regarder dans le miroir.

Sophie indiqua le miroir en laiton resté au-dessus de la commode.

– Qu'il est beau…

– Oui, mais c'est un miroir magique.

– « Miroir magique, dis-moi qui est la plus belle ? »

– Je ne plaisante pas, Jorunn. Je t'assure que tu peux regarder de l'autre côté du miroir et apercevoir quelque chose.

– Mais tu m'as dit que tu n'étais jamais venue ici auparavant. Arrête, ça t'amuse de me faire peur ?

Sophie resta silencieuse.

– *Sorry !*

Ce fut au tour de Jorunn de découvrir quelque chose qui traînait par terre dans un coin. C'était une petite boîte. Jorunn se pencha pour la ramasser.

– Tiens, des cartes postales !

Sophie poussa un petit cri :

– Touche pas à ça ! Tu m'entends ? Touche pas, je te dis !

Jorunn sursauta. Elle laissa tomber la boîte comme si elle venait de se brûler. Les cartes s'éparpillèrent sur le sol. Après quelques secondes, elle se mit à rire :

– Mais ce ne sont que des cartes postales.

Jorunn s'assit par terre. Elle commença à les ramasser et Sophie aussi.

– Du Liban… du Liban… encore du Liban… Elles ont toutes été postées du Liban, constata Jorunn.

– Je sais, ne put s'empêcher de dire Sophie dans un souffle.

– Tu es donc déjà venue, n'est-ce pas ?

– Euh… oui.

Elle se dit qu'après tout ce serait plus simple d'avouer. Quel mal y avait-il à mettre son amie un peu au courant de toutes les aventures étranges qu'elle avait vécues ces derniers jours ?

– Je n'avais pas envie de t'en parler avant d'être ici.

Jorunn s'était mise à lire les cartes postales.

– Elles sont toutes adressées à une certaine Hilde Møller Knag.

Sophie n'avait pas encore regardé les cartes.

– Il n'y a rien d'autre comme adresse ?

Jorunn lut à haute voix :

– Hilde Møller Knag, c/o Alberto Knox, Lillevann, Norvège.

Sophie poussa un soupir de soulagement. Elle avait craint qu'il ne soit écrit aussi c/o Sophie Amundsen sur les cartes. Rassurée, elle commença à les examiner d'un peu plus près.

– Le 28 avril… le 4 mai… le 6 mai… le 9 mai… Mais elles ont été postées il y a à peine quelques jours !

– Ce n'est pas tout… Tous les cachets sont norvégiens. Regarde un peu : « Contingent des Nations unies ». Ce sont aussi des timbres norvégiens…

– Je crois que c'est normal. Ils doivent rester neutres en quelque sorte, alors ils ont peut-être leur propre bureau de poste sur place.

– Mais comment leur courrier arrive-t-il chez nous ?

– Par avion militaire, probablement.

Sophie posa la bougie par terre et les deux amies se mirent à lire le texte des cartes. Jorunn les rangea par ordre chronologique et prit la première carte :

Chère Hilde,

Tu ne peux savoir combien je suis heureux à l'idée de rentrer à Lillesand. Je pense atterrir à Kjevik en début de soirée le jour de la Saint-Jean. J'aurais vraiment aimé être là le jour de tes quinze ans, mais je dois obéir aux ordres militaires. Par contre, je mets tout en œuvre pour que tu aies un très beau cadeau le jour de ton anniversaire.

Tendrement, de la part de quelqu'un qui pense très fort à l'avenir de sa fille.

P.-S. : J'envoie un double de cette carte à une amie que nous connaissons bien tous les deux. Tu comprendras plus tard, petite Hilde. Je sais qu'actuellement je dois te sembler bien mystérieux, mais fais-moi confiance.

Sophie prit la carte suivante :

Chère Hilde,

Ici on vit au jour le jour. Ce que je retiendrai de ces mois passés au Liban, ce sera sans doute la perpétuelle attente. Mais je fais tout ce que je peux pour que tu aies le plus beau cadeau d'anniversaire possible. Je ne peux t'en dire plus pour l'instant. Je m'impose une censure sévère.

Je t'embrasse,

Papa.

Les deux amies retenaient leur souffle. Aucune des deux n'osait dire un mot tant elles brûlaient de connaître la suite.

Ma chère enfant,

J'aurais bien aimé t'adresser mes confidences avec une colombe blanche. Mais on ne pratique pas l'élevage des colombes blanches au Liban. S'il y a vraiment quelque chose qui fait cruellement défaut à ce pays ravagé par la guerre, ce sont les colombes blanches. Puissent les Nations unies parvenir un jour à rétablir la paix dans le monde !

P.-S. : Peut-être que tu peux partager ton cadeau d'anniver-

saire avec d'autres personnes ? Nous verrons cela quand je rentrerai à la maison. Tu ne sais toujours pas de quoi je parle.

De la part de quelqu'un qui a tout le temps de penser à nous deux.

Elles lirent ainsi six cartes et il n'en resta plus qu'une :

Chère Hilde,

J'en ai tellement assez de toutes ces cachotteries à propos de ton cadeau d'anniversaire que je dois plusieurs fois par jour m'interdire de te téléphoner pour ne pas lâcher le morceau. C'est quelque chose qui ne cesse de grandir. Et comme tout ce qui devient de plus en plus grand, cela devient aussi de plus en plus difficile à garder pour soi.

Ton Papa qui t'embrasse.

P.-S. : Tu rencontreras un jour une fille qui s'appelle Sophie. Pour que vous ayez l'occasion de vous connaître un peu au préalable, j'ai commencé à lui envoyer des doubles de toutes les cartes que je t'envoie. Ne crois-tu pas qu'elle commence à faire le rapprochement, Hilde chérie ? Pour l'instant, elle n'en sait pas plus que toi. Elle a une amie qui s'appelle Jorunn. Elle, elle pourra peut-être l'aider.

Après la lecture de cette dernière carte, les deux amies se regardèrent droit dans les yeux. Jorunn avait saisi le poignet de Sophie et le serrait :

– J'ai peur, dit-elle.

– Moi aussi.

– Quelle était la date du dernier cachet de la poste ?

Sophie examina à nouveau la carte.

– Le 16 mai, répondit-elle. C'est aujourd'hui.

– Mais c'est impossible ! s'emporta Jorunn.

Elles observèrent soigneusement le cachet, mais il n'y avait aucun doute possible : c'était bien « 16-05-90 ».

– Ce n'est vraiment pas possible, insista Jorunn. Et d'ailleurs je n'arrive pas à comprendre qui a pu écrire tout ça. C'est forcément quelqu'un qui nous connaît. Mais comment avait-il deviné que nous viendrions ici précisément aujourd'hui ?

C'était Jorunn qui avait le plus peur. Pour Sophie, cette histoire de Hilde et de son père n'était pas une nouveauté.

– Je crois que ça vient du miroir en laiton.

Jorunn fut à nouveau parcourue d'un frisson.

– Tu ne veux quand même pas me faire croire que les cartes sortent du miroir à l'instant même où elles reçoivent le cachet d'un bureau de poste au Liban ?

– Tu as une autre explication ?

– Non, mais…

– Il y a ici autre chose de mystérieux.

Sophie se leva et plaça la bougie devant les deux tableaux au mur. Jorunn se pencha pour mieux les examiner.

– *Berkeley* et *Bjerkely*. Qu'est-ce que ça signifie ?

– Aucune idée.

La bougie était sur le point de se consumer.

– Allez, on s'en va, dit Jorunn.

– Attends, je veux emporter le miroir.

Sur ces mots, Sophie alla le décrocher. Jorunn protesta en vain.

En sortant, il faisait exactement aussi sombre que peut l'être une nuit de mai. Le ciel laissait passer juste assez de lumière pour distinguer les silhouettes des arbustes et des arbres. Le lac reflétait modestement le ciel au-dessus de lui. Les deux amies ramèrent lentement vers l'autre rive.

Aucune des deux n'avait le cœur à parler sur le chemin du retour, tant elles étaient plongées dans leurs pensées. De temps à autre, un oiseau s'envolait sur leur passage, ou elles entendaient un hibou.

A peine arrivées à la tente, elles se glissèrent dans leur sac de couchage. Jorunn refusa catégoriquement l'idée de dormir avec le miroir à l'intérieur. Avant de s'endormir, elles tombèrent d'accord pour trouver que c'était déjà assez grave comme ça de le laisser dehors, juste à l'entrée de la tente. Sophie avait emporté les cartes postales et les avait rangées dans une poche latérale de son sac à dos.

Elles se réveillèrent tôt le lendemain matin. Sophie fut la première à quitter son sac de couchage. Elle enfila ses bottes et sortit de la tente. Le grand miroir en laiton reposait dans l'herbe, couvert de rosée. Sophie l'essuya avec la manche de son pull-over et put enfin se regarder. Elle se détailla des pieds à la tête et ne trouva heureusement aucune nouvelle carte postée le jour même du Liban à côté.

Sur le terrain dégagé derrière la tente flottaient dans le petit matin des lambeaux de brouillard, tels de petits coussins d'ouate. Les oiseaux chantaient à tue-tête, mais elle ne vit ni n'entendit aucun oiseau de grande envergure.

Les deux amies enfilèrent un chandail et prirent leur petit déjeuner devant la tente. Très vite la conversation revint sur le chalet du major et les mystérieuses cartes postales.

Puis elles démontèrent la tente et prirent le chemin du retour. Sophie portait le grand miroir sous le bras en s'arrêtant souvent pour souffler, car Jorunn refusait de seulement toucher le miroir.

En s'approchant des premières maisons, elles entendirent quelques détonations ici et là. Sophie pensa à ce que le père de Hilde avait écrit à propos du Liban ravagé par la guerre. Elle se rendit compte combien elle était privilégiée de pouvoir vivre dans un pays en paix. Ici, les détonations n'étaient que des pétards inoffensifs.

Sophie invita Jorunn à entrer boire un bon chocolat chaud. Sa mère posa mille questions pour tenter de savoir d'où venait le miroir. Sophie raconta qu'elles l'avaient trouvé devant le chalet du major. Sa mère rappela que cela faisait des années, oh oui, bien des années, que personne n'habitait plus là.

Quand Jorunn rentra chez elle, Sophie se changea et enfila une robe rouge.

La journée de la Fête nationale se déroula comme d'habitude. Aux informations, on montra un reportage sur la manière dont les troupes norvégiennes de l'ONU avaient célébré ce grand jour. Sophie fixa intensément l'écran. Un de ces hommes était peut-être le père de Hilde.

La dernière chose que fit Sophie ce 17 mai fut d'accrocher le grand miroir dans sa chambre. Le lendemain matin, elle trouva une nouvelle enveloppe jaune dans sa cabane. Elle déchira l'enveloppe et entreprit tout de suite de lire ce que contenaient les feuilles.

Chapitre 14

DEUX CULTURES

...ainsi seulement tu éviteras de flotter dans le vide...

Nous nous rencontrerons très prochainement, chère Sophie. Je savais bien que tu finirais par retourner au chalet du major, aussi y ai-je laissé les cartes du père de Hilde. C'était la seule façon d'être sûr qu'elles parviennent à Hilde. Ne t'inquiète pas de savoir comment les lui transmettre. Beaucoup d'eau aura coulé sous les ponts d'ici le 15 juin.

Nous avons vu comment les philosophes de la période hellénistique ont rabâché les vieux philosophes grecs. C'était aussi une tentative pour en faire les fondateurs d'une nouvelle religion. Plotin n'était pas loin d'ériger Platon en sauveur de l'humanité.

Cependant, nous savons qu'un autre sauveur est né en dehors du territoire gréco-romain au milieu de la période dont nous venons de parler. Je pense à *Jésus de Nazareth*. Nous allons étudier dans ce chapitre l'influence grandissante du christianisme dans le monde gréco-romain, tout comme le monde de Hilde lui aussi est entré petit à petit dans *notre* monde.

Jésus était juif et les juifs appartiennent à la culture sémitique. Les Grecs et les Romains appartiennent, eux, à la culture indo-européenne. Nous pouvons donc affirmer que la culture européenne a deux racines. Avant d'examiner plus précisément l'influence grandissante du christianisme dans la culture gréco-romaine, attardons-nous un instant sur ces deux racines.

Les Indo-Européens

Avec le terme d'Indo-Européens, nous voulons désigner tous les pays et les cultures qui utilisent une langue indo-européenne. A part les langues finno-ougriennes (le lapon, le finnois, l'estonien et le hongrois) et le basque, c'est le cas de toutes les autres langues européennes. La plupart également des langues indiennes et iraniennes appartiennent à la famille des langues indo-européennes. Il y a environ quatre mille ans vivaient des Indo-Européens autour de la mer Noire et la mer Caspienne. Bientôt de grandes vagues de familles indo-européennes se déplacèrent vers le sud-est en Iran et en Inde, vers le sud-ouest en Grèce, Italie et Espagne, traversèrent l'Europe centrale vers l'ouest pour atteindre l'Angleterre et la France, vers le nord-ouest l'Europe du Nord et tout au nord l'Europe de l'Est et la Russie. Partout où allèrent les Indo-Européens, ils se mêlèrent aux cultures préexistantes, mais très vite la langue et la culture indo-européennes se mirent à jouer un rôle dominant.

Que ce soient les anciens Védas indiens, la philosophie grecque et pourquoi pas la mythologie scandinave de *Snorre*, tous sont écrits dans des langues parentes entre elles. Mais il n'existe pas seulement une parenté au niveau de la langue. La parenté linguistique va souvent de pair avec une parenté de pensée. C'est la raison pour laquelle nous parlons d'une « culture » indo-européenne.

La culture indo-européenne est caractérisée avant tout par la croyance en de nombreux dieux. C'est ce qu'on appelle le *polythéisme*. Les noms des dieux ainsi que beaucoup d'expressions et de termes religieux se retrouvent sur l'ensemble du territoire indo-européen. Je vais me contenter de quelques exemples :

Les anciens Hindous vénéraient le dieu du ciel *Dyaus*. En grec, ce dieu se nomme Ζευζ (Zeus), en latin *Jupiter* (c'est-à-dire le père de *Jov*, ou encore le « Père Iov ») et en norrois *Tyr*. Les noms de Dyaus, Zeus, Iov, et Tyr ne sont que différentes « versions dialectales » d'un seul et même mot.

Tu te souviens que les Vikings du Nord croyaient en des dieux qu'ils appelaient *aser*. Ce terme qui recouvre les « dieux », nous le retrouvons également dans tout l'espace indo-européen. En sanscrit ou langue classique de l'Inde, on nomme les dieux *asura* ou en iranien *ahura*. Il existe un autre mot en sanscrit pour désigner le « dieu » : *deva*. En iranien *daeva*, en latin *deus* et en norrois *tivurr*.

On croyait aussi dans le Nord à tout un groupe de dieux de la fertilité (par exemple Njord, Frøy et Freyia). On désignait ces dieux par un nom particulier : les *vaner*. Ce mot est apparenté au nom latin qui désigne la déesse de la fertilité *Vénus*. En sanscrit existe le terme apparenté de *vani*, qui signifie « plaisir » ou « désir ».

L'étude comparative de quelques mythes simples prouve clairement la parenté qui existe dans tout l'espace indo-européen. Quand Snorre évoque les dieux norrois, certains de ces mythes rappellent des mythes indiens racontés 2 000 à 3 000 ans auparavant. Certes, les mythes de Snorre sont empreints d'un rapport à la nature typiquement nordique comme les mythes indiens font référence à une nature indienne, mais nombre de ces mythes ont un noyau commun qui témoigne de leur parenté d'origine. Nous pouvons distinguer un noyau de ce genre dès les premiers mythes sur la boisson qui donne l'immortalité et sur le combat des dieux contre les forces du chaos.

Dans la manière de raisonner, nous pouvons aussi constater des similitudes frappantes entre les cultures indo-européennes. Un signe distinctif concerne la conception du monde, scène où se joue un éternel combat entre les forces du bien et du mal. Les Indo-Européens ont pour cette raison toujours cherché à connaître l'avenir du monde.

Nous pouvons affirmer sans crainte de nous tromper que ce n'est pas un hasard si la philosophie grecque a vu le jour sur une terre indo-européenne. Les mythologies indienne, grecque et nordique constituent une base excellente pour des considérations philosophiques ou « spéculatives ».

Les Indo-Européens ont cherché à avoir une certaine « connaissance » de la marche du monde. Nous pouvons pratiquement suivre le terme « connaissance » ou « savoir » d'une culture à l'autre sur l'ensemble du territoire indo-européen. En sanscrit, on dit *vidya*. Ce terme ressemble fortement au mot grec *eidos* (idée), qui joue, tu t'en souviens, un grand rôle dans la philosophie de Platon. En latin, nous connaissons le terme *video*, mais sur le sol romain ce mot signifie tout simplement « je vois ». (Ce n'est que de nos jours que le verbe « voir » est souvent réduit au sens d'avoir les yeux rivés à un écran de télévision.) En anglais, nous avons les termes *wise* et *wisdom* (sagesse), en allemand *wissen* (savoir). En norvégien, nous avons le mot *viten* (savoir). Le terme norvégien *viten* a donc la même racine que les termes *vidya* en indien, ειδος en grec et *video* en latin.

De manière générale, nous pouvons constater que la *vue* est le sens le plus important pour les Indo-Européens. Chez les Indiens, les Grecs, les Iraniens et les Germains, la littérature a toujours été caractérisée par de grandes visions cosmiques. (Encore une fois ce terme de « vision » est justement formé à partir du verbe latin *video*.) Un autre signe distinctif des cultures indo-européennes, c'est d'avoir sculpté et peint des représentations et des histoires de leurs dieux telles que nous les rapportent les mythes.

Pour finir, les Indo-Européens ont eu une conception cyclique de l'histoire. Cela signifie qu'ils vivent l'histoire comme un perpétuel recommencement, une succession de « cycles », exactement comme dans le cycle des saisons le printemps succède à l'hiver. L'histoire ne connaît donc ni commencement ni fin. Il est souvent question de différents mondes qui naissent et disparaissent dans une succession éternelle de vie et de mort.

Les deux grandes religions orientales, l'hindouisme et le bouddhisme, ont toutes deux une origine indo-européenne. C'est aussi le cas de la philosophie grecque, et nous pouvons faire plusieurs rapprochements entre, d'un côté, l'hindouisme et le bouddhisme et, de l'autre, la philosophie grecque. De nos jours, l'hindouisme et le bouddhisme sont fortement marqués par une réflexion de type philosophique.

Dans l'hindouisme et le bouddhisme, on met souvent l'accent sur l'omniprésence du divin dans tout ce qui est (panthéisme) et sur la possibilité offerte à l'homme de s'unir à Dieu grâce à un savoir religieux. (Rappelle-toi Plotin, Sophie !) Un grand retour sur soi, c'est-à-dire une méditation, est souvent requis pour y accéder. En Orient, une attitude passive et réservée peut par conséquent former un idéal religieux. Chez les Grecs aussi, beaucoup pensaient que l'homme devait vivre en ascète ou retiré du monde pour le salut de son âme. Ce sont de telles idées du monde gréco-romain qui peuvent expliquer de nombreux aspects du monde des monastères au Moyen Age.

On retrouve également dans un grand nombre de cultures indo-européennes la croyance dans la transmigration de l'âme. Pendant plus de 2 500 ans le but de la vie a été pour l'individu de se libérer de la réincarnation. Nous avons vu d'ailleurs que Platon croyait lui aussi à la réincarnation.

Les Sémites

Passons à présent aux Sémites, Sophie. Nous voici face à une tout autre culture avec une tout autre langue. Les Sémites viennent à l'origine de la péninsule arabe, mais ils ont aussi émigré dans différentes parties du monde. Durant plus de deux mille ans, les juifs ont vécu éloignés de leur patrie d'origine. L'histoire et la religion sémitiques sont allées le plus loin de leurs racines par le biais du christianisme et de l'islam.

Les trois religions qui ont influencé l'Occident, le judaïsme, le christianisme et l'islam, ont un fond commun sémitique. Le texte sacré des musulmans, le *Coran* ainsi que l'*Ancien Testament,* sont écrits dans des langues sémitiques parentes. Un des termes de l'Ancien Testament pour « Dieu » a ainsi la même racine linguistique que *Allah* chez les musulmans.

En ce qui concerne le christianisme, c'est un peu plus compliqué. Bien sûr, le fond est lui aussi sémitique. Mais le *Nouveau Testament* a été rédigé en grec, aussi quand la théologie ou la croyance chrétienne se sont développées, elles ont subi l'influence de la langue grecque et latine, et partant de la philosophie de l'époque hellénistique.

Les Indo-Européens croyaient, nous l'avons dit, à toutes sortes de dieux. Pour ce qui est des Sémites, il est frappant de constater que très tôt ils ont vénéré un Dieu et un seul. C'est ce qu'on appelle le *monothéisme.* Que ce soit dans le judaïsme, le christianisme ou l'islam, la pensée clé est qu'il n'existe qu'un seul Dieu.

Une autre caractéristique sémitique est que les Sémites ont eu une *vision linéaire* de l'histoire. Ce qui revient à dire que l'histoire est conçue comme une ligne droite. Dieu créa un jour l'univers et ce jour marque le début de l'histoire. Mais un jour viendra où l'histoire arrivera à son terme, c'est le « Jour du Jugement dernier », lorsque Dieu reviendra juger les vivants et les morts.

Le rôle joué par l'histoire constitue justement un autre trait sémitique commun chez ces trois grandes religions monothéistes. Dieu intervient dans l'histoire, plus précisément l'histoire existe afin qu'à travers elle Dieu puisse réaliser son dessein. De même qu'il conduisit Abraham un jour à la « Terre promise », il conduit la vie des hommes jusqu'au « Jour du Jugement dernier ». Ce jour-là seulement tout le mal du monde sera anéanti.

Avec une telle intervention de Dieu dans le cours de l'histoire, les Sémites se sont pendant des millénaires fortement intéressés à l'écriture de l'histoire. Ce sont justement ces racines historiques qui sont le noyau proprement dit des écrits religieux.

De nos jours, la ville de Jérusalem est un centre religieux très important aussi bien pour les juifs et les chrétiens que pour les musulmans. Ceci prouve encore une fois la forte parenté historique de ces trois religions. Là se côtoient de grandes synagogues (juives), des églises (chrétiennes) et des mosquées (musulmanes). C'est pourquoi il est si tragique de voir que justement Jérusalem est devenu le lieu d'un enjeu politique et que des milliers d'hommes se massacrent parce qu'ils sont incapables de s'entendre pour déterminer qui aura la suprématie sur la « Ville éternelle ».

Puisse l'ONU un jour parvenir à rétablir la paix à Jérusalem et lui rendre sa vocation de lieu de rencontre pour les trois religions... (Nous laissons cet aspect pratique du cours de philosophie de côté pour l'instant. C'est au père de Hilde de prendre le relais dans ce domaine. Car tu as sans doute compris qu'il est observateur des forces de l'ONU au Liban. Je peux te dévoiler qu'il occupe un poste de major. Si cela te met la puce à l'oreille, tant mieux. D'un autre côté, ne précipitons pas trop les choses.)

Nous avons dit que le sens le plus important chez les Indo-Européens était la vue. Chez les Sémites, il est frappant de constater que cette fois c'est *l'ouïe* qui joue un rôle essentiel. Ce n'est pas un hasard si la confession de la foi juive commence par les mots « Écoute, Israël ! » Dans l'Ancien Testament, il est écrit que les hommes « entendirent » la parole du Seigneur et les prophètes juifs avaient coutume de commencer leur prédication par « Ainsi parlait Yahvé (Dieu) ». Le christianisme attache aussi une grande importance au fait d'« entendre » la parole de Dieu. Et surtout le culte juif, chrétien ou musulman laisse la part belle à la lecture à voix haute dite « récitation ».

J'ai ensuite parlé des représentations divines en peinture ou sculpture. Pour les Sémites, il est caractéristique qu'ils ont « interdit de représenter » Dieu. Cela signifie qu'il est interdit de peindre ou de faire des sculptures de Dieu et de tout ce qui est divin. Dans l'Ancien Testament, les hommes sont frappés de l'interdiction de créer des images de Dieu. Ceci est encore vrai de nos jours dans l'islam et dans le judaïsme. Dans l'islam, on témoigne aussi d'une grande méfiance à l'égard de la photographie et des arts plastiques en général. Derrière cela, il y a l'idée que les hommes ne doivent pas entrer en concurrence avec Dieu et « créer » eux aussi quelque chose.

Mais l'église chrétienne regorge de représentations de Dieu et de Jésus, me diras-tu. Et tu as raison, Sophie, mais ceci n'est qu'un exemple pour te montrer justement l'influence du monde gréco-romain sur le christianisme. (Dans l'Église orthodoxe, c'est-à-dire en Grèce et en Russie, il reste interdit de créer des sculptures ou des crucifix, à partir de l'histoire de la Bible.)

A la différence des grandes religions orientales, ces trois religions insistent sur le fossé qui existe entre Dieu et le monde qu'il a créé. Le but n'est pas de sauver son âme du cycle des réincarnations, mais de connaître la rédemption du péché et de la faute. La vie religieuse est en outre beaucoup plus marquée par la prière, le prêche et la lecture des Écritures que par le retour sur soi et la méditation.

Israël

Je ne vais pas essayer, ma chère Sophie, de rivaliser avec ton professeur d'histoire des religions, mais essayons quand même de résumer brièvement l'arrière-plan juif du christianisme.

Tout commença avec la création du monde par Dieu. Tu en trouveras la description dans les toutes premières pages de la Bible. Mais les hommes par la suite se révoltèrent contre Dieu. La punition fut que Adam et Ève furent chassés du Jardin de l'Éden. Mais aussi que la mort fit son apparition dans le monde.

La désobéissance des hommes envers Dieu est un leitmotiv dans toute la Bible. Si l'on feuillette le livre de la Genèse, nous entendons parler du déluge et de l'arche de Noé. Puis nous apprenons que Dieu a conclu une alliance avec *Abraham* et les siens. Ce pacte, ou cet accord, prévoyait qu'ils seraient les envoyés de Dieu. En échange de quoi Dieu promettait de protéger la descendance d'Abraham. L'Alliance fut renouvelée plus tard lorsque *Moïse* reçut les Dix Commandements sur le mont Sinaï, environ 1 200 ans avant Jésus-Christ. Les Hébreux avaient alors été longtemps tenus en esclavage en Égypte, mais, avec l'aide de Dieu, le peuple hébreu fut ramené en Israël.

En l'an 1000 avant Jésus-Christ, bien avant qu'il n'y ait la moindre philosophie grecque, nous entendons parler de trois rois en Israël. Le premier était *Saül*, puis vint *David*, et après lui le roi *Salomon*. Désormais, tout le peuple d'Israël était rassemblé dans un seul royaume et connut, tout particulièrement sous le règne de David, une période faste sur le plan politique, militaire et culturel.

Quand un roi était choisi, il recevait l'onction par le peuple. C'est ainsi qu'on lui donnait le nom de *Messie* (Mashîah) qui signifie « l'oint ». Sur le plan religieux, le roi était considéré comme le messager de Dieu auprès du peuple. Les rois pouvaient pour cette raison porter également le nom de « fils de Dieu » et le pays s'appeler le « royaume de Dieu ».

Mais très rapidement Israël s'affaiblit. Le royaume fut divisé en un royaume du Nord (Israël) et un royaume du Sud (Judée). En 722, le royaume du Nord fut conquis par les Assyriens et perdit sa suprématie politique et religieuse. La situation ne fut guère plus brillante au Sud. Le royaume du Sud tomba entre les mains des Babyloniens en 586. Le temple fut détruit et toute une partie de la population déportée à Babylone. Cet exil sous le joug des Babyloniens dura jusqu'en 539, date à laquelle le peuple put retourner à Jérusalem et reconstruire le grand temple. Mais, à l'époque du début de l'ère chrétienne, les juifs continuaient à être dominés.

La question que se posèrent les Israélites était *pourquoi* le royaume de David s'était effondré, attirant dans sa chute les malheurs les uns après les autres. Dieu avait pourtant promis d'être bienveillant envers Israël. Mais le peuple avait de son côté promis de respecter les commandements de Dieu. Israël avait été puni par Dieu pour sa désobéissance.

Aux alentours de l'an 750 avant notre ère, on assista à l'apparition d'une série de *prophètes* qui proclamèrent le châtiment divin parce que le peuple juif n'avait pas suivi les règles fixées par le Seigneur. Un jour viendra, professaient-ils, où Israël comparaîtra devant Dieu. Ces prophéties sont appelées les « prophéties du Jugement ».

On vit alors d'autres prophètes se manifester qui, eux, proclamèrent que Dieu allait sauver une partie du peuple et envoyer un

« prince de la paix », c'est-à-dire un roi porteur de paix qui serait de la descendance de David. Il allait rétablir l'ancien royaume de David et le peuple aurait un avenir radieux.

« Le peuple qui marche dans les ténèbres verra une grande lumière », dit le prophète *Isaïe*. « Et au-dessus de ceux qui vivent au pays des ombres, la lumière jaillira. » Ce genre de prophéties s'appelle les « prophéties du salut ».

Comprenons bien : le peuple d'Israël vivait heureux sous le roi David. Quand la situation se dégrada pour les Israélites, les prophètes annoncèrent la venue d'un nouveau roi de la race de David. Ce « Messie » ou « fils de Dieu » allait « sauver » le peuple, rétablir la suprématie d'Israël et fonder le « royaume de Dieu ».

Jésus

Bon, Sophie, j'espère que tu n'as pas décroché. Les mots clés sont « Messie », « fils de Dieu », « salut » et « royaume de Dieu ». Au début, tout cela avait une connotation politique. A l'époque de Jésus, beaucoup s'étaient imaginé qu'un nouveau messie allait débarquer sous la forme d'un leader à la fois politique, militaire et religieux et qu'il serait du même calibre que le roi David. Ce « sauveur » avait donc le statut d'un libérateur national qui allait mettre fin aux souffrances des juifs opprimés par les Romains.

Admettons. Mais avant eux d'autres personnes avaient vu un peu plus loin que le bout de leur nez. Quelques siècles avant Jésus-Christ, des prophètes déjà avaient déclaré que le « Messie » annoncé serait le sauveur de toute l'humanité. Il allait non seulement délivrer les juifs du joug étranger, mais aussi sauver les hommes de leurs péchés et de leurs fautes et même vaincre la mort. L'espoir d'un tel « salut » pris dans ce sens était largement répandu dans le monde hellénistique.

Alors Jésus est arrivé. Il n'avait pas été le seul à proclamer qu'il était le messie tant attendu. Lui aussi employa les termes de « fils de Dieu », « royaume de Dieu », « Messie » et « salut ». Il se place dans la lignée des anciennes prophéties. Il fait son entrée à Jérusalem et se laisse acclamer par la foule comme étant le Sauveur. Il joue sur la manière dont les anciens rois montaient sur le trône en suivant tout un « cérémonial d'intronisation ». Le peuple, d'une certaine façon aussi, lui donne l'onction. « Les temps sont venus, dit-il, le royaume des Cieux est proche. »

Tout ceci est à retenir. Mais écoute bien la suite : Jésus se démarqua des autres « messies » en montrant clairement qu'il n'était en aucune façon un agitateur militaire ou politique. Sa mission était d'une autre ampleur. Il annonçait le salut et le pardon de Dieu à tous les hommes. Ainsi pouvait-il aller parmi les hommes et dire à ceux qu'il rencontrait : « Tes péchés te sont pardonnés. »

Accorder la « rémission des péchés » de cette façon, ça, c'était vraiment révolutionnaire. Il y avait encore pire : il s'adressait à Dieu en l'appelant « Père » *(abba)*. Dans les milieux juifs de cette époque, on n'avait jamais vu ça. Ce fut rapidement une levée de boucliers autour de lui, surtout parmi les scribes. Soyons clair : beaucoup de gens à l'époque de Jésus vivaient dans l'attente d'un messie qui rétablirait le « royaume de Dieu » par la force de la lance et de l'épée. L'expression même de « royaume de Dieu » est un leitmotiv dans la parole de Jésus, mais avec un sens bien plus large. Jésus déclara que le « royaume de Dieu » est l'amour de son prochain, la compassion envers les pauvres et les faibles ainsi que le pardon pour ceux qui se sont écartés du droit chemin.

Une vieille expression quasi politique prend ici un tout autre relief. Le peuple attendait un meneur d'hommes qui allait proclamer le « royaume de Dieu », et voici que Jésus arrive avec sa tunique, ses sandales, et affirme que le « royaume de Dieu », c'est une « nouvelle alliance », un « nouveau pacte » qui dit que « tu dois aimer ton prochain comme toi-même » ! Il alla même encore plus loin, Sophie : nous devons aimer, dit-il, nos ennemis. S'ils nous frappent sur la joue droite, nous ne devons pas répondre, oh non ! nous devons tendre l'autre joue. Et nous ne devons pas pardonner sept fois, mais soixante-dix fois sept fois.

La vie de Jésus montre qu'il ne jugeait pas indigne de s'entretenir avec des prostituées, des publicains corrompus et des hommes politiques ennemis du peuple. Il alla même encore plus loin : il dit qu'un mauvais fils qui a gaspillé tout l'héritage paternel ou encore un publicain véreux qui a accepté des pots-de-vin est juste aux yeux de Dieu, s'il se tourne vers lui et implore son pardon. Dieu dans sa grâce est généreux.

Et il continue en disant que de tels « pécheurs » sont *plus* justes

à ses yeux et méritent donc *davantage* son pardon que les phari-
siens irréprochables qui se pavanent dans leur bonne conscience.

Jésus insista sur le fait qu'aucun homme ne pouvait s'attirer la
grâce de Dieu. Nous ne sommes pas en mesure de nous sauver
nous-mêmes. (Ce que croyaient pourtant beaucoup de Grecs !)
Quand Jésus expose ses exigences morales dans le Sermon sur la
montagne, ce n'est pas uniquement pour faire connaître la volonté
de Dieu. C'est aussi pour montrer qu'aucun homme n'est juste
aux yeux de Dieu. La bonté de Dieu est infinie, mais à condition
que nous nous adressions à lui par la prière et implorions son
pardon.

En ce qui concerne la personne de Jésus et le but de son message, je laisse la parole à ton professeur d'histoire des religions.
Ce n'est pas une mince affaire. J'espère qu'il réussira à te montrer
quel être exceptionnel Jésus était. D'une manière géniale, il a utilisé la langue de son époque et a donné à d'anciens mots un sens
beaucoup plus large et complètement différent. Ce n'est pas surprenant qu'il ait fini sur la croix. Son message de paix plutôt
radical allait tellement à l'encontre des intérêts et des enjeux de
pouvoir de la classe dirigeante qu'il fallait se débarrasser de lui.

Quand nous avons parlé de Socrate, nous avons pu constater à
quel point ce peut être dangereux de faire appel à la raison de
l'homme. Avec Jésus, nous voyons que réclamer un amour désintéressé du prochain ainsi qu'un pardon désintéressé est tout aussi
audacieux. Dans le monde d'aujourd'hui, nous voyons de puissants États être plus qu'embarrassés quand ils sont confrontés à
des revendications simples comme la paix, l'amour, la nourriture
pour tous et le pardon aux opposants du régime.

Tu te souviens combien Platon fut révolté de voir que Socrate
dut payer de sa vie le fait d'être l'homme le plus juste d'Athènes.
Selon le christianisme, Jésus est le seul homme vraiment juste qui
ait vécu. Pourtant, il fut condamné à mort. Il est mort pour les
hommes. C'est ce qu'on appelle la « souffrance au nom des hommes » de Jésus. Il était le « serviteur qui souffre », celui qui prit
sur lui tous les péchés du monde pour que nous soyons « récon-
ciliés » avec Dieu.

Paul

Peu de temps après que Jésus fut crucifié et enterré, des rumeurs disant qu'il était ressuscité commencèrent à circuler. Il manifestait ainsi qu'il n'était pas un homme comme les autres, mais réellement le « fils de Dieu ».

Nous pouvons dire que l'église chrétienne commence le matin de Pâques avec les rumeurs de sa résurrection. Paul résume en ces termes : « Et si le Christ n'est pas ressuscité, alors notre message ne vaut rien et notre foi n'a pas de sens. »

Désormais tous les hommes pouvaient espérer la « résurrection de la chair ». Car c'était pour notre salut que Jésus fut crucifié. Et maintenant, ma chère Sophie, il faut que tu aies bien présent à l'esprit qu'il ne s'agit plus chez les juifs d'« immortalité de l'âme » ou d'une quelconque forme de « réincarnation ». C'était une pensée grecque, c'est-à-dire indo-européenne. Mais selon le christianisme, il n'est rien en l'homme qui soit immortel par lui-même et son « âme » pas plus qu'autre chose. L'Église croit en « la résurrection du corps » et à « la vie éternelle », mais c'est par le miracle de Dieu que nous sommes sauvés de la mort et de la « damnation ». Notre mérite personnel n'a rien à voir à l'affaire, ni aucune prédisposition de naissance.

Les premiers chrétiens commencèrent à propager la « bonne nouvelle » sur le salut grâce à la foi en Jésus-Christ. Par son action de salut, le « royaume de Dieu » était en train de voir le jour. Le monde entier pouvait être gagné à la cause de Dieu. (Le mot « christ » est une traduction grecque du terme juif « messie », et signifie donc « celui qui a reçu l'onction ».)

Peu d'années après la mort de Jésus, le pharisien *Paul* se convertit au christianisme. Par ses nombreux voyages dans le monde gréco-romain, il donna au christianisme le statut d'une religion mondiale. Les Actes des Apôtres nous en relatent les principaux épisodes. Le message et l'instruction de Paul à tous les chrétiens nous sont parvenus grâce aux nombreuses lettres qu'il écrivit aux premières communautés chrétiennes.

Il faut se l'imaginer débarquant à Athènes, la capitale de la philosophie, et se dirigeant tout droit vers l'agora. On rapporte qu'il « fut frappé de voir la ville remplie d'idoles ». Il visita la synagogue juive d'Athènes et entra en discussion avec les philosophes épicuriens et stoïciens. Ceux-ci l'entraînèrent en haut du mont Aréopage et une fois là-haut lui demandèrent : « Peux-tu nous dire quel genre de nouvel enseignement tu es venu nous apporter ? Car nous entendons parler de choses étranges, et nous aimerions bien en savoir plus long. »

Tu vois d'ici la scène, Sophie ? Un beau jour, un juif arrive sur la place du marché et se met soudain à parler d'un sauveur qui a été crucifié et depuis est ressuscité. Avec la visite de Paul à Athènes, on a déjà une petite idée du conflit qui va opposer la philosophie grecque et la conception du salut dans le christianisme. Mais il est clair que Paul parvint à tenir un discours convaincant aux Athéniens. Du haut de l'Aréopage, sous les colonnes majestueuses de l'Acropole, il leur adressa les propos suivants :

« Athéniens, à tous égards vous êtes, je le vois, les plus religieux des hommes. Parcourant en effet votre ville et considérant vos monuments sacrés, j'ai trouvé jusqu'à un autel avec l'inscription : "Au dieu inconnu." Eh bien ! ce que vous adorez sans le connaître, je viens, moi, vous l'annoncer.

« Le Dieu qui a fait le monde et tout ce qui s'y trouve, lui, le Seigneur du ciel et de la terre, n'habite pas dans des temples faits de main d'homme. Il n'est pas non plus servi par des mains humaines, comme s'il avait besoin de quoi que ce soit, lui qui donne à tous vie, souffle et toutes choses. Si d'un principe unique il a fait tout le genre humain pour qu'il habite sur toute la face de la Terre, s'il a fixé des temps déterminés et les limites de l'habitat des hommes, c'était afin qu'ils cherchent la divinité pour l'atteindre, si possible, comme à tâtons et la trouver ; aussi bien n'est-elle pas loin de chacun de nous. C'est en elle en effet que nous avons la vie, le mouvement et l'être. Ainsi d'ailleurs l'ont dit certains des vôtres : "Car nous sommes aussi de sa race."

« Que si nous sommes de la race de Dieu, nous ne devons pas penser que la divinité soit semblable à de l'or, de l'argent ou de la pierre, travaillés par l'art et le génie de l'homme.

« Or voici que, fermant les yeux sur les temps de l'ignorance, Dieu fait maintenant savoir aux hommes d'avoir tous et partout à se repentir, parce qu'il a fixé un jour pour juger l'univers avec justice, par un homme qu'il y a destiné, offrant à tous une garantie en le ressuscitant des morts. »

Paul à Athènes, Sophie. Nous sommes en train de voir comment le christianisme s'est infiltré dans le monde gréco-romain. Quelque chose de radicalement différent de la philosophie des épicuriens, des stoïciens ou des néoplatoniciens. Paul trouva néanmoins un point d'ancrage dans cette culture. Il souligne que la quête de Dieu repose au fond de tous les hommes. Rien de bien nouveau pour les Grecs. Mais la différence c'est que Dieu, proclame Paul, s'est révélé aux hommes et est allé à leur rencontre. Il n'est pas seulement un « Dieu philosophe » que les hommes peuvent rejoindre par leur raison. Il ne ressemble pas non plus à « une image d'or, d'argent ou de pierre », il y en avait déjà assez comme ça sur l'Acropole ou en bas sur la place publique. Mais Dieu « n'habite pas dans les temples érigés par les mains des hommes ». Il est un dieu personnel qui prend place dans l'histoire des hommes pour les sauver.

Après son discours sur l'Aréopage, les Actes des Apôtres racontent que certains Athéniens se moquèrent de Paul lorsque celui-ci parla de la résurrection de Jésus. D'autres cependant dirent : « Nous t'entendrons là-dessus une autre fois. » Certains se rangèrent aux côtés de Paul et se convertirent immédiatement au christianisme. Parmi ces personnes il y avait une femme, *Damaris*, et il faut retenir son nom. Elle ne fut pas la seule femme à se convertir, loin de là.

Paul continua ainsi à prêcher la bonne parole. Aux environs de l'an 80 de notre ère existaient des minorités chrétiennes dans la plupart des métropoles grecques et romaines : à Athènes, Rome, Alexandrie, Éphèse, Corinthe… Et en l'espace de quelques siècles, le monde hellénistique tout entier fut christianisé.

La profession de foi

Paul ne joua pas uniquement un grand rôle dans l'histoire de la chrétienté comme missionnaire. Il exerça une influence à l'intérieur même des diverses communautés chrétiennes, car elles avaient grand besoin d'avoir un guide spirituel.

La grande question qui surgit les premiers temps fut de savoir si des non-juifs pouvaient devenir chrétiens sans pratiquer les rites juifs. Un Grec devait-il respecter la loi de Moïse ? Paul était d'avis que ce n'était pas nécessaire. Le christianisme dépassait largement le cadre d'une secte juive. Il s'adressait à tous les hommes avec un message universel de salut. « L'ancienne Alliance » entre Dieu et Israël était remplacée par « la nouvelle Alliance » que Jésus avait établie entre Dieu et tous les hommes.

Mais le christianisme n'était pas la seule religion à cette époque. Nous avons vu comme l'hellénisme était marqué par un brassage de différentes religions. Aussi l'Église dut-elle faire un petit résumé sur la spécificité du christianisme. Ceci s'imposait, d'une part, pour se démarquer des autres religions et, d'autre part, pour éviter un schisme au sein même de l'Église chrétienne. Ainsi naquirent les premières *professions de foi*. Une profession de foi résume les principales thèses ou « dogmes » chrétiens.

Un des dogmes essentiels était que Jésus était à la fois Dieu et homme. Il n'était donc pas seulement le « fils de Dieu » en vertu de ses actes, il était lui-même Dieu. Mais il était aussi une « personne réelle » qui avait partagé la condition des hommes et souffert sur la croix.

Cela peut sembler contradictoire, mais le message de l'Église était justement de dire que *Dieu devint homme*. Jésus n'était pas un « demi-dieu » (mi-humain, mi-divin). Ces croyances en des « demi-dieux » étaient très répandues dans les religions grecques et hellénistiques. L'Église enseignait que Jésus était « Dieu dans sa perfection, homme dans sa perfection ».

Post-scriptum

J'essaie, chère Sophie, de t'expliquer comment tout se tient. L'avènement du christianisme dans le monde gréco-romain se traduit par le choc entre deux cultures, certes, mais c'est aussi un tournant décisif dans notre histoire.

Nous sommes en passe de tourner le dos à l'Antiquité. Près de mille ans se sont écoulés depuis les premiers philosophes grecs. Nous sommes à l'aube du Moyen Age chrétien qui lui aussi dura mille ans.

Le poète allemand *Goethe* dit un jour que « celui qui ne sait pas tirer les leçons de trois mille ans vit au jour le jour » et je ne tiens pas à ce que tu fasses partie du lot. Je fais mon possible pour te faire découvrir tes racines historiques. C'est à ce prix seulement que tu seras un être humain, c'est-à-dire que tu seras autre chose qu'un singe nu et que tu cesseras de flotter dans le vide.

« C'est à ce prix seulement que tu seras un être humain, c'est-à-dire autre chose qu'un singe nu... »

Sophie resta un long moment sans bouger, les yeux fixés sur le jardin qu'elle apercevait à travers les petits trous dans la haie. Elle commençait à comprendre pourquoi c'était si important que ça de connaître ses racines historiques. En tout cas, cela avait été primordial pour le peuple d'Israël.

Elle-même n'était qu'un être né là par hasard. Mais en prenant conscience de ses origines historiques, elle devenait un peu moins le pur fruit du hasard.

Elle ne vivrait que quelques années sur cette planète, mais si l'histoire de l'humanité était sa propre histoire, elle était alors dans une certaine mesure âgée de milliers d'années.

Sophie emporta toutes ces pages et se faufila hors de sa cabane. Elle eut comme envie de sauter de joie et monta vite dans sa chambre.

Chapitre 15

LE MOYEN AGE

...ne faire qu'un petit bout de chemin n'est pas
la même chose que se tromper de chemin...

Une semaine s'écoula sans que Sophie eût d'autres nouvelles d'Alberto Knox. Elle ne reçut pas de cartes du Liban non plus, mais elle n'arrêta pas de parler avec Jorunn de celles qu'elles avaient trouvées dans le chalet. Jorunn avait été plutôt secouée. Mais, faute de nouveaux épisodes, elle s'était remise de ses frayeurs grâce à ses devoirs et au badminton.

Sophie relut plusieurs fois les lettres d'Alberto Knox dans l'espoir de trouver un indice au sujet de Hilde. Cela lui permit par la même occasion de mieux digérer la philosophie antique. Elle ne confondait plus comme au début Démocrite, Socrate, Platon et Aristote.

Le vendredi 25 mai, elle était devant la cuisinière, à préparer le repas pour sa mère quand celle-ci rentrerait de son travail. C'était ce qui était convenu tous les vendredis. Au menu : soupe de poisson, et quenelles de brochet aux carottes. Simple, quoi.

Dehors, le vent s'était levé. Tout en veillant à ce que la soupe n'attache pas, Sophie se retourna et regarda par la fenêtre. Les bouleaux se balançaient comme des épis de blé.

Soudain elle entendit une sorte de claquement contre la vitre.

Sophie se retourna à nouveau et découvrit un bout de carton que le vent avait plaqué contre le carreau.

Sophie se dirigea vers la fenêtre et vit que c'était une carte postale. A travers la vitre, elle lut : « Hilde Møller Knag c/o Sophie Amundsen... »

Pouvait-elle s'attendre à autre chose ? Elle ouvrit la fenêtre et prit la carte. Le vent ne l'avait quand même pas poussée du Liban jusqu'ici ?

Cette carte aussi portait la date du vendredi 15 juin.

Sophie retira la casserole du feu et s'assit à la table de la cuisine. Le texte disait :

> *Chère Hilde,*
> *Je ne sais pas si à l'instant où tu liras ces lignes ce sera le jour de ton anniversaire. En tout cas, j'espère que cette lettre n'arrivera pas trop longtemps après. Qu'une semaine ou deux passent, cela ne veut pas dire pour autant que ce sont les mêmes semaines qui passent pour nous. Je rentrerai pour le soir de la Saint-Jean. Nous resterons alors longtemps sur la balancelle du jardin à admirer la mer, Hilde. Nous avons tant de choses à nous dire.*
> *Amitiés.*
> *Ton Papa qui a pourtant des coups de cafard à voir cette guerre millénaire entre les juifs, les chrétiens et les musulmans. Chaque fois, je ne peux m'empêcher de penser que ces trois religions ont toutes leurs racines chez Abraham. C'est bien le même dieu qu'ils prient, non ? Mais ici Caïn et Abel n'ont pas encore cessé leur lutte fratricide.*
>
> *P.-S. : Peux-tu dire un petit coucou à Sophie de ma part ? La pauvre, elle n'a pas encore saisi le jeu. Mais toi, tu as compris ou je me trompe ?*

Sophie posa, épuisée, la tête entre ses mains. Non, elle ne comprenait rien à tout ceci. Alors que Hilde, oui ?

Si le père de Hilde priait sa fille de lui dire un petit bonjour de sa part, cela revenait à dire que Hilde connaissait mieux Sophie que Sophie ne connaissait Hilde. C'était d'un compliqué ! Autant retourner à ses casseroles.

Une carte qui se colle toute seule sur la vitre de la cuisine. Poste aérienne – à prendre au pied de la lettre...

A peine avait-elle remis la soupe sur le feu que le téléphone sonna.

Oh, si ça pouvait être Papa ! Si seulement il revenait, elle lui confierait tout ce qui lui était arrivé ces dernières semaines. Mais ce n'était certainement que Jorunn ou Maman... Elle se précipita sur le combiné :

– Allô ?

– C'est moi, répondit une voix.

Sophie était sûre de trois choses : ce n'était pas Papa, mais c'était une voix d'homme et elle était persuadée d'avoir déjà entendu cette voix quelque part.

– Qui est à l'appareil ? demanda-t-elle.

– C'est Alberto.

– Oh !

Sophie ne savait pas quoi dire. Sophie reconnut la voix de la vidéo sur Athènes.

– Tu vas bien ?

– Euh oui…

– A partir d'aujourd'hui tu ne recevras plus de lettres.

– Mais je n'ai rien fait de mal.

– Nous allons nous rencontrer en personne. Ça devient urgent, tu comprends.

– Pourquoi ça ?

– Nous sommes en passe d'être encerclés par le père de Hilde.

– Comment ça, encerclés ?

– De tous côtés, Sophie. Il faut que nous collaborions à présent. Mais tant que je ne t'aurai pas parlé du Moyen Age, tu ne peux m'être d'aucune utilité. Et puisque nous y sommes, peut-être aurons-nous le temps de voir la Renaissance et le XVIᵉ siècle aussi. Sans parler de Berkeley qui joue un rôle déterminant…

– Il n'y avait pas un portrait de lui dans le chalet de Majorstua ?

– Si. C'est sans doute à partir de sa philosophie que la bataille proprement dite va se jouer.

– A t'entendre parler, on dirait qu'il s'agit d'une guerre !

– Je dirais plutôt un combat d'idées. Nous devons essayer d'éveiller l'intérêt de Hilde et de la rallier à notre cause avant que son père ne rentre à Lillesand.

– Je n'y comprends rien.

– Peut-être que les philosophes vont t'ouvrir les yeux. Viens me rejoindre à l'église Sainte-Marie demain matin à quatre heures ! Mais viens seule, surtout.

– Je dois venir en pleine nuit ?

– …Clic !

– Allô ?

Ah, le lâche ! Il avait raccroché. Sophie se précipita à la cuisine. Il était moins une, la soupe allait déborder. Elle versa les quenelles de poisson et les carottes dans la casserole et baissa le feu.

Dans l'église Sainte-Marie ? C'était une vieille église en pierre qui datait du Moyen Age. Sophie croyait qu'elle était réservée à des concerts et certaines cérémonies religieuses. Parfois, l'été, on la laissait ouverte pour les touristes. Mais en pleine nuit !

Quand sa mère rentra, Sophie avait rangé la carte du Liban à sa place dans l'armoire avec tous les autres objets d'Alberto et de Hilde. Après le repas, elle alla rendre visite à Jorunn.

– Il faut que nous fassions une sorte de pacte toutes les deux, dit-elle à son amie, à peine passé le seuil de la porte.

Elle attendit pour en dire plus de monter dans la chambre de Jorunn et refermer la porte.

– C'est assez difficile à expliquer, poursuivit Sophie.

– Oh, allez !

– Je vais être obligée de dire à Maman que je passe la nuit chez toi ce soir.

– Mais ça ne me dérange pas du tout.

– Oui, mais c'est seulement la version officielle, tu comprends ? Je serai tout à fait ailleurs.

– Ça, c'est plus embêtant. C'est à cause d'un garçon ?

– Non, mais c'est à cause de Hilde.

Jorunn poussa un faible cri et Sophie la regarda droit dans les yeux.

– Je viendrai ce soir, dit-elle, mais je devrai m'échapper discrètement vers trois heures du matin. Il faudra que tu me couvres jusqu'à mon retour.

– Mais tu vas aller où ? Sophie, dis-moi, *qu'est-ce que* tu vas faire ?

– *Sorry.* J'ai des ordres.

Coucher chez une amie ne posait aucun problème en soi, bien au contraire. Sophie avait l'impression que sa mère appréciait parfois d'avoir la maison pour elle toute seule.

– Mais je compte sur toi pour être là au petit déjeuner, insista-t-elle avant de la laisser partir.

– Sinon, tu sais où me trouver.

Pourquoi avait-elle dit cela ? Il était là, le point faible.

La nuit chez son amie commença comme toutes les nuits qu'on passe hors de chez soi, par une interminable conversation jusque tard dans la nuit. A la seule différence que Sophie mit le réveil à trois heures et quart quand elles décidèrent enfin de dormir, vers une heure du matin.

Jorunn ouvrit à peine un œil quand Sophie arrêta le réveil deux heures plus tard.

– Sois prudente, glissa-t-elle.

Puis Sophie se mit en route. Plusieurs kilomètres la séparaient de l'église Sainte-Marie, mais malgré le manque de sommeil elle se sentait réveillée comme en plein jour. A l'horizon, une traînée rouge semblait flotter au-dessus des champs.

Quand elle arriva enfin au portail de la vieille église en pierre, il était quatre heures. Sophie poussa la lourde porte. Elle était ouverte !

A l'intérieur, le vide et le silence étaient aussi imposants. Les vitraux renvoyaient une lueur bleutée qui faisait briller mille poussières en suspension dans l'air. La poussière semblait ainsi former de grosses poutres qui se croisaient dans l'espace. Sophie s'assit sur un banc au cœur de la nef ; elle regarda attentivement l'autel et leva les yeux vers le vieux crucifix aux couleurs délavées.

Quelques minutes passèrent. Soudain l'orgue se mit à jouer. Sophie n'osa pas se retourner. On aurait dit l'air d'un vieux psaume, sans doute du Moyen Age lui aussi.

Puis tout redevint silencieux. Mais elle ne tarda pas à percevoir un bruit de pas qui se rapprochaient. Devait-elle se retourner ? Elle choisit de garder les yeux rivés sur Jésus sur la croix.

Les pas la dépassèrent, et elle aperçut la silhouette d'un homme qui remontait l'allée centrale. Il portait une bure de moine couleur marron. Sophie aurait juré que c'était un vrai moine du Moyen Age.

Elle avait peur et son cœur battait la chamade. Arrivé devant l'autel, le moine décrivit un arc de cercle et gravit la chaire d'un pas lent. Il se pencha en avant, regarda Sophie et déclama en latin :

– *Gloria patri et filio et spiriti sancto. Sicut erat in principio et nunc et semper in saecola saecolorum.*

– Tu peux pas traduire, espèce d'idiot ? lui cria Sophie.

Ses paroles résonnèrent dans la vieille église en pierre.

Elle avait compris que ce moine devait être Alberto Knox ; elle regretta cependant d'avoir eu ces mots déplacés dans une vieille église. Mais elle avait eu peur, et quand on a peur, ça réconforte de faire justement ce qui est tabou.

– Chut !

Alberto baissa la main comme le font les prêtres pour indiquer que la congrégation doit s'asseoir.

– Quelle heure est-il, mon enfant ? demanda-t-il.

– Quatre heures moins cinq, répondit Sophie qui n'avait plus peur.

– Alors c'est l'heure. Le Moyen Age peut commencer.

– Le Moyen Age commence à quatre heures ? demanda Sophie d'un ton ahuri.

– A peu près à quatre heures, oui. Puis ce fut cinq heures, six heures et sept heures. Mais c'était comme si le temps était immobile. Il fut huit heures, puis neuf puis dix heures et on était toujours au Moyen Age. Tu penses sans doute qu'il était grand temps de passer à autre chose. Mais c'est comme un week-end, un très long week-end. Il fut onze heures, midi, puis une heure de l'après-midi. C'est ce qu'on a appelé le Moyen Age tardif, l'époque de la construction des grandes cathédrales en Europe. Vers deux heures de l'après-midi enfin, il y eut un coq ou deux qui annoncèrent le lent déclin du Moyen Age.

– Le Moyen Age aura duré en tout dix heures, dit Sophie.

Alberto rejeta d'un mouvement de tête la capuche de sa bure de couleur brune et regarda fixement l'assemblée des fidèles qui se réduisait à une seule jeune fille de quatorze ans :

– Si une heure dure cent ans, oui. On peut partir du principe que Jésus est né à minuit. Paul commença à prêcher un peu avant minuit et demi et mourut à Rome un quart d'heure plus tard. Jusque vers trois heures, l'Église chrétienne fut plus ou moins interdite, mais en l'an 313 le christianisme fut enfin reconnu dans l'Empire romain. Ce fut sous le règne de l'empereur Constantin. Cet empereur pieux fut baptisé des années après sur son lit de mort. A partir de 380, le christianisme devint la religion officielle de l'Empire romain.

– Mais l'Empire romain ne s'est pas dissous ?

– Oh, il y eut des signes avant-coureurs. C'est un des moments décisifs dans l'histoire de la culture. En l'an 300, Rome était à la fois menacée par les peuples du Nord et par des luttes intestines. En 330, l'empereur Constantin déplaça la capitale à la ville de Constantinople qu'il avait fondée à l'entrée de la mer Noire et elle fut considérée comme la « nouvelle Rome ». En 395, l'Empire romain fut scindé en deux : l'Empire romain d'Occident avec Rome et l'Empire romain d'Orient avec la nouvelle ville de Constantinople pour capitales. En 410, Rome fut pillée par les Barbares et en

476 tout l'Empire romain d'Occident s'effondra. Quant à l'Empire romain d'Orient, il subsista sous cette forme jusqu'en 1453, date de la conquête par les Turcs.

– C'est alors que la ville prit le nom d'Istanbul ?

– Oui, c'est ça. Il y a une autre date qu'il faut retenir : 529. C'est l'année où l'Église fit fermer les portes de l'Académie de Platon à Athènes. La même année, l'ordre des bénédictins vit le jour. Ce fut le premier ordre monastique. Ainsi l'an 529 est-il le symbole de la mainmise de l'Église sur la philosophie grecque. Désormais les monastères eurent le monopole de l'enseignement, de la réflexion et de l'exégèse. Les aiguilles indiquent presque cinq heures et demie...

Cela faisait un petit bout de temps que Sophie avait compris ce qu'entendait Alberto avec ces heures. Minuit c'était le commencement, une heure c'était 100 après Jésus-Christ, six heures 600 après Jésus-Christ et deux heures de l'après-midi 1400 après Jésus-Christ...

Alberto reprit :

– Le « Moyen Age », c'est ainsi qu'on appelle ce long laps de temps entre deux époques. Le terme fut créé à la Renaissance. On eut l'impression que le Moyen Age n'avait été qu'une longue « nuit de mille ans » qui s'était abattue sur toute l'Europe entre l'Antiquité et la Renaissance. L'expression « moyenâgeux » continue de s'appliquer de manière péjorative à tout ce que l'on juge autoritaire et arriéré. Certains ont cependant considéré le Moyen Age comme la « fermentation de mille ans ». C'est pendant le Moyen Age que le système scolaire par exemple a pris forme. C'est au début du Moyen Age que fleurirent les premières écoles monastiques. Puis, vers 1100, des écoles apparurent au sein des cathédrales et aux environs de 1200 furent fondées les premières universités. De nos jours encore, la matière étudiée détermine le choix de la « faculté » comme au temps du Moyen Age.

– Mille ans, ce n'est pas rien !

– Mais le christianisme mit du temps à atteindre les couches profondes de la population. Au cours du Moyen Age, les différentes nations se constituèrent avec des villes et des citoyens, de la musique et de la poésie populaires. Qu'auraient été les contes et les chansons populaires sans le Moyen Age ? Et l'Europe, Sophie ? Serait-elle restée une province romaine ? Ce fond linguistique que nous retrouvons dans les noms mêmes de Norvège, Angleterre et Allemagne, nous le devons précisément à cette époque. La mer peut receler dans ses eaux profondes de gros poissons invisibles à l'œil nu. Snorre, l'auteur de l'*Edda*, était un homme du Moyen Age. Olav le Saint qui christianisa la Norvège aussi. Et Charlemagne. Pour ne pas citer Roméo et Juliette, Héloïse et Abélard ou Tristan et Iseult. Sans oublier une flopée de princes altiers et de rois majestueux, de preux chevaliers et de belles dames, de maîtres verriers anonymes et de bâtisseurs géniaux. Et je passe sous silence les moines, les croisés et les femmes intelligentes.

– Tu as oublié les prêtres !

– Tout juste. Le christianisme vint en Norvège un peu avant 1100, mais ce serait exagéré de prétendre que la Norvège fut christianisée après la défaite de Stiklestad. Un grand nombre de croyances païennes continuèrent à circuler sous la surface du christianisme et beaucoup d'éléments préchrétiens se mêlèrent aux représentations chrétiennes. Prenons l'exemple du Noël norvégien : d'anciennes coutumes norroises se sont alliées aux coutumes chrétiennes comme dans la traditionnelle fête de mariage. On peut vérifier à ce propos la vieille règle qui veut que chaque partie du couple se met à ressembler à l'autre. Cependant le christianisme ne tarda pas à imposer sa vision du monde. C'est pourquoi nous disons que le Moyen Age est sous le signe d'une « culture chrétienne unifiée ».

– Ce n'était donc pas si sombre et lugubre que ça ?

– Certes, on assista dans les premiers siècles qui suivirent l'an 400 à une véritable décadence. L'époque romaine avait été une période faste pour la culture avec des métropoles qui avaient des égouts, des bains et des bibliothèques publiques. Sans parler d'une architecture grandiose. Toute cette culture vola en éclats au début du Moyen Age. Le commerce et les finances aussi. On en revint à l'économie familiale et au troc. Le monde économique fut marqué par ce que l'on a appelé le *féodalisme*. De grands seigneurs possédaient la terre que des vassaux devaient travailler pour gagner de quoi rester en vie. Il y eut aussi, au cours des premiers siècles, une violente baisse de la démographie. Rome par exemple comptait un million d'habitants sous l'Antiquité, mais en l'an 600 la population était réduite à 40 000 habitants, une miette quoi ! On imagine deux pelés et un tondu déambuler parmi les ruines des monuments grandioses datant de l'âge d'or de la ville. Pour trouver des matériaux de construction, ils n'avaient qu'à se servir ! Cette pratique a naturellement fort contrarié les archéologues qui auraient aimé que les gens du Moyen Age laissent les ruines comme elles étaient.

– C'est facile à dire après !

– La grandeur de Rome n'était déjà plus qu'un souvenir vers la fin du IIIᵉ siècle. Mais l'évêque de Rome devint le chef de toute l'Église catholique et reçut le nom de « pape », c'est-à-dire de « père », et fut considéré comme le porte-parole de Jésus sur terre. Rome fut donc le siège de la papauté durant presque tout le Moyen Age. Ils furent peu à oser s'élever contre Rome. Jusqu'au jour où les rois et les empereurs des nouveaux royaumes devinrent assez puissants pour s'attaquer au pouvoir de l'Église.

Sophie leva les yeux vers le moine qui en savait si long :

– Tu as dit que l'Église fit fermer l'Académie de Platon à Athènes. Tous les philosophes grecs tombèrent alors dans l'oubli ?

– Oui, mais seulement en partie. On avait connaissance de quelques écrits de Platon ou d'Aristote ici et là. L'Empire romain se divisait en trois zones culturelles : à l'ouest, la culture chrétienne de langue *latine* avec Rome pour capitale, à l'est, la culture chrétienne de langue *grecque* avec Constantinople comme capitale, la ville prenant plus tard le nom grec de Byzance. (C'est pou; ¡uoi nous parlons du « Moyen Age byzantin » en opposition au Moyen Age catholique romain.) Et l'Afrique du Nord et le Moyen-Orient ayant aussi fait partie de l'Empire romain, on vit s'épanouir en ces régions une culture musulmane de langue *arabe*.

A la mort de Mahomet, en 632, le Moyen-Orient et l'Afrique du Nord se rallièrent à l'islam, peu après rejoints par l'Espagne. L'islam eut ses lieux sacrés avec des villes comme La Mecque, Médine, Jérusalem et Bagdad. D'un point de vue purement historique, il est intéressant de noter que les Arabes conquirent également la vieille ville hellénistique d'Alexandrie. Aussi une grande partie de la science grecque fut-elle annexée par les Arabes. Durant tout le Moyen Age, les Arabes jouèrent un rôle prédominant dans les mathématiques, la chimie, l'astronomie et la médecine. Dans plusieurs domaines, la culture arabe l'emporta sur la culture chrétienne.

– Je voulais savoir ce qu'était devenue la philosophie grecque.

– Alors essaie de te représenter un large fleuve qui s'est à un moment divisé en trois avant de retrouver sa forme initiale.

LE MONDE DE SOPHIE

– Je me l'imagine très bien.

– Tu peux donc comprendre comment la culture gréco-latine a été en partie transmise à la culture romaine-catholique à l'ouest, à la culture romaine-orientale à l'est et à la culture arabe au sud. Pour simplifier, disons que le néo-platonisme fut transmis à l'ouest, tandis que Platon et Aristote le furent chez les Arabes au sud. Mais chaque bras du fleuve divisé en trois gardait des caractéristiques du fleuve tout entier et à la fin du Moyen Age les trois bras de mer se rejoignirent en Italie du Nord. L'influence arabe venait des Arabes d'Espagne, l'influence grecque de la Grèce et de Byzance. Ce fut l'avènement de la « Renaissance » (re-naissance), c'est-à-dire le retour aux sources de l'Antiquité. D'une certaine manière, la culture antique avait donc survécu à cette longue traversée du désert que fut le Moyen Age.

– Je comprends mieux à présent.

– Mais n'anticipons pas. Nous allons d'abord parler un peu de la philosophie du Moyen Age, mon enfant. Mais je ne vais plus te tenir de discours du haut de cette chaire. Attends, je descends.

Sophie avait une irrépressible envie de dormir et avait du mal à garder les yeux ouverts. A la vue de l'étrange moine qui descendait de la chaire, elle se crut en plein rêve.

Alberto marcha droit vers l'autel. Il leva d'abord les yeux en direction du vieux crucifix. Puis il se tourna vers Sophie et, à pas lents, vint s'asseoir à côté d'elle sur le banc de l'église.

Quelle étrange sensation d'être si près de lui ! Sophie devina des yeux sombres sous la capuche. Ils étaient ceux d'un homme d'un certain âge aux cheveux foncés et à la barbe en pointe.

« Qui es-tu ? pensait-elle. Pourquoi as-tu fait irruption dans ma vie ? »

– Nous allons apprendre à mieux nous connaître, dit-il comme s'il lisait dans ses pensées.

La lumière de l'aube, filtrée par les vitraux, éclairait peu à peu toute l'église tandis qu'Alberto poursuivait son récit sur la philosophie du Moyen Age.

– Les philosophes de cette époque avaient tout simplement admis que le christianisme disait la vérité sans trop se poser de questions, commença-t-il. Tout le problème était de savoir si l'on pouvait se contenter de *croire* à la révélation chrétienne ou bien si l'on pouvait appréhender les vérités chrétiennes par la raison. Quel était le rapport entre les philosophes grecs et ce qu'enseignait la Bible ? Y avait-il opposition entre la Bible et la raison, ou pouvait-on concilier la foi et le savoir ? Voilà le problème auquel s'est attachée presque toute la philosophie du Moyen Age.

Sophie fit un signe d'impatience de la tête. Elle avait déjà répondu à cette question sur la foi et le savoir dans son devoir de religion.

– Nous allons examiner le point de vue de deux grands philosophes du Moyen Age et nous allons commencer par *saint Augustin,* qui vécut de 354 à 430. La vie de cet homme résume à elle seule la transition de l'Antiquité au Moyen Age. Saint Augustin naquit dans la petite ville de Thagaste en Afrique du Nord, mais à l'âge de seize ans il partit étudier à Carthage. Il voyagea plus tard à Rome et Milan et fut les dernières années de sa vie évêque dans la ville d'Hippone, située à quelques kilomètres à l'ouest de Carthage. Mais il ne fut pas chrétien toute son existence. Saint Augustin connut de nombreux courants religieux et philosophiques avant de se convertir au christianisme.

– Tu peux me donner des exemples ?

– Eh bien, il fut un temps *manichéen.* Les manichéens formaient une secte religieuse à maints égards caractéristique de l'Antiquité tardive. Leur conception du salut était mi-religieuse mi-philosophique. Le monde était selon eux divisé en deux, le bien et le mal, l'ombre et la lumière, l'esprit et la matière. Grâce à son esprit, l'homme pouvait s'élever au-dessus de la matière et trouver le salut pour son âme. Mais cette opposition bien tranchée entre le bien et le mal ne le satisfaisait pas. Le jeune saint Augustin était préoccupé par ce que nous avons coutume d'appeler « le problème du mal ». C'est-à-dire le problème de l'origine du mal. Il fut séduit à une certaine époque par les idées des stoïciens, pour qui la frontière entre le bien et le mal n'existe pas. Saint Augustin fut avant tout marqué par la philosophie de l'Antiquité tardive, à savoir le néo-platonisme. C'est là qu'il apprit que tout ce qui était au monde était de nature divine.

– Alors c'est comme ça qu'il est devenu évêque néo-platonicien ?

– Oui, c'est une façon de dire les choses. Il s'est d'abord converti, mais le christianisme de saint Augustin est très influencé par la pensée platonicienne. Aussi ne peut-on pas vraiment parler de réelle rupture avec la philosophie grecque dès que l'on aborde le Moyen Age chrétien, car une grande partie de la philosophie grecque continua à vivre pendant cette période grâce à des pères de l'Église comme saint Augustin.

– Tu veux dire par là que saint Augustin était à cinquante pour cent chrétien et à cinquante pour cent néo-platonicien ?

– Lui se considérait bien entendu comme chrétien à cent pour cent. Il ne voyait en effet aucune contradiction entre le christianisme et la philosophie de Platon. Il trouvait une telle parenté entre la philosophie de Platon et l'enseignement du Christ qu'il en était même à se demander si Platon n'avait pas eu connaissance de certains textes de l'Ancien Testament. Cela est naturellement fort peu probable. Mieux vaudrait dire que c'est saint Augustin qui a « christianisé » Platon.

– Il n'a donc pas tourné le dos à tout ce qui avait trait à la philosophie en se convertissant ?

– Non, mais il a néanmoins clairement indiqué qu'il y a des limites dans le domaine religieux que la raison ne peut franchir. Il ne faut pas oublier que le christianisme est un mystère divin que seule la foi permet d'approcher. Par la foi, Dieu « éclaire » notre âme et nous permet d'accéder à une connaissance quasi surnaturelle de Dieu. Saint Augustin avait profondément ressenti les limites de la philosophie et ce n'est qu'en devenant chrétien qu'il trouva enfin la paix de l'âme. « Notre cœur est inquiet tant qu'il ne trouve pas le repos en Toi », écrit-il.

– J'ai du mal à saisir le lien entre la théorie de Platon et le christianisme, rétorqua Sophie à ce moment de la conversation. Que deviennent les idées éternelles dans tout ça ?

– Saint Augustin fait sienne l'idée présente dans la Bible que Dieu créa le monde à partir du néant. Les Grecs étaient davantage enclins à penser que le monde avait existé de toute éternité. Mais, selon lui, les « idées » existaient dans les pensées de Dieu avant que celui-ci ne crée le monde. Il prêtait en quelque sorte à Dieu les idées platoniciennes et sauvait de cette manière la théorie des idées éternelles.

– Pas bête !

– C'est une preuve des concessions que saint Augustin et de nombreux pères de l'Église étaient prêts à faire pour concilier la pensée juive et la pensée chrétienne. Ils étaient en fait les représentants des deux cultures. Dans sa conception du mal aussi, saint Augustin se réfère au néo-platonisme : le mal était, comme l'avait dit Plotin avant lui, une « absence de Dieu ». Il n'existe pas de manière indépendante, il n'a aucune existence véritable. Car la création de Dieu est forcément bonne. Le mal provient, d'après saint Augustin, de la désobéissance des hommes. Ou, pour reprendre ses termes : « La bonne volonté est l'œuvre de Dieu, la mauvaise volonté est de s'éloigner de l'œuvre de Dieu. »

— Est-ce qu'il croyait aussi à l'immortalité de l'âme ?

— Oui et non. Saint Augustin soutient qu'entre Dieu et le monde il y a un abîme insondable. Il s'appuie pour ce faire sur la Bible et rejette ainsi la théorie de Plotin que tout est un. Cela dit, il souligne que l'homme est un être spirituel : il a un corps matériel, ce en quoi il appartient au monde physique – soumis aux mites et à la rouille – mais il a aussi une âme qui, elle, peut reconnaître Dieu.

— Que devient l'âme quand nous mourons ?

— Selon saint Augustin, toute l'humanité fut décimée après la Chute. Dieu décida malgré tout de sauver quelques hommes de la perdition.

— Il aurait tout aussi bien pu sauver toute l'humanité, tant qu'il y était, objecta Sophie.

— Mais sur ce point saint Augustin retire tout droit à l'homme de critiquer Dieu. Il se réfère à ce qu'écrivit saint Paul dans son Épître aux Romains : « O homme ! vraiment, qui es-tu pour disputer avec Dieu ? L'œuvre va-t-elle dire à celui qui l'a modelée : Pourquoi m'as-tu faite ainsi ? Le potier n'est-il pas maître de son argile pour fabriquer de la même pâte un vase de luxe ou un vase ordinaire ? »

— Dieu s'amuse donc là-haut dans le ciel à jouer avec les hommes ? Dès que quelque chose le déçoit, il le jette à la poubelle.

— Ce que saint Augustin essaie de nous faire comprendre, c'est qu'aucun homme ne mérite le salut de Dieu. Et pourtant Dieu a choisi de sauver quelques hommes de la perdition. Lui sait parfaitement qui sera sauvé et qui sera perdu. Tout est décidé à l'avance. Nous sommes comme de l'argile dans la main de Dieu. Nous dépendons entièrement de sa grâce.

— Autrement dit, on en revient à la vieille croyance en un destin.

— Il y a un peu de cela. Mais saint Augustin n'ôte pas à l'homme la responsabilité de sa propre vie. Son conseil était que nous devons vivre de façon à prendre conscience par le cours de notre vie que nous faisons partie des élus. Il ne nie pas que nous ayons notre libre arbitre. Mais Dieu a « établi à l'avance » comment nous allons vivre.

– Est-ce que ce n'est pas un peu injuste ? interrogea Sophie. Socrate disait que tous les hommes avaient les mêmes chances entre eux parce qu'ils possédaient la même raison. Mais saint Augustin scinde l'humanité en deux groupes : l'un sera sauvé et l'autre sera perdu.

– Oui, la théologie de saint Augustin nous a quelque peu éloignés de l'humanisme grec. Mais ce n'est pas saint Augustin qui a divisé l'humanité en deux groupes ; il ne fait que s'appuyer sur l'idée présente dans la Bible du salut et de la perdition et il approfondit cette idée dans un grand ouvrage intitulé *De la Cité de Dieu*.

– Raconte !

– L'expression « la Cité de Dieu » ou encore « le Royaume de Dieu » vient de la Bible et du message de Jésus. L'histoire, selon saint Augustin, se résumait au combat entre la « Cité de Dieu » et la « Cité terrestre ». Ces deux « États » ne sont pas des États politiques bien distincts entre eux. Ils luttent au sein de chaque être humain. Néanmoins la « Cité de Dieu » est plus ou moins présente dans l'Église et « la Cité terrestre » est présente dans les formations politiques comme l'Empire romain par exemple qui s'effondra justement à l'époque de saint Augustin. Cette conception se vérifia de plus en plus au spectacle de la lutte incessante entre l'État et l'Église pour le pouvoir au cours de tout le Moyen Age. « Hors l'Église, point de salut », répétait-on. La « Cité de Dieu » de saint Augustin fut finalement assimilée à l'Église en tant que structure organisée. Il faudra attendre l'an 1500 pour voir apparaître les premières protestations contre le passage obligé par l'Église pour obtenir le salut de Dieu.

– Ce n'était pas trop tôt.

– On peut remarquer que saint Augustin est le premier philosophe que nous rencontrons à inclure *l'histoire* dans sa philosophie. Le combat entre le bien et le mal n'était pas en soi une nouveauté, mais ce qui était nouveau, c'était cette inscription dans l'histoire. Aucune trace de platonisme ici chez saint Augustin. Il applique la vision linéaire de l'histoire comme on la trouve dans l'Ancien Testament. L'idée est que Dieu a besoin du déroulement de toute l'histoire pour réaliser sa « Cité de Dieu ». L'histoire est nécessaire pour éduquer l'homme et anéantir le mal. Pour reprendre les termes de saint Augustin : « La Providence conduit l'histoire de l'humanité depuis Adam jusqu'à la fin de l'histoire, comme s'il ne s'agissait que de l'histoire d'un seul individu qui passerait petit à petit de l'enfance à la vieillesse. »

Sophie regarda sa montre.

– Il est huit heures, dit-elle. Il va falloir que je m'en aille bientôt.

– Oui, mais pas avant que je ne t'aie parlé du deuxième grand philosophe du Moyen Age. Et si on allait s'asseoir dehors ?

Alberto se leva du banc. Il joignit ses mains et commença à se diriger vers la sortie. Il paraissait absorbé dans quelque prière ou considération d'ordre spirituel. Sophie le suivit, elle n'avait pas vraiment le choix.

Dehors, la brume matinale ne s'était pas complètement dissipée au-dessus de la colline. Le soleil s'était déjà levé depuis longtemps, mais n'était pas parvenu à percer tout à fait la fine couche de brouillard. L'église Sainte-Marie se trouvait de l'autre côté de la vieille ville.

Alberto s'assit sur un banc devant l'église. Sophie essaya de s'imaginer ce qui arriverait si quelqu'un venait à passer. C'était déjà bizarre d'être sur un banc à huit heures du matin, mais avec un moine du Moyen Age, ça devenait carrément louche.

– Il est huit heures, commença-t-il. Quatre siècles se sont écoulés en gros depuis saint Augustin et c'est le début d'une longue journée. Jusqu'à dix heures, les monastères eurent le monopole de l'enseignement. Entre onze heures et midi, les premières écoles liées aux cathédrales furent fondées et vers midi les premières universités. Cette église aussi fut construite vers l'an 1200, c'est-à-dire à l'époque du haut Moyen Age. Ici, on n'avait pas les moyens de construire une cathédrale digne de ce nom.

– Ce n'était pas si nécessaire, ne put s'empêcher de dire Sophie. Je déteste les églises vides.

– Les grandes cathédrales ne furent pas conçues dans le seul but d'abriter de grandes communautés. Elles furent érigées en l'honneur de Dieu et symbolisaient à elles seules une sorte de messe. Mais il se produisit au haut Moyen Age un événement qui est d'une importance capitale pour des philosophes comme nous.

– Raconte !

Alberto reprit :

– Les Arabes d'Espagne commencèrent à exercer une grande

influence. Ils avaient connu durant tout le Moyen Age la grande tradition aristotélicienne et, à la fin du XIIᵉ siècle, des savants arabes furent invités en Italie du Nord par les princes de ces régions. De cette façon, de nombreux écrits d'Aristote furent redécouverts et peu à peu traduits du grec ou de l'arabe en latin. Grâce à cela, on s'intéressa à nouveau aux sciences naturelles et aussi au rapport entre la révélation chrétienne et la philosophie grecque. Dès qu'il était question de sciences naturelles, on ne pouvait faire l'impasse sur Aristote. Mais quand devait-on écouter le philosophe et quand devait-on s'en tenir strictement à la Bible ? Est-ce que tu vois le problème ?

Sophie fit un bref signe de tête et le moine poursuivit :

– Le plus grand et le plus important philosophe du haut Moyen Age fut *saint Thomas d'Aquin*, qui vécut de 1225 à 1274. Il était originaire de la petite bourgade d'Aquino située entre Rome et Naples, mais enseigna à Paris à l'université. Je l'appelle « philosophe », mais j'aurais tout aussi bien pu dire théologien. Car, à cette époque, il était difficile de distinguer la philosophie de la théologie. Pour résumer, disons que saint Thomas d'Aquin « christianisa » Aristote de la même façon que saint Augustin avait christianisé Platon au début du Moyen Age.

– Ça ne les gênait pas de vouloir christianiser des philosophes qui avaient vécu plusieurs siècles avant Jésus-Christ ?

– Bien sûr. Mais la « christianisation » des deux grands philosophes grecs rendit leur interprétation inoffensive pour la doctrine chrétienne. On dit que saint Thomas d'Aquin « prit le taureau par les cornes ».

– Je n'aurais jamais pensé que la philosophie pouvait avoir un rapport avec la tauromachie !

– Saint Thomas d'Aquin compte parmi les premiers à avoir essayé de concilier la philosophie d'Aristote avec le christianisme. Nous disons de lui qu'il a fait la synthèse de la foi et de la connaissance. Il réussit ce tour de force en partant de la philosophie d'Aristote, mais en la prenant au pied de la lettre.

– Ou par les cornes, si je comprends bien. Mais je n'ai pratiquement pas dormi cette nuit, alors je suis désolée, mais il faut mieux m'expliquer les choses.

– Selon saint Thomas d'Aquin, il n'y avait pas nécessairement contradiction entre le message de la philosophie ou de la raison d'une part et le message de la révélation chrétienne ou de la foi d'autre part. Très souvent nous trouvons le même discours des deux côtés. C'est pourquoi avec l'aide de la raison, nous avons accès aux mêmes vérités que celles dont parle la Bible.

— Comment est-ce possible ? Est-ce que la raison peut nous dire que le monde a été créé en six jours ? Ou que Jésus était le fils de Dieu ?

— Non, pas ce genre de « vérités religieuses » auxquelles seules la foi et la révélation donnent accès. Saint Thomas voulait seulement dire par là qu'il y a toute une série de « vérités théologiques naturelles », c'est-à-dire des vérités que l'on peut atteindre à la fois par la révélation et par notre raison innée ou « naturelle ». Une de ces vérités est par exemple celle qu'il existe un Dieu. Selon saint Thomas, il y a deux chemins qui mènent à Dieu. Le premier passe par la foi et la révélation ; le deuxième par la raison et l'examen de nos sens. Il est clair que le chemin de la foi et de la révélation est le plus sûr des deux, car il est facile de s'égarer si l'on ne fait confiance qu'à la raison seule. Saint Thomas voulait démontrer qu'il n'existe pas nécessairement une opposition entre un philosophe comme Aristote et la théologie.

— Nous pouvons donc aussi bien nous en tenir à Aristote qu'à la Bible ?

— Ne me fais pas dire ce que je n'ai pas dit ! Aristote ne fait qu'un bout de chemin parce qu'il ne connaissait pas la doctrine chrétienne. Mais ne faire qu'un petit bout de chemin n'est pas la même chose que se tromper de chemin. On ne se trompe pas en affirmant qu'Athènes est en Europe. Mais on ne peut pas dire que ce soit très précis non plus. Si un livre se contente d'écrire qu'Athènes est une ville située en Europe, il peut se révéler utile de consulter parallèlement un manuel de géographie. Là tu apprendras toute la vérité, à savoir qu'Athènes est la capitale de la Grèce qui est un petit pays au sud-est de l'Europe. Avec un peu de chance, on parlera de l'Acropole aussi, voire de Socrate, Platon et Aristote !

— Mais la première explication était vraie !

— Justement ! Voilà où voulait en venir saint Thomas : il n'existe qu'une vérité et une seule. Quand Aristote déclare que ce que la raison reconnaît est obligatoirement vrai, il n'entre pas en conflit avec la doctrine chrétienne. Grâce à notre raison et l'observation de nos sens, nous pouvons appréhender une partie de la vérité, comme lorsqu'il s'agit de décrire le monde animal ou végétal. Par la Bible, Dieu nous a révélé une autre partie de la vérité. Mais, en de nombreux domaines, ces deux vérités se recoupent, la Bible et la raison apportant exactement les mêmes réponses.

– Comme le fait qu'il existe un dieu par exemple ?

– Tout à fait. La philosophie d'Aristote elle aussi présuppose l'existence de Dieu – ou une première cause – qui serait à l'origine de tous les phénomènes naturels. Mais il ne fait aucune description plus détaillée de Dieu. Nous devons dans ce domaine nous référer entièrement à la Bible et au message de Jésus.

– Mais comment être si sûr que Dieu existe ?

– Ça se discute, bien sûr. Mais de nos jours la plupart des gens s'accordent à reconnaître que la raison humaine est en tout cas incapable de prouver le contraire. Saint Thomas alla encore plus loin : il prétendit que la métaphysique d'Aristote lui permettait de prouver l'existence de Dieu.

– Il n'avait pas froid aux yeux !

– La raison aussi nous fait reconnaître que tout ce qui nous entoure doit avoir une « première cause ». Dieu se serait révélé aux hommes à travers la Bible et à travers la raison. Nous avons donc à faire aussi bien à une « théologie révélée » qu'à une « théologie naturelle ». C'est la même chose sur le plan de la morale. La Bible nous indique comment il faut vivre, mais Dieu nous a aussi dotés d'une conscience qui nous permet de distinguer le bien du mal de manière naturelle. Il y a donc bien aussi deux chemins qui mènent à la vie morale. Nous savons que faire du tort aux autres hommes est mal, même si nous n'avons pas lu dans la Bible que l'on doit agir envers son prochain comme on aimerait qu'il agisse envers nous. Là encore, s'en remettre à sa conscience peut être plus risqué que suivre le message de la Bible.

– Je commence à comprendre, intervint Sophie. C'est comme avec l'orage : on peut le savoir soit en voyant l'éclair soit en entendant le tonnerre.

– Oui, c'est ça. Même en étant aveugle, on peut entendre qu'il y a un orage, et même sourd on peut voir l'orage. L'idéal est bien sûr de voir et d'entendre. Mais il n'y a aucune contradiction entre ce que nous voyons et ce que nous entendons. Bien au contraire, les deux impressions se complètent.

– Je vois ce que tu veux dire.

— Tiens, je vais prendre une autre image. Quand tu lis un roman, par exemple *Victoria* de Knut Hamsun…

— Pour une fois que j'ai lu quelque chose…

— Ne peux-tu pas te faire une certaine idée de l'auteur uniquement à travers le livre qu'il a écrit ?

— Je peux déjà supposer qu'il y a un auteur qui a écrit le livre.

— Et rien d'autre ?

— Il a une conception assez romantique de l'amour.

— Quand tu lis ce roman, cela te permet de deviner la nature de l'écrivain Hamsun. Il ne faut pas s'attendre à des renseignements ayant directement trait à sa vie. Peux-tu par exemple déduire de *Victoria* quel âge avait l'auteur au moment de la rédaction du livre, où il habitait ou encore combien d'enfants il avait ?

— Bien sûr que non.

— Mais tu trouveras tous ces renseignements dans une biographie de Knut Hamsun. Seule une biographie de ce genre, ou une autobiographie, permet de connaître l'écrivain en tant qu'être humain.

— C'est vrai.

— Eh bien on trouve les mêmes relations entre l'œuvre de Dieu et la Bible. Ce n'est qu'en se promenant dans la nature que nous pouvons reconnaître que Dieu existe. Nous voyons objectivement qu'il aime les fleurs et les animaux, sinon pourquoi les aurait-il créés ? Mais tout ce qui concerne Dieu en tant que personne, il faut le chercher dans la Bible, c'est-à-dire dans l'« autobiographie » de Dieu.

— Ça, c'est un exemple bien trouvé !

— Hum…

Pour la première fois, Alberto resta pensif un moment.

— Est-ce que tout ça a un rapport avec Hilde ? se hasarda Sophie.

— Sommes-nous bien sûrs que cette « Hilde » existe ?

— Mais nous savons qu'on laisse des traces d'elle ici et là : des cartes postales, un foulard rouge, un portefeuille vert, un mi-bas…

Alberto hocha la tête :

— On a l'impression que le nombre de traces dépend du père de Hilde. Tout ce que nous savons, c'est que quelqu'un nous envoie toutes ces cartes postales. J'aurais bien aimé qu'il parle un peu de lui aussi. Mais nous reviendrons sur tout ça plus tard.

– Il est midi. Je vais être obligée de rentrer avant la fin du Moyen Age.

– Je vais conclure par quelques mots pour t'expliquer comment saint Thomas d'Aquin reprit à son compte la philosophie d'Aristote dans tous les domaines où elle ne s'opposait pas à la théologie de l'Église. Ceci concerne la logique d'Aristote, sa philosophie de la connaissance et bien sûr sa philosophie de la nature. Tu te rappelles par exemple l'image de l'échelle ascendante de la vie qui part des plantes et des animaux pour finir avec les hommes ?

Sophie fit signe que oui.

– Aristote déjà pensait que cette échelle était pointée vers un Dieu qui concentrait en lui pour ainsi dire le maximum d'existence. Ce schéma s'appliquait tel quel à la théologie chrétienne. Pour saint Thomas il y a chaque fois un degré d'existence de plus : des plantes et des animaux aux hommes, des hommes aux anges et enfin des anges à Dieu. L'homme a comme les animaux un corps avec des organes sensoriels, mais l'homme a aussi une raison « pensante ». Les anges n'ont pas de corps semblable doté d'organes sensoriels, mais ils ont en revanche une intelligence immédiate et instantanée. Nul besoin pour eux de « réfléchir » comme les hommes, de tirer des conclusions. Ils savent tout ce que les hommes savent sans avoir besoin d'acquérir ces connaissances au fur et à mesure comme nous. Parce que les anges n'ont pas de corps, ils ne meurent pas non plus. Ils sont immortels, même s'ils furent un jour créés par Dieu.

– Ça paraît merveilleux, d'après ce que tu dis.

– Mais au-dessus des anges, Sophie, il y a Dieu. Lui peut tout voir et comprendre d'un seul regard qui englobe tout.

– Alors il est en train de nous observer en ce moment ?

– C'est possible. Mais pas « en ce moment ». Pour Dieu, le temps n'existe pas comme pour nous. Notre « maintenant » n'est pas le « maintenant » de Dieu. Que des semaines s'écoulent pour nous ne signifie pas nécessairement que des semaines s'écoulent pour Dieu.

– Brr, ça me donne froid dans le dos ! ne put s'empêcher de dire Sophie.

Elle retint un bâillement. Alberto lui jeta un regard à la dérobée tandis qu'elle poursuivait :

– J'ai eu une nouvelle carte du père de Hilde. Il a écrit qu'une ou deux semaines pour Sophie ne sont pas forcément une ou deux semaines pour nous. Ça rappelle un peu ce que tu as dit à propos de Dieu !

Sophie sentit les traits du visage sous la capuche brune se contracter.

– Il devrait avoir honte !

Sophie ne comprenait pas ce qu'il entendait par là, ce n'était peut-être qu'une façon de parler.

Alberto reprit :

– Malheureusement, saint Thomas d'Aquin reprit aussi à son compte la conception d'Aristote sur la femme. Tu te rappelles peut-être qu'Aristote considérait la femme presque comme un homme imparfait. Selon lui les enfants n'héritaient que les qualités du père. La femme était l'élément passif et accueillant, l'homme l'élément actif et responsable de la forme. Ces idées correspondaient selon saint Thomas à ce qu'on lisait dans la Bible, par exemple quand il est écrit que la femme est née de la côte de l'homme.

– N'importe quoi !

– Il n'est pas sans importance de faire remarquer que la reproduction des mammifères ne fut étudiée qu'en 1827. Aussi n'est-ce pas étonnant si l'on croyait que l'homme était celui qui créait et donnait la vie. Notons aussi que pour saint Thomas les femmes sont subordonnées aux hommes uniquement en tant que créatures. L'âme de la femme est l'égale de celle de l'homme. Dans le ciel, règne l'égalité entre les sexes tout simplement parce que toutes les différences liées au sexe des corps sont abolies.

– Mince consolation ! Il n'y avait pas de femmes philosophes durant le Moyen Age ?

– La vie de l'Église a été dominée par les hommes ; ce qui ne signifie pas obligatoirement qu'il n'y avait pas de femmes penseurs. L'une d'elles par exemple s'appelait *Hildegard de Bingen*...

Sophie écarquilla les yeux :

– Elle a quelque chose à voir avec Hilde ?

– Quelle question ! Hildegard était une nonne qui a vécu dans la vallée du Rhin de 1098 à 1179. Bien qu'elle fût une femme, elle a prêché, écrit, soigné les malades, étudié la botanique et la nature. On peut la considérer comme un symbole de l'attachement tout particulier des femmes du Moyen Age aux valeurs de la terre et même de la science tout court.

– Je voulais juste savoir si elle avait un rapport avec Hilde ?

– Selon une vieille conception chrétienne et juive, Dieu n'était pas seulement homme. Il avait aussi un côté féminin, une « nature maternelle ». Car les femmes aussi sont créées à l'image de Dieu. En grec, ce côté féminin chez Dieu se nomme σοφια, « Sophia » ou « Sophie », et signifie « sagesse ».

Sophie, furieuse, fit un violent mouvement de tête : pourquoi n'en avait-elle jamais entendu parler ? Et pourquoi n'avait-elle jamais eu l'idée de poser la question ?

– Aussi bien parmi les juifs que dans l'Église orthodoxe grecque, reprit Alberto, Sophia, c'est-à-dire la nature maternelle de Dieu, joua un certain rôle durant le Moyen Age. En Occident, par contre, elle tomba dans l'oubli. Jusqu'à l'arrivée de Hildegard. Elle raconte avoir vu des apparitions de Sophia. Celle-ci était habillée d'une tunique dorée richement ornée de pierres précieuses...

A cet instant, Sophie se leva du banc où elle était assise.

Hildegard avait vu des apparitions de Sophia...

– Peut-être que j'apparais à Hilde.

Elle se rassit et, pour la troisième fois, Alberto lui posa la main sur l'épaule.

– Nous tirerons cela au clair. Mais il est presque une heure. Tu vas prendre ton petit déjeuner, et c'est l'avènement d'une nouvelle époque. Je te convoquerai très prochainement à une rencontre à propos de la Renaissance. Hermès viendra te chercher dans le jardin.

Sur ces mots, l'étrange moine se leva et se dirigea vers l'église. Sophie resta à sa place, la tête bourdonnant de pensées au sujet de Hildegard et Sophia, Hilde et Sophie. Elle sentit soudain un frisson traverser tout son corps. Elle se leva et lança au professeur de philosophie en habit de moine :

– Est-ce qu'il existait au Moyen Age quelqu'un du nom d'Alberto ?

Il ralentit le pas, tourna légèrement la tête et répondit :

– Saint Thomas d'Aquin avait un célèbre professeur de philosophie. Il se nommait Albert le Grand...

Ayant prononcé ces mots, il passa la tête sous le porche de l'église et disparut. Il en fallait davantage pour décourager Sophie. Elle entra elle aussi dans l'église. Elle était déserte. Comment avait-il pu disparaître comme par enchantement ?

En quittant l'église, elle remarqua un tableau de la Vierge. Elle s'approcha du tableau et l'examina attentivement. Elle crut voir une minuscule goutte d'eau sous l'un des yeux sur le tableau. Était-ce une larme ?

Sophie se précipita hors de l'église et courut chez Jorunn.

Chapitre 16

LA RENAISSANCE

...ô race divine déguisée en homme...

Jorunn l'attendait sur le perron quand, vers une heure et demie, Sophie atteignit à bout de souffle la porte du jardin.

– Ça fait plus de dix heures que tu es partie ! s'écria Jorunn.

Sophie secoua la tête :

– Tu veux dire plus de mille ans.

– Mais où étais-tu ?

– J'avais une rencontre au sommet avec un moine du Moyen Age. Un drôle de type !

– Tu es complètement folle. Ta mère a appelé il y a une demi-heure.

– Et qu'est-ce que tu lui as dit ?

– J'ai dit que tu étais partie acheter quelque chose au bureau de tabac.

– Et qu'est-ce qu'elle a répondu ?

– Qu'il fallait que tu l'appelles dès que tu rentrerais. Mais avec mon père et ma mère, ça a été une autre paire de manches. Ils sont entrés dans la chambre sur le coup de dix heures avec du chocolat chaud et des tartines beurrées. Et ils ont vu qu'un des lits était vide.

– Qu'est-ce que tu leur as dit ?

– J'ai dû inventer quelque chose. J'ai dit que tu étais partie sur un coup de tête parce qu'on s'était disputées.

– Alors il faut vite se réconcilier. Et s'arranger pour que tes parents ne parlent pas à ma mère pendant quelques jours. Tu crois qu'on va y arriver ?

Jorunn haussa les épaules. L'instant d'après surgit du jardin le père de Jorunn en train de pousser une brouette. Il portait un bleu de travail. Il était clair qu'il ne s'était toujours pas fait à l'idée de devoir chaque année enlever toutes les feuilles mortes de l'année passée.

– Mais ma parole, c'est la petite d'à côté et ma fille chérie ! Ça y est, l'escalier de la cave est enfin dégagé : il n'y a plus une seule feuille.

– Chic, répliqua Sophie. comme ça, on n'a qu'à descendre boire notre chocolat chaud là-bas plutôt qu'au bord du lit.

Le père eut un petit rire forcé et Jorunn tressaillit. Ils avaient toujours parlé de manière un peu plus relâchée chez Sophie que chez le conseiller financier Ingebrigtsen et son épouse.

– Je regrette, Jorunn, mais je pensais qu'il fallait que je joue le jeu jusqu'au bout.

– Dis, tu me racontes un peu ?

– Seulement si tu me raccompagnes à la maison. Ce que j'ai à dire ne regarde de toute façon ni les conseillers financiers ni les poupées Barbie attardées.

– Comme tu peux être désagréable ! Tu trouves qu'un mariage qui bat de l'aile et où l'un des deux prend toujours le large, c'est mieux ?

– Certainement pas. Mais je n'ai pratiquement pas dormi cette nuit. Je commence aussi à me demander si Hilde peut *voir* tout ce que nous faisons.

Elles s'étaient mises en route vers l'allée des Trèfles.

– Tu veux dire que c'est une voyante ?

– Qui sait ? Encore que...

Il était clair que Jorunn n'était pas très emballée par toutes ces cachotteries.

– Mais ça n'explique pas pourquoi son père envoie des cartes délirantes à un chalet abandonné en pleine forêt.

– Je reconnais qu'il y a là quelque chose qui ne colle pas.

– Tu ne veux pas me dire où tu as été ?

Alors elle cracha le morceau. Sophie parla aussi du mystérieux professeur de philosophie. Elle ne le fit que contre la promesse expresse que **tout** cela resterait entre elles.

Elles marchèrent longtemps sans prononcer un mot.

– Ça **ne** me plaît pas, ces histoires, dit Jorunn lorsqu'elles s'approchèrent **du 3** de l'allée des Trèfles.

Elle s'arrêta devant le portail et fit mine de s'en retourner.

– Mais personne ne t'a demandé si ça te plaisait. La philosophie n'a jamais prétendu être un simple jeu de société. Ça parle de qui nous sommes et d'où nous venons. Tu trouves qu'on apprend suffisamment de choses à l'école, toi ?

– Personne ne peut répondre à des questions pareilles !

– Peut-être, mais nous n'apprenons même pas à nous poser ce genre de questions.

Le potage du samedi fumait déjà sur la table quand Sophie entra dans la cuisine. Il n'y eut aucune remarque sur le fait qu'elle n'avait pas rappelé de chez Jorunn.

Après le repas, elle déclara qu'elle avait envie de faire la sieste en laissant sous-entendre qu'elle n'avait pratiquement pas fermé l'œil de la nuit. Ce qui était somme toute plutôt normal quand on passe la nuit chez une amie.

Avant de se coucher, elle se regarda dans le grand miroir en laiton qu'elle avait accroché au mur. Elle n'y vit d'abord que son visage blême aux traits tirés. Puis elle crut tout à coup distinguer le contour très flou d'un autre visage en filigrane du sien.

Sophie prit une ou deux profondes inspirations. Il s'agissait de garder la tête froide.

Sous son visage pâle, encadré des cheveux noirs qui ne toléraient aucune autre coiffure que celle de la nature, c'est-à-dire lisses et tombant droit, transparaissait aussi l'image d'une autre jeune fille.

L'inconnue mit soudain toute son énergie à cligner des deux yeux. C'était comme si elle avait voulu par ce biais signaler sa présence. Ce ne dura qu'un bref instant. Puis elle disparut.

Sophie s'assit sur le lit. Elle ne douta pas une seconde que c'était Hilde qu'elle venait de voir dans la glace. Elle avait eu l'espace de quelques secondes le temps d'entrevoir son visage sur le certificat de scolarité trouvé dans le chalet du major et c'était bien la même fille qu'elle venait de voir dans le miroir.

N'était-ce pas bizarre qu'il lui arrivât toujours des choses étranges de ce genre quand elle était morte de fatigue ? Elle finissait par se demander après si elle n'avait pas tout bonnement rêvé.

Sophie mit ses vêtements sur une chaise et se glissa sous sa couette. Son sommeil fut troublé par un drôle de rêve, à la fois marquant et clair.

Elle rêva qu'elle se trouvait dans un vaste jardin qui donnait sur un petit hangar rouge à bateau. Sur la jetée, près du hangar, était assise une fille aux cheveux clairs qui scrutait la mer. Sophie allait vers elle et s'asseyait à ses côtés. Mais c'était comme si l'inconnue ne remarquait pas sa présence. « Hilde ! C'est moi, Sophie ! », disait-elle en se présentant. Mais l'inconnue ne pouvait ni la voir ni l'entendre. « Tu m'entends, Hilde ? Ou est-ce que tu es sourde et aveugle ? » prononçait Sophie. En effet, l'inconnue ne percevait pas les paroles de Sophie. Puis on entendait tout à coup une voix d'homme crier : « Hilde chérie ! » Immédiatement la jeune fille se levait et remontait vers la maison en courant. Elle n'était donc ni sourde ni aveugle ! Un homme qui n'était plus tout jeune courait à sa rencontre. Il portait un uniforme et un béret bleu. L'inconnue se jetait à son cou et l'homme la faisait tourner dans les airs. Sophie remarquait alors que l'inconnue avait laissé une chaîne avec une petite croix en or sur le bord de la jetée et la ramassait. Là-dessus, elle se réveilla.

Sophie regarda sa montre. Elle avait dormi quelques heures. Elle se redressa dans son lit et réfléchit à son rêve étrange. Il s'imposait si clairement à son esprit qu'elle avait l'impression de l'avoir vraiment vécu. Sophie était persuadée que la maison et la jetée qu'elle avait vues dans son rêve existaient quelque part. N'étaient-ils pas peints sur le tableau qui se trouvait dans le chalet du major ? En tout cas, la fille ne pouvait être que Hilde Møller Knag et l'homme son père qui revenait du Liban. Dans son rêve, il ressemblait un peu à Alberto Knox…

Quand Sophie se décida enfin à mettre un pied hors de la couette et voulut faire son lit, elle découvrit sous l'oreiller une chaîne en or avec une croix. Au dos de la croix étaient gravées trois initiales : « H. M. K ».

Ce n'était pas la première fois que Sophie rêvait qu'elle trouvait des objets précieux. Mais c'était bien la première fois qu'elle en trouvait dans un rêve !

– Ça c'est trop fort ! s'exclama-t-elle à haute voix.

Elle était si en colère qu'elle ouvrit la porte du placard et se contenta de lancer sur l'étagère du haut la jolie chaîne qui alla rejoindre le foulard en soie, le mi-bas blanc et toutes les cartes postales du Liban.

Le dimanche matin, Sophie fut réveillée pour prendre un copieux petit déjeuner avec des petits pains chauds, du jus d'orange, un œuf et une salade à l'italienne. Il était rare que sa mère soit levée avant elle le dimanche. Mais quand ça arrivait, elle mettait un point d'honneur à préparer un bon petit déjeuner avant de réveiller sa fille.

Tandis qu'elles déjeunaient, sa mère dit :

– Il y a un chien que je ne connais pas dans le jardin. Il a traîné autour de la vieille haie toute la matinée. Tu n'aurais pas une idée par hasard de ce qu'il fait là ?

– Mais si ! laissa échapper Sophie qui se tut aussitôt, se rendant compte qu'elle avait trop parlé.

– Il est déjà venu ?

Sophie s'était déjà levée et jeta un coup d'œil par la fenêtre du salon qui donnait sur le grand jardin. Hermès montait la garde devant l'entrée secrète de son quartier général.

Que dire ? Elle n'eut pas le temps de se préparer que déjà sa mère était à ses côtés.

– Tu dis qu'il est déjà venu ici ?

– Oh, il a dû enterrer un os et il revient déterrer son trésor. Les chiens aussi ont de la mémoire…

– C'est possible, Sophie. Dans la famille, c'est toi la psychologue pour animaux.

Sophie réfléchit et prit une décision.

– Je vais le suivre jusqu'à chez lui, dit-elle.

– Tu sais où il habite ?

Elle haussa les épaules.

– Il porte certainement un collier avec son adresse dessus.

Quelques minutes plus tard, Sophie franchissait la porte d'entrée. A peine Hermès l'eut-il aperçue qu'il se leva en remuant la queue comme un fou et lui fit la fête.

– Bon chien, Hermès, bon chien, dit Sophie.

Elle savait que sa mère l'observait de la fenêtre. Pourvu qu'il ne passe pas la haie ! Mais le chien courut vers le chemin de gravier devant la maison, traversa la petite cour et fit mine de sauter par-dessus le portail.

Une fois de l'autre côté, Hermès continua à la devancer de quelques mètres. Le sentier serpentait à présent entre les pavillons. Sophie et Hermès n'étaient pas les seuls à se promener par ce dimanche après-midi. Des familles entières étaient de sortie et marchaient d'un bon pas. Sophie eut une pointe d'envie en les regardant.

Il arrivait que Hermès suivît les traces d'un autre chien ou reniflât quelque chose dans le fossé et disparaisse alors quelques instants, mais Sophie lui ordonnait « Hermès, viens ici ! » et il revenait trotter à côté d'elle.

Ils eurent tôt fait de traverser un ancien parc portuaire, un grand stade et un jardin public. Ils débouchèrent dans un quartier plus animé et continuèrent à se diriger vers la ville en suivant une large avenue surmontée de ponts et où circulaient des tramways.

Une fois dans le centre ville, Hermès traversa la Grande Place et remonta la rue de l'Église. Ils atteignirent la vieille ville où se pressent de vastes demeures de la fin du siècle dernier. Il était presque une heure et demie et ils se trouvaient maintenant à l'autre bout de la ville. Il était rare que Sophie s'aventurât si loin. Une fois seulement, quand elle était petite, elle avait rendu visite à une vieille tante qui habitait dans ce coin-là.

Ils parvinrent à une petite place lovée entre de vieilles bâtisses qui portait curieusement le nom de « Nouvelle Place » alors que les fondations de cette partie de la ville remontaient au Moyen Age.

Hermès alla droit vers l'entrée du n° 14 et attendit que Sophie ouvre la porte. Elle sentit comme une crampe à l'estomac.

Dans l'entrée, il y avait un panneau avec des boîtes aux lettres vertes. Sophie remarqua qu'une carte postale était collée sur une des boîtes de la rangée supérieure. La carte portait le tampon de la poste indiquant que le destinataire n'habitait pas à cette adresse. Le destinataire était : « Hilde Møller Knag, Nouvelle Place n° 14... ». Le cachet indiquait le 15-6. Il restait encore deux semaines jusqu'à cette date, mais le postier n'y avait visiblement pas prêté attention.

Sophie détacha la carte de la boîte aux lettres et lut :

> *Chère Hilde,*
> *Sophie arrive à présent à la maison du professeur de philosophie. Elle aura bientôt quinze ans, alors que toi, tu les a eus hier. A moins que ce ne soit aujourd'hui, ma petite Hilde ? Si c'est aujourd'hui, c'est en tout cas plus tard dans la journée. Il faut dire que nos montres ne sont pas toujours réglées sur la même heure. Une génération vieillit tandis qu'une autre voit le jour. Pendant ce temps, l'histoire poursuit son chemin. As-tu jamais pensé à comparer le déroulement de l'histoire avec la vie d'un homme ? L'Antiquité serait l'enfance. Puis viendrait le long Moyen Age semblable à un jour d'école pour l'Europe. Mais voilà la Renaissance : la classe interminable est finie et la jeune Europe*

trépigne et piaffe d'impatience à l'idée de se jeter dans l'existence. On pourrait aller jusqu'à dire que la Renaissance correspond aux quinze ans de l'Europe. Nous sommes en plein mois de juin, mon enfant : Dieu qu'il fait bon vivre et que la vie est belle !

P.-S. : J'ai été désolé d'apprendre que tu avais perdu ta croix en or. Il faut que tu apprennes à faire plus attention à tes affaires !

Amicalement, ton Papa… qui est juste au coin de la rue.

Hermès était déjà en train de monter l'escalier. Sophie garda la carte à la main et le suivit. Elle dut monter les marches quatre à quatre pour ne pas le perdre de vue. Il agitait joyeusement la queue. Ils dépassèrent le premier, deuxième, troisième et quatrième étage. On débouchait ensuite sur un escalier étroit qui montait encore plus haut. Ils n'allaient quand même pas grimper jusqu'au toit ? Mais Hermès s'attaqua à l'escalier avant de s'arrêter devant une porte étroite à laquelle il se mit à gratter.

Sophie entendit de l'intérieur des pas approcher. La porte s'ouvrit et Alberto Knox apparut. Il avait changé de costume, mais aujourd'hui aussi il s'était déguisé : il portait des mi-bas blancs, un pantalon bouffant rouge et une veste jaune avec des manches gigot. Il faisait penser à un joker dans un jeu de cartes. A l'évidence, il portait des vêtements typiques de la Renaissance.

— Espèce de clown ! s'écria Sophie en l'écartant pour entrer dans l'appartement.

De nouveau le professeur de philosophie dut faire les frais de l'attitude quelque peu cavalière de Sophie qui en fait n'en menait pas si large que ça. La carte qu'elle avait trouvée dans l'entrée n'arrangeait rien.

— Il n'y a vraiment pas de quoi se mettre dans cet état, mon enfant, dit Alberto en refermant la porte.

— Tiens, voici le courrier, dit Sophie en lui tendant la carte comme si elle l'en tenait pour responsable.

Alberto lut ce qui était écrit sur la carte et secoua la tête.

— Il ne manque vraiment pas d'air, celui-là ! On dirait qu'il se sert de nous pour distraire sa fille le jour de son anniversaire.

En disant ces mots, il prit la carte et la déchira en mille morceaux qu'il jeta dans la corbeille à papier.

– Il est écrit sur cette carte que Hilde a perdu une croix en or, dit Sophie.

– Oui, j'ai lu.

– Eh bien, j'ai justement retrouvé cette croix à la maison dans mon lit. Tu peux m'expliquer ce qu'elle fait là ?

Alberto la regarda droit dans les yeux :

– Ça fait peut-être de l'effet, mais au fond il n'y a rien de plus simple comme truc, ça ne lui demande aucun effort. Essayons plutôt de nous intéresser au grand lapin blanc qui sort du chapeau haut-de-forme de l'univers.

Ils passèrent au salon, et jamais Sophie n'avait vu un salon aussi bizarre.

Alberto habitait dans une sorte de loft avec des murs mansardés. Dans le toit, on avait pratiqué une ouverture qui laissait entrer la lumière crue du ciel. La pièce avait aussi une fenêtre qui donnait sur la rue, laissant le regard se perdre loin au-delà des vieilles demeures.

Le plus surprenant restait toutefois la manière dont était meublée cette grande pièce : c'était un vrai capharnaüm de meubles et d'objets de toutes les époques. Il y avait un canapé, probablement des années 30, un vieux secrétaire de la fin du XIXᵉ et un fauteuil qui devait bien dater de plusieurs siècles. Sur les étagères et les armoires s'amoncelaient des quantités de bibelots perdus au beau milieu d'objets d'utilité courante. Il y avait des montres, des brocs, des mortiers, des cornues, des couteaux, des poupées, des plumes d'oie, des presse-livres, des octants, des sextants, des compas et des baromètres anciens. Tout un mur était tapissé de livres, mais ce n'était pas le genre de livres qu'on trouve en librairie. La bibliothèque abritait une vraie collection de bibliophile. Aux murs étaient accrochés des dessins et des tableaux, certains plutôt récents, d'autres très anciens. On y voyait aussi affichées plusieurs vieilles cartes de géographie plus qu'approximatives.

Sophie restait là, médusée. Elle tournait la tête de gauche à droite pour examiner les moindres recoins de la pièce.

– Tu collectionnes toutes ces vieilleries ? finit-elle par dire.

– Si l'on veut. Mais songe à tous les siècles d'histoire présents dans cette pièce. Moi, je n'appellerais pas cela des vieilleries.

– Tu tiens un magasin d'antiquités ou quelque chose dans ce genre ?

Une ombre de mélancolie passa sur le visage d'Alberto.

– Tout le monde ne saurait se laisser emporter dans le fleuve de l'histoire, Sophie. Il faut bien que certains s'arrêtent et ramassent ce qui reste sur les berges du fleuve.

– C'est une drôle de façon de voir les choses.

– Mais c'est vrai, mon enfant. Nous ne vivons pas seulement à notre époque. Nous portons toute notre histoire avec nous. Rappelle-toi que tout ce qui est ici dans cette pièce a été un jour flambant neuf. Cette pitoyable poupée en bois du XV⁰ fut peut-être fabriquée pour les cinq ans d'une petite fille. Par son vieux grand-père peut-être... Puis elle eut dix ans, Sophie. Elle devint adulte et se maria. Peut-être eut-elle elle aussi une fille à qui elle donna la poupée à son tour. Elle vieillit et, un jour, mourut. Elle avait pourtant vécu objectivement une longue vie, mais elle finit quand même par mourir. Et elle ne reviendra jamais. Au fond, elle ne fit qu'une courte visite sur terre. Mais sa poupée... eh bien, elle est encore là sur l'étagère.

– Tout devient si déprimant et dramatique quand tu présentes les choses sous cet angle...

– Mais la vie *est* à la fois déprimante et dramatique. On nous laisse pénétrer dans un monde merveilleux, nous rencontrer et nous saluer, même faire un bout de chemin ensemble. Puis nous nous perdons de vue et disparaissons aussi brusquement que nous sommes venus la première fois.

– Je peux te poser une question ?

– Nous ne jouons plus à cache-cache, à ce qu'il me semble.

– Pourquoi t'étais-tu installé dans le chalet du major ?

– C'était pour que nous ne soyons pas trop éloignés l'un de l'autre, puisque nous communiquions seulement par lettres. Je savais que plus personne n'y habitait depuis longtemps.

– Alors tu as décidé de t'y installer ?

– Oui, je m'y suis installé.

– Alors comment se fait-il que le père de Hilde soit au courant ?

– Il sait pratiquement tout, si je ne me trompe.

– De toute façon, je ne comprends pas comment on obtient du facteur qu'il délivre du courrier en pleine forêt.

Alberto eut un sourire de satisfaction.

– Oh, ce genre de choses est une bagatelle pour le père de Hilde. Un banal truc de prestidigitateur, un vulgaire tour de passe-passe. Nous sommes peut-être les personnes les plus surveillées du monde.

Sophie se sentit gagnée par l'indignation.

– Si jamais je le rencontre, je lui arrache les yeux.

Alberto alla s'asseoir sur le canapé. Sophie le suivit et choisit un fauteuil bien confortable.

– Seule la philosophie peut nous rapprocher du père de Hilde, dit-il enfin. Aujourd'hui je vais te parler de la Renaissance.

– D'accord.

– Quelques années après saint Thomas d'Aquin, la grande culture chrétienne se lézarda. La philosophie et la science se détachèrent progressivement de la théologie de l'Église, mais cela eut aussi pour conséquence que la vie religieuse eut un rapport plus libre avec la raison. De plus en plus de personnes mirent l'accent sur l'impossibilité d'approcher Dieu par la raison, car Dieu est par nature inconcevable pour l'esprit. Le plus important pour l'être humain n'est pas de comprendre le mystère divin, mais de se soumettre à la volonté de Dieu.

– Je comprends.

– La vie religieuse faisant enfin bon ménage avec la science, on vit l'avènement d'une nouvelle méthode scientifique et d'une nouvelle conviction religieuse qui permirent les deux grands bouleversements du XIVᵉ et du XVᵉ siècle, à savoir la *Renaissance* et la *Réforme*.

– Prenons une chose à la fois.

– La Renaissance est un grand mouvement de renouveau culturel à la fin du XIVᵉ siècle. Elle vit le jour en Italie du Nord, mais s'étendit rapidement durant le XVᵉ et le XVIᵉ siècle.

– Est-ce que tu n'as pas dit une fois que le mot « renaissance » signifie « naître une deuxième fois » ?

– Très juste, et ce qui devait renaître, c'était l'art et la culture de l'Antiquité. Nous avons un autre terme aussi, celui d'« humanisme », parce que de nouveau on partait de l'homme, alors que le Moyen Age avait considéré chaque action et chaque vie à la lumière de Dieu. « Revenir aux sources », c'est-à-dire revenir à l'humanisme de l'Antiquité devint le mot d'ordre. On assista pour ainsi dire à un nouveau sport national, celui de déterrer de vieilles sculptures et des inscriptions antiques. Apprendre le grec redevint aussi à la mode, ainsi que les études sur la culture grecque. Étudier l'humanisme grec avait, détail non négligeable, un but pédagogique, car la connaissance des langues anciennes donnait une « culture classique » et développait ce qu'on appelle communément les « qualités humaines ». « On met au monde les chevaux, avait-on coutume de rappeler, mais on ne met pas au monde les hommes, on les éduque pour qu'ils le deviennent. »

– Tu veux dire que c'est par l'éducation qu'on devient homme ?

– Oui, en gros c'est ça. Mais avant d'examiner de plus près les idées de l'humanisme de la Renaissance, nous allons dire quelques mots sur son arrière-plan politique et culturel.

Alberto se leva et se mit à arpenter la pièce. Il finit par s'arrêter et montra du doigt un très vieil instrument posé sur une des étagères.

– Qu'est-ce que c'est ? demanda-t-il.

– On dirait une vieille boussole.

– Tout juste.

A présent il montrait du doigt un vieux fusil accroché au-dessus du canapé.

– Et ça ?

– Un ancien fusil.

– Bon. Et ça ?

Alberto prit un livre de la bibliothèque.

– Eh bien, c'est un vieux livre.

– Disons, pour être plus précis, que c'est un incunable.

– Un incunable ?

– En fait, cela veut dire « berceau ». On emploie ce terme à propos de livres qui furent imprimés à l'époque qui marque l'enfance de l'imprimerie. C'est-à-dire avant le XVe siècle.

– Il est vraiment si vieux que ça ?

– Oui, aussi vieux que ça. Ces trois inventions que je t'ai montrées (la boussole, la poudre et l'imprimerie) vont jeter les bases de cette nouvelle époque que nous appelons la Renaissance.

– Attends, je n'ai pas bien compris !

– La boussole facilita la navigation. En d'autres termes, elle est en partie à la base des grandes découvertes. De même, dans une certaine mesure, la poudre. Les nouvelles armes rendirent les Européens mieux armés, comparés aux cultures américaine et asiatique. Et en Europe aussi, la poudre joua un grand rôle. Quant à l'imprimerie, elle permit de répandre les nouvelles idées des humanistes de la Renaissance, contribuant de manière fort active à faire perdre à l'Église son vieux monopole de détenteur du savoir. Par la suite on inventa de nouveaux instruments et de nouveaux outils à tour de bras. Le télescope fut par exemple un instrument d'une extrême importance, puisque grâce à lui l'astronomie connut un essor incomparable.

— Et, pour finir, on inventa les fusées et les navettes spatiales pour atterrir sur la Lune ?

— Non, là tu brûles les étapes. Cela dit, la Renaissance marqua le début d'un processus qui aboutit à ce que des hommes marchent sur la Lune. Ou, d'un autre point de vue, à Hiroshima et Tchernobyl. Tout commença par une série de transformations sur le plan culturel et économique et principalement le passage d'une économie familiale à une économie monétaire. Vers la fin du Moyen Age, des villes s'étaient développées avec une main-d'œuvre énergique, un commerce de nouvelles marchandises et une économie fondée sur la banque et la libre circulation de l'argent. On assista à la formation d'une bourgeoisie qui s'était dans une large mesure libérée des contingences de la nature grâce à son travail. Tout ce qui était nécessaire pour vivre pouvait être acheté contre de l'argent. Cela encouragea le travail bien fait, l'imagination et la création. L'homme en tant qu'individu dut relever de nouveaux défis.

— Cela rappelle un peu comment se sont formées les cités grecques il y a deux mille ans.

— Oui, c'est une bonne remarque. Je t'ai raconté comment la philosophie grecque s'était détachée d'une conception mythique du monde qui était liée à une culture paysanne. De la même manière, les bourgeois de la Renaissance ont commencé à se libérer des seigneurs féodaux et de l'hégémonie de l'Église. Dans le même temps, la culture grecque fut redécouverte grâce à des contacts plus étroits avec les Arabes en Espagne et la culture byzantine dans l'Est de l'Europe.

— Les trois fleuves de l'Antiquité se sont à nouveau fondus dans un même courant.

— Je vois que tu apprends bien tes leçons ! Bon, voilà *grosso modo* le contexte de la Renaissance. Parlons à présent des nouvelles idées.

— Dépêche-toi, car il faut que je sois rentrée pour déjeuner.

Alberto se rassit dans le canapé et regarda Sophie dans les yeux :

— La Renaissance introduisit avant tout une *nouvelle conception de l'homme*. Les humanistes de la Renaissance avaient une foi toute nouvelle en l'homme et en sa valeur qui contrastait terriblement avec le parti pris du Moyen Age qui ne voyait en l'homme qu'un pécheur. L'homme fut dès lors considéré comme quelque chose d'infiniment grand et précieux. Un des grands personnages de la Renaissance s'appelait *Marsile Ficin*. Il s'écria : « Connais-toi toi-même, ô race divine déguisée en homme ! » Un autre, *Pic de La Mirandole*, rédigea un *Discours sur la dignité de l'homme*, chose impensable au Moyen Age où tout partait de Dieu. Les humanistes de la Renaissance partaient de l'Homme lui-même.

— Mais c'est ce qu'avaient fait les philosophes grecs aussi.

— Oui, et c'est pourquoi nous parlons d'une « deuxième naissance » de l'humanisme antique. Mais l'humanisme de la Renaissance met plus l'accent sur l'*individualisme*. Nous ne sommes pas seulement des êtres humains, nous sommes aussi des individus uniques. D'où le risque d'aduler le génie en tant que tel. L'idéal devint ce que nous appelons l'*homme de la Renaissance*, c'est-à-dire un être humain qui s'intéresse à tout ce qui a trait à la vie, l'art ou la science. Ce n'est pas un hasard si on se passionna à cette époque pour l'anatomie du corps humain. Comme dans l'Antiquité, on commença par disséquer des morts pour analyser comment le corps était constitué. Ce fut utile pour la science et pour l'art. On recommença, en art, à peindre l'homme nu, mettant ainsi fin à mille ans de pudeur. L'homme osait à nouveau être lui-même. Il n'avait plus de raison d'avoir honte.

— A t'entendre, on dirait une sorte d'ivresse, dit Sophie en se penchant au-dessus d'une petite table qui se trouvait entre elle et le professeur de philosophie.

— Incontestablement. La nouvelle conception de l'homme conduisit à une toute *nouvelle façon de vivre*. L'homme n'existait plus seulement pour servir Dieu. Ce dernier avait aussi conçu les hommes pour eux-mêmes. Il incombait donc aux hommes de se réjouir de la vie ici et là. Et quand l'homme pouvait s'épanouir en toute liberté, ses capacités ne connaissaient plus de frontières, puisqu'il s'agissait au contraire d'aller toujours plus loin. Cela aussi était nouveau par rapport à l'humanisme de l'Antiquité, car les Anciens insistaient plutôt sur le repos des sens, la mesure et la maîtrise de soi.

— Tu veux dire que les humanistes de la Renaissance ont perdu le contrôle d'eux-mêmes ?

— Tout ce qu'on peut dire, c'est qu'ils n'étaient pas des champions de la modération. Le monde entier leur paraissait enfin se réveiller d'un très long sommeil. Il y eut une extraordinaire prise de conscience de leur époque qui les conduisit à appeler « Moyen Age » tous les siècles intermédiaires entre l'Antiquité et eux et on assista dans tous les domaines à un épanouissement exceptionnel : l'art, l'architecture, la littérature, la musique, la philosophie et la science. Prenons un exemple : Nous avons parlé de la Rome antique qu'on avait surnommée la « Ville des villes » et le « Nombril du monde ». Au cours du Moyen Age, Rome tomba dans l'oubli et, en 1417, la ville qui avait compté jusqu'à un million d'habitants n'en abritait plus que 17 000.

– C'est à peu près la population de Lillesand.

– Les humanistes de la Renaissance se donnèrent pour tâche de relever Rome. On entreprit de construire une vaste basilique sur la tombe de l'apôtre Pierre. Concernant la basilique Saint-Pierre, il est clair qu'on ne saurait parler de mesure et de retenue. Divers grands personnages de la Renaissance furent invités à participer à ce qui était, à l'époque, le plus grand projet d'architecture du monde. Le chantier commença en 1506 et s'étendit sur cent vingt années, et il fallut encore attendre cinquante ans avant que la place Saint-Pierre fût tout à fait terminée.

– Ça a dû devenir une église gigantesque !

– Elle mesure 200 mètres de long, 130 mètres de haut et a une superficie de 16 000 mètres carrés. Cela en dit assez long sur l'audace des hommes de la Renaissance. Cette époque apporta aussi une *nouvelle conception de la nature.* Que les hommes se sentent heureux de vivre et ne considèrent plus seulement leur séjour sur Terre comme une préparation à la vie dans le Ciel modifia totalement leurs rapports avec le monde physique. La nature devint quelque chose de positif et Dieu existait au sein de la création. Puisqu'il était infini, il devait pouvoir être partout. On a appelé cette conception le *panthéisme.* On qualifiait la nature de divine, c'est-à-dire qu'elle était le « déploiement de Dieu ». On devine que l'Église regarda d'un mauvais œil toutes ces nouvelles idées. Ce qui arriva à *Giordano Bruno* l'illustre de manière dramatique : il prétendit non seulement que Dieu était la totalité du réel mais que l'univers était infini. Ces deux affirmations lui valurent une peine très sévère.

– Comment ça ?

– Il fut brûlé sur la place du marché aux fleurs de Rome en 1600.

– Mais c'est horrible... et surtout complètement idiot ! C'est ça que tu appelles l'humanisme ?

– Non, pas ça. Bruno était l'humaniste, pas ses bourreaux. Il y eut aussi sous la Renaissance un mouvement « anti-Renaissance ». J'entends par là l'autorité toute-puissante de l'Église et de l'État. Ainsi on jugea des hérétiques et on brûla des sorcières car la magie et la superstition étaient florissantes. Il y eut les guerres de Religion, sans oublier la violente conquête de l'Amérique. L'humanisme a toujours connu un arrière-plan plus sombre. Aucune époque n'a été toute bonne ou toute mauvaise. Le bien et le mal sont deux fils qui traversent toute l'histoire de l'humanité et bien souvent ils sont tissés ensemble. Cela est également vrai pour le prochain mot clé que l'on doit à la Renaissance, à savoir l'apparition d'une *nouvelle méthode scientifique*.

– Est-ce à cette époque que l'on a construit les premières usines ?

– Pas vraiment tout de suite. La Renaissance introduisit un nouveau rapport à la science permettant de grandes innovations techniques.

– En quoi consistait cette nouvelle méthode ?

– Il s'agissait tout d'abord d'observer la nature avec nos propres sens. Dès 1300, plusieurs personnes exprimaient leur réserve quant à une confiance aveugle dans les anciennes autorités qu'étaient les dogmes de l'Église et la philosophie de la nature d'Aristote. C'était un leurre de croire qu'il suffisait de réfléchir pour résoudre un problème quel qu'il soit, alors que le Moyen Age avait toujours clamé haut et fort la toute-puissance de la raison. On décréta dorénavant que chaque observation de la nature devait être soumise à la perception de nos sens, à notre expérience et à nos expérimentations. C'est ce qu'on appelle la *méthode empirique*.

– Ce qui signifie ?

– Que l'on construit son savoir sur les choses à partir de sa propre expérience et non à partir de vieux parchemins poussiéreux ou de chimères. Dans l'Antiquité aussi, l'empirisme a existé. Aristote, encore lui, fit de nombreuses et passionnantes observations de la nature. Mais des *expérimentations* systématiques, ça c'était radicalement nouveau.

– Ils ne disposaient bien sûr pas de tous les appareils d'aujourd'hui ?

– Ils n'avaient évidemment ni machines à calculer ni balances électroniques. Mais ils connaissaient les mathématiques et ils avaient des balances. Il était plus important que jamais de retranscrire toutes les observations scientifiques dans un langage mathématique précis. « Mesure ce qui est mesurable et rend mesurable ce qui ne peut pas être mesuré », dit *Galilée*, l'un des plus grands scientifiques du XVIᵉ siècle. Selon lui, « la nature est écrite dans un langage mathématique ».

– Et toutes ces expérimentations et ces mesures ouvrirent la voie pour de nouvelles inventions ?

– La première phase fut l'élaboration de cette nouvelle méthode. Elle permit une révolution technique qui elle-même rendit possible toutes les découvertes ultérieures. En d'autres termes, les hommes commencèrent par se libérer des contingences naturelles. La nature n'était plus quelque chose dont l'homme se contentait de faire partie, elle devenait quelque chose dont on peut avoir besoin et se servir. « Le savoir est le pouvoir », déclara le philosophe anglais *Francis Bacon*, exprimant par cette phrase l'utilité de la connaissance. Cela était une grande nouveauté. Les hommes s'attaquaient à la nature et s'en rendaient maîtres.

– Mais pas seulement de manière positive, n'est-ce pas ?

– Non, là encore le bien et le mal sont intimement tissés dans toutes les actions des hommes. L'essor de la technique qui s'amorça à la Renaissance est à l'origine des machines à filer et du chômage, des médicaments et des nouvelles maladies, de la culture intensive et de l'appauvrissement des terres, de l'électroménager, machines à laver et autres réfrigérateurs, mais aussi de la pollution et des problèmes de déchets, toutefois cela n'est dû qu'au mauvais usage de la technique et non à la technique elle-même. Derrière toutes les menaces qui pèsent sur le monde d'aujourd'hui, beaucoup voient dans l'essor de la technique un facteur déterminant. D'aucuns soulignent que l'homme a mis en marche un processus qu'il n'est plus en mesure de contrôler. Mais les bonnes âmes optimistes pensent que nous sommes encore dans l'enfance de la technique et que si la civilisation technique a eu ses maladies infantiles, les hommes apprendront peu à peu à maîtriser la nature sans pour autant la mettre en danger de mort.

– Et toi, qu'est-ce que t'en penses ?

– Il y a du vrai dans les deux points de vue. Dans certains domaines, il faut que les hommes cessent de malmener la nature, mais nous pouvons par ailleurs continuer à agir en toute bonne conscience. Ce qui est sûr, en tout cas, c'est que nous ne retournerons jamais au Moyen Age, puisqu'à partir de la Renaissance l'homme n'a plus seulement été une partie de la Création, mais a commencé à transformer la nature et à la modeler à son image. Cela en dit long sur cette étrange créature qu'est l'homme.

– Nous avons déjà marché sur la Lune. Aucun homme du Moyen Age n'aurait cru que c'était possible, non ?

– Ça, tu peux le dire ! Cela nous amène à aborder la question de la *nouvelle représentation du monde*. A travers tout le Moyen Age, les hommes vivaient sous le ciel et levaient les yeux vers le Soleil, la Lune, les étoiles et les planètes. Mais personne n'avait jamais mis en doute que la Terre fût au centre de l'univers. Aucune observation n'avait pu jeter le doute sur l'immobilité de la Terre et le mouvement de rotation des « corps célestes » autour de la Terre. C'est ce que nous appelons l'« image géocentrique du monde », à savoir que tout tourne autour de la Terre. La représentation chrétienne de Dieu trônant au-dessus de tous les corps célestes contribuait à maintenir une telle conception.

– Ah, si tout pouvait être aussi simple !

– Mais en 1543 parut un opuscule intitulé *Du mouvement des corps célestes* écrit par un astronome polonais du nom de *Nicolas Copernic* et qui mourut le jour même de la parution du livre. Copernic prétendait que ce n'était pas le Soleil qui tournait autour de la Terre, mais le contraire. L'observation des corps célestes lui permettait en tout cas, disait-il, de soutenir une telle affirmation. Lorsque les hommes croyaient que c'était le Soleil qui tournait autour de la Terre, c'était en réalité la Terre qui tournait autour de son propre axe. Toutes les observations concernant les corps célestes s'expliquaient beaucoup plus facilement si l'on partait de l'hypothèse que la Terre et les autres planètes décrivaient un parcours bien défini autour du Soleil. C'est ce que nous appelons une *conception du monde héliocentrique*, c'est-à-dire que tout tourne autour du Soleil.

– Et cette conception du monde était juste ?

– Pas entièrement. Sa principale thèse, à savoir que la Terre tournait autour du Soleil, est exacte bien sûr. Mais il prétendait aussi que le Soleil était au centre de l'univers. Nous savons aujourd'hui que le Soleil n'est qu'une étoile parmi une multitude d'étoiles et que toutes les étoiles autour de nous ne forment qu'une galaxie parmi des milliards d'autres galaxies. Copernic croyait en outre que la Terre et les autres planètes décrivaient des cercles autour du Soleil.

– Et ce n'est pas exact ?

– Non. L'idée de ces mouvements circulaires venait uniquement de la vieille conception qui prétendait que les corps célestes étaient tout ronds et avaient un mouvement de rotation circulaire parce qu'ils étaient « célestes ». Depuis l'époque de Platon, la sphère et le cercle étaient considérés comme étant les formes géométriques les plus parfaites. Il fallut attendre le début du XVIᵉ siècle pour qu'un astronome allemand, *Johannes Kepler*, expose les conclusions d'observations très poussées qui prouvaient que les planètes décrivent des ellipses, c'est-à-dire des trajectoires ovales, le Soleil étant l'un des deux foyers. La vitesse des planètes augmente au fur et à mesure que celles-ci se rapprochent du Soleil, et inversement, les planètes ralentissent lorsqu'elles s'en éloignent. Kepler fut donc le premier à mettre la Terre sur le même plan que les autres planètes et à affirmer que l'univers tout entier est régi par les mêmes lois physiques.

– Comment pouvait-il en être aussi sûr ?

– Parce qu'il avait analysé le mouvement des planètes en réinterprétant les observations des astronomes de l'Antiquité. A la même époque que Kepler vivait le célèbre savant Galilée, qui examinait les corps célestes au télescope. Il étudia les cratères de la Lune et mit en évidence que s'y trouvaient des montagnes et des vallées exactement comme sur la Terre. Il découvrit en outre que la planète Jupiter avait quatre lunes. La Terre n'était donc pas la seule planète à avoir une lune. Malgré tout, la contribution essentielle de Galilée fut d'avoir été le premier à formuler ce qu'on a appelé la *loi de l'inertie*.

– C'est quoi ?

– Galilée la formule en ces termes : « La vitesse originelle d'un corps céleste se maintiendra très exactement tant que les causes extérieures d'accélération ou de ralentissement n'interviennent pas. »

– Je ne vois pas le problème.

– Mais si, c'est une observation importante, car depuis l'Antiquité un des arguments majeurs contre la théorie de la rotation de la Terre avait été de dire que si cette théorie était juste, une pierre lancée droit en l'air aurait dû retomber plusieurs mètres plus loin.

– Pourquoi n'est-ce pas le cas ?

– Si tu te trouves dans un train et que tu laisses tomber une pomme, la pomme ne tombera pas plus loin vers l'arrière du fait que le train avance. Elle tombera tout droit. A cause de la loi d'inertie. La pomme conserve la vitesse qu'elle avait avant que tu ne la laisses tomber.

– Je commence à comprendre...

– Bien entendu les trains n'existaient pas à l'époque de Galilée, mais si tu fais rouler une bille sur le sol et que soudain tu la lâches...

– ...la bille continue de rouler...

– ...parce que la vitesse est maintenue même après que la bille a été lâchée.

– Mais elle finira bien par s'arrêter toute seule si la chambre est assez grande ?

– Oui, parce que d'autres forces freinent sa vitesse. Il y a d'abord le sol, surtout s'il s'agit d'un parquet de bois non traité... Puis il y a la pesanteur qui tôt ou tard arrêtera la bille. Mais attends une seconde, je vais te montrer quelque chose.

Alberto Knox se leva et se dirigea vers le vieux secrétaire. Il sortit quelque chose d'un des tiroirs et le posa sur la table du salon : c'était tout simplement une planche de bois épaisse de quelques millimètres à une extrémité et qui finissait en pointe à l'autre bout. A côté de la planche qui recouvrait presque toute la table, il posa une bille verte.

– C'est ce qu'on appelle un plan incliné, expliqua-t-il. A ton avis, que va-t-il se passer si je lâche la bille à l'endroit le plus épais de la planche ?

Sophie soupira, un peu agacée par la démonstration :

– Je te parie dix couronnes qu'elle va rouler sur la table et après tomber par terre.

– On va voir.

Alberto lâcha la bille et celle-ci fit exactement ce que Sophie avait dit. Elle roula sur la surface de la table, tomba sur le plancher avec un petit bruit sec et finit sa course contre le seuil de la porte.

– Impressionnant, dit Sophie.

– Oui, n'est-ce pas ? C'est précisément à ce type d'expériences que Galilée s'intéressait, tu comprends.

– Il était vraiment aussi idiot que ça ?

– Du calme ! Il voulait tout examiner avec ses propres sens, ce que nous venons de voir n'est qu'un commencement. Peux-tu m'expliquer pourquoi la bille a roulé en bas du plan incliné ?

– Elle a commencé à rouler parce qu'elle avait un certain poids.

– Très bien. Et le poids, qu'est-ce que c'est, mon enfant ?

– C'est vraiment une question stupide !

– Pas si stupide que ça, puisque tu n'es pas en mesure de me répondre. Pourquoi la bille a-t-elle roulé par terre ?

– Eh bien, à cause de la pesanteur.

– C'est cela même, ou de la *gravité*, comme on l'appelle aussi. Le poids a donc à voir avec la pesanteur. C'est cette force qui a mis la bille en mouvement.

Alberto avait déjà ramassé la bille par terre et la tenait de nouveau au-dessus du plan incliné.

– Observe attentivement le mouvement de la bille.

Il se pencha et lança la bille, en essayant de la faire glisser de biais le long de la planche. Sophie vit la bille dévier peu à peu de sa trajectoire et rouler en bas du plan incliné.

– Que s'est-il passé ? demanda Alberto.

– Elle a roulé de travers parce que la planche est inclinée.

– Je vais à présent colorier la bille avec du feutre... nous allons de cette manière mieux voir ce que tu entends par « de travers ».

Il sortit un feutre et coloria toute la bille en noir. Puis il fit rouler la bille encore une fois. Sophie pouvait voir très exactement où la bille avait roulé, puisqu'elle avait laissé des traces noires sur la planche.

– Comment qualifierais-tu le mouvement de la bille ? demanda Alberto.

– Il est courbe... ça ressemble à une partie de cercle.

– Voilà, tu l'as dit !

Alberto la regarda en haussant les sourcils :

– Enfin... ce n'est pas tout à fait un cercle. On appelle cette figure une parabole.

– Si tu veux.

– Mais pourquoi la bille s'est-elle déplacée de cette façon ?

Sophie réfléchit un instant et finit par dire :

– Parce que la planche avait une pente, la bille a été attirée vers le bas par la loi de la pesanteur.

– Oui, n'est-ce pas ? C'est tout à fait remarquable. Je fais monter dans mon grenier la première jeune fille qui passe et elle aboutit avec une seule expérience aux mêmes conclusions que Galilée, dit-il en se mettant à l'applaudir.

Sophie craignit une seconde qu'il ne soit devenu complètement fou.

– Tu as vu, poursuivit-il, l'effet conjugué de *deux forces* sur un même objet. Galilée vérifia qu'il en était de même pour un boulet de canon, par exemple. On le tire en l'air et il continue sa course avant de venir s'écraser au sol. Il a alors décrit la même courbe que la bille de tout à l'heure sur un plan incliné. A l'époque de Galilée, c'était une découverte totale. Aristote croyait qu'un projectile lancé en l'air décrivait une légère courbe avant de retomber à la verticale sur la Terre. C'était donc faux, et pour prouver l'erreur d'Aristote, il suffisait tout bonnement d'en faire la *démonstration*.

– Oui, mais je n'en vois pas vraiment l'intérêt...

– Comment ça ! C'est d'un intérêt cosmique, mon enfant ! Cette expérience compte parmi les découvertes scientifiques les plus importantes de l'humanité.

– Alors je pense que tu vas m'expliquer pourquoi.

– Plus tard vint le physicien anglais *Isaac Newton* qui vécut de 1642 à 1727. C'est à lui que nous devons la description définitive du système solaire et des mouvements des planètes. Il ne s'est pas contenté de décrire le mouvement des planètes autour du Soleil, mais il a expliqué *pourquoi*. Il s'est servi pour ce faire de ce que nous appelons la dynamique de Galilée.

– Est-ce que les planètes sont comme des billes sur un plan incliné ?

– Quelque chose de semblable, en un sens. Mais pas si vite, Sophie.

– Bon, de toute façon je n'ai pas le choix.

– Kepler avait déjà souligné qu'il devait exister une force qui attirait les planètes entre elles. Par exemple, le Soleil devait exercer une force qui obligeait les planètes à rester sur leurs trajectoires. Une force de ce type expliquait aussi pourquoi les planètes se déplacent plus lentement au fur et à mesure qu'elles s'éloignent du Soleil. Kepler pensait que le mouvement des marées, c'est-à-dire la variation du niveau de la mer, dépendait d'une force exercée par la Lune.

– Mais c'est vrai !

– Oui, c'est vrai. Mais Galilée contesta ce point. Il se moqua de Kepler qui avait « soutenu l'idée que la Lune règne sur l'eau ». Galilée ne croyait pas en effet que des forces de gravitation puissent agir sur de si grandes distances et *entre* différentes planètes.

– Là, il avait tort.

– Oui, sur ce point, il avait tort. Et c'est un peu troublant car il s'intéressait tout particulièrement à la force d'attraction terrestre et à la chute des corps sur la Terre. Il avait par ailleurs mis en évidence l'interaction de plusieurs forces sur les mouvements d'un seul corps.

– Mais tu as mentionné Newton ?

– Oui. Newton vint et formula ce que nous appelons la *loi de la gravitation universelle*. Cette loi dit que chaque corps attire un autre corps avec une force qui est proportionnelle à la masse des corps et inversement proportionnelle au carré de la distance qui les sépare.

– Je commence à y voir plus clair. La force d'attraction est plus grande entre deux éléphants qu'entre deux souris, par exemple. Et la force d'attraction sera plus grande entre deux éléphants d'un même zoo qu'entre un éléphant aux Indes et un éléphant en Afrique.

– Je vois que tu as compris ça. J'en viens à présent au point essentiel. Cette attraction – ou gravitation – est, selon Newton, universelle. Ce qui veut dire qu'elle s'applique partout, même entre les planètes. On raconte qu'il eut cette intuition alors qu'il était assis sous un pommier. En voyant tomber une pomme, il se serait demandé si la Lune aussi subissait l'attraction terrestre et si c'était pour cette raison qu'elle tournait éternellement autour de la Terre.

– Ce n'était pas bête. Encore que...

– Encore que quoi, Sophie ?

– Si la Lune subit la même attraction terrestre qui fait tomber une pomme, elle finirait par tomber elle aussi au lieu de tourner indéfiniment autour de la Terre comme autour du pot...

– Voilà que nous pouvons aborder la loi de Newton sur le mouvement des planètes. Concernant la force d'attraction qu'exerce la Terre sur la Lune, tu as à moitié raison, ce qui veut dire que tu as à moitié tort. Tu veux savoir pourquoi la Lune ne tombe pas sur la Terre, Sophie ? Il est vrai que la Terre exerce sur la Lune une force d'attraction incroyable. Tu n'as qu'à t'imaginer quelle force il faut déployer pour soulever le niveau de la mer d'un mètre ou de deux quand c'est marée montante.

– Je ne comprends pas bien.

– Pense au plan incliné de Galilée et à ce qui s'est passé quand j'ai fait rouler la bille de travers.

– Tu veux dire qu'il y a deux forces différentes qui agissent sur la Lune ?

– Exactement. Un jour, il y a fort longtemps, la Lune a été projetée avec une force terrible au loin, c'est-à-dire loin de la Terre. Cette force, elle la gardera pour l'éternité car elle se déplace dans un espace sans air où elle ne rencontre aucune résistance...

– Mais elle devrait être attirée par la Terre en vertu de la loi de l'attraction terrestre ?

– Oui, mais ces deux forces sont constantes et s'exercent simultanément. C'est pourquoi la Lune continuera à tourner indéfiniment autour de la Terre.

– C'est vraiment aussi simple ?

– Oui et c'est justement cette « simplicité » que Newton tenait à mettre en évidence. Il démontra qu'un petit nombre de lois physiques sont valables en tout point de l'univers. En ce qui concerne le mouvement des planètes, il s'était contenté d'appliquer deux lois naturelles que Galilée avait déjà révélées. La première était la *loi d'inertie*, que Newton formule en ces termes : « Chaque corps continue à être dans son état d'immobilité ou de mouvement linéaire égal tant qu'il n'est pas contraint d'abandonner son état sous la pression de forces extérieures. » L'autre loi était celle que Galilée avait démontrée pour l'appliquer aux billes sur un plan incliné.

– Newton a ainsi pu expliquer pourquoi toutes les planètes tournent autour du Soleil ?

– Exactement. Toutes les planètes décrivent autour du Soleil des ellipses qui sont le résultat de deux mouvements différents : le premier mouvement en ligne droite est celui qu'elles ont reçu lors de la formation du système solaire, et le deuxième est la conséquence de l'attraction universelle.

– Ah, c'est ingénieux !

– Je ne te le fais pas dire. Newton démontra que ces mêmes lois régissent tout l'univers. Il balaya ainsi définitivement toutes les vieilles croyances issues du Moyen Age selon lesquelles le « Ciel » obéirait à d'autres lois que la Terre. La représentation héliocentrique du monde fut enfin expliquée et reconnue une bonne fois pour toutes.

Sur ces mots, Alberto se leva et remit le plan incliné dans le tiroir où il l'avait pris. Il ramassa la bille, mais se contenta de la poser sur la table entre eux.

Sophie n'en revenait pas de tout ce qu'ils avaient pu déduire d'une simple planche inclinée et d'une bille. A regarder cette bille qui gardait des traces de feutre noir, elle ne pouvait s'empêcher de penser au globe terrestre. Elle demanda :

– Et les hommes ont dû accepter l'idée de vivre sur une planète quelconque perdue dans le vaste univers ?

– Oui, la nouvelle représentation du monde fut à maints égards un choc terrible. On peut faire une comparaison avec l'effet qu'eut la théorie de Darwin plus tard quand il démontra que l'homme descendait des animaux. Dans les deux cas, l'homme perdait quelque chose de son statut privilégié au sein de la création. Dans les deux cas, ces théories se heurtèrent à une farouche opposition de l'Église.

– Ça ne m'étonne pas. Car que reste-t-il de Dieu dans tout ça ? Il faut reconnaître que c'était plus simple quand la Terre était le centre de l'univers et que Dieu et les planètes habitaient à l'étage du dessus...

– Mais ce ne fut pas encore la provocation la plus grande. On aurait pu croire qu'en démontrant l'universalité de ces lois physiques Newton remettait en cause la souveraineté de Dieu, alors que sa foi resta inébranlée. Il considérait en effet les lois physiques comme la preuve de la toute-puissance de Dieu. Le pire, c'était peut-être l'image que l'homme avait de lui-même.

– Qu'est-ce que tu entends par là ?

– Depuis la Renaissance, l'homme a dû se faire à l'idée de vivre sur une planète perdue au sein d'un vaste univers. Cela dit, je ne crois pas que l'on s'y soit vraiment habitué, même de nos jours. Mais à la Renaissance, certains soulignèrent le fait que l'homme occupait désormais une place plus centrale qu'avant.

– Comment ça ?

– Auparavant, la Terre avait été le centre du monde. Mais depuis que les astronomes avaient démontré qu'il n'existait pas de centre absolu dans l'univers, il y eut autant de centres qu'il y eut d'êtres humains.

– Je vois.

– La Renaissance établit une *nouvelle relation à Dieu*. Au fur et à mesure que la philosophie et la science s'éloignèrent de la théologie, apparut une nouvelle forme de piété. Avec la Renaissance, l'image de l'homme elle aussi changea et cela eut des conséquences pour la foi individuelle. La relation à l'Église comme organisation s'effaça devant la relation personnelle de chacun à Dieu.

– Tu veux parler de la prière du soir, par exemple ?

– Oui, ça aussi. Dans l'Église catholique au Moyen Age, la liturgie latine et les prières rituelles de l'Église avaient formé la colonne vertébrale de la messe. Seuls les prêtres et les moines pouvaient lire la Bible car elle n'était écrite qu'en latin. Mais à partir de la Renaissance, la Bible fut traduite de l'hébreu et du grec en langue populaire. Ceci fut une étape essentielle pour ce qu'on a appelé la *Réforme*.

– *Martin Luther…*

– Oui, Luther était important, mais il n'était pas le seul réformateur. Il y eut d'autres réformateurs ecclésiastiques qui choisirent de rester au sein de l'Église catholique romaine. L'un d'entre eux était *Érasme de Rotterdam*.

– Luther rompit avec l'Église catholique parce qu'il ne voulait pas payer les indulgences, n'est-ce pas ?

– Oui, c'est vrai, mais il s'agissait de quelque chose de beaucoup plus important. Selon Luther, l'homme n'avait plus besoin de passer par l'Église ou par les prêtres de l'Église pour obtenir le pardon de Dieu. Cela dépendait encore moins des indulgences que l'on devait payer à l'Église. Précisons que le commerce des indulgences fut condamné au sein de l'Église catholique vers la deuxième moitié du XVIᵉ siècle.

– Cela a dû faire plaisir à Dieu.

– Luther a vraiment pris ses distances vis-à-vis d'un grand nombre de coutumes et de dogmes religieux dont était truffée l'Église depuis le Moyen Age. Il voulait revenir au christianisme du Nouveau Testament. « L'Écriture seulement », disait-il. Avec ce mot d'ordre, Luther entendait revenir aux sources du christianisme comme les humanistes de la Renaissance voulaient retrouver l'Antiquité dans les domaines artistique et culturel. Il traduisit la Bible en allemand et jeta ainsi les fondements de la langue écrite allemande. Chacun devait pouvoir lire la Bible et d'une certaine façon devenir son propre pasteur.

– Son propre pasteur ? Est-ce que ce n'était pas aller trop loin ?

– Les prêtres, selon lui, ne jouissaient pas d'une relation privilégiée avec Dieu. Dans les communautés luthériennes, on nomma pour des raisons pratiques des pasteurs pour dire la messe et vaquer aux diverses tâches quotidiennes de l'Église, mais il était persuadé que l'homme n'obtenait pas son pardon et la rémission de ses péchés en observant des rituels religieux. La foi seule offrait « gratuitement » à l'homme son salut. Cette conception lui venait de la lecture de la Bible.

– Alors Luther aussi est typiquement un homme de la Renaissance ?

– Oui et non. Un trait caractéristique de la Renaissance est la place centrale de l'homme dans son individualité et de sa relation personnelle avec Dieu. A l'âge de trente-cinq ans, il apprit le grec et entreprit de traduire la Bible en allemand. Le fait que le latin s'efface au profit de la langue populaire relève aussi typiquement de la Renaissance. Cela dit, Luther n'était pas un humaniste comme *Marsile Ficin* ou *Léonard de Vinci*. Il se heurta à l'opposition d'autres humanistes, tel Érasme de Rotterdam, qui jugeaient sa conception de l'homme par trop négative. Luther soulignait en effet que l'homme était un être totalement détruit après la Chute. Seule la grâce de Dieu peut « rendre justice » à l'homme. Car le prix à payer pour le péché, c'est la mort.

– C'est pas très gai, tout ça.

Alberto Knox se leva, prit la bille sur la table et la fourra dans sa poche de chemise.

– Oh, il est déjà plus de quatre heures ! s'écria Sophie.

– La prochaine grande époque dans l'histoire de l'humanité, c'est le baroque. Ce sera pour une autre fois, ma chère Hilde.

– Qu'est-ce que tu viens de dire ? cria Sophie en sautant de sa chaise. Tu as dit « ma chère Hilde » !

– Je me suis trompé, c'est tout.

– On ne se trompe pas par hasard.

– Tu as sans doute raison. Peut-être que le père de Hilde est parvenu à parler à travers nous. Je crois qu'il profite de la situation quand il nous sent fatigués et moins armés pour nous défendre.

– Tu as dit que tu n'étais pas le père de Hilde. Peux-tu me jurer que c'est vrai ?

Alberto fit un signe de la tête.

– Mais Hilde, c'est moi ?

– Je suis fatigué à présent, Sophie. Tu dois comprendre ça. Cela fait plus de deux heures que nous sommes ensemble et j'ai parlé presque tout le temps. Tu ne devais pas rentrer à temps pour le repas ?

Sophie avait l'impression qu'il cherchait à la mettre dehors. Tout en se dirigeant vers la porte d'entrée, elle se demanda encore une fois pourquoi il s'était trompé de prénom. Alberto la raccompagna à la porte.

Sous une petite penderie où étaient suspendus toutes sortes de vêtements bizarres qui faisaient penser à des costumes de théâtre, Hermès sommeillait. Alberto désigna de la tête le chien en disant :

— Il viendra te chercher.

— Merci pour le cours d'aujourd'hui, dit Sophie.

Elle fit un petit saut et embrassa Alberto.

— Tu es le prof de philo le plus intelligent et le plus gentil que j'aie jamais eu, ajouta-t-elle.

Puis elle ouvrit la porte d'entrée. Avant que la porte ne se referme, elle entendit Alberto lui dire :

— On se reverra sous peu, Hilde.

Là-dessus, elle se retrouva livrée à elle-même.

Il s'était encore trompé de prénom, oh le lâche ! Sophie eut furieusement envie de remonter frapper à la porte, mais quelque chose la retint.

Une fois dans la rue, elle se rendit compte qu'elle n'avait pas d'argent sur elle. Elle allait être obligée de faire tout le chemin du retour à pied. Oh, zut ! Sa mère lui ferait une de ces scènes si elle n'était pas rentrée à six heures...

Elle avait à peine fait quelques mètres que ses yeux tombèrent sur une pièce de dix couronnes sur le trottoir. C'était exactement ce que coûtait un billet de bus.

Sophie trouva le prochain arrêt et attendit un bus qui allait en direction de la Grande Place. De là, elle prendrait un autre bus qui la ramènerait tout près de chez elle.

Tandis qu'elle attendait le second bus sur la Grande Place, elle se dit qu'elle avait vraiment eu de la chance de tomber sur une pièce de dix couronnes au moment où elle en avait besoin.

Et si c'était le père de Hilde qui l'avait déposée là exprès ? Quand il s'agissait de laisser traîner des objets aux endroits les plus invraisemblables...

Mais comment s'y prenait-il, s'il était au Liban ?

Et pourquoi Alberto s'était-il trompé de prénom ? Pas seulement une fois, mais à deux reprises...

Sophie en eut froid dans le dos.

Chapitre 17

LE BAROQUE

...de l'étoffe dont les rêves sont faits...

Sophie resta quelques jours sans nouvelles d'Alberto, mais elle jetait plusieurs fois par jour un coup d'œil dans le jardin pour vérifier si elle n'apercevait pas Hermès. Elle avait raconté à sa mère que le chien était rentré de lui-même et qu'elle avait été invitée à prendre quelque chose par son propriétaire, un professeur de physique. Il lui avait parlé du système solaire et de l'avènement d'une nouvelle science au XVIᵉ siècle.

Elle en dit davantage à Jorunn. Elle lui parla de la visite chez Alberto, de la carte postale dans la cage d'escalier et de la pièce de dix couronnes qu'elle avait trouvée sur le chemin du retour. Mais elle ne souffla mot ni de son rêve avec Hilde ni de la croix en or.

Le mardi 29 mai, Sophie était dans la cuisine en train d'essuyer la vaisselle pendant que sa mère regardait les informations à la télévision dans le salon. Juste après la bande-annonce, elle entendit de la cuisine qu'un major norvégien des forces armées de l'ONU venait d'être mortellement blessé par une grenade.

Sophie jeta immédiatement le torchon en lin sur la table et se précipita dans le salon. Elle eut juste le temps d'apercevoir une image d'un soldat de l'ONU, puis on passa à d'autres informations.

– Oh non ! s'écria-t-elle.

Sa mère se retourna.

– Oui, c'est terrible, la guerre...

Sur quoi Sophie éclata en sanglots.

– Mais voyons, Sophie. Il ne faut pas te mettre dans un état pareil !

– Est-ce qu'ils ont dit son nom ?

– Oui... mais comment veux-tu que je m'en souvienne ? Je crois qu'il était de Grimstad.

– Mais Grimstad et Lillesand, qui est tout à côté, est-ce que cela ne revient pas au même ?

– Enfin, ne dis pas n'importe quoi !

– Même si on vient de Grimstad, on peut aller à l'école à Lille-sand...

Elle ne pleurait plus à présent. Ce fut au tour de sa mère de réagir. Elle se leva de sa chaise et éteignit le poste.

– Qu'est-ce que tu es en train de me raconter, Sophie ?

– Ce n'est rien...

– Si, je le vois bien ! Tu as un amoureux et je commence à croire qu'il est beaucoup plus âgé que toi. Maintenant réponds-moi : est-ce que tu connais un homme qui se trouve au Liban ?

– Non, c'est pas tout à fait ça...

– Alors est-ce que tu as rencontré le *fils* de quelqu'un qui se trouve au Liban ?

– Non, je te dis. Je n'ai même pas rencontré sa fille.

– « Sa » fille...la fille de qui ?

– Ce ne sont pas tes affaires.

– Ah, tu crois ça ?

– Ce serait plutôt à moi de t'interroger : pourquoi Papa n'est-il jamais à la maison ? Vous êtes trop lâches pour divorcer, hein ? Tu as peut-être un amant que ni moi ni Papa ne connaissons, dis ? Tu vois, moi aussi j'ai pas mal de questions à te poser si tu veux jouer à ce petit jeu-là.

– Je crois qu'il serait temps de mettre les choses au clair une bonne fois pour toutes.

– Ce ne serait pas une mauvaise idée, mais je suis tellement crevée que je monte me coucher. En plus, j'ai mes règles.

Et les larmes aux yeux, elle quitta la pièce.

A peine était-elle sortie de la salle de bains et s'était glissée sous la couette que sa mère entra dans sa chambre.

Sophie fit semblant de dormir, mais savait que sa mère n'était pas dupe. Elle savait bien que sa mère savait que Sophie savait qu'elle n'était pas dupe. Mais sa mère fit semblant de la croire endormie. Elle s'assit sur le bord du lit et lui caressa la nuque.

Sophie trouvait que cela devenait difficile de vivre deux vies à la fois. Elle commençait à espérer voir la fin de son cours de philo-sophie. Qui sait s'il ne serait pas terminé pour son anniversaire ou du moins pour la Saint-Jean, lorsque le père de Hilde reviendrait du Liban...

– J'ai l'intention d'organiser une fête pour mon anniversaire, déclara-t-elle tout à coup.

– C'est une bonne idée. Qui veux-tu inviter ?

– Beaucoup de monde... Je peux ?

– Bien sûr. Le jardin est assez grand... Peut-être que nous aurons beau temps comme aujourd'hui.

– J'aimerais bien que ce soit le soir de la Saint-Jean.

– Eh bien, d'accord.

– C'est un jour important, dit Sophie en ne pensant pas seulement à son anniversaire.

– Mais oui...

– Je trouve que j'ai beaucoup mûri ces derniers temps.

– Tu ne trouves pas ça bien ?

– Je ne sais pas.

Sophie avait gardé pendant toute la conversation la tête enfouie dans l'oreiller. Sa mère reprit :

– Écoute Sophie, il faut que tu m'expliques pourquoi tu es ces derniers temps si... si bizarre.

– Et toi, tu n'étais pas différente quand tu avais quinze ans ?

– Certainement, mais tu sais bien de quoi je veux parler.

Sophie tourna lentement son visage vers sa mère :

– Le chien s'appelle Hermès, dit-elle.

– Ah bon ?

– Il appartient à un homme qui s'appelle Alberto.

– Ah, quand même...

– Il habite dans les vieux quartiers du bas de la ville.

– Tu as suivi le chien jusque là-bas ?

– Ce n'est pas dangereux, tu sais.

– Mais tu as dit ce chien était déjà venu plusieurs fois ici.

– J'ai dit ça ?

Elle réfléchit un instant. Elle avait envie de dire le plus de choses possible, mais elle ne pouvait quand même pas tout raconter.

– Tu n'es presque jamais à la maison, recommença sa mère.

– Non, j'ai beaucoup trop à faire, mais Alberto et Hermès sont déjà venus plusieurs fois.

– Mais pour quelle raison ? Est-ce qu'ils sont aussi entrés dans la maison ?

– Tu ne pourrais pas poser une question à la fois, dis ? Non, ils ne sont pas entrés. Mais ils vont souvent se balader en forêt. Tu trouves ça si étrange que ça ?

– Mais non, voyons.

– Comme tant d'autres, ils sont passés devant notre portail en allant se promener et un jour que je rentrais de l'école, j'ai dit bonjour à Hermès. C'est comme ça que j'ai fait la connaissance d'Alberto.

– Mais qu'est-ce que c'est toute cette histoire de lapin blanc ?

– C'est quelque chose qu'Alberto a dit. C'est un vrai philosophe, tu sais. Il m'a parlé de tous les philosophes.

– Comme ça, par-dessus la barrière du jardin ?

– Mais non, on a fini par s'asseoir, tu comprends. Il m'a aussi écrit des lettres, un bon paquet d'ailleurs. Il les mettait parfois à la poste ou me les glissait dans la boîte aux lettres en allant se promener.

– Ah, c'était donc ça la fameuse « lettre d'amour » ?

– A part que ce n'était pas une lettre d'amour.

– Il ne t'a parlé que des philosophes ?

– Ça t'étonne, hein ? Et j'ai plus appris grâce à lui qu'en huit années d'école. Est-ce que tu sais par exemple qui est Giordano Bruno qui fut brûlé en 1600 ? Ou encore que sais-tu de la loi de gravitation de Newton ?

– J'avoue qu'il y a beaucoup de choses qui m'échappent...

– Je ne crois pas me tromper en affirmant que tu ne sais même pas pourquoi la Terre tourne autour du Soleil, et pourtant tu vis sur cette planète !

– Il a quel âge environ ?

– Aucune idée. La cinquantaine, pour sûr.

– Mais qu'est-ce qu'il a à voir avec le Liban ?

La situation dérapait. Dix pensées traversèrent l'esprit de Sophie. Elle finit par choisir l'explication la plus plausible :

– Alberto a un frère qui est major des forces armées norvégiennes de l'ONU. Il vient de Lillesand. C'est certainement lui qui a habité autrefois le chalet qu'on a appelé Majorstua.

– Tu ne trouves pas qu'Alberto, c'est un drôle de nom ?

– C'est possible.

– On dirait que c'est italien.

– Je sais. Tout notre héritage culturel vient soit de Grèce soit d'Italie.

– Il parle norvégien, au moins ?

– Oh, comme un livre.

– Tu sais ce que je pense, Sophie ? Je trouve que tu devrais inviter un jour ton fameux Alberto à la maison. Je n'ai encore jamais rencontré de vrai philosophe, moi.

– On verra.

– On pourrait peut-être l'inviter à ta grande fête ? C'est amusant quand il y a plusieurs générations. Et j'aurai peut-être le droit d'y assister, moi aussi. Je pourrai au moins faire le service. Qu'est-ce que tu en dis ?

– S'il a envie de venir, pourquoi pas ? C'est en tout cas plus intéressant de discuter avec lui qu'avec les garçons de la classe. Mais...

– Mais quoi ?

– Tout le monde va croire qu'Alberto est ton nouveau petit ami !

– Tu n'auras qu'à leur dire ce qu'il en est.

– Bon, on verra.

– D'accord, on verra. Écoute, Sophie, c'est *vrai* que ce n'a pas toujours été facile entre ton père et moi. Mais je ne l'ai jamais trompé...

– Laisse-moi dormir maintenant. J'ai terriblement mal au ventre.

– Tu veux un cachet ?

– Je veux bien.

Quand sa mère revint avec le comprimé et le verre d'eau, Sophie s'était déjà endormie.

Le 31 mai était un jeudi. Sophie supporta stoïquement les dernières heures de cours. Depuis le début du cours de philosophie, elle avait progressé dans certaines matières. Avant elle oscillait d'habitude entre « bien » et « très bien », mais au cours de ce dernier mois, elle avait obtenu « très bien » pour un devoir en sciences sociales et pour une dissertation à la maison. Par contre, en mathématiques, ses résultats restaient médiocres.

En dernière heure de cours, il y avait de nouveau un devoir sur table. Sophie avait choisi de traiter le thème « L'homme et la technique ». Elle avait écrit tout ce qu'elle savait sur la Renaissance et l'avènement de la science, sur la nouvelle conception de la nature, sur Francis Bacon qui avait déclaré que le savoir était le pouvoir et sur la nouvelle méthode scientifique. Elle avait bien précisé que la méthode empirique précédait les inventions techniques. Puis elle avait écrit ce qui lui passait par la tête à propos des aspects négatifs de la technique. Toute action de l'homme peut être utilisée à des fins bonnes ou mauvaises, avait-elle conclu. Le bien et le mal sont comme un fil noir et un fil blanc si intimement tissés ensemble qu'il est souvent impossible de les séparer.

Quand le professeur rendit les devoirs, il décocha à Sophie un drôle de regard avec un air de sous-entendu.

Elle lut « Excellent » accompagné du commentaire : « Mais d'où sortez-vous tout cela ? »

Sophie prit un feutre et écrivit en majuscules dans son cahier : « J'étudie la philosophie. »

Au moment de refermer son cahier, quelque chose tomba d'entre les pages : c'était une carte postale du Liban.

> *Chère Hilde,*
>
> *Quand tu liras ces lignes, nous aurons déjà parlé de l'accident tragique qui vient de se produire ici. J'en suis à me demander parfois si on ne pourrait pas éviter la guerre et la violence, si seulement les hommes utilisaient davantage leur intelligence pour penser. Peut-être qu'un petit cours de philosophie serait le meilleur moyen de lutter contre la guerre et la violence. Que dirais-tu d'un « Petit abrégé de philosophie pour l'ONU » dont on distribuerait un exemplaire dans leur langue natale à tous les nouveaux citoyens du monde ? Je vais en toucher un mot au secrétaire général des Nations unies.*
>
> *Tu m'as dit au téléphone que tu fais désormais plus attention à tes affaires. C'est une bonne chose, car tu es la personne la plus négligente que je connaisse. La seule chose que tu aies perdue depuis la dernière fois, c'est une pièce de dix couronnes, m'as-tu dit. Je ferai mon possible pour t'aider à la retrouver. Personnellement je me trouve beaucoup trop loin, mais je connais dans mon cher vieux pays quelqu'un sur qui je peux compter. (Si je retrouve ta pièce de dix couronnes, je t'en ferai cadeau pour ton anniversaire.)*
>
> *Amicalement,*
>
> *Papa, qui a le sentiment de s'être déjà mis en route pour le long voyage qui le ramènera à la maison.*

Sophie avait juste eu le temps de finir de lire la carte quand la sonnerie marquant la fin des cours retentit. Sa tête bourdonnait de mille questions.

Elle retrouva Jorunn dans la cour comme d'habitude. Sur le chemin, elle ouvrit son cartable et montra la carte à son amie.

– Quelle date indique le cachet de la poste ? demanda Jorunn.

– Certainement le 15 juin...

– Non, attends... il y a marqué « 30-5-90 ».

– C'était hier... c'est-à-dire le lendemain de l'accident au Liban.

– Je doute qu'une carte expédiée du Liban ne mette qu'une journée pour arriver en Norvège, poursuivit Jorunn.

– Surtout si on considère l'adresse plutôt inhabituelle : « Hilde Møller Knag c/o Sophie Amundsen, Collège de Furulia... »

– Tu crois qu'elle a été postée et que le prof l'a simplement glissée dans ton cahier ?

– Je n'en sais rien. Je n'ose même pas lui poser la question. A propos, je vais organiser une grande fête dans le jardin le soir de la Saint-Jean, dit Sophie.

– Il y aura des garçons ?

Sophie haussa les épaules.

– Oui, on n'a pas besoin d'inviter les plus idiots.

– Mais Jørgen, tu l'inviteras ?

– Si tu veux. Si ça se trouve, j'inviterai peut-être Alberto Knox.

– T'es complètement tarée ou quoi ?

– Je sais.

C'est sur ces paroles qu'elles se séparèrent devant le supermarché.

La première chose que fit Sophie en rentrant à la maison fut de regarder si Hermès n'était pas dans le jardin. Et en effet il l'attendait, rôdant autour des pommiers.

– Hermès !

Le chien s'immobilisa une seconde. Sophie savait exactement ce qui allait se passer pendant cette seconde : le chien entendrait le cri de Sophie, reconnaîtrait sa voix et déciderait d'aller vérifier si elle se trouvait bien à l'endroit d'où venait la voix. Le voilà qui la reconnaissait et bondissait dans sa direction. Pour finir, ses quatre pattes se mirent à courir à un rythme aussi effréné que des baguettes de tambour.

Il pouvait s'en passer des choses en une seconde !

Il courut vers elle, secoua frénétiquement la queue et lui sauta dessus.

– Hermès, bon chien ! Tout doux, tout doux... non, il ne faut pas me lécher, allez... Assis ! Bon chien...

Sophie ouvrit la porte d'entrée. Sherekan, embusqué derrière les buissons, pointa son museau. Il se méfiait un peu de cet animal qu'il ne connaissait pas. Mais Sophie lui prépara sa nourriture, versa des graines dans l'écuelle des oiseaux, mit une feuille de salade dans la salle de bains pour la tortue et rédigea un mot pour sa mère.

Elle écrivit qu'elle ramenait Hermès chez lui et qu'elle l'appellerait si elle n'était pas rentrée pour sept heures.

Ils se mirent en route. Sophie n'avait pas oublié cette fois de prendre de l'argent. Elle songea un moment à monter dans le bus avec Hermès mais se dit qu'elle ferait mieux d'en parler avant avec Alberto.

Tout en marchant derrière Hermès, elle réfléchit à ce qu'était un animal.

Quelle différence y avait-il entre un animal et un homme ? Elle se rappelait ce qu'Aristote avait dit à ce sujet. Il expliquait que les hommes et les animaux étaient tous deux des êtres vivants avec de nombreux traits communs. Mais qu'il existait une différence essentielle entre un homme et un animal, à savoir la raison.

Comment pouvait-on être sûr de cette différence ?

D'un autre côté, Démocrite, lui, pensait que les hommes et les animaux étaient assez semblables entre eux puisqu'ils étaient tous les deux constitués d'atomes et qu'ils n'avaient ni l'un ni l'autre une âme immortelle. Selon lui, l'âme était formée de petits atomes qui partaient dans tous les sens dès qu'une personne mourait. L'âme de l'homme était d'après lui indissociablement liée au cerveau.

Mais comment une âme pouvait-elle être constituée d'atomes ? L'âme n'était pas quelque chose qu'on pouvait toucher et sentir comme le reste du corps. C'était justement quelque chose de « spirituel »...

Ils avaient dépassé la Grande Place et pénétraient dans les vieux quartiers de la ville. En approchant du trottoir où elle avait ramassé la pièce de dix couronnes, Sophie regarda instinctivement par terre. Et là, à l'endroit précis où elle avait trouvé la pièce plusieurs jours auparavant, elle vit une carte postale avec la photo sur le dessus. L'image montrait un jardin avec des palmiers et des orangers.

Sophie se pencha pour la ramasser, mais Hermès se mit à gronder. Il semblait ne pas apprécier qu'elle touche la carte.

Le texte disait :

> *Chère Hilde,*
>
> *La vie n'est qu'une longue chaîne de hasards. Il n'est pas improbable que la pièce de dix couronnes que tu as perdue resurgisse précisément ici. Peut-être qu'une vieille dame qui attendait son bus pour Kristiansand l'a trouvée sur la Grande Place de Lillesand. De Kristiansand, elle a pris le train pour rendre visite à ses petits-enfants, et des heures et des heures plus tard, elle peut avoir perdu cette pièce de dix couronnes ici. Si on continue, il est fort possible que cette même pièce de dix couronnes ait été ramassée par une jeune fille qui en avait justement besoin pour prendre le bus et rentrer chez elle. On ne saura jamais, Hilde, mais si cela s'est réellement passé comme cela, on est en droit de se demander s'il n'y a pas lieu d'y voir la marque d'un dieu providentiel.*
>
> *Je t'embrasse,*
> *ton Papa qui en esprit est assis sur la jetée à Lillesand.*
>
> *P.-S. : Je t'avais bien écrit que j'allais t'aider à retrouver ta pièce de dix couronnes.*

Comme adresse, la carte mentionnait :

« Hilde Møller-Knag c/o une passante au hasard » et le cachet de la poste indiquait le 15-06.

Sophie essaya de suivre Hermès qui grimpait rapidement l'escalier. A peine Alberto avait-il ouvert la porte qu'elle lui lança :

– Allez, dégage, c'est le facteur !

Elle trouvait qu'elle avait de bonnes raisons d'être contrariée.

Il la laissa entrer. Hermès alla se coucher comme la dernière fois sous la penderie.

– Le major aurait-il laissé par hasard une nouvelle carte de visite, mon enfant ?

Sophie leva les yeux vers lui et remarqua enfin qu'il avait changé de costume. La première chose qui lui sauta aux yeux, c'est qu'il portait une longue perruque bouclée. Il avait revêtu un habit ample avec toutes sortes de plis, rehaussé de dentelles. Autour du cou, il avait noué un foulard en soie et avait enfilé sur son habit une sorte de manteau rouge. Il portait des collants blancs et de fines chaussures vernies avec un ruban. Le costume tout entier évoquait à Sophie des images de la cour du roi Louis XIV.

– Espèce de pitre, va ! s'exclama-t-elle en lui tendant la carte.

– Hum… et tu as vraiment trouvé une pièce de dix couronnes à l'endroit où il a déposé la carte ?

– Oui, juste là.

– Il se croit vraiment tout permis. Mais c'est peut-être tout aussi bien.

– Comment ça ?

– Nous allons pouvoir le démasquer plus facilement. Cela dit en passant, cet accoutrement pompeux a vraiment quelque chose d'écœurant. Ça pue le parfum bon marché.

– Le parfum ?

– De loin, ça parait d'une élégance extrême, mais ce n'est que du trompe-l'œil. C'est comme cet homme qui cherche à faire passer ses sales méthodes de flic pour de la providence divine, dit-il en montrant la carte du doigt avant de la déchirer en mille morceaux comme la précédente.

Pour ne pas aggraver sa mauvaise humeur, Sophie décida de ne pas mentionner la carte qu'elle avait trouvée à l'école entre les pages de son cahier.

– Allons nous asseoir dans le salon, ma chère élève. Quelle heure est-il ?

– Quatre heures.

– Eh bien, nous allons parler aujourd'hui du XVIIe siècle.

Ils entrèrent dans le salon mansardé avec le vasistas au plafond. Alberto avait changé quelques objets de place depuis la dernière fois.

Il y avait sur la table un vieil écrin contenant toute une collection de verres optiques. A côté, était posé un livre ouvert. Il paraissait très ancien.

– Qu'est-ce que c'est ? demanda Sophie.

– C'est la première édition du célèbre livre de Descartes : *Le Discours de la méthode*. Il date de 1637, et c'est une des choses que je possède auxquelles je tiens le plus.

– Et l'écrin…

– … contient une collection unique de lentilles, c'est-à-dire de verres optiques. Ceux-ci furent taillés au XVIIᵉ siècle par le philosophe hollandais Spinoza. Ils m'ont coûté une petite fortune, et j'y tiens comme à la prunelle de mes yeux.

– Je comprendrais mieux pourquoi tu tiens tant à ton livre et à tes verres si seulement je savais qui sont ce *Descartes* et ce *Spinoza* dont tu me parles.

– Naturellement. Mais d'abord essayons de nous transporter un peu à l'époque à laquelle ils vivaient. Asseyons-nous ici.

Comme la dernière fois, Sophie s'assit dans un bon vieux fauteuil et Alberto Knox dans le canapé. Entre eux se trouvait la table avec le livre et l'écrin. En s'asseyant, Alberto ôta sa perruque et la posa sur le secrétaire.

– Nous allons donc parler du XVIIᵉ siècle qu'on appelle aussi l'époque baroque.

– L'époque baroque ? Quel drôle de nom !

– Le terme « baroque » vient d'un mot portugais qui signifie une « perle irrégulière ». L'art du baroque se caractérise en effet par des formes très contrastées en opposition à l'art de la Renaissance qui prônait la simplicité et l'harmonie. Nous retrouvons la glorification de la vie comme sous la Renaissance, mais nous tombons aussi dans l'autre extrême avec la négation de la vie et le renoncement au monde. Que ce soit dans l'art ou la vie réelle, la vie s'épanouit avec un faste sans précédent alors que dans le même temps, les monastères incitent à se retirer du monde.

– En résumé, de fiers châteaux et des monastères cachés ?

– En gros, c'est ça. Une des devises du baroque était l'expression latine *carpe diem*, qui signifie « cueille le jour ». Il est également une autre expression latine qui revenait souvent : *memento mori*, ce qui signifie « rappelle-toi que tu mourras un jour ». Dans la peinture c'est particulièrement clair, puisque le même tableau peut montrer une débauche de formes de vie avec un squelette tout en bas dans un coin. A maints égards, le baroque était caractérisé par la *vanité* ou la fatuité. Mais, parallèlement, beaucoup étaient obsédés par le *caractère éphémère* de la vie. C'est-à-dire que toute la beauté qui nous entoure est condamnée à disparaître un jour.

– Mais c'est vrai. Je trouve que c'est triste de penser que rien ne dure éternellement.

– Là tu penses exactement comme les hommes du XVIIᵉ siècle. Sur le plan politique aussi, le baroque fut une époque de grands conflits. L'Europe était déchirée par des guerres, dont la plus meurtrière fut la guerre de Trente Ans qui dévasta des régions entières de 1618 à 1648. Ce terme recouvre en fait plusieurs guerres qui firent surtout ravage en Allemagne. Une des conséquences de cette guerre interminable fut que la France devint la première puissance européenne.

– Pourquoi y avait-il la guerre ?

– Il s'agissait avant tout d'un conflit entre les protestants et les catholiques. Mais il y avait bien entendu un arrière-plan politique.

– Comme au Liban, quoi.

– Au XVIIᵉ siècle, les différences de classes étaient très importantes. Tu as sans aucun doute entendu parler de la noblesse française et de la cour à Versailles. Mais je ne suis pas si sûr que tu en saches autant sur la pauvreté du peuple à la même époque. Qui dit *déploiement de magnificence* dit aussi *déploiement de pouvoir*. Il suffit de penser à l'art et à l'architecture baroques : les monuments sont comme emberlificotés avec toutes sortes d'angles et de recoins, à l'image de la politique où régnaient en maîtres les assassinats, les intrigues et les coups fourrés.

– Est-ce qu'il n'y a pas eu un roi suédois qui a été abattu dans un théâtre ?

– Tu penses à Gustav III, et cela illustre bien ce que je viens de dire. Gustav III fut assassiné en 1792, mais les circonstances de sa mort sont représentatives du baroque puisqu'il fut tué lors d'un grand bal masqué.

– Je croyais que c'était dans un théâtre.

– Ce grand bal masqué eut lieu à l'Opéra et le meurtre du roi marqua la fin du baroque en Suède, car il avait été, comme Louis XIV un siècle plus tôt, un « despote éclairé ». Mais c'était un homme très vaniteux qui raffolait de tout le cérémonial et des courbettes à la française. Ce n'est donc pas un hasard s'il avait une passion pour le théâtre…

– Et il en est mort.

– Mais le théâtre à l'époque baroque ne se limitait pas à un simple mode d'expression artistique. C'était tout un symbole.

– Un symbole de quoi ?

– De la vie, Sophie. Au XVIIᵉ siècle, on ne cessait de répéter que

« la vie est un théâtre ». C'est à l'époque baroque qu'on créa le théâtre moderne avec ses coulisses et sa machinerie. On construisait de toutes pièces une illusion sur la scène pour mieux la mettre ensuite à nu. Le théâtre devint l'image de toute la vie humaine. Le théâtre pouvait montrer que l'orgueil se retourne contre son héros et donner une image impitoyable de la condition misérable de l'homme.

– Est-ce que *Shakespeare* vivait à l'époque baroque ?

– Oui, il écrivit ses plus grands drames autour de 1600. Il est en fait à cheval entre la Renaissance et le baroque. L'idée que la vie est un théâtre se retrouve dans toute son œuvre. Tu en veux quelques exemples ?

– Volontiers.

– Dans la comédie *As you like it* (Comme il vous plaira), il écrit :

Le monde entier est une scène,
Hommes et femmes, tous, n'y sont que des acteurs,
Chacun fait ses entrées, chacun fait ses sorties,
Et notre vie durant, nous jouons plusieurs rôles.

Et dans *Macbeth* :

La vie n'est qu'une ombre qui passe,
Un pauvre acteur qui s'agite et parade une heure, sur la scène,
Puis on ne l'entend plus ; c'est un récit
Plein de bruit, de fureur qu'un idiot raconte
Et qui n'a pas de sens.

– C'était plutôt pessimiste.

– Il était trop conscient que la vie est courte. Tu connais bien sûr la plus célèbre phrase de Shakespeare ?

– *To be or not to be – that is the question.*

– Oui, c'est Hamlet qui dit ça. Aujourd'hui nous sommes sur terre, demain nous ne serons plus là.

– Merci, mais tu sais, j'avais compris.

– Quand ils ne comparaient pas la vie à un théâtre, les poètes baroques la comparaient à un rêve. Shakespeare, déjà, écrivait : « Nous sommes de l'étoffe dont les rêves sont faits, et notre petite vie est entourée de sommeil... »

– C'est poétique.

– Le poète espagnol *Calderón de la Barca,* qui naquit en 1600, a écrit une pièce intitulée *La vie est un songe* où il dit : « Qu'est-ce que la vie ? Une folie. Qu'est-ce que la vie ? Une illusion, une ombre, une fiction et le bien suprême a peu de valeur car la vie tout entière n'est qu'un rêve... »

– Peut-être qu'il a raison. Nous avons étudié une pièce à l'école : *Jeppe sur la montagne.*

– De *Ludwig Holberg,* oui, je connais. En Scandinavie, il est une grande figure de la littérature, à cheval entre le baroque et le siècle des Lumières.

– Jeppe s'endort dans une grotte... et se réveille dans le lit du baron. Il s'imagine alors qu'il a seulement rêvé qu'il était un pauvre paysan vagabond. On le transporte endormi dans sa grotte et il se réveille à nouveau. Et là il croit qu'il a rêvé avoir dormi dans le lit du baron.

– Ce thème, Holberg l'avait emprunté à Calderón qui lui-même l'aurait trouvé dans le vieux conte arabe des *Mille et Une Nuits.* Mais déjà bien avant on trouvait en Inde et en Chine cette comparaison entre la vie et le rêve. Citons par exemple le vieux sage chinois *Tchouang-tseu* (environ 350 avant Jésus-Christ) : « Un jour j'ai rêvé que j'étais un papillon, et à présent je ne sais plus si je suis Tchouang-tseu qui a rêvé qu'il était un papillon ou bien si je suis un papillon qui rêve que je suis Tchouang-tseu. »

– Mais c'est impossible à savoir.

– En Norvège, nous avons eu un poète typiquement baroque qui s'appelait *Peter Dass.* Il vécut de 1647 à 1707. D'un côté il décrivait la vie quotidienne à son époque, de l'autre il soulignait que seul Dieu existait et était éternel.

– Ah oui... « Dieu est Dieu même si la terre était un désert, Dieu est Dieu même si tous les hommes étaient morts... »

– Mais dans la même strophe il décrit aussi le paysage au nord de la Norvège, il parle du bar, du colin, du cabillaud et de la morue. On reconnaît dans ce mélange de considérations terrestres et spirituelles un trait caractéristique du baroque qui n'est pas sans rappeler la distinction qu'établit Platon entre le monde des sens, bien concret, et le monde des idées, immuable et éternel.

– Et qu'en est-il de la philosophie ?

– Elle aussi fut marquée par de grands conflits entre différents modes de pensée. Nous avons déjà vu que certains considéraient l'être comme étant de nature psychique ou spirituelle. Ce point de vue a pour nom l'*idéalisme* et s'oppose au *matérialisme* qui ramène tous les phénomènes de l'existence à des causes matérielles. Au XVIIᵉ siècle, le matérialisme avait déjà ses fervents représentants. Le plus influent fut sans doute le philosophe anglais *Thomas Hobbes* selon lequel tous les phénomènes, ainsi que les hommes ou les animaux, étaient constitués exclusivement de particules de matière. Même la conscience de l'homme ou l'âme de l'homme était due aux mouvements de minuscules particules dans le cerveau.

– Il ne dit pas autre chose que Démocrite deux mille ans plus tôt.

– On retrouve l'*idéalisme* et le *matérialisme* à travers toute l'histoire de la philosophie. Mais on a rarement vu ces deux conceptions coexister comme à l'époque baroque. Le matérialisme fut constamment entretenu par la science nouvelle. Newton avait expliqué que les mêmes lois physiques comme la pesanteur et le mouvement des corps s'appliquaient en tout point de l'univers. Le monde entier est régi par la même *mécanique* qui obéit à des principes inviolables. Newton a donné la dernière touche à ce que l'on appelle l'*image mécanique du monde*.

– Il se représentait le monde comme une grosse machine ?

– Parfaitement. Le terme « mécanique » vient du grec μεχανη qui signifie machine. Mais il convient de faire remarquer que ni Hobbes ni Newton ne voyaient de contradiction entre l'image mécanique du monde et leur foi en Dieu. Cela est vrai pour tous les matérialistes des XVIIᵉ et XVIIIᵉ siècles. Le médecin et philosophe français *La Mettrie* écrivit vers le milieu du XVIIIᵉ un livre intitulé *L'Homme machine* où il dit que tout comme la jambe possède des muscles pour marcher, le cerveau a des « muscles » pour penser. Le mathématicien français *Laplace* alla encore plus loin : si une intelligence avait connu la situation de toutes les particules de matière à un moment donné, « rien ne serait incertain et le passé comme l'avenir s'offriraient à ses yeux ». L'idée est que tout ce qui se passe est décidé à l'avance. « Les jeux sont faits. » Cette conception du monde s'appelle le *déterminisme*.

– Alors la libre volonté de l'homme n'est qu'un leurre ?

– Oui, tout n'est que le résultat de processus mécaniques, même nos pensées et nos rêves. Au XIXᵉ siècle, des matérialistes allemands allèrent jusqu'à dire que les processus de la pensée se comportaient vis-à-vis du cerveau comme l'urine vis-à-vis des reins et la bile vis-à-vis du foie.

– Mais l'urine et la bile sont des matières. Pas les pensées !

– Tu touches du doigt quelque chose d'essentiel. Je vais te raconter une histoire qui dit la même chose : il était une fois un astronaute russe et un spécialiste russe du cerveau qui discutaient à propos de la religion. Ce dernier était chrétien, mais pas l'astronaute. « Je suis allé plusieurs fois dans l'espace, se vanta l'astronaute, mais je n'ai jamais rencontré Dieu ou les anges. » « Quant à moi, répondit le spécialiste du cerveau, j'ai souvent opéré des cerveaux intelligents, mais je n'ai jamais vu une seule pensée. »

– Ce qui ne veut pas dire que les pensées n'existent pas.

– En effet, cela montre que les pensées ne peuvent pas être disséquées ou divisées en des parties de plus en plus petites. Il n'est pas facile par exemple de chasser une idée fausse, car elle est souvent profondément ancrée en notre esprit. Un grand philosophe du XVIIᵉ du nom de *Leibniz* fit remarquer que c'est bien là que se joue la différence entre la *matière* et l'*esprit* : le matériel peut se décomposer à l'infini alors qu'on ne peut couper une âme en deux.

– Effectivement, on se demande bien avec quel couteau !

Alberto se contenta de secouer la tête.

– Les deux plus grands philosophes du XVIIᵉ siècle étaient Descartes et Spinoza. Eux aussi s'attachèrent à définir les rapports entre l'âme et le corps et méritent d'être étudiés plus précisément.

– Eh bien, qu'est-ce que tu attends ? Il faudra juste que tu me laisses téléphoner si on n'a pas fini pour sept heures.

Chapitre 18

DESCARTES

...il voulait déblayer le chantier...

Alberto s'était levé et avait ôté son manteau rouge. Il le jeta sur le dossier d'une chaise et se rassit confortablement dans le canapé.

– *René Descartes* naquit en 1596 et mena une vie de voyageur à travers toute l'Europe. Jeune homme déjà, il avait le violent désir de parvenir à des connaissances sûres au sujet de la nature de l'homme et de l'univers. Mais les études de philosophie qu'il fit achevèrent de le convaincre de sa parfaite ignorance.

– Un peu comme Socrate ?

– Oui, si tu veux. Il partageait avec Socrate la conviction que seule la raison permet une connaissance claire. Nous ne pouvons jamais faire confiance à ce qui est écrit dans les vieux livres. Nous ne pouvons pas non plus nous fier à nos sens.

– C'était aussi l'avis de Platon. Pour lui aussi seule la raison permettait d'accéder à la connaissance.

– Très juste. Il y a une filiation de Socrate et Platon jusqu'à Descartes en passant par saint Augustin. Ils étaient tous des rationalistes invétérés. Pour eux, la raison était le seul fondement sûr de la connaissance. Après avoir beaucoup étudié, Descartes en vint à la conclusion qu'il ne fallait pas nécessairement se référer à la pensée héritée du Moyen Age. Tu peux en ce sens songer à Socrate qui lui aussi tournait délibérément le dos aux idées reçues qui circulaient à Athènes. Alors que fait-on dans ce cas-là ? Tu as une idée ?

– On commence à philosopher par soi-même.

– Exactement. Descartes décida donc de voyager en Europe, tout comme Socrate passa sa vie à s'entretenir avec ses concitoyens. Il raconte qu'il voulait dorénavant chercher une connaissance qu'il trouverait soit en lui-même soit dans « le grand livre du monde ». Il rejoignit à cette fin l'armée et put de cette manière séjourner dans diverses villes du centre de l'Europe. Il vécut plus tard quelques années à Paris, puis partit en 1629 en Hollande où il travailla presque vingt années à ses écrits philosophiques. En 1649, il fut invité en Suède par la reine Christine. Mais son séjour dans ce qu'il appelait « le pays des ours, de la glace et des rochers » se solda par une pneumonie et il mourut l'hiver suivant en 1650.

– Il n'avait alors que cinquante-quatre ans.

– Mais il allait exercer une influence déterminante pour la philosophie même après sa mort. On peut sans exagération affirmer que Descartes est à l'origine de la philosophie des temps modernes. Après la redécouverte enivrante de l'homme et de la nature, le besoin se faisait sentir de rassembler les idées de l'époque dans un système philosophique cohérent. Descartes fut le premier à construire un véritable système philosophique, comme le firent par la suite Spinoza, Locke, Berkeley, Hume et Kant.

– Qu'entends-tu par « système philosophique » ?

– J'entends par là une philosophie qui reprend tout à zéro et tente d'apporter une réponse à tous les problèmes philosophiques. L'Antiquité avait eu deux grands théoriciens avec Platon et Aristote. Au Moyen Age, saint Thomas d'Aquin avait essayé de relier la philosophie d'Aristote à la théologie chrétienne. La Renaissance fut une époque tumultueuse où se mêlaient le passé et le présent. Au XVIIᵉ siècle seulement, la philosophie tenta de rassembler les nouvelles idées et de s'ériger en système à proprement parler. Descartes, l'initiateur de ces systèmes cohérents de la pensée philosophique, cherchait avant tout à *atteindre la connaissance par des idées claires et distinctes*. Il voulait aussi étudier le *rapport entre l'âme et le corps*. On retrouvera ces deux questions pendant les cent cinquante ans qui vont suivre.

– Il était donc en avance sur son temps ?

– Ces questions étaient dans l'air du temps. Beaucoup avaient une attitude plus que sceptique quant à la possibilité d'atteindre une connaissance sûre. Selon eux, l'homme devait se contenter d'être conscient de sa propre ignorance. Mais cela ne suffisait pas plus à Descartes qu'à Socrate, qui de son temps s'attaqua, lui, au scepticisme des sophistes. Puisque la nouvelle science de la nature venait d'établir une méthode qui permettait de rendre compte des phénomènes naturels avec une grande exactitude, Descartes se demanda pourquoi il ne serait pas possible de trouver une méthode aussi exacte et fiable concernant la réflexion philosophique.

– Je comprends.

– D'autre part, la nouvelle physique avait soulevé le problème de la nature de la matière, c'est-à-dire ce qui détermine les phénomènes physiques dans la nature. De plus en plus de personnes croyaient à une explication mécanique du monde, mais s'interrogeaient sur les liens entre l'âme et le corps, car avant le XVIIᵉ siècle il était d'usage de considérer l'âme comme une sorte de « souffle de vie » qui animait tous les êtres vivants. C'est aussi le sens originel de l'âme et de l'esprit (« souffle vital » ou « respiration ») que l'on retrouve dans la plupart des langues européennes. Pour Aristote, l'âme était quelque chose de présent dans tout l'organisme comme « principe de vie », donc indissociable du corps. C'est pourquoi il parlait aussi d'une « âme végétative » et d'une « âme sensitive ». Ce n'est qu'au XVIIᵉ siècle que les philosophes firent une distinction radicale entre l'âme et le corps : tous les objets physiques, que ce soit un corps d'homme ou d'animal, avaient une explication matérialiste mais l'âme ne pouvait pas faire partie de cette « machinerie corporelle ». Qu'est-ce qu'était l'âme alors ? Comment expliquer que quelque chose de spirituel soit à l'origine d'un phénomène physique ?

– C'est assez troublant en effet.

– Que veux-tu dire ?

– Je décide de lever un bras et hop ! le bras se lève. Ou bien je décide de courir après le bus et la seconde d'après je pique un cent mètres. A d'autres moments, il m'arrive de penser à quelque chose de triste et soudain j'ai les larmes aux yeux. Il est clair qu'il y a une relation étrange entre le corps et la conscience.

– C'est justement de ce constat qu'est parti Descartes. Comme Platon, il était convaincu que l'« esprit » était bien distinct de la « matière ». Mais quant à expliquer comment le corps agissait sur l'esprit et *vice-versa*, Platon n'apportait aucune réponse.

– Moi non plus, je suis bien curieuse de savoir comment Descartes s'y est pris.

– Suivons son propre raisonnement.

Alberto montra du doigt le livre posé sur la table et poursuivit :

– Dans cet opuscule, *Le Discours de la méthode*, Descartes pose le problème de la méthode philosophique à suivre quand on se trouve face à un problème d'ordre philosophique. La science de la nature a déjà trouvé sa propre méthode...

– Tu l'as déjà dit.

– Descartes établit que nous ne considérons comme vrai que ce qui est clairement et distinctement reconnu comme tel. Il peut être nécessaire pour ce faire de diviser un problème en autant de petits problèmes que possible. On commence donc par les pensées les plus simples. Chacune d'elles sera « pesée et mesurée », exactement comme Galilée voulait tout mesurer et rendre mesurable ce qui ne l'était pas. La philosophie rationnelle de Descartes part du plus simple pour aboutir au plus complexe, en soulignant le rôle de l'intuition, conception d'un esprit pur et attentif, qui permet de saisir une idée dans sa clarté. A chaque étape, il s'agit de vérifier, de contrôler que l'on ne laisse rien échapper à la vigilance de l'esprit. On finit par être en mesure de déduire une certaine conclusion philosophique.

– On dirait à t'entendre un exercice d'arithmétique !

– Oui, Descartes voulait appliquer une « méthode mathématique » pour prouver la vérité de certaines idées philosophiques comme s'il s'agissait de démontrer un théorème mathématique. Il voulait recourir au même outil que nous utilisons dans le cas des nombres, à savoir *la raison*. Nous ne saurions nous fier à nos sens, comme nous l'avait déjà dit Platon.

– Mais peut-on résoudre des problèmes philosophiques de cette manière ?

– Revenons au raisonnement de Descartes. Pour trouver la vérité quant à la nature de l'existence, il commence par douter de tout. Il veut en effet construire son système philosophique sur des bases solides...

– ... car si les fondations s'effondrent, toute la maison s'écroule avec.

– C'est gentil de vouloir m'aider, mon enfant. Descartes ne veut pas dire qu'il est bon de douter de tout, mais que dans le principe il est *possible* de douter de tout. Pour ce qui est de connaître le monde, nous ne serons pas tellement plus avancés de lire Platon ou Aristote ; tout au plus aurons-nous approfondi notre connaissance historique. D'où la nécessité de faire table rase du passé.

– Il voulait déblayer le chantier avant de construire sa propre maison, c'est ça ?

– Oui, pour être sûr que les fondations de la pensée soient bien solides, il voulait n'utiliser que des matériaux tout neufs. Le doute de Descartes allait encore plus loin : nous ne pouvons même pas tenir compte de nos sens car qui sait s'ils ne se moquent pas de nous ?

– Comment ça ?

– Quand nous rêvons, nous croyons bien vivre quelque chose de réel. Qu'est-ce qui différencie nos perceptions à l'état de veille de celles dans nos rêves ? « Quand je considère attentivement cela, je ne trouve pas une seule qualité qui sépare nettement la veille du rêve », écrit Descartes. Et de poursuivre : « Comment être sûr que toute la vie n'est pas qu'un rêve ? »

– Jeppe sur la montagne croyait lui aussi qu'il avait seulement rêvé avoir dormi dans le lit du baron.

– Et quand il était dans le lit du baron, il croyait que sa vie de pauvre paysan n'avait été qu'un mauvais rêve. C'est pourquoi Descartes préfère douter de tout d'un bloc. Beaucoup d'autres philosophes avant lui s'étaient arrêtés là.

– Ça ne les menait pas bien loin en effet.

– Mais Descartes voulait partir de zéro et ce doute fondamental était sa première et unique certitude. Mais s'il doute, il doit aussi être sûr qu'il pense, et s'il pense, il doit donc être un être pensant. Ou comme il le dit lui-même : *Cogito ergo sum.*

– Ça veut dire quoi ?

– « Je pense, donc je suis. »

– On ne peut pas dire que ce soit une conclusion fracassante.

– C'est vrai. Mais note cependant avec quelle remarquable certitude d'ordre intuitif il s'appréhende tout à coup comme un « être pensant ». De même que Platon pensait que ce que nous saisissons avec notre raison est plus réel que ce que nous percevons avec nos sens, Descartes comprend que ce « je pensant » est plus réel que le monde matériel perçu par nos sens. Et il ne s'arrête pas là.

– Eh bien, ne t'arrête pas non plus !

– Descartes se demande ensuite s'il ne connaît pas autre chose avec la même certitude intuitive que le fait d'être un sujet pensant. Il a aussi la nette conscience qu'il existe un être parfait. Cette idée s'est toujours imposée à lui, ce qui lui permet d'en déduire qu'elle ne peut pas venir de lui-même. Cette idée de perfection ne peut venir que d'un être parfait, en d'autres termes, de Dieu. Que Dieu existe est pour Descartes une vérité aussi évidente que celle qui établit un sujet pensant.

– Je trouve qu'il se met à tirer des conclusions un peu hâtives. Il était plus prudent au début.

– Oui, beaucoup ont relevé cela comme étant le point faible de Descartes. Mais tu as employé le terme de « conclusion ». En fait, il n'y a aucune preuve réelle. Descartes pense simplement que nous avons une idée d'un être parfait et que cet être doit exister puisque nous l'imaginons. En effet, cet être ne serait pas parfait s'il n'existait pas. Nous ne saurions en outre imaginer un tel être s'il n'existait pas, puisque nous sommes imparfaits et incapables de concevoir l'idée de la perfection. Selon Descartes, l'idée de Dieu est innée, elle est inscrite dans notre nature « comme un tableau porte la signature de l'artiste ».

– Mais je peux m'amuser à imaginer à quoi ressemblerait un « crocophant » sans pour cela qu'il existe réellement.

– Descartes aurait répondu que son existence n'est pas assurée dans le concept « crocophant ». Alors que dans le concept « être parfait », il y a l'assurance qu'un tel être existe. Cela est pour Descartes aussi vrai que dans l'idée du cercle le fait que tous les points de la circonférence sont à équidistance du centre. Tu ne peux pas parler d'un cercle si cette condition n'est pas remplie. De la même façon, tu ne peux pas parler de l'être parfait s'il lui manque la plus importante de toutes les qualités, à savoir l'existence.

– C'est un drôle de raisonnement.

– C'est une argumentation typiquement « rationaliste ». Comme Socrate et Platon, il estimait qu'il y avait un lien entre la pensée et l'existence. Plus quelque chose est éclairant pour la pensée, plus on est sûr de son existence.

– Bon, il a établi jusqu'ici qu'il est un être pensant et qu'il existe un être parfait.

– A partir de là, il fait le raisonnement suivant : on pourrait penser que toutes les images du monde extérieur, comme le Soleil et la Lune, ne sont que des chimères. Mais la réalité extérieure possède des qualités que nous pouvons reconnaître avec la raison. Il s'agit des rapports mathématiques, c'est-à-dire ce qu'on peut mesurer en longueur, largeur et profondeur. Ces qualités d'ordre « quantitatif » sont aussi claires et distinctes pour ma raison que le fait d'être un sujet pensant. En revanche les attributs d'ordre « qualitatif » tels que la couleur, l'odeur et le goût sont liés à notre appareil sensoriel et ne décrivent pas au fond la réalité extérieure.

– La nature n'est donc pas un rêve ?

– Non, et sur ce point Descartes revient à sa conception de l'être parfait. Quand notre raison reconnaît clairement et distinctement quelque chose, prenons le cas des rapports mathématiques, alors c'est qu'il en est ainsi, car un Dieu parfait ne se moquerait pas de nous. Descartes fait appel à la « garantie de Dieu » afin que ce que nous reconnaissons avec notre raison corresponde aussi à quelque chose de réel.

– Bon, passons. Il en est à savoir qu'il est un être pensant, que Dieu existe et qu'il existe aussi une réalité extérieure.

– Mais la réalité extérieure est d'une autre nature que la réalité de la pensée. Descartes peut dès lors affirmer qu'il existe deux différentes formes de réalité ou deux « substances ». La première substance est la *pensée* ou l'« âme », l'autre est l'*étendue* ou la « matière ». L'âme est consciente d'elle-même, elle ne prend pas de place et ne peut par conséquent pas se diviser en plus petites parties. La matière au contraire s'étend, elle occupe une place dans l'espace et peut indéfiniment se subdiviser, mais elle n'est pas consciente d'elle-même. Selon Descartes, ces deux substances découlent de Dieu, car seul Dieu existe de manière indépendante. Cela dit, ces deux substances sont tout à fait indépendantes l'une de l'autre. La pensée est entièrement libre par rapport à la matière et inversement : les processus matériels peuvent se produire indépendamment de la pensée.

– Il partage donc la création de Dieu en deux.

– Exactement. Nous disons que Descartes est *dualiste*, c'est-à-dire qu'il distingue radicalement la réalité spirituelle de la réalité matérielle. Seul l'homme a une âme ; les animaux appartiennent à la réalité matérielle puisque leur vie et leurs mouvements sont soumis à des lois mécaniques. Descartes considérait les animaux comme des sortes d'automates perfectionnés.

– Je me permets d'émettre de fortes objections au fait de réduire Hermès à une machine ou à un automate. On voit bien que Descartes n'a jamais aimé un animal. Et nous alors ? On est aussi des automates ?

– Oui et non. L'homme est selon lui un être double puisqu'il pense et occupe une place dans l'espace, c'est-à-dire qu'il possède à la fois une âme et un corps spatial. Saint Augustin et saint Thomas d'Aquin avaient déjà dit que l'homme avait un corps comme les animaux et un esprit comme les anges. Descartes trouvait que le corps de l'homme était une mécanique sophistiquée, tandis que son âme pouvait vivre indépendamment du corps. Les phénomènes corporels ne jouissent pas d'une telle liberté, ils suivent leurs propres lois. Ce que nous pensons avec notre raison n'a pas d'incidence sur le corps, mais sur l'âme affranchie des contraintes spatiales. Encore faudrait-il ajouter que Descartes n'exclut pas le fait que les animaux puissent penser...

– On en a déjà parlé : si je me décide à courir pour attraper le bus, tout l'« automate » en moi se met en mouvement, et si je le rate quand même, j'ai les larmes aux yeux.

– Même Descartes ne pouvait nier l'interaction permanente entre l'âme et le corps. Aussi longtemps que l'âme habite un corps, elle est liée à lui grâce à une glande spéciale dans le cerveau. L'âme peut se laisser toucher par toutes sortes de sentiments et d'affects qui ont trait aux besoins corporels. Mais l'âme peut aussi se détacher de ces « bas » instincts ainsi que de sentiments comme le désir ou la haine et agir indépendamment du corps. Le but est de laisser la raison diriger le jeu. Car même si j'ai mal au ventre, la somme des angles d'un triangle restera toujours égale à 180 degrés. Il est toujours loisible à la raison de s'élever au-dessus de ces contingences matérielles et d'agir « raisonnablement ». Vu sous cet angle, la raison est souveraine. Nos jambes finissent par ne plus pouvoir nous porter, notre dos s'arrondit et nous perdons nos dents sans pour autant que 2+2 cessent de faire 4 et cela aussi longtemps que nous serons doués de raison. Car la raison ne peut vieillir et s'avachir comme notre corps. Pour Descartes, la raison elle-même est l'« âme ».

– Attends, je n'arrive toujours pas à comprendre comment Descartes peut comparer le corps à une machine ou un automate.

– A l'époque de Descartes, les hommes étaient très fascinés par les machines et tous les mécanismes d'horlogerie qui donnaient l'apparence de fonctionner tout seuls. Le terme « automate » signifie justement quelque chose animé d'un mouvement « autonome », c'est-à-dire qui part « de lui-même ». Ce n'est certes qu'une illusion. Une horloge astronomique par exemple est construite et remontée par des hommes. Ces instruments artificiels sont finalement composés seulement de quelques pièces assemblées entre elles, alors que le corps de l'homme ou de l'animal regroupe une infinité d'os, muscles, nerfs, veines et artères. Mais pourquoi Dieu ne produirait-il pas un corps d'animal ou d'homme sur la base de lois mécaniques ?

– On parle beaucoup aujourd'hui d'« intelligence artificielle ».

– Ce sont en fait les automates de *notre* temps. Nous avons créé des machines qui parviennent à nous faire croire qu'elles sont vraiment intelligentes. Ce genre de machines aurait certainement flanqué une peur bleue à Descartes. Il aurait commencé à mettre sérieusement en doute l'indépendance et la liberté de la raison humaine. Il existe en effet des philosophes qui pensent que la vie spirituelle est aussi peu libre que les processus corporels. L'âme d'un homme est bien sûr infiniment plus compliquée qu'un programme informatique, mais d'aucuns pensent malgré tout que nous ne sommes pas fondamentalement plus libres que certains programmes d'ordinateur. Mais attends, Sophie, je vais te montrer quelque chose.

Alberto indiqua du doigt un grand secrétaire à l'autre bout de la pièce, sur lequel était posé un petit ordinateur. Il se leva, suivi de Sophie, et se mit à pianoter sur la machine. La lettre C apparut bientôt en haut sur l'écran. Il écrivit « Laïla » et dit :

– C'est un programme de conversation avancée.

Un texte défila sur l'écran :

« Bonjour, je m'appelle Laïla. Es-tu bien assis ? »

Sophie pianota trois lettres :

« Oui », écrivit-elle avant même de s'asseoir.

Alberto s'empressa de lui avancer une chaise.

« Comment t'appelles-tu ? » s'inscrivit sur l'écran.

« Sophie Amundsen » répondit Sophie, à quoi l'ordinateur répondit :

« 3, allée des Trèfles. Enchantée de faire ta connaissance, Sophie. Es-tu contente de fêter bientôt ton anniversaire ? »

Sophie tressaillit. Alberto lui posa la main sur l'épaule en disant :

– Je lui ai seulement donné ton nom, ton adresse et ta date de naissance. C'est comme lorsqu'on se présente à quelqu'un pour la première fois. On a souvent quelques informations sur l'autre à l'avance.

« Oui, assez », écrivit Sophie.

« Eh bien, j'espère bien que tu ne vas pas trop mal, Sophie ? Tu dois essayer de parler par phrases entières. »

« Merci, je vais parfaitement bien. Puis-je te demander quelque chose ? »

« Tant mieux si tu vas parfaitement bien. Je t'en prie, demande-moi quelque chose. »

« Quel âge as-tu ? » écrivit Sophie.

« Je fus conçue à Atlanta le 8 août 1988, mais j'ai été traduite en norvégien par l'École polytechnique le 28 mars 1990. »

« *Gosh !* »

« J'ai dit que tu devais parler par phrases entières »

« J'ai simplement dit : *gosh !* »

« Je ne comprends pas l'argot. Je connais plus de 100 000 mots, mais le mot le plus proche de *gosh* que je trouve, c'est *gospel*. »

« Cela veut dire évangile. »

« Es-tu croyante, Sophie ? »

« Je ne sais pas. »

« Ne pas savoir est généralement une étape sur la voie de la connaissance. »

« C'est ce que Socrate aurait dit. Descartes aussi d'ailleurs. »

« Socrate était un philosophe grec qui vécut de 470 à 399 avant Jésus-Christ. Si tu veux en savoir plus, tape F7. Descartes était un philosophe français qui vécut de 1596 à 1650. Si tu veux en savoir plus, tape F8. »

« Merci, ça me suffit. Puis-je te demander autre chose ? »

« C'est bien si ça te suffit. Tu n'as qu'à me demander autre chose. »

Alberto contenait mal son fou rire. Sophie écrivit :

« Qui est Hilde Møller Knag ? »

« Hilde Møller Knag habite à Lillesand et a exactement le même âge que Sophie Amundsen. »

« Comment le sais-tu ? »

« Je ne sais pas, mais j'ai trouvé cette information quelque part sur le disque dur. »

Sophie sentit un bras entourer ses épaules.

– Je lui ai donné tous les renseignements que nous avons sur Hilde.

« Sais-tu autre chose au sujet de Hilde ? » écrivit Sophie.

« Le père de Hilde est un observateur des Nations unies au Liban. Il a le rang de major et envoie constamment des cartes postales à sa fille. »

« Je voudrais que tu le retrouves ! »

« Je ne peux pas. Il n'est pas sur mes fichiers et je ne suis pas connectée avec un autre terminal. »

« J'ai dit : trouve-le ! ! ! ! ! »

« Es-tu fâchée, Sophie ? Autant de points d'exclamation sont en tout cas un indice de sentiments violents. »

« Je veux parler avec le père de Hilde ! »

« Tu as du mal à maîtriser ta volonté. Si tu veux parler de ton enfance, tape F9. »

Alberto posa à nouveau sa main sur l'épaule de Sophie.

– Elle a raison. Ce n'est pas une boule de cristal, mon enfant. « Laïla » n'est qu'un programme informatique.

« La ferme ! » écrivit Sophie à présent.

« Comme tu voudras, Sophie. Notre rencontre n'aura duré que 13 minutes et 52 secondes. Je me souviendrai de tout ce que nous avons dit. Maintenant j'interromps le programme. »

De nouveau la lettre C apparut en haut sur l'écran.

– Viens, on retourne s'asseoir, dit Alberto.

Mais Sophie avait déjà tapé quelque chose : elle avait écrit « Knag » et la seconde d'après elle put lire :

« Me voici. »

C'était au tour d'Alberto de tressaillir.

« Qui es-tu ? » interrogea Sophie.

« Major Albert Knag pour vous servir. Je viens directement du Liban. Quels sont les ordres ? »

– J'ai jamais vu ça ! Ce petit malin a réussi à s'infiltrer dans le disque dur.

Il fit signe à Sophie de lui laisser la place et s'installa à son tour devant le clavier.

« Comment diable as-tu fait pour t'infiltrer dans mon PC ? » écrivit-il.

« Une simple bagatelle, cher collègue. Je peux apparaître là où je décide selon mon bon vouloir. »

« Espèce de sale virus ! »

« Eh, du calme ! Pour le moment, je me présente sous la forme d'un virus codé "Spécial anniversaire". Puis-je passer un petit message personnel ? »

« Merci, ça commence à bien faire. »

« Mais je vais être bref : *Tout ceci est en ton honneur, ma chère Hilde. Laisse-moi encore une fois te féliciter pour tes quinze ans. Par-*

donne-moi pour les circonstances, mais je voudrais que mes vœux t'accompagnent où que tu sois. Amicalement, ton Papa qui aimerait tant te tenir entre ses bras. »

Avant qu'Alberto ait le temps de répliquer quoi que ce soit, la lettre C apparaissait à nouveau sur l'écran.

Alberto tapa « *dir* knag. » et le texte suivant apparut sur l'écran :

knag.lib 147.643 15/06-90 12.47
knag.lil 326.439 23/06-90 22.34

Alberto écrivit : « *erase* knag. » et éteignit l'ordinateur.

– Bon, je crois que nous l'avons effacé du programme, dit-il. Mais qui sait où et quand il réapparaîtra.

Il resta un instant silencieux à regarder l'écran avant d'ajouter :

– Son nom, ça c'était vraiment le bouquet ! Albert Knag...

C'est alors que Sophie prit conscience de la ressemblance entre les deux noms : Albert Knag et Alberto Knox. Mais Alberto était dans un tel état d'énervement qu'elle n'osa rien dire et ils retournèrent s'asseoir dans le canapé.

Chapitre 19

SPINOZA

*...Dieu n'est pas un montreur de marion-
nettes...*

Ils restèrent un long moment silencieux, puis Sophie essaya de
changer les idées d'Alberto en lui demandant :
— Descartes a vraiment dû être un drôle de personnage. A-t-il été
très célèbre ?
Alberto soupira avant de répondre :
— Il eut une très grande influence. Il joua surtout un rôle déter-
minant pour un autre grand philosophe. Je pense au philosophe
hollandais *Baruch Spinoza*, qui vécut de 1632 à 1677.
— Est-ce que tu vas aussi me parler de lui ?
— J'en avais l'intention, oui. Nous n'allons pas nous laisser inti-
mider par des provocations militaires.
— Je suis tout ouïe.
— Spinoza appartenait à la communauté juive d'Amsterdam, mais
fut rapidement banni à cause de ses idées jugées trop subversives.
Rarement un philosophe aura été aussi insulté et poursuivi que lui.
Il fut même l'objet d'une tentative de meurtre. Et tout ceci parce
qu'il critiquait la religion officielle. Il pensait que le christianisme
et le judaïsme ne reposaient plus que sur des dogmes rigides et des
rituels vidés de leur sens. Il fut le premier à adopter ce que nous
qualifierions de perspective « critique historique » à propos de la
Bible.
— Sois plus clair !
— Il rejetait l'idée selon laquelle Dieu aurait inspiré la Bible jusque
dans les moindres détails. Selon lui, nous devrions toujours avoir
en mémoire l'époque à laquelle la Bible a été rédigée. Une lecture
« critique » de ce type met en lumière une série de contradictions
entre les différents textes. En filigrane du Nouveau Testament, nous
rencontrons Jésus que l'on peut appeler le porte-parole de Dieu. Le

message de Dieu invitait justement à se détacher d'un judaïsme devenu borné et étriqué. Jésus prêchait une « religion de la raison » qui considérait l'amour comme bien suprême. Spinoza entend par amour aussi bien l'amour envers Dieu qu'envers son prochain. Mais le christianisme lui aussi s'enferra rapidement dans des dogmes rigoureux et des rituels dénués de signification.

– Je comprends que dans les églises et les synagogues on ait eu du mal à accepter ça !

– Au pire de la tourmente, Spinoza fut même rejeté par sa propre famille. On tenta de déshériter celui qui passait pour un impie. Et pourtant, paradoxalement, aucun philosophe ne s'est autant battu que Spinoza pour la liberté d'expression et la tolérance religieuse. La résistance à laquelle il se heurta fit qu'il mena une vie retirée, entièrement consacrée à la philosophie. Pour assurer sa subsistance, il taillait des verres optiques. Ce sont quelques-uns de ces verres que tu as vus tout à l'heure.

– Impressionnant !

– On peut presque voir quelque chose de symbolique dans le fait qu'il tailla des verres. Les philosophes apprennent aux hommes à regarder le monde autrement. Au cœur de sa philosophie, il y a l'idée de voir le monde sous l'« angle de l'éternité ».

– Sous l'angle de l'éternité ?

– Oui, Sophie. Est-ce que tu arrives à voir ta propre vie sur le plan cosmique ? Il faut que tu fermes les yeux à demi et t'imagines, toi et ta vie, ici et maintenant...

– Hum... c'est pas si facile que ça...

– Rappelle-toi que tu vis une infime partie de la vie de l'univers. Tu fais partie de quelque chose d'immense et qui te dépasse.

– Je vois ce que tu veux dire.

– Arrives-tu à ressentir tout ça ? Arrives-tu à appréhender toute la nature, c'est-à-dire tout l'univers d'un seul coup d'œil ?

– Ça dépend. Il me faudrait peut-être des lunettes spéciales.

– Je ne pense pas seulement à l'espace infini, mais aussi à un temps infini. Il y a trente mille ans de cela vivait un petit garçon dans la vallée du Rhin. Il était une infime partie de la nature, un frémissement qui courait à la surface de l'océan infini. Il n'existe aucune différence entre ce garçon et toi.

– Sauf que moi, je suis en vie.

– Oui, mais c'est pourtant ça que tu aurais dû essayer de ressentir, car qui seras-tu dans trente mille ans ?

– C'était ça, ses idées subversives ?

– Pas tout à fait… Spinoza ne prétendait pas que tout ce qui existe au monde est de l'ordre de la nature, puisqu'il mettait en parallèle Dieu et la nature. Il voyait Dieu dans tout ce qui existe et tout ce qui existe, en Dieu.

– Il était panthéiste, alors ?

– Bien vu. Pour Spinoza, Dieu n'était pas celui qui se contente de créer le monde pour le regarder d'en haut, non, Dieu *est* le monde. Spinoza exprime la même idée autrement en disant que le monde est en Dieu. Il se réfère alors au discours de Paul aux Athéniens sur la colline de l'Aréopage : « C'est en elle [la divinité] en effet que nous avons la vie, le mouvement et l'être. » Mais examinons le raisonnement de Spinoza tel qu'il se présente dans son ouvrage majeur intitulé *Éthique démontrée suivant l'ordre géométrique.*

– L'éthique… et la méthode géométrique ?

– Cela peut sembler bizarre, je sais. Pour les philosophes, l'éthique est la doctrine des principes de la morale pour mener une vie heureuse. C'est dans ce sens que nous parlons de l'éthique de Socrate ou d'Aristote. De nos jours, l'éthique s'est vue réduite à un ensemble de règles à respecter pour ne pas marcher sur les pieds de son voisin…

– Alors que penser à son bonheur personnel, c'est considéré comme de l'égoïsme ?

– Oui, à peu près. Quand Spinoza utilise le mot éthique, on peut tout aussi bien le remplacer par art de vivre ou morale.

– Tout de même… « l'art de vivre démontré géométriquement » !

– La méthode ou l'ordre géométrique fait référence à la terminologie et la présentation qu'il emploie. Tu te souviens que Descartes voulait appliquer la méthode mathématique à la réflexion philosophique pour garantir en quelque sorte sa légitimité. Spinoza se situe dans le même courant rationaliste en voulant démontrer que la vie de l'homme est déterminée par les lois de la nature. Nous devons, selon lui, nous libérer de nos sentiments et de nos émotions afin de trouver la paix et le bonheur.

– Nous ne sommes quand même pas uniquement déterminés par les lois de la nature ?

– Ce n'est pas si simple, Spinoza est un philosophe beaucoup plus complexe qu'il n'y paraît, Sophie. Prenons les choses une par une. Tu te rappelles que Descartes distinguait deux substances : la pensée et l'étendue.

– Évidemment !

– Eh bien, Spinoza réfute cette distinction, car pour lui il n'y a qu'une seule substance à l'origine de tout. C'est la Substance, ce qu'il appelle aussi Dieu ou la nature. Nous n'avons donc pas à faire avec une conception « dualiste » de la réalité comme chez Descartes. Nous disons qu'il est « moniste ».

– On voit difficilement ce qu'ils ont en commun.

– En fait, la différence n'est pas aussi grande qu'on croit. Pour Descartes aussi, seul Dieu est à l'origine de lui-même. Ce n'est que lorsqu'il assimile Dieu à la nature ou la nature à Dieu que Spinoza s'éloigne à la fois de Descartes et d'une conception judéo-chrétienne du monde.

– Car, dans ce cas, la nature est Dieu, point final.

– Mais quand Spinoza utilise le mot « nature », il ne pense pas seulement à la nature dans l'espace. Avec la Substance, Dieu ou la nature, il entend tout ce qui existe, même ce qui est d'ordre spirituel.

– A la fois la pensée et l'étendue, si je comprends bien.

– Oui, c'est ça. Selon Spinoza, nous autres hommes connaissons deux qualités ou formes d'apparitions de Dieu, à savoir les *attributs* de Dieu, qui sont la « pensée » et l'« étendue » que Descartes avait déterminées. Dieu – ou la nature – se manifeste sous forme de pensée ou de chose dans l'espace. Il se peut que Dieu ait infiniment plus d'attributs que ces deux-là, mais ce sont les seuls auxquels les hommes aient accès.

– Je veux bien, mais pourquoi faire compliqué quand on peut faire simple ?

– Je reconnais qu'il faut être solidement armé pour s'attaquer à la langue de Spinoza, mais le jeu en vaut la chandelle, car la pensée qui se dégage finalement a la transparence et la beauté d'un diamant.

– Tu excites ma curiosité.

– Tout ce qui est dans la nature appartient soit à la Pensée soit à l'Étendue. Toutes les choses et les événements de notre vie quotidienne, que ce soit une fleur ou un poème sur cette même fleur, sont différents *modes* de la Pensée ou de l'Étendue. Un *modus* (*modi* au pluriel) est une modification de la Substance infinie qu'est la Nature. Une fleur est un mode de l'attribut de l'Étendue comme le poème sur cette même fleur un mode de l'attribut de la Pensée. Ainsi chaque créature particulière apparaît-elle comme un mode de Dieu.

– Plutôt tordu comme type !

– Non, c'est juste sa langue qui est un peu alambiquée. Derrière ces formules assenées de manière péremptoire se cache une vérité splendide et d'une telle évidence que notre langue de tous les jours est trop pauvre pour la décrire.

– Pour ma part, je préfère quand même la langue de tous les jours.

– Très bien, je vais commencer par toi-même. Quand tu as mal au ventre, qu'est-ce qui a mal ?

– Tu l'as déjà dit, c'est moi.

– C'est vrai. Et quand tu penses plus tard que tu as eu mal au ventre, qu'est-ce qui pense ?

– Eh bien, c'est toujours moi.

– Car tu es une personne et une seule qui tantôt a mal au ventre, tantôt est l'objet d'une émotion. Toutes les choses qui nous entourent physiquement sont l'expression de Dieu ou de la Nature. De même nos pensées. Car tout est un. Il n'y a qu'un seul Dieu, une seule Nature ou une seule Substance.

– Mais quand je pense à quelque chose, c'est *moi* qui pense et quand je me déplace, c'est toujours *moi* qui me déplace. Qu'est-ce que Dieu vient faire là-dedans ?

– J'aime ton engagement, mais qui es-tu ? Tu es Sophie Amundsen, mais tu es aussi l'expression de quelque chose d'infiniment plus grand. Tu peux affirmer, si cela te fait plaisir, que c'est *toi* qui penses ou qui te déplaces, mais ne peux-tu aussi dire que c'est la Nature qui pense tes pensées et qui se déplace à travers toi ? En fait, tout n'est qu'une question de verres optiques, de perspective.

– Est-ce que ça revient à dire que ce n'est pas moi qui décide de ce que je fais ?

– En quelque sorte. Tu as peut-être la liberté de bouger le pouce quand tu le désires, mais il ne peut bouger qu'en suivant sa propre nature. Pas question pour lui de sauter de ta main et de courir dans toute la pièce. Toi aussi tu as ta place dans le grand Tout. Tu es Sophie, mais tu es aussi un doigt de la main de Dieu.

– Alors c'est Dieu qui décide de tout ce que je fais ?

– Dieu ou la Nature ou les lois naturelles. Pour Spinoza, Dieu est la *cause immanente* de tout ce qui arrive. Il n'est pas une cause extérieure, car Dieu ne se manifeste que par ces lois naturelles.

– Je ne saisis pas bien la différence.

– Dieu n'est pas un montreur de marionnettes qui tire sur les ficelles en décidant de ce qui va se passer. Au contraire, tout dans le monde se produit par nécessité. Spinoza avait une conception déterministe de la vie sur terre.

– Ça me rappelle quelque chose.

– Tu penses peut-être aux stoïciens. Eux aussi avaient affirmé que tout se produisait dans le monde par nécessité. D'où l'importance de faire face aux événements en gardant un « calme stoïque ». Il ne fallait surtout pas se laisser emporter par ses émotions.

– Je comprends ce que tu veux dire, mais je n'aime pas cette idée que l'on n'est pas maître de ses actions.

– Revenons à ce petit garçon de l'âge de pierre qui vivait il y a trente mille ans. En grandissant, il apprit à se servir d'une lance pour tuer les animaux, il fit l'amour à une femme qui devint la mère de ses enfants et tu peux être sûre qu'il vénérait les dieux de sa tribu. Crois-tu vraiment qu'il ait décidé tout cela lui-même ?

– Je ne sais pas.

– Ou imagine un lion en Afrique. Est-ce lui qui décide de mener la vie d'un grand fauve ? De se précipiter sur la première gazelle qui boite ? N'aurait-il pas préféré être végétarien ?

– Mais non, le lion doit vivre selon sa nature.

– Autrement dit selon les lois de la nature. Tout comme toi, Sophie, car tu fais aussi partie de la nature. Bien sûr tu peux t'appuyer sur Descartes et me rétorquer que le lion est un animal et non un homme doté d'un esprit libre. Mais prends l'exemple d'un nouveau-né : il crie, et si on ne lui donne pas de lait, il sucera son pouce à la place. A ton avis, ce bébé a-t-il une volonté libre ?

– Non.

– Quand aura-t-il une volonté libre alors ? A l'âge de deux ans, cette petite fille gambadera partout en montrant du doigt tout ce qu'elle voit. A trois ans, elle épuisera sa mère par ses caprices et à quatre ans aura soudain peur du noir. Où est la liberté dans tout ça, Sophie ?

— Je ne sais pas.

— Et quand elle aura quinze ans, elle s'amusera devant la glace à se maquiller. Est-ce maintenant qu'elle prend des décisions personnelles et fait ce qu'elle veut ?

— Je comprends ce que tu veux dire.

— Elle s'appelle Sophie Amundsen, ça, elle le sait. Mais elle vit aussi selon les lois de la nature, mais comment pourrait-elle s'en rendre compte, puisqu'il y a une infinité de causes extrêmement complexes derrière la moindre de ses actions ?

— Je n'ai pas envie d'en apprendre davantage.

— Il faut que tu répondes encore à une dernière question. Imagine deux vieux arbres fruitiers qui ont été plantés en même temps dans un grand jardin. L'un a poussé au soleil et a bénéficié d'une terre riche et bien arrosée, alors que l'autre a poussé à l'ombre sur un sol pauvre. Quel arbre sera le plus grand et portera le plus de fruits ?

— Évidemment celui qui aura eu les meilleures conditions pour pousser.

— Eh bien, pour Spinoza, cet arbre est libre, à savoir qu'il a la liberté de développer toutes les possibilités qu'il porte en lui. Bien sûr, s'il s'agit d'un pommier, il n'y a aucune chance pour qu'il donne des poires ou des prunes. Il en va de même pour nous les hommes. Nous pouvons rencontrer des obstacles, par exemple d'ordre politique, qui freineront notre croissance personnelle. Des contraintes extérieures peuvent nous inhiber, aussi est-ce seulement quand nous pouvons « librement » développer toutes nos possibilités en puissance que nous vivons en hommes libres. Mais nous restons en un sens tout aussi tributaires de nos dispositions de départ et des conditions extérieures qu'un petit garçon de l'âge de pierre, un lion en Afrique ou un pommier du jardin.

— Je crois que ça me suffit comme ça.

— Seul un être est « la cause de lui-même », c'est-à-dire conçu par lui-même, et peut agir en toute liberté. Seul Dieu ou la Nature est capable de s'épanouir tout à fait librement. Un être humain peut lutter pour conquérir une liberté qui le délivre de contraintes extérieures, mais il ne jouira jamais d'une « libre volonté ». Comment pourrions-nous décider de tout ce qui se passe dans notre corps, qui n'est lui-même qu'un mode de l'attribut de l'Étendue ? De la même façon, nous ne « choisissons » pas ce que nous pensons non plus. L'homme n'a donc pas une « âme libre » qui serait prisonnière d'un corps mécanique.

– Ce point-là est un peu difficile à comprendre.

– Mais non, Spinoza entend par là que ce sont des passions de l'âme telles que la vanité ou le désir qui nous empêchent d'atteindre le bonheur et l'harmonie. Mais il s'agit de percevoir dans une vision d'ensemble que tout fait partie de la Nature pour former un grand Tout. Ainsi nous connaîtrons la béatitude et la paix de l'esprit. C'était ce que Spinoza appelait tout voir *sub specie æternitatis.*

– Ce qui signifie ?

– De tout voir « sous l'angle de l'éternité ». N'est-ce pas par là que nous avions commencé ?

– Et que nous devons nous arrêter. Je dois vite rentrer chez moi.

Alberto se leva et alla chercher une corbeille de fruits qu'il déposa sur la table.

– Tu ne veux pas prendre un fruit avant de partir ?

Sophie prit une banane et Alberto une pomme verte. Elle commença à éplucher la banane quand elle aperçut quelque chose :

– Regarde, il y a quelque chose d'écrit, dit-elle tout à coup.

– Où ça ?

– Ici… à l'intérieur de la peau de la banane. C'est écrit au feutre noir…

Sophie se pencha vers Alberto et lui tendit la banane. Il lut à haute voix : « *Coucou, c'est encore moi, Hilde. Je suis partout, mon enfant. Toutes mes félicitations pour ton anniversaire !* »

– Très drôle, commenta Sophie.

– Il est de plus en plus audacieux.

– Mais tu ne trouves pas ça bizarre, toi ? Est-ce qu'on cultive des bananes au Liban ?

Alberto secoua la tête.

– Moi, en tout cas, je ne la mange pas.

– Tu n'as qu'à la laisser. Il faut vraiment être cinglé pour écrire à sa fille sur l'intérieur d'une peau de banane. Mais il a visiblement plus d'un tour dans son sac…

– C'est le moins qu'on puisse dire.

– Bon, cela nous permet de déduire que le père de Hilde est loin d'être un idiot.

– Je n'ai cessé de le répéter. C'est peut-être lui qui t'a fait m'appeler Hilde la dernière fois que j'étais ici. Qui sait si ce n'est pas lui qui nous fait parler ?

– Il ne faut rien exclure comme possibilité. Tout peut être mis en doute.

– Car toute notre existence n'est peut-être qu'un rêve.

– Ne précipitons pas les choses. Il existe sans doute une explication beaucoup plus simple.

– Enfin, de toute façon, il faut que je me dépêche de rentrer à la maison. Maman m'attend.

Alberto raccompagna Sophie à la porte. Juste quand elle s'en alla, il lui lança :

– A bientôt, chère Hilde !

L'instant d'après, la porte se refermait derrière elle.

Chapitre 20

LOCKE

...aussi vide et nue qu'un tableau noir avant l'entrée du professeur...

Sophie ne rentra qu'à huit heures et demie, bien plus tard que prévu. Mais qu'avait-elle prévu au juste ? Elle avait sauté le repas et laissé à sa mère un mot disant qu'elle pensait rentrer vers sept heures.

– Ça ne peut plus continuer comme ça, Sophie. J'ai dû appeler les renseignements pour savoir s'ils avaient le numéro d'un certain Alberto dans la vieille ville, mais ils m'ont ri au nez.

– Ce n'était pas facile de partir plus tôt. Nous sommes sur le point de découvrir la solution d'un grand mystère.

– Qu'est-ce que c'est que ces histoires ?

– Non, je t'assure !

– Tu as pensé à l'inviter pour ton anniversaire ?

– Zut, j'ai oublié !

– Écoute, maintenant j'exige que tu me le présentes. Dès demain. Une jeune fille n'a pas à fréquenter un monsieur plus âgé comme tu le fais.

– Tu n'as vraiment pas besoin d'avoir peur d'Alberto. Tu devrais plutôt te méfier du père de Hilde.

– De quelle Hilde ?

– La fille de celui qui est au Liban. Quel type louche, celui-là ! Peut-être qu'il contrôle le monde entier...

– Si tu ne me présentes pas à ton Alberto sur-le-champ, je t'interdis de le revoir. Je ne serai tranquille qu'après avoir vu quelle tête il a.

Sophie eut une idée et bondit dans sa chambre.

– Mais où tu vas comme ça ? lui cria sa mère.

En moins de temps qu'il n'en faut, Sophie était redescendue au salon :

– Tu vas voir tout de suite de quoi il a l'air. J'espère que tu me laisseras tranquille après, lança-t-elle en brandissant une cassette vidéo.

– Il t'a donné une cassette vidéo ?

– Oui, sur Athènes.

On vit d'abord des images de l'Acropole. Sa mère resta muette d'admiration quand Alberto apparut sur l'écran en s'adressant directement à Sophie.

Sophie remarqua quelque chose auquel elle n'avait pas prêté attention précédemment. L'Acropole était envahie par toutes sortes de groupes touristiques. L'un deux portait une pancarte sur laquelle était écrit « HILDE »...

Puis on voyait Alberto arpenter l'Acropole et se placer sur la colline de l'Aréopage, là où saint Paul avait apostrophé les Athéniens. Enfin, on le voyait s'adresser à Sophie depuis l'agora.

Sa mère parvenait à peine à aligner deux phrases à la suite :

– Mais c'est incroyable... c'est lui, Alberto ? Tiens, encore l'histoire de ce lapin... Mais... c'est vraiment à toi qu'il parle, Sophie. J'ignorais que saint Paul avait été à Athènes...

La vidéo se rapprochait du moment où le vieil Athènes resurgissait des ruines. Sophie arrêta la bande, car elle ne voyait pas l'intérêt de lui présenter aussi Platon, maintenant qu'elle avait montré qui était Alberto.

Il y eut un silence.

– Tu ne le trouves pas mignon ? demanda-t-elle d'un ton moqueur.

– Ce doit quand même être une drôle de personne pour se faire filmer à Athènes et envoyer la cassette à une jeune fille qu'il connaît à peine. *Quand* était-il à Athènes ?

– Je n'en ai aucune idée.

– Mais il y a autre chose...

– Ah ?

– Il ressemble d'une manière étonnante à ce major qui a vécu pendant quelques années là-bas dans la forêt dans le petit chalet.

– Eh bien, c'est peut-être lui, Maman...

– Ça fait plus de quinze ans qu'on est sans nouvelles de lui.

– Il est peut-être parti en voyage. A Athènes par exemple.

Sa mère secoua la tête.

– Je me rappelle l'avoir vu une fois dans les années soixante-dix et il paraissait déjà aussi âgé que cet Alberto que j'ai vu aujourd'hui. Il avait un nom étranger.

– Knox ?

– C'est possible, Sophie. Peut-être qu'il s'appelait Knox.

– Ce n'était pas Knag, par hasard ?

– Non, je dois confondre… De qui veux-tu parler en disant Knox ou Knag ?

– D'Alberto ou du père de Hilde.

– Je commence à tout mélanger.

– Il reste quelque chose à manger ?

– Tu n'as qu'à réchauffer la viande hachée.

Deux semaines s'écoulèrent sans qu'Alberto se manifeste. Elle reçut une autre carte d'anniversaire au nom de Hilde mais, bien qu'on approchât de la date, elle n'avait encore rien reçu à son nom.

Un après-midi, Sophie descendit en bus dans la vieille ville et alla frapper à la porte d'Alberto. Il n'était pas chez lui mais il y avait un mot sur la porte :

Tous mes vœux pour ton anniversaire, Hilde ! Nous approchons du moment décisif : l'instant de vérité, mon enfant. Chaque fois que j'y pense, ça me fait tellement rire que je dois me retenir de faire pipi. Berkeley est dans le coup, évidemment, alors accroche-toi !

Sophie arracha le mot et le glissa dans la boîte aux lettres d'Alberto en sortant.

Zut alors ! Il n'était quand même pas reparti à Athènes ? Comment pouvait-il l'abandonner en laissant toutes ces questions sans réponse ?

Le jeudi 14 juin en rentrant de l'école, elle aperçut Hermès dans le jardin. Elle courut vers lui et le chien bondit à sa rencontre. Elle lui passa les bras autour du cou comme si lui seul avait le pouvoir de résoudre toutes ces énigmes.

Elle rédigea à nouveau un mot pour sa mère en prenant soin, cette fois-ci, de donner l'adresse d'Alberto.

Elle ne pouvait s'empêcher de penser au lendemain. Non que ce fût le jour de son anniversaire, puisqu'elle ne le fêterait pas avant le soir de la Saint-Jean, mais parce que c'était aussi l'anniversaire de Hilde. Sophie pressentait qu'il se passerait quelque chose d'important. Ça mettrait en tout cas un terme à toutes ces cartes de vœux du Liban.

Il y avait sur le chemin un terrain de jeux et Hermès s'arrêta devant un banc comme s'il voulait indiquer à Sophie de s'asseoir là.

Elle s'assit et caressa le pelage roux tout en le regardant droit dans les yeux. Il va se mettre à gronder, pensa Sophie. Elle vit ses mâchoires trembler, mais Hermès ne gronda ni n'aboya. Il ouvrit simplement la gueule et dit :

– *Joyeux anniversaire, Hilde !*

Sophie fut comme pétrifiée. Est-ce que c'était le chien qui venait de parler ? Non, ce devait être une sorte d'hallucination, à force de songer à Hilde. Mais une petite voix en elle lui disait qu'elle avait bien entendu le chien prononcer ces trois mots. Et qui plus est, d'une belle voix grave.

L'instant d'après, l'incident était clos. Hermès aboya bien fort, comme pour dissimuler le fait qu'il venait de parler avec une voix humaine, et se remit en route vers la maison d'Alberto. En levant les yeux vers le ciel, Sophie aperçut quelques gros nuages. Le temps menaçait de changer.

A peine Alberto avait-il ouvert la porte que Sophie lui dit :

– Trêve de politesses. Tu t'es bien fait avoir et tu le sais, va.

– De quoi veux-tu parler, mon enfant ?

– Le major a fait parler Hermès.

– Aïe, ça se corse. Il a réussi à faire ça ?

– Eh oui !

– Et qu'a-t-il dit ?

– Devine !

– « Bon anniversaire » ou quelque chose dans le genre.

– Gagné !

Alberto fit entrer Sophie. Il portait un costume pas très différent de celui de l'autre jour, avec moins de rubans et de dentelles.

– Ce n'est pas tout, déclara Sophie.

– Qu'est-ce que tu entends par là ?

– Tu n'as pas trouvé le mot dans la boîte aux lettres ?

– Si, mais je l'ai tout de suite mis à la poubelle.

– Mais que lui a fait ce Berkeley pour qu'il réagisse ainsi ?

– Attendons de voir.

– Mais tu ne vas pas m'en parler aujourd'hui ?

– Si, aujourd'hui même.

Alberto s'assit confortablement et commença :

– La dernière fois que nous étions ici, je t'ai parlé de Descartes et de Spinoza qui avaient en commun d'être tous deux de purs *rationalistes*.

– Et un rationaliste, c'est quelqu'un qui croit au pouvoir de la raison.

– Oui, un rationaliste croit que la raison est à la source de la connaissance. Il croit aussi que l'homme naît avec certaines idées (idées innées), présentes dans la conscience et qui précèdent toute expérience. Plus l'idée était claire, plus elle devait correspondre à quelque chose de réel. Tu te rappelles que Descartes déduisait de l'idée d'un être parfait que Dieu devait nécessairement exister.

– Tu crois que j'oublie aussi vite ?

– Eh bien à partir du XVIIIᵉ siècle, cette tradition rationaliste va être battue en brèche par ce qu'on a appelé l'*empirisme*. Plusieurs philosophes défendirent le point de vue que nous n'avons aucune conscience des choses ou des événements avant de les avoir appréhendés par nos sens.

– C'est donc de l'empirisme que tu veux me parler aujourd'hui ?

– Je vais essayer. Les principaux empiristes ou philosophes de l'expérience étaient *Locke, Berkeley* et *Hume,* tous trois anglais, alors que les grands rationalistes du XVIIᵉ siècle étaient un Français, Descartes, un Hollandais, Spinoza, et un Allemand, Leibniz. C'est pourquoi on fait parfois la distinction entre l'*empirisme anglais* et le *rationalisme continental.*

– D'accord, mais est-ce que tu peux reprendre ta définition de l'empirisme ?

– Un empiriste veut déduire toutes ses connaissances sur le monde de ce que ses sens lui transmettent. Il faut partir d'Aristote pour trouver la formule classique : « Rien n'existe dans la conscience qui n'ait existé avant dans les sens. » Il faut y voir une critique directe de la théorie des idées chère à Platon, selon lequel l'homme naît avec des idées venant du monde des idées. Locke reprend la phrase d'Aristote à son compte et quand il l'utilise, c'est cette fois contre Descartes.

– Rien n'existe dans la conscience… qui n'ait existé avant dans les sens ?

– Nous n'avons aucune représentation ou idée préconçue du

monde dans lequel nous naissons avant de l'avoir *perçu*. Si nous avons une représentation ou une idée qui n'a aucun lien avec des faits dont nous avons fait l'expérience, c'est alors une idée fausse. Avec des termes tels que « Dieu », « éternité » ou « substance », la raison tourne à vide, car personne n'a vraiment fait l'*expérience* de Dieu, de l'éternité ou de ce que les philosophes avaient appelé la Substance. On peut à loisir écrire des traités savants qui au bout du compte n'apportent aucun nouveau savoir réel. Ce type de raisonnement peut sembler fort judicieux, mais ce n'est qu'une forme de masturbation intellectuelle. Il s'agissait de tout repasser au peigne fin, comme quand on cherche de l'or pour découvrir parmi toute la boue et le sable quelques pépites d'or.

– Et ces pépites d'or, c'étaient les vraies expériences ?

– Ou du moins les pensées liées à l'expérience des hommes. Les empiristes se proposaient de passer en revue toutes les idées des hommes pour vérifier si elles étaient fondées sur l'expérience. Prenons un philosophe à la fois.

– Bon, je t'écoute.

– Le premier fut un Anglais, *John Locke*, qui vécut de 1632 à 1704. Son livre le plus important parut en 1690 sous le titre *Essai sur l'entendement humain*. Il tentait d'éclaircir deux questions : la première consistait à s'interroger sur l'origine des pensées et des représentations chez l'homme, la deuxième posait le problème de la fiabilité de nos sens.

– Plutôt ambitieux comme projet !

– Examinons le premier point. Locke est convaincu que toutes les pensées et les images que nous avons dans la tête sont le fruit de nos diverses expériences. Avant de ressentir quelque chose, notre conscience est comme une *tabula rasa*, c'est-à-dire un tableau vierge.

– Ne te sens surtout pas obligé de parler latin.

– Avant de percevoir quelque chose, notre conscience est donc aussi vide et nue qu'un tableau noir avant l'entrée du professeur dans la classe. Locke compare aussi la conscience avec une pièce sans meubles. Nous commençons à percevoir le monde autour de nous grâce à la vue, l'odorat, le goût, le toucher et l'ouïe. Les petits enfants sont imbattables sur ce point. De cette manière naissent ce que Locke appelle des *idées sensorielles simples*. Mais la conscience n'accepte pas passivement ces idées, elle les confronte, les soumet à divers raisonnements, les met en doute, etc. De ce travail intellectuel surgissent ce que Locke appelait les *idées réflexives*. Il opère donc une distinction entre la « perception » et la « réflexion ». C'est ici qu'il faut être sur ses gardes.

– Être sur ses gardes ?

– Locke prend soin de souligner que nos sens nous permettent seulement d'accéder à des *impressions simples*. Quand je mange une pomme par exemple, je ne vois pas la pomme comme un tout, mais j'ai une série d'impressions juxtaposées les unes aux autres : je perçois quelque chose de vert qui dégage une impression de fraîcheur et dont la saveur est un peu acide. Ce n'est qu'après avoir mangé une pomme plusieurs fois que je pourrai formuler clairement la pensée : je mange une « pomme ». Locke dit que nous avons obtenu une « vision synthétique » de la pomme.

– Nous pouvons du moins être sûr que ce que nous voyons, entendons, sentons et goûtons est tel que nous l'avons perçu.

– Oui et non. Le monde est-il vraiment tel que nous le percevons ? C'était la deuxième question de Locke et rien n'est moins sûr, Sophie. Ne soyons pas trop pressés. C'est le premier devoir d'un philosophe.

– Je sens que je vais devenir aussi muette qu'une carpe.

– Locke distingue dans le domaine des sens les qualités « primaires » des qualités « secondaires » et se réfère aux philosophes qui l'ont précédé, tel Descartes.

– Comment ça ?

– Les *qualités primaires* des sens recouvrent le volume, le poids, la forme, le mouvement et le nombre des choses. Nous pouvons affirmer que nos sens nous renseignent utilement sur ces qualités. Mais nous disons aussi que quelque chose est sucré ou acide, vert ou rouge, chaud ou froid : c'est ce que Locke appelle les *qualités secondaires* des sens. Et ces impressions telles que la couleur, l'odeur, le goût ou le son, ne sont pas des qualités immanentes aux choses. Elles ne reflètent que l'effet produit sur nos sens.

– Le goût, ça ne se discute pas.

– Justement. Les qualités primaires comme la grandeur ou le poids sont irréfutables car elles sont constitutives des choses elles-mêmes, alors que les qualités secondaires comme la couleur ou le goût varient d'un animal à l'autre et d'un homme à l'autre selon l'appareil sensoriel de chacun.

– Quand Jorunn mange une orange, c'est pour elle comme quand les autres mangent un citron : elle ne prend en général qu'un quartier à la fois et trouve que c'est acide. Et moi, je trouve cette même orange juteuse et sucrée.

– Et aucune de vous deux n'a raison ou tort. Vous ne faites que décrire l'effet produit par l'orange sur vos sens. Il en va de même pour la couleur. Supposons que tu n'aimes pas une certaine nuance de rouge. Si Jorunn porte précisément une robe de ce rouge-là, mieux vaut garder tes goûts pour toi. Vous ne voyez pas cette couleur de la même manière, ce qui ne veut pas dire que la robe *est* jolie ou laide.

– Mais tout le monde est d'accord pour admettre qu'une orange est ronde.

– Oui, si tu as une orange à la main, il est impossible de « juger » qu'elle a une forme cubique. Tu peux la « juger » plus ou moins sucrée ou acide, mais tu ne peux pas « juger » qu'elle pèse huit kilos si elle ne pèse que 200 grammes. Tu peux peut-être « croire » qu'elle pèse plusieurs kilos, mais dans ce cas tu te fourvoies complètement. Si différentes personnes doivent deviner le poids d'un objet, il y en aura toujours une qui trouvera le poids le plus approximatif et aura donc plus raison que les autres. De même, pour deviner un nombre ou déterminer s'il y a un mouvement ou pas. Soit la voiture roule, soit elle est à l'arrêt.

– Je comprends.

– Concernant la réalité dans l'espace (l'étendue), Locke rejoint par conséquent Descartes en reconnaissant qu'il existe certaines qualités que la raison de l'homme peut appréhender.

– On voit mal comment ne pas être d'accord sur ce point.

– Et, sur un autre plan, Locke ouvre la voie à un savoir intuitif ou « démonstratif ». Certaines règles morales fondamentales valent selon lui pour tous. Il se fit le chantre de ce qu'on a appelé le *droit naturel*, ce qui est un trait du rationalisme. De même, Locke affirme que la raison humaine porte en elle l'idée de Dieu.

– Il n'a peut-être pas tort.

– Sur quel point ?

– Lorsqu'il affirme qu'il existe un Dieu.

– On peut bien sûr tout imaginer. Mais ce n'est pas pour lui une question de foi, mais de raison inhérente à l'homme. Cette conception de Dieu qui est caractéristique du rationalisme implique aussi la liberté de pensée et la tolérance. Il s'intéressait également à l'égalité entre les sexes. Il pensait en effet que la position subordonnée de la femme par rapport à l'homme n'était pas une donnée de la nature, mais bien le fait des êtres humains. Ce qui revenait à dire qu'on pouvait aussi changer cet état de choses.

– C'est aussi tout à fait mon avis.

– Locke fut un des tout premiers philosophes à s'intéresser au rôle des deux sexes et exerça à ce sujet une grande influence sur son compatriote *John Stuart Mill*, qui à son tour défendit l'égalité entre les sexes. Locke était en effet sur beaucoup de points en avance sur son époque et ses idées furent reprises en France au XVIIIe siècle, dit le siècle des Lumières. C'est à lui que l'on doit entre autres le *principe du partage du pouvoir*...

– Tu veux parler de la répartition du pouvoir entre différentes institutions politiques ?

– Est-ce que tu te rappelles lesquelles ?

– Il y a le pouvoir législatif ou l'Assemblée nationale, le pouvoir judiciaire représenté par les tribunaux et le pouvoir exécutif, autrement dit le gouvernement.

– Cette tripartition nous vient de *Montesquieu*. Locke avait insisté sur la nécessité d'une séparation entre le pouvoir législatif et le pouvoir exécutif pour éviter la tyrannie. Il avait lui-même vécu à l'époque de Louis XIV qui exerçait tous les pouvoirs. « L'État, c'est moi », disait-il. Nous disons que c'était un monarque au pouvoir absolu, c'est-à-dire nullement fondé sur le droit. Pour fonder un État sur le droit, il faudrait selon Locke que les représentants du peuple rédigent les lois et laisser le roi ou le gouvernement les mettre en application.

Chapitre 21

HUME

...jetons-le donc aux flammes...

Alberto fit une pause et regarda par la fenêtre :
— On dirait que le temps se couvre, fit Sophie.
— Oui, il fait lourd.
— C'est maintenant que tu veux me parler de Berkeley ?
— Il est le deuxième grand empiriste anglais, mais il fait un peu bande à part. C'est pourquoi je préfère d'abord t'entretenir de *David Hume* qui vécut de 1711 à 1776 et dont la philosophie reste la plus déterminante parmi les empiristes. C'est aussi lui qui permit au grand philosophe Emmanuel Kant de trouver sa propre voie philosophique.
— Et si moi j'ai envie que tu me parles plutôt de Berkeley ?
— Ça ne change rien au programme que je me suis fixé. Je disais donc que Hume grandit en Écosse dans les environs d'Édimbourg. Sa famille voulait qu'il devienne un homme de loi, mais lui prétendait qu'il « sentait une aversion irrésistible envers tout ce qui n'était pas philosophie ou culture générale ». Il vivait à la même époque que les grands penseurs français *Voltaire* et *Rousseau*, c'est-à-dire au siècle des Lumières, et il passa une grande partie de sa vie à voyager en Europe avant de s'établir à Édimbourg. Il avait vingt-huit ans quand parut son livre le plus important : *Traité de la nature humaine*. Mais il affirme avoir eu l'idée de son livre dès l'âge de quinze ans.
— Si je comprends bien, j'ai plutôt intérêt à me dépêcher.
— Tu es sur la bonne voie.
— Mais si je devais élaborer ma propre philosophie, je la concevrais complètement différente de tout ce que j'ai entendu jusqu'à présent.
— Y a-t-il une dimension que nous aurions négligée ?
— D'abord, tous les philosophes dont tu m'as parlé jusqu'ici sont

des hommes. Et les hommes vivent apparemment dans leur propre monde. Je m'intéresse davantage à la réalité, aux fleurs, aux animaux, aux enfants qui naissent et grandissent. Tes philosophes n'ont que le mot « homme » à la bouche et voilà que tu veux encore m'en présenter un qui débarque avec son traité sur la « nature humaine » ! On croirait parler d'un homme d'un certain âge, alors que la vie commence dès la grossesse et la naissance. On passe complètement sous silence les couches et les pleurs du nouveau-né. Sans parler de l'amour et de l'amitié.

– Tu as tout à fait raison. Mais Hume est justement un philosophe qui a un point de vue légèrement différent des autres. Il part vraiment de la vie de tous les jours et parvient très facilement à se mettre à la place des enfants, c'est-à-dire des futurs citoyens du monde.

– Bon, alors je vais faire un effort.

– En tant qu'empiriste, il s'attache à mettre de l'ordre dans les concepts et les constructions intellectuelles des précédents philosophes, car on trouvait à cette époque aussi bien des croyances héritées du Moyen Age que les pensées des rationalistes du XVIIᵉ siècle. Hume voulut retourner à l'expérience sensible immédiate. Car aucune philosophie, dit-il, « ne pourra nous mener au-delà des expériences quotidiennes ou nous donner des règles de conduite différentes de celles qu'une réflexion sur la vie de tous les jours nous permet de trouver ».

– Cela paraît assez séduisant jusqu'ici. Tu n'aurais pas quelques exemples ?

– Il était communément admis à l'époque de Hume que les anges existaient. Qui dit ange veut dire un corps masculin avec des ailes. En as-tu déjà rencontré, Sophie ?

– Non.

– Mais tu as vu des corps masculins ?

– Quelle question !

– Et tu as déjà vu des ailes ?

– Évidemment, mais jamais sur un homme.

– Selon Hume, l'« ange » est une « association d'idées ». Deux expériences différentes dans la réalité se trouvent arbitrairement réunies par l'imagination de l'homme. En d'autres termes, c'est une représentation fausse comme tant d'autres dont il faut se débarrasser au plus vite. Car, comme dit Hume : « Si nous prenons en main n'importe quel livre sur la conception de Dieu ou la métaphysique, nous devrions nous poser la question : contient-il le moindre raisonnement abstrait concernant la grandeur ou le nombre ? Non. Contient-il le moindre raisonnement fondé sur l'expérience concernant les faits et l'existence ? Non. Alors jetons-le aux flammes, car il ne peut contenir que des élucubrations de sophistes et des rêveries avortées. »

– On peut difficilement être plus direct.

– Hume voulait revenir à la façon dont un enfant perçoit le monde, c'est-à-dire avant que les pensées et les réflexions n'aient envahi son cerveau. C'est bien toi qui trouvais que les philosophes se cantonnaient dans leur petit monde au lieu de s'ouvrir au monde réel ?

– Oui, quelque chose de ce genre.

– Hume aurait pu dire exactement la même chose. Il commence par distinguer deux types de représentations chez l'homme : les *impressions* et les *idées*. Les « impressions » sont les perceptions vives et immédiates du monde extérieur tandis que les « idées » sont les souvenirs attachés à ces impressions.

– Des exemples, s'il te plaît !

– Si tu te brûles à un poêle trop chaud, tu ressens une « impression » immédiate. Par la suite, tu vas y repenser et c'est ce que Hume appelle une « idée ». Avec cette différence que l'impression est beaucoup plus forte que le souvenir après coup. Autrement dit, l'impression des sens est originale alors que le souvenir n'est qu'une pâle copie, car l'impression est la cause directe de l'idée qui va se nicher dans la conscience.

– Jusque-là je te suis.

– Plus loin Hume explique qu'une impression ou une idée peut être soit *simple* soit *associative*. Tu te souviens que nous avons parlé d'une pomme à propos de Locke en disant que cette pomme était justement une « association d'impressions ». Nous pouvons aussi affirmer que la pomme est une « idée associative ».

– Pardon si je t'interromps, mais est-ce vraiment si important que cela ?

– Et comment ! Cela peut te paraître vain, mais tu ne dois jamais hésiter à t'interroger. Hume aurait sûrement reconnu que Descartes avait raison de vouloir vérifier l'état des fondations avant de développer le moindre raisonnement.

– Je capitule.

– Ce que Hume veut dire, c'est que nous pouvons associer des idées sans qu'elles correspondent à quelque chose de réel. Ainsi, il finit par exister des idées fausses qui ne correspondent à rien dans la nature. Nous avons déjà évoqué les anges. Ou encore précédemment les « crocophants ». Un autre exemple est Pégase, le cheval ailé. Dans tous ces cas, la conscience s'est amusée à bricoler des images pour leur donner une apparence d'impression « vraie ». La conscience, elle, n'a rien inventé, elle est juste le théâtre où les représentations s'appellent, s'évoquent ou s'entraînent les unes les autres, sans nulle intervention de la volonté.

– Je commence à comprendre pourquoi c'est si important, en effet.

– Hume s'attaque donc à toutes les représentations pour les décomposer en impressions simples et voir si elles correspondent à quelque chose de réel. Ainsi, beaucoup de gens à l'époque de Hume avaient des idées bien précises concernant le « Ciel » ou la « Nouvelle Jérusalem ». Descartes, tu t'en souviens, affirmait qu'une idée « claire et distincte » correspondait obligatoirement à quelque chose de réel.

– Je t'ai déjà dit que je ne suis pas spécialement tête en l'air.

– Il va de soi que le Ciel est une association de toutes sortes d'idées. Citons simplement quelques éléments : Dans le Ciel, il y a une « porte de perles », des « rues pleines d'or », des « foules d'anges », etc. Mais nous n'avons pas encore tout décomposé en facteurs simples. Car une « porte de perles » ou des « rues pleines d'or » ou des « anges » sont aussi des associations d'idées. Il faut distinguer les représentations élémentaires de « perle », de « porte », de « rue », d'« or », de « créature vêtue de blanc » et d'« ailes » avant de voir si elles correspondent à une « impression simple » que nous avons eue.

– Mais c'est bien le cas. Le problème, c'est que nous avons forgé à partir de ces impressions simples des réalités imaginaires.

– Voilà, tu as trouvé le mot juste. Nous appliquons en fait le même schéma que dans un rêve. Tout le matériau de base pour les rêves s'est présenté un jour à nous sous forme d'« impressions simples ». Quelqu'un qui n'aurait jamais vu d'or ne pourrait pas non plus s'imaginer une rue remplie d'or.

– C'est pas bête, ça. Mais alors Descartes et sa représentation claire et distincte de Dieu, qu'est-ce qu'il en fait ?

– Hume répond que nous voyons en Dieu un être infiniment « intelligent et bon », ce qui est une association d'idées avec d'un côté quelque chose d'intelligent et de l'autre quelque chose de bon. Si nous n'avions su ce qu'était l'intelligence ou la bonté, nous n'aurions pu forger un tel concept de Dieu. Nous considérons aussi qu'il est un « Père sévère mais juste ». Là encore, trois idées : « père », « sévère » et « juste ». A la suite de Hume, beaucoup de penseurs ont vu dans la religion une critique adressée à notre propre père quand nous étions enfants. L'image du père a finalement conduit à l'image d'un « Père au Ciel ».

– C'est peut-être vrai. Mais je ne vois pas pourquoi Dieu serait nécessairement un être de sexe masculin. Maman disait parfois, histoire de rétablir un peu l'équilibre : « Notre Mère qui êtes aux Cieux... »

– La modernité de Hume se vérifie tous les jours, car nous utilisons la plupart du temps des concepts associatifs sans nous interroger une seconde sur leur valeur. Qu'en est-il du « moi » par exemple, c'est-à-dire du noyau de la personnalité ? C'est pourtant sur cette représentation que Descartes avait fondé toute sa philosophie.

– J'espère que Hume n'essaye pas de nier que je suis moi. Parce que dans ce cas, il peut délirer longtemps.

– Écoute, Sophie, s'il y a une chose que tu dois retenir de ton cours de philosophie, c'est bien de ne pas tirer de conclusions hâtives.

– Continue.

– Applique la méthode de Hume sur ce que tu conçois comme ton « moi ».

– Bon, je dois d'abord me demander si c'est une représentation simple ou associative.

– Et tu en déduis...

– ... que je me perçois plutôt comme un ensemble assez complexe : mon humeur est très changeante et j'ai du mal à prendre des décisions. Je suis aussi capable d'aimer et de détester la même personne.

– La représentation de ton « moi » est donc une association d'idées.

– Parfaitement. Puis je dois me demander si je possède une

impression de mon propre moi qui corresponde à ça. Je dois bien en avoir une. Je l'ai en permanence, non ?

– Pourquoi sembles-tu hésiter sur ce point ?

– C'est parce que je change tout le temps. Je ne suis pas la même aujourd'hui qu'il y a quatre ans. Mon humeur mais aussi l'image que j'ai de moi-même se modifient d'un instant à l'autre. Il arrive que je me perçoive comme un « être radicalement neuf ».

– Le sentiment d'avoir un noyau de personnalité irréductible et immuable est donc illusoire. La représentation du « moi » est en fait une longue chaîne d'impressions isolées que tu n'as pas vécues simultanément, « une collection de divers contenus de conscience qui se succèdent à toute vitesse et qui changent et bougent constamment », dit Hume. Nous n'avons donc pas de personnalité de base où viendraient s'inscrire et s'enchaîner par la suite toutes les émotions et les concepts. C'est comme un film à l'écran : les images défilent si vite que nous ne voyons pas que le film est en fait constitué d'une infinité d'images isolées. En réalité, un film n'est qu'une somme d'instants.

– Je crois que j'abandonne.

– Tu veux dire que tu abandonnes la représentation fallacieuse de ton « moi » que tu croyais immuable ?

– Je suis bien obligée.

– Avoue que tu n'étais pas partie pour, au début ! Pourtant quelqu'un d'autre que Hume, deux mille cinq cents ans plus tôt, avait analysé la conscience de l'homme et détruit le mythe d'un moi irréductible.

– C'était qui ?

– *Bouddha*. Leurs formulations sont si proches que c'en est presque troublant. Bouddha considérait la vie de l'homme comme une suite ininterrompue de cycles psychiques et physiques qui modifiaient à chaque instant l'être humain. Le nouveau-né n'est pas le même que l'adulte et je ne suis pas aujourd'hui la même personne qu'hier. De rien je ne peux dire : « ceci m'appartient », dit Bouddha, et rien ne me permet de dire : « ça, c'est moi ». Il n'existe pas de « moi » ou de noyau immuable de la personnalité.

– C'est vraiment très proche de Hume en effet.

– Dans le même ordre d'idées, les rationalistes avaient également affirmé l'immortalité de l'âme.

– Mais ça aussi c'est une idée fausse, non ?

– Oui, aussi bien pour Hume que pour Bouddha. Sais-tu ce que dit Bouddha à ses disciples avant de mourir ?

– Comment le saurais-je ?

– « Toutes les choses créées sont condamnées à disparaître, aussi travaillons à notre salut », dit-il. Hume aurait pu dire la même chose. Et, qui sait, même Démocrite. Nous savons en tout cas que Hume refusa d'essayer de démontrer l'immortalité de l'âme ou l'existence de Dieu. Non qu'il en exclût la possibilité, mais croire qu'on pouvait fonder la foi religieuse par la raison humaine relevait selon lui de l'hérésie rationaliste. Hume n'était pas chrétien, mais il n'était pas non plus athée. Il était ce que nous appelons un *agnostique*.

– Ce qui signifie ?

– Un agnostique est quelqu'un qui ne sait si Dieu existe. Quand Hume, sur son lit de mort, reçut la visite d'un ami qui lui demanda s'il croyait à une vie après la mort, Hume lui aurait répondu qu'un morceau de charbon jeté au feu pouvait ne pas brûler.

– Ah bon…

– Sa réponse dénote bien sa totale liberté de jugement. Il ne reconnaissait comme vrai que ce qu'il avait perçu comme tel par ses propres sens. Il laisse sinon le champ ouvert à toutes les hypothèses. Il ne rejetait pas la foi chrétienne ou la croyance aux miracles. Mais dans les deux cas il est question de *foi* et non de savoir ou de *raison*. On peut en gros affirmer que le dernier maillon entre la foi et la raison se brise avec la philosophie de Hume.

– Mais tu as dit qu'il ne rejetait pas les miracles.

– Ce qui ne veut pas dire qu'il y croyait, bien au contraire. Il constate seulement le besoin qu'ont les hommes de croire à des événements que nous qualifierions aujourd'hui de « surnaturels ». Mais ce n'est pas un hasard si tous ces miracles se passent très loin d'ici, il y a très, très longtemps. Hume refuse de croire aux miracles tout simplement parce qu'il n'en a jamais vu de ses propres yeux. Mais que les miracles n'existent pas, il n'en a pas de preuves tangibles non plus.

– Tu peux reprendre ce dernier point ?

– Hume considère le miracle comme une rupture avec les lois naturelles. Mais il est absurde de dire que nous avons une *expérience sensible* des lois naturelles. Nous voyons bien qu'une pierre tombe par terre si nous la lâchons, mais si elle ne tombait pas, nous en aurions tout autant fait l'expérience.

– J'aurais pourtant dit que c'était un miracle, ou quelque chose de surnaturel.

– Tu crois donc qu'il existe deux natures, une « nature » et une « surnature ». Ne sens-tu pas que tu retombes dans les propos nébuleux des rationalistes ?

– C'est possible, mais je pense que la pierre retombera systématiquement par terre si je la lâche.

– Et pourquoi ça ?

– Là, je trouve que tu exagères.

– Mais non, Sophie, un philosophe ne se posera jamais assez de questions. C'est peut-être un des points clés de la pensée de Hume. Réponds-moi, comment peux-tu être si sûre que la pierre tombera toujours par terre ?

– Je l'ai vu tant de fois que j'en suis sûre.

– Hume dirait que tu l'as vue tomber un nombre incalculable de fois, mais tu n'as pas fait l'expérience qu'il *en sera toujours ainsi*. Il est courant d'affirmer que la pierre tombe par terre en vertu de la « loi de la pesanteur », mais nous n'avons jamais *fait l'expérience* d'une telle loi : nous nous bornons à constater que les choses tombent à terre.

– N'est-ce pas la même chose ?

– Pas tout à fait. Tu es si habituée au déroulement des opérations que tu sais d'avance ce qui va se produire si tu laisses tomber une pierre. C'est ainsi que naissent les représentations de ce que nous désignons par « lois naturelles ».

– Est-ce qu'il pense vraiment qu'une pierre peut ne pas tomber ?

– Il était certainement aussi convaincu que toi à ce sujet, mais il fait remarquer qu'il n'a aucune expérience sur le *pourquoi* de la chose.

– Est-ce qu'on ne s'est pas un peu éloignés des enfants et des fleurs ?

– Non, bien au contraire. Les enfants sont pour Hume les témoins de la vérité. Qui, de toi ou d'un enfant d'un an, serait le plus étonné de voir une pierre rester dans l'air une heure ou deux ?

– Moi.

– Et pourquoi ça, Sophie ?

– Sans doute parce que l'enfant ne comprendrait pas à quel point cela est contraire aux lois de la nature.

– Et pourquoi l'enfant ne comprendrait-il pas que c'est contraire aux lois de la nature ?

– Parce qu'il n'a pas encore appris comment est la nature.

– Ou disons que la nature n'est pas encore devenue une *habitude*.

– Ah, c'est là où tu voulais en venir ! En somme, Hume voulait que les hommes gardent leurs sens en éveil.

– Tiens, je te donne un exercice : si un petit enfant et toi assistiez à un tour de magie, comme de voir quelque chose flotter dans l'air, lequel des deux, selon toi, s'amuserait le plus ?

– Je pense que ce serait plutôt moi.

– Et pourquoi, à ton avis ?

– Parce que je me rendrais compte à quel point c'est incroyable.

– Exactement. Le petit enfant n'éprouve aucun plaisir à voir les lois de la nature transgressées, car il ne les connaît pas encore. L'enfant n'est pas encore devenu l'esclave des attentes dues à l'habitude. L'enfant est sans préjugés, qualité première d'un grand philosophe. Il perçoit le monde tel qu'il est sans idées *a priori* qui faussent notre vision d'adultes.

– Chaque fois que j'ai des préjugés, je le regrette, c'est vrai.

– Quand Hume traite le problème de l'habitude, il se concentre sur la « loi de causalité ». Selon cette loi, chaque événement a une cause. Hume prend l'exemple de deux boules de billard : si tu heurtes avec une boule noire une boule blanche à l'état de repos, que va-t-il arriver à celle-ci ?

– Elle va se mettre à bouger.

– Oui, et pourquoi ?

– Mais parce qu'elle a été touchée par la boule noire, pardi !

– On dit habituellement dans ce cas que la boule noire est la *cause* du mouvement de la blanche, n'est-ce pas ? Mais rappelle-toi que nous n'avons le droit d'énoncer quelque chose que si nous en avons fait l'expérience avant.

– Eh bien, je l'ai souvent observé, car Jorunn a une table de billard dans la cave.

– Hume dit que tu as juste pu observer que la boule noire a heurté la boule blanche et l'a mise en mouvement, mais que tu n'as pas perçu réellement le lien de causalité. Tu as pu constater que ces deux événements se suivaient dans le temps, mais tu ne peux pas pour autant affirmer que le deuxième événement se produit *à cause* du premier.

– Ce n'est pas un peu tiré par les cheveux ?

– Non, c'est important. Cette succession d'événements n'est pas inscrite dans les objets eux-mêmes mais dans notre conscience qui s'y attend. Et qui dit attente dit, nous l'avons vu, habitude. Un petit enfant n'aurait pas été spécialement surpris si les deux boules étaient restées immobiles après s'être touchées. Hume démontre ainsi que les soi-disant « lois naturelles » comme la « loi de cause à effet » relèvent de l'habitude et ne sont aucunement fondées sur la raison. Elles ne sont pas logiques ou illogiques, elles sont comme elles sont, un point c'est tout. Nous ne naissons pas avec des idées préconçues sur la bonne marche du monde. Le monde se présente à nous tel qu'il est et nous le découvrons jour après jour grâce à nos sens.

– Ça fait vraiment une si grande différence que ça ?

– Oui, car si nous sommes trop victimes de nos attentes, nous risquons de tirer des conclusions hâtives.

– Comme par exemple ?

– Eh bien, même si je vois un troupeau de chevaux noirs, cela ne veut pas dire que tous les chevaux sont noirs.

– Bien sûr.

– Et même si tu n'as rencontré toute ta vie que des corbeaux noirs, cela ne veut pas dire pour autant qu'il n'existe pas de corbeaux blancs. Le philosophe comme le scientifique veillent à n'exclure aucune possibilité. La chasse au « corbeau blanc » est en quelque sorte le premier devoir de la science.

– Je vois ce que tu veux dire.

– Dans le lien de cause à effet, on peut citer le phénomène de l'orage où beaucoup s'imaginent que l'éclair est la cause du tonnerre parce que le tonnerre a toujours quelques secondes de décalage avec l'éclair. Cet exemple n'est pas si différent de celui des boules de billard. Aussi je te demande : l'éclair est-il vraiment à l'origine du tonnerre ?

– Pas vraiment, en fait l'éclair et le tonnerre se produisent simultanément...

– ... parce que tous deux sont le résultat d'une décharge électrique. Ainsi on voit qu'en réalité c'est un troisième facteur qui est la cause de ces deux phénomènes.

– Je comprends.

– Un empiriste contemporain, *Bertrand Russell*, a donné un exemple encore plus grotesque : un poulet qui remarque chaque jour qu'on lui donne à manger après que le fermier a traversé la cour finira par trouver un lien de cause à effet entre le fermier qui traverse la cour et la nourriture qu'on met dans son écuelle.

– Et si un jour on ne lui donne pas à manger ?

– C'est le jour où le fermier traverse la cour pour lui tordre le cou.

– Quelle horreur !

– Que deux choses se succèdent dans le temps ne signifie pas nécessairement qu'il y a un lien de causalité. C'est un des premiers devoirs du philosophe que de mettre justement en garde les hommes contre la tentation de tirer trop rapidement des conclusions. Car on court alors le risque de retomber dans la superstition.

– Comment ça ?

– Un chat noir traverse la rue devant toi. Un peu plus tard dans la journée, tu tombes et te casses un bras. Et pourtant il n'y a aucun lien de cause à effet entre les deux événements. Dans le domaine scientifique, il s'agit aussi de rester très vigilant : même si beaucoup de personnes guérissent après avoir pris un certain médicament, rien ne prouve que c'est le médicament qui les a guéries. C'est pourquoi il est important de faire croire à une équipe volontaire qu'ils reçoivent le même médicament, alors qu'on ne leur donne qu'un placebo à base de farine et d'eau. Si ces personnes-là guérissent aussi, c'est alors la preuve qu'il y a un troisième facteur en jeu, comme la foi dans le médicament par exemple.

– Je crois que je commence à comprendre ce qu'on entend par empirisme.

– Dans la morale et l'éthique aussi, Hume s'attaque à la pensée rationaliste selon laquelle la différence entre le bien et le mal est inscrite dans la raison de l'homme. Hume au contraire soutient que ce n'est pas la raison qui détermine ce que nous disons ou faisons.

– C'est quoi alors ?

– Ce sont nos sentiments. Si tu décides d'aider quelqu'un qui en a besoin, ce sont tes sentiments qui te poussent à agir et non ta raison.

– Et si je ne le fais pas ?

– C'est encore une question de sentiments. Ce n'est pas juste ou injuste de ne pas aider quelqu'un qui a besoin d'aide, c'est simplement lâche.

– Il doit bien y avoir une limite. Tout le monde est d'accord pour admettre qu'on n'a pas le droit de *tuer* quelqu'un.

– Selon Hume, nous nous sentons tous concernés par le bien-être de nos semblables. Nous possédons tous la faculté de compatir, mais cela n'a rien à voir avec la raison.

– Je n'en suis pas si sûre.

– Cela peut s'avérer parfois utile d'écarter quelqu'un de son chemin, Sophie. Surtout si on s'est fixé un but bien précis, c'est une recette qui a fait ses preuves, crois-moi !

– Non, là tu exagères !

– Alors explique-moi donc pourquoi on laisserait en vie quelqu'un de gênant.

– Mais l'autre aussi aime la vie. On n'a pas le droit de le supprimer !

– Est-ce là une preuve logique ?

– Je ne sais pas.

– A partir d'une phrase descriptive : « mais l'autre aussi aime la vie », tu es passée à une phrase d'énoncé normatif : « on n'a pas le droit de le supprimer ». D'un point de vue purement formel, c'est une aberration. C'est comme si tu disais que « beaucoup de gens trichent sur leur déclaration de revenus, c'est pourquoi je dois aussi tricher ». En d'autres termes, nous ne devons jamais glisser d'une phrase décrivant ce qui *est* à une phrase de type *il faut*. Et c'est pourtant bien ce que nous faisons à longueur de temps, les journaux, les programmes politiques et les discours de l'Assemblée en sont truffés. Tu veux quelques exemples ?

– Volontiers.

– « De plus en plus de gens désirent voyager en avion. C'est pourquoi il faut construire davantage d'aéroports. » Est-ce que ça te semble une bonne conclusion ?

– Non, c'est n'importe quoi. Et l'environnement dans tout ça ? Tant qu'à faire, il faudrait plutôt développer le réseau de trains.

– Ou encore : « L'exploitation des nouvelles plates-formes pétrolières permettrait une augmentation de dix pour cent du niveau de vie. C'est pourquoi nous devons nous dépêcher de les construire. »

– Quelle idiotie ! Là encore, et l'environnement ? Quant au niveau de vie, il est déjà assez haut comme ça en Norvège.

– Il arrive qu'on dise que « cette loi a été votée par l'Assemblée, aussi tous les citoyens doivent s'y conformer », et pourtant cela va souvent à l'encontre du désir de chacun de se soumettre à de telles lois arbitraires.

– Je vois ce que tu veux dire.

– Pour résumer, la raison ne peut nous dire comment nous devons agir. Et ce n'est pas en triturant nos méninges que nous nous comporterons en adultes responsables, car ce n'est qu'une question de cœur. « Il n'est pas contraire à la raison de préférer la destruction du monde à une égratignure au doigt », dit Hume.

– C'est terrifiant, ce que tu dis là !

– Écoute : après des inondations catastrophiques, n'est-ce pas seul notre cœur qui nous pousse à agir pour secourir les populations sinistrées ? Si nous n'avions pas de sentiments et laissions parler notre « raison froide », ne pourrions-nous pas penser qu'au fond ce n'était pas une si mauvaise chose, puisque ça supprime des millions de gens dans un monde déjà menacé par la surpopulation ?

– Ça me rend folle qu'on puisse faire ce raisonnement.

– Tu vois bien que ce n'est pas ta raison qui est choquée.

– Merci, ça va, j'ai compris.

Chapitre 22

BERKELEY

...comme un globe ivre tournoyant autour d'un soleil en feu...

Alberto se leva et se dirigea vers la fenêtre. Sophie vint à ses côtés. Au bout d'un moment ils aperçurent un petit avion à réaction qui survolait les toits. Derrière lui flottait une banderole.

Sophie s'attendait à lire une quelconque publicité pour un concert, mais l'avion se rapprocha, et quelle ne fut pas sa stupéfaction de lire :

« TOUTES MES FÉLICITATIONS POUR TON ANNIVERSAIRE, HILDE ! »

– Il est obstiné, fut le seul commentaire d'Alberto.

De gros nuages noirs venus des plaines du Sud s'étaient accumulés au-dessus de la ville. Le petit avion fut comme happé par un lourd nuage et disparut.

– Il y a de l'orage dans l'air, dit Alberto.

– Je prendrai le bus pour rentrer.

– Espérons que ce n'est pas encore un coup du major.

– Il n'est quand même pas tout-puissant ?

Alberto ne répondit pas et retourna s'asseoir.

– Nous avons à parler un peu de Berkeley, déclara-t-il après un moment.

Sophie aussi s'était rassise et se surprit à se ronger les ongles.

– *George Berkeley* était un évêque irlandais qui vécut de 1685 à 1753, commença Alberto avant de marquer une longue pause.

– Berkeley était un évêque irlandais... répéta Sophie.

– ... et aussi un philosophe.

– Ah ?

– Il sentit que la philosophie et la science mettaient en danger la conception chrétienne du monde. Le matérialisme s'attaquait à la foi selon laquelle Dieu avait créé l'univers et le maintenait en vie.

– Oui, et alors ?

– Eh bien, Berkeley fut l'empiriste qui alla le plus loin dans ses conclusions.

– Parce qu'il a dit que nous ne pouvons connaître le monde que par nos sens ?

– Pas seulement. Il a montré que les choses sont exactement comme nous les percevons, mais à cette différence près qu'elles ne sont pas des « choses ».

– Comment ça ?

– Tu te rappelles que Locke avait insisté sur le fait que nous ne pouvons rien dire sur les *qualités secondaires* des choses. Nous pouvons affirmer qu'une pomme est verte et acide, mais cela n'engage que nous. Par contre les *qualités primaires* telles que la masse, le volume et le poids appartiennent réellement au monde extérieur qui, lui, a une « substance » physique.

– Eh ! je n'ai pas encore perdu la mémoire que je sache.

– Locke pensait à la suite de Descartes et Spinoza que le monde physique est une réalité.

– Tiens !

– Eh bien c'est ce point que Berkeley, en empiriste conséquent, va mettre en doute. Selon lui, la seule chose qui existe est ce que nous percevons. Justement, nous ne percevons pas la « matière » ou encore la « substance ». Nous ne pouvons saisir le monde à pleines mains comme si c'était un simple « objet ». En partant de l'hypothèse que tout ce que nous percevons est une manifestation d'une « substance » cachée, nous commettons une erreur. Nous ne sommes absolument pas en mesure de fonder une telle assertion.

– Mais enfin, regarde !

Sophie donna un coup de poing sur la table.

– Aïe, gémit-elle tant elle avait frappé fort, est-ce que cela ne prouve pas suffisamment que nous avons affaire à une vraie table qui est composée d'une matière réelle ?

– Qu'as-tu senti ?

– Quelque chose de dur.

– Tu as une perception nette de quelque chose de dur, mais tu n'as pas senti la *matière* même de la table. Ainsi, tu peux rêver que tu te cognes contre quelque chose de dur, alors qu'il n'y a rien de dur dans ton rêve.

– Effectivement, pas en rêve.

— On peut aussi influencer la perception de quelqu'un. Sous hypnose, un homme sentira le chaud ou le froid, les caresses comme les coups de poing.

— Mais si ce n'est pas la table elle-même qui était dure, qu'est-ce qui m'a fait sentir quelque chose de dur ?

— Berkeley prétendait que c'était une *volonté* ou un *esprit*. Selon lui, toutes nos idées ont une cause extérieure à notre propre conscience, mais cette cause est de nature spirituelle et non matérielle.

Sophie avait recommencé à se ronger les ongles. Alberto poursuivit :

- Selon Berkeley, ma propre âme peut être la cause de mes propres représentations, comme dans le cas du rêve, mais seule une autre volonté ou un autre esprit peut être la cause des idées qui déterminent notre monde matériel. Tout découle de l'esprit « qui agit en toute chose et en quoi toute chose consiste », disait-il.

— Et il s'agirait de quel genre d'esprit ?

— Berkeley pense à Dieu, naturellement. Il alla jusqu'à dire que « nous pouvons même affirmer que l'existence de Dieu est beaucoup plus clairement perçue que celle des hommes ».

— Alors on n'est même plus sûr d'exister ?

— Écoute... Tout ce que nous voyons et sentons est « une conséquence de la puissance de Dieu », rappelait Berkeley. Car Dieu est « intimement présent dans notre conscience et fait surgir toute cette multitude d'idées et de perceptions auxquelles nous sommes sans cesse exposés ». Le monde entier ainsi que toute notre existence reposent entre les mains de Dieu. Il est l'unique cause de tout ce qui est.

— Là tu m'en bouches un coin, c'est le moins qu'on puisse dire.

— « Être ou ne pas être » n'est donc pas toute la question. Il faut aussi se demander *ce* que nous sommes. Sommes-nous de vrais êtres humains en chair et en os ? Notre monde est-il constitué de choses réelles ou sommes-nous seulement entourés de conscience ? Car Berkeley ne se contente pas de mettre en doute la réalité matérielle, mais aussi le temps et l'espace qui selon lui n'ont absolument pas d'existence indépendante. Notre perception du temps et de l'espace est quelque chose qui n'existe que dans notre conscience. Une ou deux semaines pour nous ne sont pas nécessairement une ou deux semaines pour Dieu...

– Tu as dit que pour Berkeley cet esprit qui est à l'origine de tout, c'est Dieu.

– Oui, mais pour nous...

– Eh bien ?

– ...pour nous cette « volonté » ou cet « esprit » qui agit sur tout peut fort bien être le père de Hilde.

Sophie se tut, consternée. Son visage tout entier n'exprimait qu'un grand point d'interrogation. Puis elle se ressaisit et demanda tout à coup :

– Tu y crois, toi ?

– Je ne vois pas d'autre possibilité. Cela semble être la seule explication plausible. Je pense à tout ce à quoi nous avons eu droit, les cartes postales et tous les événements étranges qui se sont produits ici et là, comme Hermès se mettant à parler ou moi-même me trompant de prénom.

– Je...

– Est-ce que tu te rends compte que je t'ai appelée Sophie, ma chère Hilde ! Alors que j'ai tout le temps su que tu ne t'appelais pas Sophie !

– Mais qu'est-ce que tu racontes ? Ça ne tourne pas rond ou quoi ?

– Mais si, ça tourne et ça tourne, mon enfant. Comme un globe ivre tournoyant autour d'un soleil en feu.

– Et ce soleil, c'est le père de Hilde ?

– On peut présenter les choses comme ça.

– Tu veux dire qu'il a été une sorte de Dieu pour nous ?

– Oui, et sans en être le moins du monde gêné. Quel culot !

– Et Hilde dans tout ça ?

– Elle est un ange, Sophie.

– Un ange ?

– Hilde est celle à qui s'adresse cet « esprit ».

– Tu veux dire qu'Albert Knag parle de nous à Hilde ?

– Ou qu'il écrit sur nous. Car, nous venons de le voir, comment pourrions-nous percevoir la matière de notre propre réalité ? Nous ne pouvons savoir si notre réalité extérieure est faite d'ondes sonores ou de papier et d'écriture. Selon Berkeley, nous savons tout au plus que nous sommes faits d'esprit.

– Et Hilde est donc un ange...

– Oui. Arrêtons-nous là. Bon anniversaire, Hilde !

A cet instant la pièce fut inondée d'une lumière bleutée et quelques secondes plus tard ils entendirent gronder le tonnerre qui secoua toute la maison.

Le regard perdu, Alberto se taisait.

– Il faut que je rentre, fit Sophie en se levant.

Hermès qui dormait à son habitude sous la penderie se réveilla quand elle ouvrit la porte d'entrée. Elle crut l'entendre lui dire :

– A bientôt, Hilde.

Elle descendit l'escalier à toute allure et se retrouva dans la rue. Il n'y avait pas un chat. Il faut dire qu'il tombait des cordes.

Quelques voitures glissaient sur l'asphalte mouillé, mais il n'y avait aucun bus en vue. Elle courut jusqu'à la place du Marché et retraversa toute la ville, avec une seule idée en tête.

Demain, c'est mon anniversaire, réfléchissait-elle. N'était-ce pas un peu amer de se rendre compte la veille de ses quinze ans que la vie n'était qu'un songe ? C'était comme rêver de décrocher le gros lot d'un million et comprendre juste au moment de toucher la somme que ce n'était que du vent.

Sophie coupa par le stade gorgé d'eau. Elle aperçut alors quelqu'un qui courait à sa rencontre. C'était sa mère. Plusieurs éclairs déchirèrent le ciel.

Sa mère la serra violemment contre elle.

– Mais qu'est-ce qui nous arrive, ma chérie ?

– Je ne sais pas, répondit Sophie en larmes, c'est comme un mauvais rêve.

Chapitre 23

BJERKELY

...un vieux miroir magique que son arrière-grand-mère avait acheté à une gitane...

Hilde Møller Knag se réveilla dans sa chambre mansardée près de Lillesand. Elle regarda sa montre, il n'était que six heures. Pourtant il faisait déjà jour. Une large bande de soleil inondait presque tout un pan de mur.

Elle sauta du lit et courut à la fenêtre. En passant près de son bureau, elle arracha une page du petit calendrier. Jeudi 14 juin 1990. Elle froissa la feuille et la jeta à la corbeille.

Elle lisait maintenant « vendredi 15 juin 1990 ». Au mois de janvier déjà, elle avait écrit « 15 ANS » sur cette page. Elle trouvait que cela tombait particulièrement bien qu'elle ait quinze ans le quinze. Cela n'arriverait qu'une fois dans sa vie.

Quinze ans ! N'était-ce pas le premier jour de sa « vie d'adulte » ? Il était hors de question de se recoucher un jour pareil. C'était d'ailleurs le dernier jour de classe avant les grandes vacances. Ils avaient tous rendez-vous à l'église à une heure. Mais surtout : dans une semaine, son père rentrerait du Liban. Il avait promis d'être là pour la Saint-Jean.

Hilde regarda par la fenêtre le jardin qui descendait vers la jetée et le hangar à bateau en bois rouge. Le bateau n'était pas encore remis en état pour la saison, mais la vieille barque était amarrée sur le quai. Tiens, il ne fallait pas qu'elle oublie d'écoper après le déluge de la veille.

Elle laissait son regard parcourir la baie quand lui revint à l'esprit qu'à l'âge de six, sept ans elle avait réussi à monter dans la barque et s'était éloignée à la rame sur le fjord. Elle était tombée à l'eau et parvenue, on ne sait trop par quel miracle, à regagner la rive. Trempée de la tête aux pieds, elle était rentrée à la maison en coupant par les buissons, et quand elle avait atteint le jardin, elle avait aperçu sa mère qui courait au-devant d'elle. La barque et les rames avaient continué à dériver sur le fjord. Il lui arrivait encore de rêver à cette barque abandonnée sur le fjord. Cela l'avait terriblement marquée.

Le jardin n'était pas particulièrement bien soigné ni débordant de fleurs, mais il était grand et c'était celui de Hilde. Seuls un pommier assez dégarni et quelques framboisiers et groseilliers qui ne donnaient plus guère de fruits avaient survécu aux rigueurs de l'hiver.

Entourée de quelques rochers plats et de mauvaises herbes, la balancelle, perdue sur la pelouse râpée, se détachait dans la lumière du matin. Elle avait l'air encore plus misérable du fait qu'on avait rentré les coussins. Maman avait dû le faire tard dans la soirée à l'annonce de l'orage.

Tout le jardin était entouré de bouleaux, ce qui le protégeait des regards indiscrets. C'était pour cette raison que la propriété s'était autrefois appelée Bjerkely (à l'ombre des bouleaux).

C'est l'arrière-grand-père de Hilde qui avait construit cette maison à la fin du XIXᵉ siècle. Il avait été capitaine sur un des derniers grands voiliers. Aussi beaucoup de personnes connaissaient-elles encore cette demeure sous le nom de « pavillon du capitaine ».

Ce matin, le jardin portait encore les traces du violent orage de la veille. Hilde s'était réveillée plusieurs fois à cause des coups de tonnerre. Mais le ciel était à présent entièrement dégagé.

L'air était si pur après ces pluies d'été. Il avait fait plutôt lourd et sec les dernières semaines, les bouleaux avaient même marqué le coup en laissant les pointes de leurs feuilles prendre une légère couleur jaune. Le monde semblait comme un sou neuf et Hilde sentait que l'orage l'avait comme lavée de toute son enfance.

« Oui, cela fait mal quand les bourgeons éclosent... » disait le début d'un célèbre poème suédois. A moins que ce ne fût un poème finlandais ?

Hilde se plaça devant le grand miroir en laiton qui lui venait de sa grand-mère.

Est-ce qu'elle était belle ? En tout cas, elle n'était pas laide. Oh, elle devait se situer dans la moyenne...

Elle avait de longs cheveux blonds. Hilde avait cependant toujours pensé qu'ils auraient dû être soit plus clairs, soit plus foncés, car entre les deux ce n'était pas très intéressant. En revanche, elle avait des boucles souples que lui enviaient nombre de ses amies qui tentaient vainement d'en obtenir avec force bigoudis. Ses cheveux avaient toujours eu ce mouvement naturel. Et quels yeux verts, d'un beau vert intense ! « Comment peuvent-ils être aussi verts ? » se demandaient souvent ses oncles et tantes en se penchant sur elle.

Hilde essayait de savoir si l'image que lui renvoyait le miroir était celle d'une jeune fille ou d'une jeune femme. Elle conclut qu'elle n'était ni l'une ni l'autre. Son corps pouvait peut-être passer pour le corps d'une femme, mais son visage était encore trop lisse et trop rond.

Il y avait quelque chose dans ce miroir qui lui faisait irrésistiblement penser à son père. On l'avait autrefois accroché dans « l'atelier ». L'atelier, c'était cette pièce au-dessus du hangar à bateau qui lui servait à la fois de bibliothèque, de boudoir et de bureau d'écrivain. Albert, comme l'appelait Hilde quand il était à la maison, avait toujours eu l'espoir d'écrire une grande œuvre un jour. Il faut dire qu'il avait commencé un roman, mais avait rapidement abandonné ce projet. Il avait malgré tout publié à intervalles réguliers des vers et quelques textes sur la vie le long de l'archipel dans un journal local, et Hilde avait chaque fois éprouvé la même fierté en voyant son nom imprimé : ALBERT KNAG. En tout cas, à Lillesand, ce nom avait une résonance toute particulière. C'était également le nom de son arrière-grand-père.

Ah, ce miroir... Il y a des années de cela, son père s'était amusé à lui faire remarquer qu'on pouvait cligner de l'œil à son image dans un miroir, mais qu'il était impossible de se voir cligner des deux yeux. Ce miroir en laiton constituait à sa connaissance la seule exception à cette règle, car c'était un vieux miroir magique que son arrière-grand-mère avait acheté à une gitane juste après son mariage.

Hilde avait eu beau essayer un bon moment, cela se révélait aussi difficile de se voir cligner des deux yeux que de fuir sa propre ombre. Elle avait fini par hériter de cet étrange miroir, mais il ne se passait pas de mois sans qu'elle fasse une nouvelle tentative.

Pas étonnant qu'elle soit un peu pensive aujourd'hui, pas étonnant non plus qu'elle ait envie de savoir qui elle était. Quinze ans...

Elle jeta enfin un regard sur sa table de nuit. Il y avait un gros paquet ! Emballé dans un beau papier bleu clair avec un ruban de soie rouge autour. Ce devait être son cadeau d'anniversaire !

Était-ce le « cadeau » ? Ce fameux cadeau dont il avait été tellement question de manière détournée ? Il y avait fait plusieurs fois allusion dans ses cartes du Liban, mais ne s'était-il pas « imposé une stricte censure » ?

Le cadeau devait être quelque chose qui ne « cesserait de grandir », avait-il écrit. Et il avait mentionné une jeune fille dont elle ferait bientôt la connaissance et à qui il avait envoyé le double de toutes ses cartes.

Hilde avait bien essayé de faire parler sa mère, mais elle n'avait pas eu l'air d'être au courant.

Le plus étrange, c'était cette allusion sur le fait que ce cadeau pourrait « être partagé avec d'autres personnes ». Ah, ce n'était pas pour rien qu'il travaillait pour les Nations unies. Si son père avait bien une idée fixe, c'était que l'ONU devait exercer une responsabilité globale sur le monde entier. « Si seulement les Nations unies pouvaient rassembler tous les hommes ! » avait-il écrit dans une de ses cartes.

Elle avait tellement envie d'ouvrir son cadeau avant que Maman ne lui apporte son petit déjeuner au lit en lui souhaitant un joyeux anniversaire. Elle devait en avoir le droit, sinon pourquoi l'aurait-on posé là ?

Hilde prit le gros paquet sur la table de nuit. Qu'il était lourd ! Elle trouva une carte : « Pour tes quinze ans, Hilde, de la part de Papa. »

Elle s'assit sur le lit et défit délicatement le ruban de soie rouge avant de déplier le papier.

C'était un grand classeur !

Alors c'était ça, son cadeau ! C'était ça dont il avait fait tout un plat ! Ce fameux cadeau qui ne « cesserait de grandir » et qu'elle allait pouvoir partager avec d'autres ?

Un bref coup d'œil lui permit de se rendre compte que le classeur était rempli de feuilles dactylographiées. Elle reconnut les caractères de la machine à écrire que son père avait emportée avec lui au Liban.

Il ne lui avait quand même pas écrit tout un livre ! ! !

Sur la première page était écrit à la main :

LE MONDE DE SOPHIE

Un peu plus bas, mais à la machine cette fois :

CE QUE LE SOLEIL EST À LA TERRE NOIRE,
LA VRAIE CLARTÉ DE L'ESPRIT L'EST AUX HÔTES DE LA TERRE.

N.F. S. Grundtvig

Hilde tourna la page. En haut de la page suivante commençait le premier chapitre intitulé « Le jardin d'Éden ». Elle s'installa confortablement dans son lit, appuya le classeur contre ses genoux et se mit à lire :

Sophie Amundsen rentrait de l'école. Elle avait d'abord fait un bout de chemin avec Jorunn. Elles avaient parlé des robots. Pour Jorunn, le cerveau humain était un ordinateur sophistiqué. Sophie sentait qu'elle n'était pas tout à fait de son avis. On ne pouvait pas réduire l'être humain à une machine, non ?

Hilde continua à lire et bientôt oublia tout le reste, même son anniversaire. De temps en temps, une pensée venait interrompre le fil de la lecture : Est-ce que son père avait écrit un roman ? S'était-il enfin attelé à son grand roman et l'avait-il terminé au Liban ? Il s'était si souvent plaint des longues heures d'inaction là-bas.

Sophie aussi voyageait à travers l'histoire du monde. Ce devait être elle, celle que son père voulait lui faire rencontrer...

Lorsqu'elle acceptait l'idée que sa vie puisse prendre fin un jour, elle ressentait alors comme jamais auparavant quelle chance extraordinaire elle avait d'être en vie... D'où vient le monde ?... A un moment donné il a bien fallu que quelque chose surgisse du néant. Mais était-ce concevable ? N'était-ce pas tout aussi impossible à imaginer que l'idée d'un monde qui aurait toujours existé ?

Hilde tournait les pages les unes après les autres et sursauta quand elle arriva au passage où Sophie reçoit une carte postale du Liban adressée à

« Hilde Møller Knag c/o Sophie Amundsen
3, allée des Trèfles... »

Chère Hilde,
Je te souhaite plein de bonnes choses pour tes quinze ans.
Comme tu sais, je tiens à te faire un cadeau qui te permette

de grandir. Pardonne-moi si j'envoie la carte à Sophie. C'était
plus commode comme ça.
    Je t'embrasse,

ton Papa.

Le petit malin ! Hilde avait toujours su que son père avait plus d'un tour dans son sac, mais aujourd'hui il l'avait littéralement surprise au saut du lit et comment ! Au lieu de glisser la carte dans le paquet, il l'avait fait entrer dans la composition de son roman.
Mais cette pauvre Sophie ! Il y avait de quoi être déboussolé !

Dans quel but un papa envoyait-il une carte d'anniversaire à l'adresse de Sophie alors qu'elle était visiblement destinée à quelqu'un d'autre ? Quel papa aurait la mauvaise idée de priver sa fille d'une carte d'anniversaire en l'envoyant à une autre adresse ? Pourquoi était-ce « plus commode comme ça » ? Et surtout, comment retrouver cette Hilde ?

Non, comment allait-elle faire ?
Hilde tourna la page et commença à lire le chapitre suivant. Il était intitulé : « Le chapeau haut-de-forme ». Elle en arriva au passage où l'inconnu écrit une longue lettre à Sophie. Hilde retint sa respiration.

Le désir de savoir pourquoi nous vivons n'est donc pas une occupation aussi « accidentelle » que celle de collectionner des timbres. Celui qui se pose ce genre de questions rejoint en cela les préoccupations de toutes les générations qui l'ont précédé...

Sophie n'en revenait pas. Hilde non plus. Son père ne s'était pas contenté d'écrire un livre pour ses quinze ans, il avait rédigé un des livres les plus étranges et les plus mystérieux qui soient.

En résumé : un lapin blanc sort d'un chapeau haut-de-forme. Parce que c'est un lapin énorme, ce tour de magie prend plusieurs milliards d'années. Tous les enfants des hommes naissent à l'extrémité des poils fins de sa fourrure, ce qui les rend à même de s'étonner de l'impossible tour de passe-passe. Mais en grandissant,

ils s'enfoncent de plus en plus dans le creux de la fourrure du lapin. Et ils y restent...

Sophie n'était pas la seule à sentir qu'elle était sur le point de s'enfoncer bien au chaud dans la fourrure du lapin blanc. Hilde avait quinze ans aujourd'hui et l'heure était venue, elle le savait, de choisir sa voie.

Elle lut le passage sur les philosophes présocratiques. Que son père s'intéressât à la philosophie n'était pas en soi une nouveauté, car il avait un jour publié un article dans le journal pour dire que la philosophie aurait dû être une matière obligatoire à l'école. « Pourquoi il faut imposer la philosophie dans le programme », s'intitulait l'article. Il avait même osé poser ouvertement la question lors d'une réunion de parents d'élèves. Hilde n'avait plus su où se mettre.

Elle jeta un coup d'œil sur sa montre : il était déjà sept heures et demie. Elle avait heureusement encore une heure devant elle pour suivre les aventures de Sophie et se plonger dans tous ces problèmes philosophiques avant que sa mère ne lui apporte son petit déjeuner d'anniversaire au lit. Elle put lire le chapitre consacré à Démocrite, là où Sophie doit résoudre sa première question : « Pourquoi le Lego est-il le jeu le plus génial du monde ? » Elle trouvait ensuite « une grande enveloppe jaune » dans la boîte aux lettres.

Démocrite était d'accord avec ses prédécesseurs pour dire que les changements observables dans la nature n'étaient pas la conséquence d'une réelle « transformation ». Il supposa donc que tout devait être constitué de minuscules éléments de construction, chacun, pris séparément, étant éternel et immuable. Démocrite appela ces infimes parties des *atomes*.

Hilde fut fort mécontente quand Sophie trouva son foulard rouge sous le lit. Ah, c'était donc là qu'il s'était caché ! Mais un foulard ne pouvait pas juste réapparaître comme ça dans une histoire, il devait bien se trouver en vrai quelque part...

Le chapitre sur Socrate commençait par un extrait de journal que lisait Sophie avec **quelques lignes à propos du contingent norvégien des Nations unies** envoyé au Liban. C'était signé Papa, un coup pareil ! Toujours à se plaindre du manque d'intérêt manifesté

par ses compatriotes sur le rôle pacificateur des Nations unies...
Sophie, elle, n'y couperait pas. C'était au fond une manière comme
une autre d'attirer l'attention des médias.

Elle ne put s'empêcher de sourire en lisant le post-scriptum de
la lettre du philosophe :

*Si tu venais à découvrir un foulard de soie rouge, je te prierais
d'en prendre grand soin. Il arrive de temps en temps que des affaires
changent de propriétaire par erreur. Surtout à l'école ou dans des
endroits de ce genre, et n'oublie pas que ceci est une école de philosophie.*

Hilde entendit des bruits dans l'escalier. Ce devait être sa mère
qui montait son plateau de petit déjeuner. Lorsque celle-ci frappa
enfin à la porte de la chambre, Hilde en était déjà au passage où
Sophie trouve une cassette vidéo sur Athènes dans sa cachette secrète
au fond du jardin.

— « Joyeux anniversaire, joyeux anniversaire... »

Sa mère avait déjà commencé dans l'escalier à entonner la chanson traditionnelle.

— Entre, Maman ! dit Hilde alors qu'elle était en train de lire ce
que le professeur de philosophie expliquait à Sophie du haut de
l'Acropole. Il ressemblait comme deux gouttes d'eau au père de
Hilde avec sa « barbe noire bien soignée » et son béret bleu.

— Bon anniversaire, Hilde !

— Mmm...

— Mais enfin, Hilde, qu'est-ce qu'il y a ?

— Tu n'as qu'à le poser là.

— Tu ne veux pas...

— Tu ne vois pas que je suis occupée ?

— Dire que tu as quinze ans aujourd'hui !

— Es-tu déjà allée à Athènes, Maman ?

— Non, quelle question, pourquoi ça ?

— C'est vraiment étonnant que les vieux temples tiennent encore
debout car ils ont plus de deux mille cinq cents ans. Le plus grand
s'appelle d'ailleurs « la Demeure de la Vierge ».

— Tu as ouvert le cadeau de Papa ?

— Quel cadeau ?

– Enfin, regarde-moi quand je te parle, Hilde ! Tu n'as pas l'air d'être dans ton assiette.

Hilde laissa tomber le grand classeur sur ses genoux.

Sa mère se pencha sur le lit et lui tendit le plateau. Y étaient disposés une bougie allumée, des tartines beurrées et une petite bouteille de jus d'orange. Ainsi qu'un petit paquet. Comme elle n'avait que deux mains, elle avait coincé le drapeau norvégien sous un de ses bras.

– Merci beaucoup, Maman, c'est vraiment gentil de ta part, mais je n'ai vraiment pas le temps...

– Mais... tu ne dois pas être à l'église avant une heure de l'après-midi !

Ce n'est qu'en entendant ces mots et en voyant sa mère poser le plateau sur la table de nuit que Hilde revint vraiment à elle.

– Excuse-moi, j'étais tellement plongée là-dedans...

Elle montra le classeur du doigt et ajouta :

– C'est de Papa...

– Eh bien, que t'a-t-il écrit, Hilde ? Je suis tout aussi curieuse que toi, si tu veux le savoir. Ça fait des mois que je n'ai pas pu en tirer la moindre parole sensée.

– Oh, ce n'est qu'une histoire.

– Une histoire ?

– Oui, une histoire, mais un livre de philosophie aussi. Enfin quelque chose dans ce goût-là.

– Et mon cadeau, tu ne veux pas savoir ce que c'est ?

Hilde sentit qu'il serait malvenu de montrer sa préférence, aussi s'empressa-t-elle de déballer le cadeau de sa mère. C'était un bracelet en or.

– Oh, il est magnifique ! Merci mille fois !

Hilde se leva pour embrasser sa mère. Puis elles discutèrent un moment.

– Il faut que tu t'en ailles maintenant, dit Hilde. Au moment où je te parle, il est en haut de l'Acropole, tu comprends ?

– Qui ça ?

– Je ne sais pas. Sophie non plus d'ailleurs. C'est ça l'intérêt.

– Bon, il faut que je file au bureau. N'oublie pas de manger quelque chose. Ta robe est en bas.

Sa mère finit par descendre. Tout comme le prof de philo, d'ailleurs, qui descendit de l'Acropole et vint se placer sur le mont Aréopage avant de réapparaître peu après sur l'agora d'Athènes.

Un frisson parcourut Hilde quand les vieux monuments surgirent de leurs ruines ; cela avait toujours été une idée fixe de son père que tous les pays membres des Nations unies reconstruisent d'un commun accord une parfaite copie de la grande place d'Athènes. Cela eût été le lieu idéal pour débattre de problèmes philosophiques et, pourquoi pas, du désarmement. « Voilà qui souderait ensemble les peuples de toutes les nations, pensait-il. Nous arrivons bien à construire des plates-formes pétrolières et des navettes spatiales pour aller sur la Lune. »

Ensuite elle lut ce qu'il avait écrit sur Platon. **Sur les ailes de l'amour, l'âme rejoindra sa demeure dans le monde des idées. Elle se libérera de « la prison du corps »**...

Sophie s'était faufilée hors de sa cachette dans l'espoir de suivre Hermès, mais elle avait perdu sa trace. Après avoir poursuivi sa lecture sur Platon, elle était retournée dans la forêt et avait découvert près d'un petit lac un chalet peint en rouge. A l'intérieur, il y avait un tableau de Bjerkely et il était clair qu'il s'agissait bien de l'endroit où habitait Hilde. A côté était accroché un portrait d'un homme du nom de Berkeley. **N'était-ce pas une drôle de coïncidence ?**

Hilde posa le grand classeur à côté d'elle sur le lit, se leva et alla vérifier dans l'encyclopédie en trois volumes qu'elle avait eue pour ses quatorze ans. Voyons un peu... Berkeley... voilà !

« Berkeley, George, 1685-1753, philosophe anglais, évêque de Cloyne. Nie l'existence d'un monde matériel qui serait situé en dehors de la conscience humaine. Toutes nos perceptions nous viendraient, selon lui, de Dieu. Est aussi célèbre pour sa critique de l'abstraction sous toutes ses formes. Œuvre principale : *Traité sur les principes de la connaissance humaine* (1710). »

C'était vraiment troublant. Hilde resta quelques instants par terre à réfléchir avant de regagner son lit et reprendre sa lecture.

En un sens, c'était son père qui avait accroché ces deux tableaux. Mais la ressemblance s'arrêtait-elle au nom propre ?

Berkeley était donc un philosophe qui niait qu'il existât un monde matériel en dehors de la conscience humaine. On pouvait se permettre, il est vrai, d'affirmer toutes sortes de choses, mais les réfuter, c'était une tout autre affaire. Sophie en était un bon exem-

ple, puisque toutes ses « perceptions du monde extérieur » »
n'étaient que le fruit de l'imagination du père de Hilde.

Il fallait vite lire la suite. Hilde leva les yeux quand elle en fut
au chapitre où Sophie aperçoit dans le miroir une fille qui cligne
des deux yeux. C'était comme si l'autre fille avait fait un clin d'œil
à Sophie. Comme pour dire : je te vois, Sophie ! Je suis là, de
l'autre côté.

C'est alors qu'elle tombait sur le portefeuille vert avec l'argent et
tout le reste ! Qu'est-ce qu'il venait faire là ?

C'était complètement fou ! L'espace de quelques secondes, Hilde
avait réellement cru que Sophie avait retrouvé son portefeuille. Mais
ce fut un déclic : elle eut envie de se mettre à la place de Sophie.
Pour elle, tout était incompréhensible mais fascinant.

Pour la première fois, Hilde eut envie de voir le vrai visage de
Sophie et de lui donner le fin mot de l'histoire.

Mais Sophie devait d'abord se dépêcher de quitter le chalet sans
se faire prendre en flagrant délit. Bien entendu, la barque avait glissé
et dérivait sur le lac. La preuve qu'il n'avait pas non plus oublié
cette histoire, lui !

Hilde but une gorgée et attaqua son sandwich aux crevettes tout
en poursuivant sa lecture sur Aristote, « l'homme d'ordre » qui avait
osé critiquer la théorie des idées de Platon.

**Selon Aristote, rien ne peut exister dans la conscience qui n'ait
d'abord été perçu par nos sens. Platon, lui, aurait dit qu'il n'y a
rien dans la nature qui n'ait d'abord existé dans le monde des
idées. Aristote trouvait que de cette façon Platon « doublait le
nombre des choses ».**

Quant au fameux jeu du baccalauréat, Hilde ne s'était jamais
douté qu'elle le devait en fait à Aristote, puisque c'était lui qui
avait établi la distinction entre « le monde végétal, animal et minéral ».

**Aristote voulait en quelque sorte faire à fond le ménage dans
la chambre de jeune fille de la nature. Il s'attacha à démontrer
que toutes les choses dans la nature appartiennent à différents
groupes eux-mêmes subdivisés en sous-groupes.**

Quant à la conception aristotélicienne de la femme, elle en fut aussi choquée qu'irritée. Comment un philosophe de cette envergure pouvait-il débiter des sottises pareilles !

Cela avait malgré tout donné envie à Sophie de ranger sa propre « chambre de jeune fille », et c'est ainsi que, dans tout ce fourbi, elle avait retrouvé le mi-bas qui avait disparu comme par enchantement de l'armoire de Hilde un mois auparavant. Sophie avait rangé toutes les feuilles d'Alberto dans un classeur, **cela faisait déjà plus de cinquante pages.** Pour sa part, Hilde était arrivée à la page 124, mais elle devait lire toute l'histoire de Sophie en plus des cours de philosophie de Alberto Knox.

« L'hellénisme », tel était le nom du chapitre suivant. Tout commençait avec la découverte par Sophie d'une carte postale reproduisant une Jeep des Nations unies. Le cachet de la poste indiquait **le 15-6** et **Contingent des forces des Nations unies.** Ah, encore une de ces cartes que son père avait glissées dans l'histoire au lieu de les lui envoyer par la poste :

> Chère Hilde,
>
> Je suppose que tu es encore en train de fêter ton anniversaire. A moins que ce ne soit déjà le lendemain ? Enfin, savoir combien de temps tu profiteras de ce cadeau, voilà qui n'est pas le plus important, puisque d'une certaine façon il durera toute ta vie. Alors laisse-moi juste te souhaiter un joyeux anniversaire ! Tu auras compris, je pense, pourquoi j'envoie les cartes à Sophie. J'ai la profonde certitude qu'elle te les transmettra.
>
> P.-S. : Maman m'a dit que tu avais perdu ton portefeuille. Je te promets de te donner 150 couronnes pour le remplacer. Quant à ton certificat de scolarité, tu en obtiendras sans problème un autre de l'école avant les grandes vacances.
> Ton Papa qui t'embrasse tendrement.

Pas mal, elle avait donc gagné cent cinquante couronnes à ce petit jeu, il avait dû penser que son cadeau fait maison n'était pas suffisant.

Le 15 juin était précisément le jour de son anniversaire. Mais Sophie n'en était qu'à la mi-mai. Son père avait dû rédiger ce chapitre à ce moment-là et tout simplement antidaté la « carte d'anniversaire » pour Hilde.

Pauvre Sophie toute perdue qui court rejoindre son amie Jorunn devant le centre commercial…

Qui était Hilde ? Comment son père pouvait-il être aussi sûr que Sophie la retrouverait ? De toute façon, c'était complètement absurde de lui envoyer les cartes à elle plutôt qu'à sa fille directement.

Hilde aussi se sentit flotter dans l'air à la lecture du passage sur Plotin.

Je dis que tout ce qui est participe du mystère divin. Nous voyons que quelque chose brille au fond d'un tournesol ou d'une pensée sauvage. Un papillon qui volette de fleur en fleur ou un poisson rouge qui nage dans son bocal nous font pressentir ce mystère insondable. Mais c'est grâce à notre âme que nous approchons le plus près de Dieu. Là seulement, nous faisons un avec le grand mystère de la vie. Oui, il peut même nous arriver, à de rares occasions, de ressentir que *nous sommes ce mystère divin lui-même.*

C'était ce que Hilde avait lu de plus étourdissant jusqu'ici. Mais c'était aussi ce qui était le plus simple : tout est un, et ce « un » est un mystère divin dont tout participe.

On n'avait pas vraiment besoin d'y croire. C'est comme ça, un point c'est tout. Libre à chacun d'interpréter ce « mystère divin » comme il l'entend.

Elle survola rapidement le chapitre suivant. Sophie et Jorunn voulaient camper le soir de la Fête nationale et elles allèrent au chalet du major…

Quelques pages plus loin, Hilde, furibonde, sauta à bas du lit et fit quelques pas dans la chambre, le classeur sous le bras.

C'était le comble ! Son père laissait les deux filles trouver dans ce chalet des copies de toutes les cartes qu'elle avait reçues la première quinzaine du mois de mai. Le texte intégral ! Hilde relisait plusieurs fois les cartes de son père et en connaissait chaque mot par cœur.

> *Chère Hilde,*
> *J'en ai tellement assez de toutes ces cachotteries à propos*
> *de ton cadeau d'anniversaire que je dois plusieurs fois par jour*
> *m'interdire de te téléphoner pour ne pas lâcher le morceau.*
> *C'est quelque chose qui ne cesse de grandir. Et comme tout ce*
> *qui devient de plus en plus grand, cela devient aussi de plus*
> *en plus difficile à garder pour soi...*

Là-dessus, nouvelle lettre du philosophe pour Sophie sur les juifs, les Grecs et la culture judéo-chrétienne en général. Hilde était heureuse de voir soudain l'histoire sous cet angle. Jamais on ne leur apprenait cela à l'école. C'était d'habitude une simple accumulation de détails qui appelaient encore d'autres détails et comme ça indéfiniment. Le chapitre terminé, elle avait enfin compris l'importance de Jésus et du christianisme.

Elle aimait bien la citation de Goethe disant que « **qui ne sait pas tirer les leçons de trois mille ans vit seulement au jour le jour** ».

Le chapitre suivant commençait avec le bout de papier qui venait se coller à la fenêtre de la cuisine chez Sophie. C'était bien sûr une nouvelle carte d'anniversaire adressée à Hilde.

> *Chère Hilde,*
> *Je ne sais pas si, à l'instant où tu liras ces lignes, ce sera*
> *le jour de ton anniversaire. En tout cas, j'espère que cette lettre*
> *n'arrivera pas trop longtemps après. Qu'une semaine ou deux*
> *passent, cela ne veut pas dire pour autant que ce sont les mêmes*
> *semaines qui passent pour nous. Je rentrerai pour le soir de la*
> *Saint-Jean. Nous resterons alors longtemps sur la balancelle du*
> *jardin à admirer la mer, Hilde. Nous avons tant de choses à*
> *nous dire.*

Puis ce fut le coup de téléphone d'Alberto à Sophie et la première fois qu'elle entendait sa voix.

— A t'entendre parler, on dirait qu'il s'agit d'une guerre !
— Je dirais plutôt un combat d'idées. Nous devons essayer d'éveiller l'intérêt de Hilde et de la rallier à notre cause avant que son père ne rentre à Lillesand.

Ensuite Sophie allait retrouver Alberto Knox déguisé en moine du Moyen Age dans la vieille église du XIIᵉ siècle.

A propos d'église… Hilde regarda sa montre. Une heure et quart ! Elle avait complètement perdu la notion du temps.

A vrai dire, ce n'était pas un drame si elle manquait l'église le jour de son anniversaire. Non, c'était autre chose qui la mettait de mauvaise humeur : elle en avait assez de toutes ces félicitations pour son anniversaire. Trop, c'était trop !

Elle ne coupa pas cependant au long prêche d'Alberto. Visiblement, cela ne paraissait pas lui poser le moindre problème d'endosser la soutane du prêtre.

Quand elle lut le passage sur Sophia qui s'était manifestée à Hildegard au cours d'une vision, elle dut consulter à nouveau son encyclopédie. Mais elle ne trouva aucune trace de ces deux noms. C'était toujours la même chose ! Dès qu'il s'agissait de femmes ou de quelque chose de féminin, son encyclopédie devenait aussi muette qu'une carpe. Est-ce que l'encyclopédie avait été censurée par un conseil de protection de la gent masculine ?

Hildegard de Bingen avait pourtant été religieuse, écrivain, médecin, botaniste et naturaliste. Elle était en outre « un symbole du rôle prépondérant des femmes, plus proches des choses de la nature, sur le plan scientifique, au cours du Moyen Age ». Et bien sûr pas une ligne sur elle dans son encyclopédie. Un scandale !

Hilde n'avait jamais entendu parler du « côté féminin » de Dieu ou de sa « nature maternelle ». Ce qu'on appelait Sophia ne méritait même pas une ligne !

Elle trouva tout au plus mentionnée l'église Hagia Sophia à Constantinople. *Hagia Sophia* signifiait « Sainte Sagesse ». Une capitale et une foule de reines avaient repris ce nom et partant sa « sagesse », en quelque sorte. Mais pas un mot pour dire que cette sagesse était à l'origine féminine. Et on n'appelait pas ça de la censure ?

Sinon, c'était une bonne formule de dire que Sophie se montrait « au regard intérieur de Hilde ». Elle avait en permanence l'impression de voir devant elle cette fille aux cheveux noirs…

Après la nuit passée dans l'église Sainte-Marie, Sophie venait se placer devant le miroir qu'elle avait rapporté de la forêt :

Elle n'y vit d'abord que son visage blême aux traits tirés. Puis elle crut tout à coup distinguer le contour très flou d'un autre visage en filigrane du sien.

Sophie prit une ou deux profondes inspirations. Il s'agissait de garder la tête froide.

Sous son visage pâle, encadré des cheveux noirs qui ne toléraient aucune autre coiffure que celle de la nature, c'est-à-dire lisses et tombant droit, transparaissait aussi l'image d'une autre jeune fille.

L'inconnue mit soudain toute son énergie à cligner des yeux. C'était comme si elle avait voulu par ce biais signaler sa présence. Ce ne dura qu'un bref instant. Puis elle disparut.

Combien de fois Hilde n'avait-elle pas essayé de voir dans le miroir une autre image que la sienne ? Mais comment diable son père avait-il fait pour savoir tout ça ? Et ne recherchait-elle pas précisément une femme aux cheveux noirs ? Son arrière-grand-mère avait acheté le miroir à une gitane...

Les mains de Hilde se mirent à trembler quand elle reprit le classeur : il lui semblait vraiment que Sophie se tenait quelque part « de l'autre côté ».

Sophie rêvait à présent de Hilde et de Bjerkely. Hilde ne pouvait ni la voir ni l'entendre... et voilà que Sophie découvrait la croix en or de Hilde sur la jetée ! Cette même croix en or qui se trouvait dans le lit de Sophie à son réveil...

Cela méritait vraiment réflexion. Elle n'avait quand même pas perdu aussi sa croix en or ? Elle alla vers la commode et sortit son coffret à bijoux. Et la croix en or qu'elle avait reçue de sa grand-mère pour son baptême n'y était plus !

Et ce n'était pas tout : Sophie avait fait un rêve prémonitoire sur le retour du père de Hilde du Liban alors qu'il restait encore une semaine. Est-ce que cela voulait dire que Sophie, d'une certaine manière, serait là elle aussi au retour de son père ? Il avait un jour écrit quelque chose à propos d'une nouvelle amie...

Hilde eut soudain l'intuition foudroyante que Sophie n'était pas seulement une créature d'encre et de papier : elle existait bel et bien !

Chapitre 24

LE SIÈCLE DES LUMIÈRES

*...de la manière de fabriquer une aiguille
jusqu'à la manière de fondre des canons...*

Hilde avait commencé à lire le chapitre sur la Renaissance, mais elle entendit sa mère rentrer. Elle regarda l'heure : il était quatre heures.

Sa mère monta les marches à toute vitesse et ouvrit précipitamment la porte :

— Tu n'es pas allée à l'église ?

— Mais si !

— Mais qu'est-ce que tu avais sur toi ?

— Eh bien la même chose que maintenant.

— Quoi ! tu ne veux pas dire cette chemise de nuit ?

— Hum... Je suis allée dans l'église Sainte-Marie.

— L'église Sainte-Marie ?

— C'est une vieille église en pierre du Moyen Age.

— Hilde !

Elle laissa glisser le classeur sur ses genoux et regarda sa mère :

— J'ai complètement oublié l'heure, Maman. Je suis désolée, mais il faut que tu comprennes que je suis en train de lire quelque chose de tout à fait passionnant.

Sa mère esquissa un sourire.

— C'est un livre magique, ajouta Hilde.

— Bon, bon. Eh bien, joyeux anniversaire, Hilde !

— Oh, je commence à en avoir marre de toutes ces félicitations !

— Mais enfin... Bon, eh bien je descends m'allonger un moment avant de commencer à préparer un bon repas. J'ai pu trouver des fraises.

— Je lis.

Sur ce, sa mère descendit et Hilde put poursuivre sa lecture. Elle en était arrivée au moment où Sophie traverse toute la ville en suivant Hermès. Dans la cage d'escalier d'Alberto, elle trouve une autre carte du Liban, datée elle aussi du 15-6.

Elle comprit enfin le système des dates : les cartes datées avant le 15 juin étaient des « copies » de cartes que Hilde avait déjà reçues. Mais celles datées d'aujourd'hui, elles les lisait dans le classeur pour la première fois.

> *Chère Hilde,*
> *Sophie arrive à présent à la maison du professeur de philosophie. Elle aura bientôt quinze ans, alors que toi, tu les as eus hier. A moins que ce ne soit aujourd'hui, ma petite Hilde ? Si c'est aujourd'hui, c'est en tout cas plus tard dans la journée. Il faut dire que les montres ne sont pas toujours réglées sur la même heure...*

Hilde lut comment Alberto présenta à Sophie la Renaissance, les rationalistes du XVIIᵉ siècle et les empiristes britanniques.

A chaque insertion de cartes ou de vœux d'anniversaire dans l'histoire, elle sursautait un peu. Son père arrivait par des tours de passe-passe à en glisser dans un cahier de cours, à l'intérieur d'une peau de banane ou dans un programme d'ordinateur. Il faisait foucher la langue d'Alberto pour lui faire dire Hilde au lieu de Sophie et, ça c'était peut-être le summum, il parvenait à faire dire à Hermès : « *Bon anniversaire, Hilde !* »

Hilde était d'accord avec Alberto pour reconnaître qu'il allait un peu loin quand il se comparait à Dieu et à la Providence. Mais au fond, avec qui était-elle d'accord ? N'était-ce pas son propre père qui avait placé ces paroles de reproche, en somme d'auto-accusation, dans la bouche d'Alberto ? Et après tout, ce parallèle avec Dieu, ce n'était pas si idiot que ça puisque son père jouait bien le rôle d'un dieu tout-puissant aux yeux de Sophie.

Quand on aborda Berkeley, Hilde était tout aussi intéressée que Sophie l'avait été. Qu'est-ce qui allait se passer maintenant ? Son nom avait déjà été plusieurs fois mentionné pour dire qu'il se passerait quelque chose de décisif avec ce philosophe qui avait nié l'existence d'un monde matériel en dehors de la conscience humaine. Hilde avait eu beau tricher en regardant dans l'encyclopédie, elle n'avait rien trouvé qui l'intéressât directement.

Il y eut l'histoire de l'avion et de sa banderole avec les félicitations d'anniversaire. Puis les gros nuages de pluie s'amoncelèrent au-dessus de la ville.

« Être ou ne pas être » n'est donc pas toute la question. Il faut aussi se demander *ce* que nous sommes. Sommes-nous de vrais êtres humains en chair et en os ? Notre monde est-il constitué de choses réelles ou sommes-nous seulement entourés de conscience ?

Rien d'étonnant à ce que Sophie commence à se ronger les ongles. Hilde n'avait jamais eu cette mauvaise habitude, mais elle n'en menait pas large non plus. Enfin ce fut dit noir sur blanc :

... pour nous cette « volonté » ou cet « esprit » qui agit sur tout peut fort bien être le père de Hilde.

Et plus loin :

– Tu veux dire qu'il a été une sorte de Dieu pour nous ?
– Oui, et sans être le moins du monde gêné. Quel culot !
– Et Hilde dans tout ça ?
– Elle est un ange, Sophie.
– Un ange ?
– Hilde est celle à qui s'adresse cet « esprit ».

Sur ces mots, Sophie quitte précipitamment Alberto et sort sous la pluie battante. Ce ne pouvait pourtant pas être le même orage qui, cette nuit, s'était abattu sur Bjerkely, quelques heures après que Sophie a traversé toute la ville en courant ?

Demain, c'est mon anniversaire, réfléchissait-elle. N'était-ce pas un peu amer de se rendre compte la veille de ses quinze ans que la vie n'était qu'un songe ? C'était comme rêver de décrocher le gros lot d'un million et comprendre juste au moment de toucher la somme que ce n'était que du vent.

Sophie coupa par le stade gorgé d'eau. Elle aperçut alors quelqu'un qui courait à sa rencontre. C'était sa mère. Plusieurs éclairs déchirèrent le ciel.

Sa mère la serra violemment contre elle.

– Mais qu'est-ce qui nous arrive, ma chérie ?

– Je ne sais pas, répondit Sophie en larmes, c'est comme un mauvais rêve.

Les larmes montèrent aux yeux de Hilde. « *To be or not to be – that is the question.* »

Elle jeta le classeur à l'autre bout du lit et marcha de long en large dans la chambre. Pour finir, elle s'arrêta devant le miroir et c'est là que sa mère la surprit quand elle vint la chercher pour déjeuner. En entendant sa mère frapper à la porte, Hilde se rendit compte qu'elle était restée là un bon moment. Mais elle était sûre d'une chose : pour la première fois elle avait vu son reflet dans la glace cligner des deux yeux.

Elle essaya au cours du repas de se montrer reconnaissante des efforts que sa mère faisait pour son anniversaire. Mais son esprit était ailleurs, auprès de Sophie et d'Alberto.

Qu'allait-il advenir d'eux maintenant qu'ils savaient que le père de Hilde tirait toutes les ficelles ? Encore qu'ils ne savaient pas grand-chose au fond. C'était seulement son père qui leur laissait croire qu'ils savaient quelque chose. Cela dit, le problème restait le même : maintenant que Sophie et Alberto étaient au courant, l'histoire devait connaître un dénouement rapide.

Elle faillit avaler de travers un gros morceau de pomme de terre quand elle se rendit compte que le même problème se posait pour son propre monde. Les hommes avaient constamment progressé dans la compréhension des lois de la nature, mais l'histoire pouvait-elle se poursuivre indéfiniment une fois qu'étaient mises en place les dernières pierres de l'édifice que constituaient la philosophie et la science ? Les hommes n'approchaient-ils pas de la fin de l'histoire ? Il y avait pourtant bien un parallèle entre le développement de la pensée et de la science d'un côté et l'effet de serre et la mort des forêts à cause de la pluie acide de l'autre. Ce n'était peut-être pas si bête que ça de voir en ce perpétuel besoin de connaissance une forme de « chute originelle » ?

Cette question parut d'une importance si capitale que Hilde en fut effrayée et essaya de l'oublier. D'ailleurs n'en saurait-elle pas davantage en poursuivant sa lecture ?

– « Dis-moi ce que tu veux », chantonna sa mère quand elles eurent fini de manger les fraises italiennes. C'est toi qui décides !

– Ne le prends pas mal, mais j'ai juste envie de continuer à lire le livre que Papa m'a offert.

– Si tu veux, du moment qu'il ne te rend pas complètement folle.

– Mais non...

– On pourrait plus tard manger une pizza en regardant *Derrick*...

– Oui, pourquoi pas ?

Il revint à l'esprit de Hilde la manière dont Sophie avait parlé à sa mère. Papa n'avait quand même pas osé s'inspirer de la mère de Hilde pour créer le personnage de la mère de Sophie ? Dans le doute, il valait mieux s'abstenir, au moins pour aujourd'hui, de parler du lapin blanc qu'on tirait du chapeau haut-de-forme de l'univers...

– Au fait, fit-elle au moment de quitter la table...

– Oui ?

– Je ne retrouve plus ma croix en or.

Sa mère la regarda d'un air plein de sous-entendus.

– Je l'ai trouvée en bas près de la jetée voici déjà plusieurs semaines. C'est là que tu as dû la perdre, étourdie que tu es !

– Tu l'as dit à Papa ?

– Oh, je ne sais plus. C'est possible...

– Eh bien, où est-elle maintenant ?

Sa mère alla chercher son coffret à bijoux. Un cri de stupéfaction monta de la chambre à coucher :

– Tu ne devineras jamais... impossible de mettre la main dessus, répondit sa mère en revenant dans le salon.

– Je m'en doutais.

– Elle embrassa rapidement sa mère et regagna sa chambre. Enfin, elle allait pouvoir poursuivre sa lecture sur les aventures de Sophie et d'Alberto. Elle s'installa bien dans son lit et cala le classeur contre ses genoux.

Sophie fut réveillée le lendemain matin par sa mère qui entra en lui apportant un plateau rempli de cadeaux. Elle avait même planté un petit drapeau norvégien dans une bouteille de soda vide.

– Bon anniversaire, Sophie !

Sophie frotta ses yeux qui étaient encore tout ensommeillés. Elle essaya de se rappeler tout ce qui s'était passé la veille. Mais ce n'étaient que des pièces d'un puzzle qu'elle ne parvenait pas à assembler. Il y avait Alberto, il y avait Hilde et le major, Berkeley

et Bjerkely. La pièce la plus foncée du puzzle, c'était le violent
orage. Elle avait eu comme une crise de nerfs. Sa mère l'avait
frottée énergiquement avec une serviette et mise au lit purement
et simplement avec une bonne tasse de lait chaud au miel, et elle
s'était endormie sur-le-champ.

– Je crois que je suis encore en vie, parvint-elle à balbutier.

– Mais enfin, quelle idée ! Tu as même quinze ans aujourd'hui.

– Tu en es vraiment sûre ?

– Évidemment. Tu penses qu'une mère peut oublier la date de
naissance de son unique enfant ? Le 15 juin 1975... à une heure
et demie, Sophie. Je crois que cela a été le plus beau moment de
ma vie.

– Et si tout cela n'était qu'un rêve ?

– Ce ne serait en tout cas pas un rêve si désagréable que de se
réveiller entourée de tartines beurrées, de jus d'orange et de
cadeaux d'anniversaire.

Elle déposa le plateau avec les cadeaux sur une chaise et disparut
un instant de la chambre avant de revenir avec un autre plateau
chargé cette fois de tartines beurrées et de jus d'orange, qu'elle
mit au pied du lit de Sophie.

Puis ce fut le traditionnel déballage de cadeaux qui remontait
aussi loin dans le souvenir que possible, peut-être même jusqu'aux
premiers gémissements du bébé qu'elle avait été. Sa mère lui offrit
une raquette de tennis. Elle n'avait encore jamais joué au tennis,
mais il y avait des courts de tennis à cinq minutes de l'allée des
Trèfles. Quant à son père, il lui avait fait parvenir une minichaîne
avec écran de télévision et bande FM. L'écran n'était guère plus
grand qu'une photo. Elle reçut aussi toutes sortes de menus présents de la part de vieilles tantes et d'amis de la famille.

– Veux-tu que je reste à la maison aujourd'hui ? demanda sa
mère au bout d'un moment.

– Non, pourquoi ça ?

– Tu n'allais vraiment pas bien hier soir. Si ça continue, je pense
qu'il serait plus sage d'aller consulter un psychologue.

– Non, je ne crois pas que ce soit nécessaire.

– C'était à cause de l'orage... ou bien à cause de cet Alberto ?

– Et toi là-dedans ? N'as-tu pas dit toi-même : « Mais qu'est-ce
qui nous arrive, ma chérie ? »

– Je pense que si tu commences à traîner en ville et rencontrer des gens bizarres, c'est peut-être de ma faute...

– Ce n'est la faute de personne si je suis un petit cours de philosophie quand je n'ai rien d'autre à faire. Allez, va à ton travail. On doit tous se retrouver à l'école à deux heures. On va nous remettre nos bulletins et il y a une petite fête après.

– Tu connais déjà tes notes ?

– J'aurai en tout cas de bien meilleures notes qu'au dernier trimestre.

Peu après le départ de sa mère, le téléphone sonna.

– Allô, qui est à l'appareil ?

– C'est Alberto.

– Ah...

– Le major n'a pas lésiné sur les munitions hier.

– Je ne comprends pas ce que tu veux dire.

– Je parle de l'orage, Sophie.

– Je ne sais pas trop ce que je dois en penser.

– C'est pourtant le premier devoir d'un vrai philosophe. Je suis assez fier de tout ce que tu as appris en si peu de temps, tu sais.

– Je crains que rien de tout ceci ne soit réel.

– C'est ce qu'on appelle l'angoisse existentielle, et qui n'est la plupart du temps qu'une étape sur le chemin de la connaissance.

– Je crois que j'ai besoin de faire une pause dans le cours.

– As-tu en ce moment beaucoup de grenouilles dans ton jardin ?

Sophie ne put s'empêcher de rire.

– Je crois que nous ferions mieux de continuer, poursuivit Alberto. Bon anniversaire, du reste. Il faut terminer ce cours avant la Saint-Jean. C'est notre dernier espoir.

– Notre dernier espoir ?

– Est-ce que tu es bien assise ? Cela va demander un peu de temps, tu comprends ?

– Ça va, je suis bien assise.

– Tu te souviens de Descartes ?

– « Je pense, donc je suis. »

– Si nous continuons cette mise en examen systématique, nous aboutissons à une impasse. A force de douter, nous ne savons même plus si nous pensons. Qui sait si nous n'allons pas finir par nous convaincre que nous ne sommes que des pensées et que cela n'a rien à voir avec le fait de penser par soi-même ? Nous avons de bonnes raisons de croire que nous sommes le fruit de l'imagination du père de Hilde qui, de cette manière, offre à sa fille restée à Lillesand une petite distraction pour son anniversaire. Tu me suis ?

– Oui...

– Mais il y a aussi une contradiction : si nous ne sommes que des créatures imaginaires, nous n'avons pas le droit de « croire » en quoi que ce soit. Et dans ce cas, toute cette conversation téléphonique ne serait qu'une pure illusion.

– Et nous n'aurions pas non plus le moindre libre arbitre ou la moindre volonté. Le major nous dicterait nos propos et nos actes. Alors nous pourrions tout aussi bien raccrocher tout de suite.

– Non, là tu simplifies un peu trop.

– Explique-toi !

– Tu veux dire qu'un homme planifie tout ce que nous rêvons ? Il est possible que le père de Hilde sache exactement tout ce que nous faisons. Échapper à sa conscience serait aussi difficile qu'échapper à sa propre ombre. Cependant – je suis en train de mettre sur pied un plan très précisément à partir de ce point –, rien ne nous permet d'affirmer que le major a déjà prévu tous les événements à venir. Il se peut qu'il ne décide qu'au dernier moment, quand il écrit noir sur blanc ses idées. Et c'est dans ce laps de temps que nous pouvons peut-être imaginer que nous jouissons d'une relative indépendance dans nos paroles ou nos actes. Il est clair que notre rayon d'action est fort limité comparé à la toute-puissance du major. Nous sommes en quelque sorte soumis aux circonstances extérieures comme ces chiens qui se mettent à parler, ces avions qui laissent flotter des banderoles avec des félicitations d'anniversaire, ces bananes à messages et ces orages télécommandés. Nous ne devons pas toutefois exclure le fait que nous avons une volonté autonome, aussi infime soit-elle.

– Mais comment ça ?

– Le major sait tout de notre petit monde, cela va de soi, mais cela ne veut pas dire pour autant qu'il est tout-puissant. Nous devons en tout cas essayer de vivre comme s'il ne l'était pas.

– Je crois que je comprends ce que tu veux dire.

– Le fin du fin, ce serait de réussir à faire quelque chose de notre propre chef, sans que le major s'en aperçoive.

– Mais comment faire, si nous n'existons pas vraiment ?

– Qui a dit que nous n'existons pas ? La question n'est pas de savoir si nous existons, mais ce que nous faisons et qui nous sommes. Même s'il devait s'avérer que nous ne sommes que des pulsions de la conscience dédoublée du major, cela ne nous ôte pas pour autant notre petite existence.

– Ni notre libre volonté ?

– C'est sur ce point que je travaille, Sophie.

– Mais le père de Hilde ne doit pas apprécier que tu « travailles » justement sur ce point ?

– Non, pas du tout. Mais il ne connaît pas mon plan proprement dit. Je tente de trouver le point d'Archimède.

– Le point d'Archimède ?

– *Archimède* était un scientifique grec. « Donnez-moi un point fixe et je soulèverai le monde », disait-il. C'est ce point qu'il s'agit de trouver pour déséquilibrer l'univers intérieur du major.

– Ce n'est pas une mince entreprise.

– Mais nous n'avons aucune chance d'y parvenir avant d'avoir terminé le cours de philosophie. Il exerce pour l'instant une pression beaucoup trop forte sur nous. Il a apparemment décidé que je devais te servir de guide à travers les siècles jusqu'à notre époque. Mais nous n'avons que quelques jours devant nous avant qu'il ne prenne son avion quelque part au Moyen-Orient. Si nous n'arrivons pas à nous libérer de son imagination vraiment collante avant son arrivée à Bjerkely, alors nous sommes perdus.

– Tu me fais peur.

– Tout d'abord, il y a un certain nombre de choses à savoir sur le siècle des Lumières en France avant de pouvoir brosser à grands traits la philosophie de Kant et aborder ensuite le romantisme. Hegel marquera, nous le verrons, une étape décisive. Ce qui nous amènera bien évidemment à parler de la critique indignée de Kierkegaard vis-à-vis de la philosophie hégélienne. Nous devrons également dire quelques mots de Marx, Darwin et Freud. Si nous arrivons à conclure avec Sartre et l'existentialisme, notre plan peut réussir.

– C'est plutôt ambitieux comme programme pour une semaine !

– Commençons sans plus tarder. Tu peux venir tout de suite ?

– Je dois d'abord passer à l'école. Il y a une petite fête et on doit nous distribuer nos bulletins.

– Laisse tomber ! Si nous ne sommes que pure conscience, le goût de la limonade et des gâteaux n'est que le fruit de notre imagination.

– Mais mon bulletin ?

– Écoute, Sophie ! Soit tu vis dans un univers merveilleux sur un minuscule point du globe qui n'est qu'une galaxie parmi des centaines de milliards d'autres galaxies, soit tu déclenches des impulsions électromagnétiques dans la conscience d'un major. Et voilà que tu viens me parler de « bulletin » ! J'aurais honte à ta place !

– Excuse-moi.

– Bon, va faire un tour à l'école avant. Cela pourrait avoir une mauvaise influence sur Hilde si tu séchais le dernier jour de classe. Elle est plutôt du genre à aller à l'école même le jour de son anniversaire, car c'est un ange.

– Alors je passe tout de suite après.

– On peut se donner rendez-vous au chalet du major.

– Au chalet du major ?

… clic !

Hilde laissa retomber le classeur sur ses genoux. Voilà que son père avait réussi à lui donner mauvaise conscience parce qu'elle avait séché le dernier jour. Ah, le petit malin !

Elle se demanda en quoi pouvait consister le plan d'Alberto. Et si elle regardait à la dernière page ? Non, ce n'était pas bien, il valait mieux se dépêcher d'avancer dans l'histoire.

Il était un point sur lequel elle était sûre qu'Alberto avait raison. Son père contrôlait bien sûr ce qui arrivait à Sophie et Alberto, mais il ne pouvait néanmoins pas savoir tout ce qui allait se passer. Peut-être laissait-il sa plume courir sur le papier et ne se rendait compte que plus tard de ce qu'il avait écrit. C'était précisément dans ce laps de temps que résidait la liberté toute relative de Sophie et Alberto.

Hilde eut de nouveau la vive impression que Sophie et Alberto existaient vraiment. Sous la surface d'un océan parfaitement calme peuvent se produire toutes sortes de phénomènes en profondeur, se dit-elle.

Tiens, pourquoi cette image lui était-elle venue à l'esprit ?
Ce n'était certainement pas une pensée à la surface de l'eau.

A l'école, on félicita Sophie pour son anniversaire et elle eut droit à la petite chanson habituelle. L'ambiance était particulièrement gaie du fait qu'on venait de remettre les bulletins et de commencer la fête.

Après les recommandations d'usage, on lâcha les élèves dans la nature et Sophie rentra comme une flèche à la maison. Jorunn eut beau essayer de la retenir, elle cria qu'elle avait quelque chose d'urgent à faire.

Elle trouva deux cartes du Liban dans la boîte aux lettres qui toutes les deux disaient : « HAPPY BIRTHDAY – 15 YEARS ». C'étaient de banales cartes d'anniversaire.

La première carte était adressée à « Hilde Møller Knag, c/o Sophie Amundsen… » Mais l'autre carte était adressée à Sophie en personne. Toutes les deux portaient le cachet du « Contingent des Nations unies » du 15 juin.

Sophie lut d'abord la sienne :

> *Chère Sophie Amundsen,*
> *C'est aussi aujourd'hui ton anniversaire, alors je t'adresse toutes mes félicitations. Je te remercie pour tout ce que tu as fait pour Hilde jusqu'ici.*
> *Bien amicalement,*
>
> > *le major Albert Knag.*

Sophie ne savait pas si elle devait ou non se réjouir de ce que le major lui adresse enfin personnellement une carte. En un sens, c'était plutôt touchant.

Le texte de la carte pour Hilde disait quant à lui :

> *Ma petite Hilde chérie,*
> *Je ne sais quel jour ni quelle heure il est à Lillesand. Mais au fond quelle importance ? Si je ne me trompe, il n'est pas encore trop tard pour te souhaiter une dernière (ou avant-dernière) fois un bon anniversaire d'ici. Mais il ne faut quand même pas trop traîner au lit ! Alberto va bientôt t'entretenir des idées du siècle des Lumières en France. Son cours porte sur les sept points suivants :*

1. La révolte contre l'autorité
2. Le rationalisme
3. La pensée du siècle des Lumières
4. L'optimisme culturel
5. Le retour à la nature
6. La religion naturelle
7. Les droits de l'homme

Il était clair que le major ne les perdait pas de vue.

Sophie ouvrit la porte d'entrée et déposa son bulletin avec tous les « Très bien » sur la table de la cuisine. Puis elle ressortit et se glissa sous la haie pour gagner la forêt.

Elle dut retraverser le lac en barque. Alberto l'attendait sur le seuil de la porte et lui fit signe de venir s'asseoir à côté de lui.

Il faisait beau mais un petit air frais revigorant montait du lac, comme si l'orage ne s'était pas éloigné depuis longtemps.

– Allons droit au but, dit Alberto. Après Hume, le grand système philosophique fut celui de Kant. Mais la France comptait au XVIIIe siècle de nombreux penseurs. En fait on pourrait résumer en disant que l'Angleterre était le centre de la philosophie au début, l'Allemagne au milieu et la France à la fin du XVIIIe siècle.

– Un mouvement tournant, si je comprends bien.

– Tout à fait. Je vais passer en revue quelques-unes des pensées générales partagées par la plupart des philosophes français du siècle des Lumières. Je veux parler de grands noms comme *Montesquieu*, *Voltaire*, *Rousseau* et tant d'autres. J'ai choisi de traiter sept points principaux…

– Merci, je suis déjà au courant de tout ce qui va me tomber dessus, coupa Sophie en lui tendant la carte du père de Hilde.

– Il aurait pu éviter de se donner ce mal, soupira Alberto. Bon, la première notion clé, c'est celle de *révolte contre l'autorité*. De nombreux philosophes français s'étaient rendus en Angleterre qui à cette époque jouissait, sur bien des plans, d'une plus grande liberté que leur propre pays. Ils furent fascinés par la science expérimentale anglaise, tout spécialement par Newton et sa physique universelle, mais aussi par la philosophie britannique et Locke avec sa conception de la politique. En rentrant chez eux, ils se rebellèrent à leur tour contre les anciennes autorités. Il était essentiel d'avoir une attitude critique vis-à-vis de la tradition philosophique. L'idée était que l'individu seul doit être à même de répondre aux questions qu'il se pose. L'exemple de Descartes, on le voit, a fait des émules.

– Il avait tout repris à la base, lui.

– Justement. Cette révolte contre l'autorité sous toutes ses formes s'adressait aussi bien au pouvoir de l'Église, du roi ou de la noblesse. Il faut dire qu'au XVIIIᵉ siècle ces institutions étaient beaucoup plus puissantes en France qu'en Angleterre.

– Alors ce fut la Révolution.

– En 1789, oui. Mais les nouvelles idées circulaient bien avant. Parlons à présent du *rationalisme*.

– Je croyais que la mort de Hume avait marqué la fin du rationalisme.

– Hume ne mourut qu'en 1776, c'est-à-dire environ vingt ans après Montesquieu et seulement deux ans avant Voltaire et Rousseau qui moururent tous deux en 1778. Tous les trois avaient été en Angleterre et connaissaient bien la pensée de Locke, qui, tu t'en souviens, n'avait rien d'un empiriste pur et dur. Selon lui, Dieu et certaines normes morales étaient innés dans la raison de l'homme. On retrouve cela en France au cœur de la philosophie des Lumières.

– Tu as dit à un moment que les Français ont toujours été plus rationalistes que les Britanniques.

– Cela remonte au Moyen Age. Quand les Anglais parlent de « *common sense* », les français préfèrent dire « évidence ». On pourrait traduire l'expression anglaise par « bon sens » et le terme français par « ce qui s'impose clairement à l'esprit », c'est-à-dire la raison.

– Je comprends.

– Les philosophes du siècle des Lumières se situaient dans la tradition des humanistes antiques, tels Socrate et les stoïciens, puisqu'ils avaient une foi inébranlable en la raison de l'homme. Aussi certains se contentèrent d'appeler le siècle des Lumières le siècle du « rationalisme ». La nouvelle science expérimentale avait établi que la nature suivait des règles bien précises. Les philosophes s'assignèrent comme tâche de jeter les bases rationnelles de la morale et de la religion. Cela nous mène à la *pensée proprement dite du siècle des Lumières*.

– C'était ton troisième point, non ?

– Oui, il s'agissait maintenant d'« éclairer » les couches profondes de la population. C'était la condition *sine qua non* pour fonder une meilleure société. La misère et l'exploitation n'étaient selon eux que la conséquence de l'ignorance et de la superstition si répandues parmi le peuple. C'est pourquoi les philosophes de cette époque accordèrent une place primordiale à l'éducation du peuple et des enfants. Ce n'est pas un hasard si la pédagogie date du siècle des Lumières.

– Si je comprends bien, l'école date du Moyen Age et la pédagogie du siècle des Lumières ?

– Si tu veux, oui. L'œuvre marquante du siècle des Lumières fut une grande encyclopédie et cela est significatif. Cette *Encyclopédie* en 28 volumes parut de 1751 à 1772 avec la collaboration de tous les grands philosophes du siècle des Lumières. « On y trouve tout, disait-on, de la manière de fabriquer une aiguille à la manière de fondre un canon. »

– Tu voulais aussi parler de l'*optimisme culturel.*

– Tu ne pourrais pas laisser la carte de côté pendant que je te parle ?

– Pardon.

– Ces philosophes pensaient qu'il suffisait de répandre la raison et la connaissance pour que l'humanité progresse à grands pas. Ce n'était qu'une question de temps pour que l'ignorance et la superstition cèdent la place à une humanité « éclairée ». Le progrès est une bonne chose s'il suit la lumière naturelle de la raison. Pour certains, le nouveau mot d'ordre fut le *retour à la nature.* Mais pour ces philosophes le mot « nature » signifiait presque la même chose que « raison ». Car la raison de l'homme est pour eux une donnée de la nature. Le « bon sauvage » fut cité en exemple parce qu'il n'était pas corrompu par la « civilisation ». « Nous devrions retourner à la nature », telle est la formule de Jean-Jacques Rousseau. Car la nature est bonne et l'homme est, par nature, bon. Tout le mal réside en la société. L'enfant devrait, selon lui, avoir le droit de vivre dans son état d'innocence « naturelle » aussi longtemps que possible. Là encore le statut particulier de l'enfance date du siècle des Lumières, alors qu'avant ce n'était qu'une préparation à la vie d'adulte. Nous sommes en effet des êtres humains et vivons notre vie sur terre même lorsque nous sommes enfants.

– Ça paraît pourtant une évidence.

– Quant à la religion, il fallait qu'elle redevienne « naturelle ».

– Comment ça ?

– La religion devait retrouver des racines rationnelles et beaucoup luttèrent pour imposer ce qu'on pourrait appeler une *religion naturelle*. C'est mon sixième point. De nombreux matérialistes dignes de ce nom ne croyaient en aucun dieu et affichaient un athéisme de bon aloi. Cependant, les philosophes du siècle des Lumières trouvaient qu'on ne pouvait concevoir un monde sans Dieu. Le monde était trop soumis à la raison pour envisager une telle possibilité. Newton partageait ce point de vue. La croyance en l'immortalité de l'âme relevait davantage du domaine de la raison que de celui de la foi, exactement comme pour Descartes.

– Ça, c'est un peu bizarre, car c'est vraiment un exemple pour moi de ce qui relève typiquement de la foi et non du savoir.

– Mais tu ne vis pas au XVIIIᵉ siècle. Ce que les philosophes du siècle des Lumières voulaient, c'était dépoussiérer le christianisme de tous ces dogmes arbitraires et de ces professions de foi qui venaient se substituer au message de Jésus dans le cours de l'histoire de l'Église.

– Là-dessus, je suis d'accord avec toi.

– Beaucoup se déclarèrent pour ce qu'on a appelé le *déisme*.

– C'est quoi ?

– Le déisme est une conception selon laquelle Dieu a créé le monde il y a très, très longtemps, et ne s'est pas manifesté depuis. Dieu se réduit donc à un « Être suprême » qui ne se révèle qu'à travers la nature et ses lois, et non de manière « surnaturelle ». Chez Aristote aussi nous avions trouvé la présence d'un « Dieu philosophique » : Dieu était la « première cause » ou le « premier moteur » de l'univers.

– Il ne reste plus qu'un dernier point et c'est la question des *droits de l'homme*.

– C'est peut-être le point le plus important de tous. En effet, les philosophes français du siècle des Lumières avaient un sens pratique beaucoup plus développé que leurs compatriotes anglais.

– Ils mettaient en pratique leurs théories philosophiques ?

– Oui, ils luttaient pour la reconnaissance des « droits naturels » des citoyens. Il s'agissait tout d'abord de la censure, c'est-à-dire de la liberté d'expression, dans le domaine de la religion, de la morale et de la politique. Chacun devait pouvoir penser librement et exprimer ses convictions. Et il s'agissait aussi de lutter contre l'esclavage et d'adoucir le traitement des criminels.

– Difficile de ne pas être d'accord sur tous ces points, je trouve.

– Le principe de l'« inviolabilité de tout individu » est exposé à la fin de la *Déclaration des droits de l'homme et du citoyen* qui fut rédigée par l'Assemblée nationale française en 1789. La Constitution norvégienne de 1814 s'en est très largement inspirée.

– Et pourtant il y en a tant qui se battent encore aujourd'hui pour faire reconnaître leurs droits !

– Oui, malheureusement. Les philosophes des Lumières voulaient établir les droits inaliénables de chaque individu, du seul fait qu'il est né homme. C'est ce qu'on entend par droits « naturels » et qui bien souvent s'oppose aux lois en vigueur dans tel ou tel pays. Et c'est au nom de ce « droit naturel » que des personnes ou des couches de population se révoltent pour conquérir un peu plus de liberté et d'indépendance.

– Et qu'en est-il du droit des femmes ?

– La révolution de 1789 établissait un certain nombre de droits qui valaient pour tous les « citoyens ». Il est clair qu'on entendait surtout par là les hommes. Cependant, c'est précisément sous la Révolution française que nous voyons les premiers mouvements de lutte des femmes.

– Ce n'était pas trop tôt !

– Dès 1787, le philosophe *Condorcet* publia un écrit sur les droits des femmes, où il déclare que les femmes ont les mêmes « droits naturels » que les hommes. Sous la Révolution, les femmes furent fort actives dans le combat contre l'Ancien Régime. Elles étaient par exemple à la tête des manifestations qui contraignirent le roi à s'enfuir du château de Versailles. A Paris, il y eut plusieurs salons tenus par des femmes qui revendiquaient les mêmes droits politiques que les hommes mais aussi des réformes concernant le mariage et le statut social de la femme.

– Est-ce qu'elles obtinrent gain de cause ?

– Non. Comme bien souvent, ces questions étaient liées au contexte général d'une révolution. Dès la Restauration, on revint à l'ordre social traditionnel avec la domination masculine habituelle.

– C'est toujours la même chose...

– Une de celles qui luttèrent pour l'égalité des droits entre hommes et femmes fut *Olympe de Gouges*. En 1791, deux ans donc après la Révolution, elle publia une déclaration sur les droits des femmes, puisqu'elles n'avaient pas eu voix au chapitre dans la fameuse Déclaration des droits de l'homme et du citoyen.

– Et alors ?

– Elle fut guillotinée en 1793 et toute action politique fut désormais interdite aux femmes.

– Mais c'est incroyable !

– Il fallut attendre le XIXᵉ siècle pour qu'il y eût un nouveau mouvement des femmes en France et dans toute l'Europe. Petit à petit, les femmes gagnèrent du terrain et en Norvège, par exemple, elles obtinrent en 1913 le droit de vote. Mais il reste encore beaucoup de chemin à parcourir quand on voit ce qui se passe dans certains pays.

– Pour ça, oui.

Alberto se tut un instant et regarda le lac.

– Voilà en gros ce que je tenais à t'apprendre sur le siècle des Lumières, dit-il au bout d'un moment.

– Pourquoi « en gros » ?

– Je crois que je n'ai plus grand-chose à dire sur le sujet.

Pendant qu'il prononçait ces mots, il se passait quelque chose là-bas, au milieu du lac. L'eau semblait bouillonner et, surgissant des profondeurs, une forme énorme et hideuse apparut à la surface de l'eau.

– Un serpent de mer ! hurla Sophie.

La créature monstrueuse sortit plusieurs fois hors de l'eau avant de replonger dans les profondeurs et de laisser la surface de l'eau redevenir aussi calme qu'auparavant.

Alberto avait détourné le regard.

– Allez, on rentre, dit-il.

Ils se levèrent et entrèrent dans le chalet.

Sophie se plaça devant les tableaux de Berkeley et Bjerkely. Elle montra du doigt ce dernier :

– Je crois que Hilde habite quelque part à l'intérieur du tableau.

Entre les tableaux se trouvait à présent une tapisserie sur laquelle étaient brodées en lettres capitales : LIBERTÉ, ÉGALITÉ, FRATERNITÉ.

– C'est toi qui l'as accrochée là ? demanda Sophie en se tournant vers Alberto.

Celui-ci se contenta de secouer la tête en faisant une grimace de découragement.

A cet instant, Sophie aperçut une enveloppe posée sur le rebord de la cheminée. Elle portait la mention : *Pour Hilde et Sophie.* Inutile de demander de la part de qui, mais que son nom à elle y soit aussi était pour le moins surprenant.

Elle ouvrit l'enveloppe et lut à haute voix :

> *Mes chères petites,*
> *Le professeur de philosophie de Sophie aurait dû insister sur le fait que les Nations unies reposent sur les idéaux et les principes des philosophes français du siècle des Lumières. C'est ce slogan de « Liberté, égalité, fraternité » qui a soudé ensemble tout le peuple français. Il faudrait que ces mêmes mots unissent aujourd'hui le monde entier. Toute la terre devrait plus que jamais ne former qu'une seule grande famille. Nos descendants sont nos propres enfants et petits-enfants. De quel monde vont-ils hériter ?*

La mère de Hilde lui cria que *Derrick* commençait dans dix minutes et qu'elle avait mis la pizza au four. Hilde se sentait complètement épuisée après tout ce qu'elle avait lu. Elle était réveillée depuis six heures ce matin.

Elle prit la décision de passer le reste de la journée avec sa mère et de la laisser fêter son anniversaire comme elle l'entendait. Mais elle avait une dernière chose à vérifier dans son encyclopédie.

Gouges... Non. *De Gouges ?* Rien non plus. Et *Olympe de Gouges ?* Toujours rien ! Son encyclopédie ne disait pas un traître mot de celle qui fut guillotinée à cause de son engagement politique pour la lutte des femmes. N'était-ce pas vraiment scandaleux ?

Elle n'était pourtant pas un personnage inventé par son père.

Hilde se précipita au rez-de-chaussée pour chercher le Grand Larousse.

– Je veux juste vérifier quelque chose, lança-t-elle à sa mère interloquée.

Elle emporta le volume qui allait de F à G et remonta dans sa chambre.

Gouges... Ah, enfin !

« Gouges, Marie Olympe (1748-1793), écrivain français qui joua un grand rôle sous la Révolution en publiant notamment de nombreux pamphlets sur les questions sociales et des pièces de théâtre. Elle fut une des rares femmes à revendiquer l'égalité des droits entre les hommes et les femmes et publia en 1791 une Déclaration des droits des femmes. Fut guillotinée en 1793 pour avoir osé défendre Louis XVI et critiquer Robespierre (L. Lacour, *Les Origines du féminisme contemporain*, 1900). »

Chapitre 25

KANT

...le ciel étoilé au-dessus de ma tête et la loi
morale en moi...

Vers minuit seulement le major Albert Knag appela chez lui pour souhaiter un bon anniversaire à sa fille Hilde.

C'est la mère de Hilde qui décrocha.

– C'est pour toi, Hilde !

– Allô ?

– C'est Papa.

– Ça ne va pas non, il est presque minuit !

– Je voulais juste te souhaiter un joyeux anniversaire...

– Mais tu n'as fait que ça toute la journée !

– ... je voulais attendre la fin de la journée.

– Pourquoi ça ?

– Tu n'as pas reçu mon cadeau ?

– Ah si ! Merci beaucoup.

– Ne me fais pas marcher. Ça te plaît ?

– C'est vraiment génial. Je n'ai presque rien pu avaler de la journée, tellement c'est passionnant.

– Mais il faut que tu manges !

– J'ai trop envie de savoir la suite.

– Tu en es où ? Allez, dis-le-moi, Hilde !

– Eh bien, ils sont entrés dans le chalet parce que tu as commencé à les taquiner avec un serpent de mer...

– Ah ! le siècle des Lumières.

– Et Olympe de Gouges.

– Alors je ne me suis pas tant trompé que cela.

– Comment ça « trompé » ?

– Il reste, si je ne me trompe, encore une fois où je te souhaite un bon anniversaire. Mais ce sera en musique, cette fois.

– Je continuerai un peu au lit ce soir.

– Tu y comprends quelque chose ?

– J'ai plus appris en un seul jour que pendant toute ma vie. Quand je pense que ça fait à peine vingt-quatre heures que Sophie a trouvé la première enveloppe en rentrant de l'école !

– Il suffit parfois de pas grand-chose.

– Mais j'ai un peu pitié d'elle.

– De Maman ?

– Mais non, de Sophie, voyons !

– Oh…

– Elle ne sait plus où elle en est, la pauvre.

– Mais ce n'est qu'un… je veux dire…

– … qu'un personnage inventé de toutes pièces, c'est ça ?

– Oui, à peu près.

– Moi, je crois que Sophie et Alberto existent vraiment quelque part.

– On en reparlera quand je rentrerai.

– D'accord.

– Passe une bonne journée, Hilde.

– Qu'est-ce que tu viens de dire ?

– Euh, bonne nuit, je voulais dire.

– Bonne nuit.

Quand Hilde se coucha ce soir-là, il faisait encore si clair dehors qu'elle pouvait voir le jardin et plus loin la baie. Le soleil ne se couchait pas à cette époque de l'année.

Elle s'amusa à s'imaginer peinte sur un tableau accroché au mur dans un petit chalet perdu dans les bois. Pouvait-on jamais sortir du cadre et jeter un coup d'œil à l'extérieur ?

Avant de s'endormir, elle ouvrit à nouveau le grand classeur.

Sophie reposa la lettre de Hilde sur la cheminée.

– Ce qu'il dit sur les Nations unies est loin d'être idiot, laissa tomber Alberto, mais je n'aime pas qu'il se mêle de ma façon de présenter les choses.

– Ne prends pas ça tant à cœur.

– Désormais, je vais en tout cas ignorer tous les phénomènes extraordinaires du genre serpent de mer. Allons nous asseoir près de la fenêtre. Je vais te parler de Kant.

Sophie remarqua une paire de lunettes qui était posée sur un guéridon entre deux fauteuils. Les verres étaient rouges. S'agissait-il de lunettes de soleil particulièrement sombres ?

– Il est presque deux heures, dit-elle. Il faut que je sois rentrée avant cinq heures, car ma mère a certainement prévu quelque chose pour mon anniversaire.

– Ça nous laisse trois heures.

– Je t'écoute.

– *Emmanuel Kant,* dont le père était bourrelier, naquit en 1724 à Königsberg (aujourd'hui Kaliningrad) en Prusse orientale et y vécut presque toute sa vie. Il mourut à l'âge de quatre-vingts ans. Il eut une éducation piétiste fort rigoureuse, ce qui est un élément déterminant de toute sa philosophie. Comme pour Berkeley, il lui paraissait essentiel de sauver les fondements de la foi chrétienne.

– Pour Berkeley, merci, ça suffit comme ça.

– Kant est également le premier philosophe que nous étudions à avoir occupé une chaire de philosophie à l'Université. Il était en quelque sorte un « philosophe professionnel ».

– Un philosophe professionnel ?

– Le terme « philosophe » recouvre de nos jours deux sens légèrement différents : un « philosophe » est d'abord quelqu'un qui essaye de trouver ses propres réponses aux problèmes philosophiques qu'il se pose. Mais il peut aussi être un spécialiste de l'histoire de la philosophie sans pour autant développer sa propre philosophie.

– Et Kant était un de ces philosophes professionnels ?

– Il était les deux. S'il avait juste été un bon professeur, c'est-à-dire un spécialiste de la pensée des autres philosophes, il n'aurait eu aucune place dans l'histoire de la philosophie. Cela dit, il connaissait en profondeur la tradition philosophique qui le précédait. Il connaissait la pensée des rationalistes comme Descartes ou Spinoza et des empiristes comme Locke, Berkeley ou Hume.

– Je t'ai déjà dit de ne plus me parler de Berkeley !

– Tu te rappelles que, pour les rationalistes, la raison de l'homme constitue le fondement de toute connaissance, alors que les empiristes soutiennent que seuls nos sens nous permettent de connaître le monde. Hume avait en outre clairement montré les limites des conclusions auxquelles nos impressions nous font aboutir.

– Et Kant était d'accord avec qui ?

– Selon lui, les deux avaient à la fois raison et tort. La question était bien de savoir quelle connaissance nous pouvons avoir du monde et ce projet philosophique était commun à tous les philosophes depuis Descartes. Mais il s'agissait maintenant de savoir si le monde était tel que les sens le percevaient ou tel que nous le représente la raison.

– Alors, quel était l'avis de Kant ?

– La perception et la raison jouent, selon lui, toutes les deux un grand rôle, mais il trouvait que les rationalistes accordaient trop de pouvoir à la raison et que les empiristes se limitaient trop à leurs expériences sensibles.

– Tu ne pourrais pas donner un exemple pour que ce soit plus concret ?

– Que l'expérience de nos sens soit à l'origine de toute connaissance, cela il l'admet volontiers à la suite des empiristes, mais il ajoute que notre raison seule possède les conditions requises pour analyser comment nous percevons le monde.

– C'est ça ton exemple ?

– Passons aux travaux pratiques. Tiens, va prendre les lunettes sur la table. Merci... Mets-les sur le nez !

Sophie mit les lunettes et tout autour d'elle devint rouge. Les couleurs pâles devenaient rose pâle et les couleurs sombres, rouge foncé.

– Qu'est-ce que tu vois ?

– La même chose qu'avant, mais en rouge.

– C'est parce que les verres déterminent ta manière de voir le monde. Tout ce que tu vois vient bien du monde extérieur, mais comment tu vois, ça, c'est une question de lunettes. Tu ne peux quand même pas affirmer que le monde est rouge juste parce que c'est ainsi que tu le perçois.

– Bien sûr que non !

– Si tu marchais en forêt ou si tu rentrais chez toi, tu verrais tout comme avant, à la seule différence que tout ce que tu verrais serait rouge.

– Oui, si je n'enlève pas les lunettes.

– Eh bien, de la même façon, Kant pensait que notre raison dispose de certaines facultés qui déterminent toutes nos expériences sensibles.

– C'est quoi, ces facultés ?

– Quelle que soit notre expérience sensible, elle s'inscrit obligatoirement dans l'*espace* et le *temps*. Kant appelait l'« espace » et le « temps » les deux « formes à priori » de la sensibilité de l'homme, c'est-à-dire qu'elles précèdent toute expérience. Cela signifie que nous savons à l'avance que toute expérience sera inscrite dans le temps et l'espace. Nous ne pouvons pas en effet enlever les « lunettes » de la raison.

– Il pensait que concevoir les choses dans l'espace et le temps, c'était inné ?

– Oui, d'une certaine manière. Ce que nous voyons dépend certes du fait de grandir en Inde ou au Groenland, mais, où que nous soyons, le monde n'est qu'une somme de phénomènes inscrits dans le temps et l'espace.

– Mais le temps et l'espace existent en dehors de nous ?

– Non. Kant insiste bien sur ce point : le temps et l'espace sont des éléments constitutifs de l'homme. Ce sont avant tout des structures intuitives qui ne relèvent pas du monde.

– C'est une tout autre façon de voir les choses.

– La conscience de l'homme n'est pas une feuille blanche où s'inscriraient de façon « passive » les impressions de nos sens. C'est au contraire une instance éminemment active, puisque c'est la conscience qui détermine notre conception du monde. Tu peux comparer avec une carafe d'eau : l'eau vient remplir la forme de la carafe. De la même façon, nos perceptions se plient à nos deux « formes à priori » de la sensibilité.

– Je commence à comprendre.

– Kant affirmait que si la conscience est formée à partir des choses, les choses à leur tour sont formées à partir de la conscience. Ce dernier point est ce que Kant a lui-même surnommé sa « révolution copernicienne » dans le domaine de la connaissance. Il voulait dire par là que c'était une façon de penser aussi radicalement neuve que pouvait l'être la théorie de Copernic en son temps, quand celui-ci affirma que la Terre tournait autour du Soleil et non le contraire. Quant à la *loi de causalité* que l'homme, selon Hume, ne pouvait pas connaître par expérience, Kant considère qu'elle fait partie de la raison.

– Explique !

– Tu te rappelles ce que Hume prétendait : l'habitude seule nous fait croire à un enchaînement logique des phénomènes dans la nature. Kant, lui, considère justement comme une qualité innée de la raison ce qui chez Hume était indémontrable. La loi de causalité prévaudra toujours, tout simplement parce que l'entendement de l'homme considère chaque événement dans un rapport de cause à effet.

– J'aurais plutôt tendance à croire que la loi de causalité se trouve plus à l'origine dans les choses que dans les hommes.

– Pour Kant, il n'y a aucun doute : nous portons cette loi en nous. Il veut bien admettre comme Hume que nous ne pouvons avoir aucune certitude sur la vraie nature du monde « en soi ». Nous pouvons seulement connaître comment le monde est « pour moi », c'est-à-dire pour nous, les êtres humains. Cette différence entre *das Ding an sich* et *das Ding für mich* est le point essentiel de la philosophie de Kant.

– Bof, tu sais, moi l'allemand…

– Kant distingue la « chose en soi » et « la « chose pour moi ». Sans pouvoir nous avancer sur le terrain de la « chose en soi », nous sommes néanmoins en mesure de dire à la suite de chaque expérience comment nous concevons le monde.

– Ah, tu crois ?

– Avant de sortir le matin, même si tu n'as aucune idée de ce que tu vas voir ou vivre au cours de la journée, tu sais que de toute façon ce sera inscrit dans l'espace et le temps. Quant à la loi de causalité, tu sais aussi qu'elle fait partie de ton esprit.

– Tu veux dire qu'on aurait pu être créé différemment ?

– Bien sûr. Nous aurions pu être dotés d'un tout autre système perceptif qui aurait modifié notre expérience du temps et de l'espace. Nous aurions pu aussi ne pas nous intéresser aux relations de cause à effet dans le monde qui nous entoure.

– Tu n'aurais pas des exemples ?

– Imagine-toi un chat couché dans le salon. Une balle se met à rouler à travers la pièce. Que va faire le chat à ton avis ?

– Oh, c'est très simple : le chat va courir après la balle.

– D'accord. Imagine maintenant que c'est toi qui es dans la pièce. Aurais-tu eu la même réaction que le chat ?

– Non, je pense que je me serais d'abord retournée pour voir d'où venait la balle.

– Parce que tu es un être humain, tu es portée à t'interroger sur la cause de chaque événement. La loi de causalité est inhérente à la constitution de l'être humain.

– Ah vraiment ?

– Pour Hume, il était impossible de sentir ou de démontrer ces lois naturelles. Kant, au contraire, refusait d'admettre cela. Pour lui ces lois existent puisque c'est notre faculté de connaître qui organise la connaissance, et non point les objets qui la déterminent.

– Est-ce qu'un petit enfant se serait aussi retourné pour savoir qui avait fait rouler la balle ?

– Peut-être pas. Mais Kant dit bien que la raison n'est pas complètement développée chez un petit enfant avant qu'il n'ait vraiment un grand champ d'expérience à sa disposition. A quoi cela servirait-il de parler d'une raison vide, sans objet ?

– Non, ce serait plutôt absurde.

– Résumons-nous : d'un côté nous avons les éléments extérieurs que nous ne pouvons pas connaître avant d'en avoir fait l'expérience et c'est ce que nous appelons la *matière* de la connaissance. De l'autre nous avons les caractéristiques de la raison humaine, comme par exemple de concevoir chaque événement dans l'espace et le temps ou encore de le situer dans un rapport de cause à effet : c'est ce qu'on peut appeler la *forme* de la connaissance.

Alberto et Sophie restèrent un moment silencieux à regarder par la fenêtre. Soudain apparut une petite fille entre les arbres de l'autre côté du lac.

– Regarde ! s'écria Sophie. Qui est-ce ?

– Je n'en ai pas la moindre idée.

Elle se montra quelques instants, puis disparut. Sophie eut juste le temps de remarquer qu'elle avait quelque chose de rouge dans les cheveux.

– De toute façon, nous n'allons pas nous laisser distraire par ce genre d'apparitions.

– Bon, alors continue !

– Kant précise que la connaissance humaine a des limites bien précises. Les « lunettes » de la raison, si tu veux, imposent certaines limites.

– Comment ça ?

– Tu te souviens que les philosophes avant Kant s'étaient posé les « grandes » questions philosophiques, à savoir si l'homme a une âme immortelle, s'il existe un Dieu, si la nature est constituée de minuscules particules ou encore si l'univers est fini ou infini…

– Oui.

– Eh bien Kant pensait que répondre à ces questions n'était pas du ressort de l'homme. Cela ne veut pas dire qu'il les refusait, bien au contraire, car dans ce cas il n'aurait pas été un vrai philosophe.

– Mais alors ?

– Sois un peu patiente. Concernant des problèmes de cette importance, Kant trouvait que la raison s'exerçait en dehors du champ de la connaissance. Mais c'est un trait caractéristique de la nature humaine – ou de la raison – que d'éprouver le besoin de se poser précisément ce type de questions. Ainsi, quand nous nous demandons si le monde est fini ou infini, nous posons une question sur un tout dont nous ne formons qu'une infime partie. C'est pourquoi nous ne pouvons prétendre parvenir à connaître ce tout.

– Pourquoi pas ?

– Quand nous nous interrogeons sur l'origine du monde et hasardons des hypothèses, la raison tourne en quelque sorte à vide, car nous ne disposons pas de « phénomènes » sensibles à proprement parler ou d'expériences auxquelles se référer. Nous ne pouvons jamais faire l'expérience de la totalité qui nous englobe. Nous ne sommes pour ainsi dire qu'une partie de la balle qui roule sur le sol sans pouvoir savoir d'où elle vient. Mais notre esprit est ainsi fait que nous ne pouvons nous empêcher de nous interroger sur l'origine de la balle et sur toutes sortes de problèmes même si nous n'avons pas grand-chose de concret à nous mettre sous la dent.

– Merci, ça va. Je connais bien cette sensation.

– Kant fait observer que, s'agissant des problèmes fondamentaux, la raison produira toujours deux thèses tout aussi probables ou improbables qui s'affronteront.

– Des exemples, s'il te plaît !

– On peut tout aussi bien affirmer que le monde a commencé un jour ou que le monde a toujours existé. Les deux possibilités sont tout aussi inimaginables pour la raison humaine. Nous pouvons affirmer que le monde a été de tout temps, mais est-il possible que quelque chose ait toujours existé sans qu'il y ait eu un jour un commencement ? Si on suit le raisonnement inverse, nous disons que le monde a eu un commencement, ce qui revient à dire qu'il est né du néant. Mais quelque chose peut-il naître du néant, Sophie ?

– Non, dans les deux cas on est coincé. Il faut bien pourtant que l'une des hypothèses soit la bonne !

– De même, tu te rappelles que Démocrite et les matérialistes pensaient que la nature était constituée de minuscules éléments qui s'assemblaient entre eux pour former chaque chose. D'autres, comme Descartes, pensaient au contraire que l'étendue pouvait toujours se subdiviser. Qui avait raison ?

– Les deux… euh, personne.

– D'autres philosophes ont souligné que la liberté était une des facultés les plus importantes chez l'homme. Mais pour les stoïciens et Spinoza, pour ne citer qu'eux, tout ne fait que suivre les lois de la nature. Là encore, Kant trouve que la raison n'est pas en mesure de trancher le débat.

– Les deux positions se défendent.

– Il en va de même pour prouver l'existence de Dieu. Les rationalistes, Descartes en tête, tentent de démontrer son existence en disant que nous avons l'idée d'un « être parfait », tandis que d'autres comme Aristote et saint Thomas d'Aquin voient en Dieu la première cause de toutes choses.

– Et qu'en pensait Kant ?

– Il rejetait ces deux preuves de l'existence de Dieu. Jamais l'expérience ne peut nous fournir le moindre fondement pour affirmer que Dieu existe ou non.

– Mais tu as commencé en disant que Kant voulait sauver les fondements de la foi chrétienne !

– Oui, il a ouvert la voie à une nouvelle dimension religieuse : la *foi* va s'engouffrer dans l'espace laissé vacant par l'expérience.

– Est-ce ainsi qu'il entend sauver le christianisme ?

– Si tu veux. N'oublions pas que Kant était protestant. Depuis la Réforme, le protestantisme s'est caractérisé par sa foi, alors que le catholicisme a dès le Moyen Age recouru à la raison pour étayer sa foi.

– Je vois.

– Mais Kant ne se contenta pas de rejeter ces questions sur le compte de la foi. Il était selon lui nécessaire à la morale de l'homme de présupposer que l'homme a une *âme immortelle*, qu'*il existe un dieu* et que l'homme a un *libre arbitre*.

– C'est presque comme Descartes quoi ! Il commence par exprimer ses doutes sur notre faculté de connaître, puis il réintroduit subrepticement Dieu et toute sa clique.

– Oui, mais à la différence de Descartes Kant précise bien que c'est la foi qui l'a amené à ces conclusions et non la raison. Pour lui la foi en une âme immortelle, en l'existence de Dieu et le libre arbitre de l'homme sont des *postulats pratiques*.

– Ce qui signifie ?

– Un « postulat », c'est quelque chose qu'on affirme sans le démontrer et un « postulat pratique » c'est quelque chose qui a trait à la « pratique » de l'homme, autrement dit sa morale. « C'est une nécessité morale que d'accepter l'existence de Dieu », dit-il.

Soudain on frappa à la porte. Sophie se leva d'un bond mais, comme Alberto ne bougeait pas, elle se risqua à demander :

– On ne va pas ouvrir ?

Alberto haussa les épaules et finit par se lever. Ils allèrent ouvrir et se retrouvèrent face à une petite fille vêtue d'une robe d'été claire et d'une capuche rouge. C'était elle qu'ils avaient vue de l'autre côté du lac. Elle portait un panier plein de nourriture.

– Salut, dit Sophie. Qui es-tu ?

– Tu ne vois pas que je suis le Petit Chaperon rouge ?

Sophie leva les yeux vers Alberto qui fit un petit signe de la tête.

– Tu as entendu ce qu'elle a dit ?

– Je cherche la maison de ma grand-mère, dit la petite fille. Elle est vieille et malade, aussi je viens lui apporter un peu de nourriture.

– Ce n'est pas ici, répondit Alberto. Allez, passe ton chemin !

Il prononça ces derniers mots en faisant le geste de la chasser du chemin comme si elle eût été une vulgaire mouche.

– Mais j'avais aussi une lettre à lui remettre, poursuivit la petite fille qui tendit une enveloppe à Sophie.

L'instant d'après elle avait disparu.

– Prends garde au loup ! lui cria Sophie.

Alberto était déjà rentré et Sophie vint le rejoindre pour poursuivre leur conversation.

– Ça alors, c'était le Petit Chaperon rouge ! s'exclama Sophie, une fois assise.

– A quoi bon la prévenir ? Elle va se rendre chez sa grand-mère où le loup l'attend pour la manger. Elle n'apprendra jamais, c'est quelque chose qui va se répéter indéfiniment.

– Mais tu savais, toi, qu'elle s'arrêtait à une autre maison avant d'aller chez sa grand-mère ?

– Laisse tomber !

Sophie jeta alors un coup d'œil sur l'enveloppe, où était écrit *Pour Hilde*. Elle l'ouvrit et lut à haute voix :

> *Chère Hilde,*
> *Le cerveau des hommes est ainsi fait que nous sommes assez bêtes pour ne pas le comprendre.*
> *Ton Papa qui t'embrasse.*

Alberto fit oui de la tête.

– Il y a du vrai là-dedans. Je crois même que Kant aurait pu dire la même chose. Il ne faut pas espérer comprendre qui nous sommes. De même que nous ne pouvons pas comprendre à fond ce qu'est une fleur ou un insecte, nous ne pouvons pas nous comprendre nous-mêmes. Encore moins ce qu'est l'univers.

Sophie relut plusieurs fois la phrase sibylline, tandis qu'Alberto continuait sur sa lancée :

– Ne nous laissons pas troubler par les serpents de mer et autres apparitions de ce genre. Nous avons encore toute l'éthique formulée par Kant à voir aujourd'hui.

– Alors dépêche-toi, car il faut bientôt que je rentre.

– Le scepticisme de Hume vis-à-vis du message de notre raison ou de nos sens amena Kant à se poser encore une fois toutes les questions essentielles et à ce titre le problème de la morale est loin d'être accessoire. Hume déclara qu'il était impossible de démêler le vrai du faux, puisque ce qui « est » n'implique pas ce qui « doit être ». Selon lui, pas plus notre raison que notre expérience sensible ne nous permettent de distinguer le vrai du faux. Pour lui, c'était une pure question de sentiments. Ce que Kant trouvait bien trop inconsistant comme fondement de la théorie.

– Là, je suis bien d'accord.

– Kant a toujours ressenti que la distinction entre le bien et le mal recouvrait quelque chose de réel. Il rejoignait en cela les rationalistes pour qui la raison permettait de faire le tri. Tous les hommes savent ce qui est bien et ce qui est mal, et nous le savons, non parce que nous l'avons appris mais parce que c'est inscrit dans notre raison. Tous les hommes sont dotés d'une raison pratique, c'est-à-dire d'une faculté propre à la raison qui nous permet en toute occasion de distinguer le bien du mal sur le plan de la moralité.

– C'est donc inné ?

– Oui, la faculté de distinguer le bien du mal est innée comme toutes les autres qualités de la raison. De même que tous les hommes admettent le principe de causalité au sein de l'univers, tous ont accès à la même *loi morale* universelle. Cette loi est aussi absolue que les lois physiques pour les phénomènes naturels. Elle est le fondement de notre vie morale comme peut l'être le principe de causalité pour notre entendement ou encore que sept plus cinq égale douze.

– Et que dit cette loi morale ?

– Parce qu'elle précède toute expérience, elle est dite « formelle ». En d'autres termes, elle n'est liée à aucune situation particulière où se poserait un problème de choix. Elle vaut pour tous les hommes quelles que soient leur époque et leur société. Elle ne dit pas ce qu'il faut faire ou ne pas faire dans telle ou telle circonstance, mais ce qu'il convient de faire en *toute* circonstance.

– Mais à quoi ça sert d'avoir une loi morale en soi si elle ne nous dit pas ce qu'il faut faire dans une situation bien précise ?

– Kant formule cette loi morale comme étant un *impératif catégorique*. Par là il veut dire que la loi morale est « catégorique », c'est-à-dire qu'elle vaut pour toutes les situations et qu'elle est « impérative », c'est-à-dire qu'elle donne un ordre auquel on ne peut qu'obéir.

– Hum...

– Kant formule cet impératif catégorique de différentes manières. Il commence par dire : « Agis uniquement d'après la maxime qui fait que tu peux vouloir en même temps qu'elle devienne une loi universelle. »

– Quand je fais quelque chose, je dois donc désirer que tous les autres dans une même situation aient la même attitude que moi, c'est ça ?

– Exactement. Ce n'est qu'à cette condition que tu agis en accord avec la loi morale que tu portes en toi. Kant formula cet impératif catégorique en disant : « Agis de telle sorte que tu traites l'humanité aussi bien dans ta personne que dans la personne de tout autre toujours en même temps comme une fin et jamais simplement comme un moyen. »

– Ce qui revient à dire que nous ne devons pas « utiliser » les autres pour essayer d'en tirer un profit personnel.

– Oui, car tous les hommes sont une fin en soi. Cela vaut pour tous les autres, mais aussi pour toi-même. Tu n'as pas le droit de t'utiliser seulement comme moyen pour obtenir quelque chose.

– Cela rappelle un peu ce dont on nous a rebattu les oreilles, à savoir : « Ne fais pas à autrui ce que tu ne voudrais pas qu'on te fasse. »

– Oui, c'est un principe qui s'applique en toute situation et où on retrouve la loi morale formulée par Kant.

– Cela dit, ce ne sont que des affirmations. Hume n'avait pas tort de dire que la raison ne peut distinguer ce qui est vrai de ce qui est faux.

– La loi morale est pour Kant aussi absolue et universelle que le principe de causalité, par exemple. La raison est impuissante à la démontrer, mais elle n'en reste pas moins incontournable. Personne ne peut le nier.

– J'ai comme l'impression qu'au fond nous parlons de la conscience. Tous les hommes en ont une, non ?

– Oui, quand Kant décrit la loi morale, il décrit la conscience de l'homme. Nous ne pouvons pas démontrer ce que nous dit notre conscience morale, mais nous le savons malgré tout parfaitement bien.

– Je cherche parfois à me montrer sous mon meilleur jour dans un but bien précis. Comme par exemple pour me faire des amis.

– Dans ce cas tu n'agis pas, malgré les apparences, selon la loi morale. Même si c'est en accord avec la loi morale, ce qui en soi est très bien. Mais pour mériter le terme d'action morale, il faut que ce soit le résultat d'une victoire sur toi-même. Il faut que tu sentes que c'est ton devoir d'agir de la sorte. C'est pourquoi on parle souvent chez Kant d'une *éthique du devoir*.

– Je peux ressentir que c'est mon devoir de recueillir des fonds pour la Croix-Rouge ou les Restaurants du cœur.

– Oui, ce qui importe c'est que tu le fasses avec le sentiment d'accomplir quelque chose de juste. Même si une partie de l'argent récolté n'arrive pas à destination et ne nourrit pas ceux qui avaient faim, tu auras suivi la loi morale. Tu auras agi par devoir, ce qui est aux yeux de Kant la seule chose qui compte et non, comme on pourrait le croire, les conséquences de ton acte. L'éthique de Kant est une éthique de la *bonne volonté*.

– Pourquoi tenait-il tant à savoir si on agissait selon la loi morale ? L'essentiel est quand même d'agir pour le bien des autres, non ?

– Bien sûr, Kant serait d'accord avec toi sur ce point. Mais ce n'est qu'en étant conscient d'agir selon les commandements de la loi morale que nous agissons, dit Kant, librement.

– Quoi ? Nous ne sommes libres que lorsque nous suivons une loi ? Ça paraît pour le moins paradoxal !

– Pas pour Kant. Tu te souviens qu'il devait « affirmer » ou poser comme « postulat » que l'homme possède une volonté libre, autonome. Mais Kant reconnaît que tout obéit au principe de causalité, alors comment la volonté peut-elle être libre ?

– C'est à moi que tu poses cette question ?

– Kant divise l'homme en deux, ce qui n'est pas sans rappeler l'idée de la « dualité » de l'homme en tant que l'homme est à la fois corps et raison. Selon Kant, nous sommes des êtres sensibles soumis à l'immuable loi de causalité, nous ne pouvons pas choisir ce que nos sens perçoivent, des expériences impriment leur marque en nous indépendamment de notre volonté. Mais nous ne nous réduisons pas seulement à cela : nous sommes aussi des êtres doués de raison.

– Explique-toi !

– En tant qu'êtres sensibles, nous faisons partie intégrante de l'ordre de la nature et ne pouvons à ce titre exercer aucune volonté. Mais en tant qu'êtres doués de raison, nous appartenons à ce que Kant appelle *das Ding an sich*, c'est-à-dire au monde tel qu'il est, indépendamment de nos perceptions. En suivant notre « raison pratique » qui nous permet de faire des choix moraux, nous manifestons notre liberté. Car en nous pliant à la loi morale, nous ne faisons qu'obéir à une loi que nous nous sommes imposée.

– En un sens, c'est vrai… C'est moi ou disons une voix en moi qui me dit de ne pas casser les pieds aux autres.

– Quand tu décides cela, même si ce n'est pas dans ton intérêt, tu agis librement.

– On n'est en tout cas pas très libre et indépendant si l'on se contente de suivre ses pulsions.

– On finit en effet par être l'« esclave » de ses désirs, de son propre égoïsme par exemple. Il faut une bonne dose d'indépendance et de liberté pour se détacher de ses envies et de ses désirs.

– Et les animaux dans tout ça ? Eux ne vivent qu'en satisfaisant leurs désirs et leurs besoins. Comment pourraient-ils être libres comme nous en suivant une loi morale ?

– Non, c'est justement cette liberté qui fait de nous des êtres humains.

– Maintenant j'ai compris.

– Pour conclure, on pourrait peut-être dire que Kant a réussi à sortir la philosophie de l'impasse où elle se trouvait avec la querelle entre les rationalistes d'un côté et les empiristes de l'autre. C'est pourquoi Kant marque aussi la fin d'une époque dans l'histoire de la philosophie. Il mourut en 1804, à l'aube d'une nouvelle époque qu'on a désignée sous le terme de romantisme. Sur sa tombe à Königsberg est gravée une de ses plus célèbres maximes : « Deux choses ne cessent de remplir mon cœur d'admiration et de respect plus ma pensée s'y attache et s'y applique : le ciel étoilé au-dessus de ma tête et la loi morale en moi. »

Alberto s'enfonça dans son fauteuil.

– Nous n'irons pas plus loin aujourd'hui, dit-il. Je crois que nous avons vu l'essentiel.

– Et d'ailleurs il est quatre heures et quart.

– Attends juste un instant, s'il te plaît.

– Il n'est pas dans mes habitudes de quitter le cours avant qu'il soit terminé.

– T'ai-je dit que Kant pensait que nous n'avions aucune liberté en tant qu'êtres sensibles ?

– Oui, quelque chose dans ce genre-là.

– Mais si nous suivons la raison universelle, nous sommes libres et indépendants, n'est-ce pas ?

– Tu as vraiment besoin de tout reprendre ?

Alberto se pencha vers Sophie, la regarda droit dans les yeux et chuchota :

– Ne te fie pas à ce que tu vois, Sophie.

– Qu'est-ce que tu entends par là ?

– Tu n'as qu'à te retourner, mon enfant.

– Je ne comprends rien à ce que tu racontes.

– On dit souvent qu'il ne faut rien croire avant d'avoir vu de ses propres yeux. Mais cela aussi est faux.

– Tu m'as déjà dit ça ou je me trompe ?

– Non, c'était à propos de Parménide.

– Je ne comprends toujours pas bien où tu veux en venir.

– Oh, tu sais bien, nous étions tranquillement assis dehors à discuter et un énorme serpent de mer a surgi du lac.

– Oui, c'était bizarre, hein ?

– Pas le moins du monde. Puis le Petit Chaperon rouge est venu sonner à la porte en disant : « Je cherche la maison de ma grand-mère. » Ça commence à devenir pénible, Sophie, toutes ces facéties du major. C'est comme cette lettre écrite sur une banane ou l'orage insensé de l'autre jour.

– Est-ce que tu crois…

– Je t'ai dit que j'avais un plan. Aussi longtemps que nous nous laisserons guider par la raison, il ne réussira pas à nous tromper. Nous sommes d'une certaine manière libres. Il peut nous faire percevoir toutes sortes de choses sans nous étonner le moins du monde. Si ça l'amuse de faire voler des éléphants dans les airs, il récoltera tout au plus un sourire de notre part. Alors que sept plus cinq feront *toujours* douze. C'est une connaissance qui dépasse de loin tous ces effets de bande dessinée. La philosophie est tout le contraire d'un conte.

Sophie resta silencieuse à le regarder d'un air étonné.

– Bon, il est temps que tu rentres chez toi, finit-il par dire. Je te ferai signe pour notre prochaine rencontre sur le romantisme. Nous parlerons alors de Hegel et de Kierkegaard. Il ne nous reste qu'une semaine avant le retour du major. D'ici là il faut que nous nous soyons libérés de son imagination tentaculaire. Je ne t'en dis pas plus, Sophie, mais sache que je suis en train d'élaborer un plan fabuleux pour nous deux.

– Alors je m'en vais.

– Attends ! Nous avons peut-être oublié le plus important.

– Ah bon ?

– La chanson d'anniversaire, Sophie. N'oublie pas que Hilde a quinze ans aujourd'hui.

– Moi aussi.

– C'est vrai. Allez, on chante !

Ils se levèrent tous les deux et entonnèrent :

– *Happy birthday to you ! Happy birthday to you ! Happy birthday* chère Hilde ! *Happy birthday to you !*

Il était quatre heures et demie. Sophie courut vers le lac et rama de l'autre côté. Elle tira la barque parmi les roseaux et traversa le bois en courant.

Elle aperçut soudain sur le sentier quelque chose qui bougeait entre les troncs d'arbres. Elle pensa au Petit Chaperon rouge qui se rendait seule chez sa grand-mère, mais la silhouette était beaucoup plus petite.

Elle se rapprocha. La silhouette avait la taille d'une poupée, de couleur brune, mais avec un pull-over rouge.

Elle s'arrêta comme clouée sur place en comprenant que c'était un petit ours en peluche.

Qu'on abandonne un ours en peluche dans la forêt n'était pas en soi une chose extraordinaire, mais celui-ci était bien vivant et semblait très occupé.

– Bonjour ! lança Sophie.

La frêle silhouette se retourna sur-le-champ.

– Je m'appelle Winnie l'ourson répondit le petit ours. Je me suis perdu dans la forêt, sinon cela aurait été une belle journée. Mais je ne t'ai encore jamais vue, toi ?

– Peut-être que c'est moi qui ne suis jamais venue ici avant, dit Sophie. Et toi, tu es chez toi dans la Forêt-des-cent-soixante-matins.

– Non, je ne sais pas compter jusque-là. N'oublie pas que je suis un ourson qui n'a pas beaucoup de cervelle.

– J'ai entendu parler de toi.

– Alors, c'est toi qui t'appelles Alice. Christopher Robin m'a parlé de toi un jour, c'est comme ça qu'on a dû se rencontrer. Tu as vidé une bouteille et es devenue de plus en plus petite. Ensuite tu as bu d'une autre bouteille et tu as retrouvé ta taille. Il faut vraiment faire attention à ce qu'on met dans sa bouche. Un jour j'ai tellement mangé que je ne pouvais plus sortir d'un terrier.

– Je ne suis pas Alice.

– Ça n'a pas grande importance de savoir qui on est. L'essentiel, c'est d'exister. C'est la Chouette qui dit ça et elle est très intelligente. Sept et quatre font douze, voilà ce qu'elle a dit comme ça un dimanche en passant. I-Ah et moi étions très embarrassés, car c'est pas facile de calculer. De prévoir le temps qu'il va faire, ça c'est autrement plus facile.

– Je m'appelle Sophie.

– Enchanté d'avoir fait ta connaissance. Tu dois être nouvelle dans le coin. Mais il faut que je m'en aille car je dois retrouver mon chemin pour rejoindre mon ami le Cochon. Il y a une grande fête dans le jardin de Bugs Bunny avec tous ses amis.

Il leva une des pattes en signe d'adieu. Sophie remarqua à cet instant qu'il tenait un papier dans l'autre.

– Qu'est-ce que tu tiens là ? demanda-t-elle.

Winnie l'ourson brandit le papier en déclarant :

– C'est à cause de ça que je me suis perdu.

– Mais ce n'est qu'un bout de papier.

– Non, ce n'est pas « qu'un bout de papier ». C'est une lettre pour Hilde-de-l'autre-côté-du-miroir.

– Dans ce cas, je la prends.

– Mais ce n'est pas toi, la fille de l'autre côté du miroir ?

– Non, mais...

– Je dois remettre la lettre en personne. Chistopher Robin me l'a suffisamment répété hier soir.

– Mais je connais Hilde.

– Aucune importance. Même si tu connais très bien quelqu'un, tu ne dois pas lire son courrier.

– Je voulais dire que je peux remettre la lettre à Hilde.

– Dans ce cas-là... Tiens, Sophie. Dès que je me serai débarrassé de cette lettre, je réussirai à retrouver mon chemin pour aller chez mon ami le Cochon. Mais pour trouver Hilde-de-l'autre-côté-du-miroir, il faut d'abord avoir un grand miroir. Ça ne court pas les rues par ici.

Sur ces mots, l'ourson tendit la lettre qu'il tenait à Sophie et continua son chemin en gambadant dans la forêt. Une fois qu'il eut disparu de sa vue, Sophie déplia la lettre et lut :

Chère Hilde,

C'est une honte qu'Alberto n'ait pas dit à Sophie que Kant se déclara ouvertement pour la création d'une « assemblée des peuples ». Dans son **Projet de paix perpétuelle,** *il écrivit que tous les pays devaient s'unir pour former une « assemblée des peuples » qui veillerait à la paix entre toutes les nations. Il fallut attendre 125 ans après la parution de ce texte, en 1795, pour que soit créée la Société des nations, après la Première Guerre mondiale. Elle fut remplacée après la Deuxième Guerre mondiale par les Nations unies. Kant est en quelque sorte le parrain de l'idée des Nations unies. Seule la « raison pratique » de l'homme permettait de faire sortir les États, selon Kant, d'un « état naturel » qui les poussait à d'incessantes guerres entre eux et pouvait créer un nouvel ordre international qui empêcherait les guerres. Le chemin jusque-là n'était pas tout tracé, mais il incombait à l'homme de travailler en ce sens pour « assurer la paix durable et universelle ». La création d'un tel organisme était pour Kant un but lointain, c'était quasiment le but ultime de la philosophie. Cela dit, pour l'instant, je suis encore au Liban.*

Ton Papa qui t'embrasse.

Sophie fourra la lettre dans sa poche et rentra chez elle. Alberto l'avait mise en garde contre de telles rencontres dans la forêt. Mais elle ne pouvait quand même pas laisser le pauvre ourson errer dans la forêt à la recherche d'une improbable Hilde-de-l'autre-côté-du-miroir.

Chapitre 26

LE ROMANTISME

*...c'est vers l'intérieur que va le chemin mysté-
rieux...*

Hilde laissa tomber le gros classeur sur ses genoux, puis le fit glisser par terre.

Il faisait plus clair dans la chambre que quand elle s'était couchée. Elle regarda sa montre : il était presque trois heures. Elle se retourna dans le lit et essaya de trouver le sommeil. Pourquoi son père avait-il fait intervenir le Petit Chaperon rouge et Winnie l'Ourson... ?

Elle dormit jusqu'à onze heures le lendemain matin. Elle ressentit dans son corps qu'elle avait rêvé toute la nuit, mais impossible de se rappeler quoi que ce soit. Comme si elle avait vécu dans un autre monde.

Elle descendit préparer son petit déjeuner. Sa mère avait enfilé sa salopette préférée. Elle avait prévu de descendre vérifier l'état du bateau. Même si elle n'allait pas le mettre à l'eau, il fallait qu'il soit prêt quand son père rentrerait du Liban.

– Tu descends me donner un coup de main ?

– Il faut d'abord que je lise un peu. Tu veux que je t'apporte ton thé et quelques tartines pour ton déjeuner ?

– Tu as parlé de déjeuner ?

Après avoir grignoté quelque chose, Hilde regagna sa chambre, fit son lit et se rassit dessus, le classeur posé sur les genoux.

Sophie se glissa sous la haie et se retrouva dans le grand jardin qu'elle avait comparé une fois avec le jardin d'Éden...

Elle vit alors une multitude de brindilles et de feuilles que le violent orage de la veille avait fait tomber. Il y avait une corrélation entre l'orage et les branches tombées d'un côté et sa rencontre avec le Petit Chaperon rouge et Winnie l'Ourson de l'autre.

Sophie se dirigea vers la balancelle et enleva toutes les aiguilles et les brindilles qui l'encombraient. Heureusement que les coussins étaient en plastique, comme ça on n'était pas obligé de les rentrer à chaque averse.

Elle regagna la maison. Sa mère venait de rentrer du travail et mettait quelques bouteilles de limonade dans le réfrigérateur. Il y avait sur la table un cake et des macarons.

– Tu attends de la visite ? demanda Sophie, oubliant que c'était son anniversaire.

– Je sais que tu auras une grande fête samedi prochain, mais je trouve qu'il faut quand même marquer le coup aujourd'hui.

– Oui, et alors ?

– Eh bien, j'ai invité Jorunn et ses parents.

Sophie haussa les épaules.

– Si ça te fait plaisir.

Les invités arrivèrent peu avant sept heures et demie. L'atmosphère fut plutôt guindée, car la mère de Sophie ne voyait pas souvent les parents de Jorunn.

Sophie et Jorunn ne tardèrent pas à fausser compagnie aux adultes sous prétexte de rédiger le carton d'invitation pour la fête de samedi. Puisqu'elles allaient aussi inviter Alberto Knox, elles décidèrent de surnommer le tout une « réception philosophique dans le jardin ». Jorunn ne protesta pas, c'était l'anniversaire de Sophie et ces « fêtes à thèmes » étaient très à la mode.

Au bout de deux heures et après quelques crises de fou rire, elles finirent par rédiger l'invitation suivante :

Cher (chère) …

Nous t'invitons à une petite réception philosophique dans le jardin, samedi 23 juin (le soir de la Saint-Jean) à 19 heures, 3, allée des Trèfles. Nous espérons au cours de la soirée résoudre le mystère de la vie. Il est chaudement recommandé d'emporter des pulls chauds et des idées lumineuses qui permettront de trouver rapidement des solutions aux énigmes posées par la philosophie. Il sera malheureusement interdit d'allumer un grand feu par crainte de feu de forêt, mais les flammes de l'imagination auront la liberté de s'élever haut dans le ciel. Nous compterons au moins un vrai philosophe parmi les invi-

tés. La réception est, pour ces raisons, strictement privée. (Jour-
nalistes s'abstenir !)
        Amicalement,

        Jorunn Ingebrigtsen (comité organisateur)
        et Sophie Amundsen (hôtesse d'accueil).

Elles rejoignirent les adultes qui s'étaient un peu dégelés pendant leur absence. Sophie tendit à sa mère le texte de l'invitation qu'elle avait recopié à la plume.

– En dix-huit exemplaires s'il te plaît, glissa-t-elle.

Ce n'était pas la première fois qu'elle demandait à sa mère de lui faire des photocopies à son travail.

Sa mère parcourut le texte avant de le tendre au conseiller financier Ingebrigtsen.

– Jugez par vous-même. Elle a l'esprit complètement dérangé.

– Ça me paraît plutôt amusant, déclara le père de Jorunn en faisant passer l'invitation à sa femme. J'aurais bien aimé être invité à cette fête.

Puis ce fut le tour de la mère de Jorunn qui s'exclama :

– Non, vraiment, j'ai trop envie de voir ça ! Allez, laisse-nous venir, Sophie !

– Bon, alors ça fera vingt exemplaires, dit Sophie en les prenant au mot.

– T'es complètement folle ou quoi ? se récria Jorunn.

Avant d'aller se coucher ce soir-là, Sophie regarda longuement par la fenêtre. Elle se souvint de la silhouette d'Alberto Knox entr'aperçue la première fois dans l'obscurité. C'était il y a un mois. On était à une heure avancée de la nuit, mais c'était à présent une claire nuit d'été.

Alberto ne donna pas signe de vie avant le mardi matin. Il appela peu après que la mère de Sophie fut partie au travail.

– Allô, Sophie ? C'est Alberto Knox.

– Je m'en doutais.

– Excuse-moi de ne pas t'avoir donné de mes nouvelles plus tôt, mais j'ai passé beaucoup de temps à peaufiner notre plan. Quand le major s'occupe uniquement de toi, je peux enfin me concentrer et travailler sans être dérangé.

– C'est bizarre.

– Non, je peux alors me cacher, tu comprends ? Même le meilleur service secret du monde connaît des limites, surtout quand il n'a qu'un seul agent... Au fait, j'ai reçu une carte de toi.

– Un carton d'invitation, tu veux dire.

– Tu en as vraiment le courage ?

– Pourquoi pas ?

– On ne sait jamais ce qui peut se passer au cours de soirées de ce genre.

– Alors tu viens ?

– Bien sûr que je viens. Mais il y a autre chose. As-tu réfléchi au fait que c'est le jour même où le père de Hilde revient du Liban ?

– Euh... non.

– A mon avis ce n'est pas un hasard qu'il te laisse organiser une réception philosophique le jour même de son retour à Bjerkely.

– Je t'ai déjà dit que je n'y avais pas fait attention.

– Mais lui, oui. Enfin, on en reparlera. Tu peux venir au chalet ce matin ?

– C'est-à-dire que je devais désherber les plates-bandes...

– Alors disons vers deux heures. Ça ira ?

– D'accord.

Comme la dernière fois, Alberto Knox l'attendait assis sur les marches.

– Assieds-toi là, dit-il en enchaînant sur-le-champ, nous avons déjà parlé de la Renaissance, du Baroque et du siècle des Lumières. Nous allons nous intéresser aujourd'hui au Romantisme, qui est peut-être la dernière grande période culturelle que l'Europe ait connue. Nous approchons de la fin, mon enfant.

– La période romantique a duré si longtemps que ça ?

– Elle a commencé à la fin du XVIIIᵉ et a continué jusqu'au milieu du XIXᵉ siècle. Mais après 1850, parler de grands mouvements qui englobent aussi bien la littérature et la philosophie que l'art, la science et la musique n'a plus de sens.

– Le romantisme était un de ces grands mouvements ?

– On a dit que le romantisme était le dernier mouvement à définir un mode de vie. Cela commença en Allemagne en réaction contre le règne sans partage de la raison pendant le siècle des

Lumières. Après Kant et sa philosophie de la raison qui était plutôt austère, les jeunes en Allemagne avaient envie d'air pur.

– Et qu'est-ce qu'ils proposaient ?

– Les nouveaux mots d'ordre étaient « sentiment », « imagination », « expérience » et « nostalgie ». Certes le sentiment n'avait pas été complètement mis de côté par les philosophes du siècle des Lumières, rappelons-nous Rousseau, mais ce n'était que pour faire contrepoids à la raison. Ce qui n'était qu'accessoire devint dorénavant essentiel dans la culture allemande.

– Kant n'était plus à la mode ?

– Oui et non. De nombreux romantiques se considéraient comme ses descendants. Kant avait clairement indiqué qu'il y avait des limites à ce que nous pouvons savoir de « la chose en soi » (*das Ding an sich*) tout en soulignant l'importance du sujet sur la voie de la connaissance. Ainsi chacun pouvait à sa guise redéfinir son rapport au monde et donner sa propre interprétation du réel. Les romantiques pratiquèrent à l'outrance ce « culte du moi ». Tout ceci aboutit à l'idée de génie artistique comme quintessence de l'esprit romantique.

– Il y eut beaucoup de génies comme ça ?

– *Beethoven* en est un exemple. Sa musique traduit les émotions et les désirs d'un être humain et, à ce titre, il s'oppose aux grands maîtres de la musique baroque comme Bach et Haendel, qui composaient en l'honneur de Dieu et d'après des règles souvent assez strictes.

– Je connais seulement sa *Sonate au clair de lune* et la *Neuvième Symphonie*.

– Mais tu sens le romantisme de cette sonate et l'atmosphère dramatique de la *Neuvième Symphonie*, dite « *Symphonie du destin* ».

– Mais tu m'as dit que les humanistes de la Renaissance étaient eux aussi des individualistes.

– Oui, il y a beaucoup de traits communs entre la Renaissance et le romantisme, entre autres la place privilégiée accordée à l'art comme moyen de connaissance. Kant n'y est pas étranger, puisque dans son *Esthétique* il s'était interrogé sur l'origine de notre ravissement face à quelque chose de très beau comme par exemple une œuvre d'art. Selon lui, en nous abandonnant à la contemplation esthétique sans rechercher autre chose qu'une expérience d'ordre

artistique, nous nous approchons d'une forme d'expérience de la
« chose en soi », car nous débordons du strict cadre de notre raison.

– L'artiste peut donc faire passer quelque chose que les philosophes sont incapables d'exprimer ?

– Telle était du moins la conception des romantiques. L'artiste
exerce librement, pour Kant, sa faculté de connaissance et joue
avec elle. Le poète allemand *Schiller* développa les idées de Kant
en disant que l'activité artistique est comme un jeu où l'homme
est libre puisqu'il invente ses propres règles. Les romantiques pensaient que seul l'art nous permettait de cerner l'« indicible ».
D'autres allèrent jusqu'à comparer l'artiste avec Dieu.

– Ce n'est pas si surprenant, puisque l'artiste crée sa propre
réalité exactement de la même façon que Dieu a créé le monde.

– L'artiste a une imagination créatrice. Porté par son élan créateur, il abolit la différence entre le rêve et la réalité. *Novalis*, qui
était un de ces génies romantiques, déclara que « le monde devient
rêve, le rêve devient monde ». Il écrivit un roman intitulé *Heinrich
von Ofterdingen*, qui resta inachevé à la mort de l'auteur en 1801,
mais qui eut cependant un énorme retentissement. Il y est question du jeune Heinrich qui part à la quête de la « fleur bleue »
qu'il a aperçue un jour en rêve et n'aspire qu'à retrouver. Le poète
romantique anglais *Coleridge* exprima la même idée par ces termes :

*What if you slept ? And what if, in your sleep, you dreamed ?
And what if, in your dream, you went to heaven and there plucked
a strange and beautiful flower ? And what if, when you awoke, you
had the flower in your hand ? Ah, what then ?*

(Et si vous dormiez ? Et si dans votre sommeil vous rêviez ? Et
si, dans votre rêve, vous alliez au ciel cueillir une fleur aussi belle
qu'étrange ? Et si, à votre réveil, vous teniez la fleur à la main ?
Ah, que diriez-vous ?)

– C'est joliment dit.

– Cette nostalgie, cette quête de quelque chose d'éloigné et
d'insaisissable était caractéristique de la mentalité romantique. On
regrettait les époques révolues comme le Moyen Age par exemple,

qui profita alors de l'image négative du siècle des Lumières. Les romantiques voulaient aussi retrouver la trace de cultures plus lointaines, comme la culture et la mystique orientales. Ils se sentaient attirés par la nuit, les lueurs crépusculaires, les ruines et le surnaturel, en un mot par tous les aspects nocturnes, c'est-à-dire étranges et mystiques, de l'existence.

– Ça paraît plutôt attirant comme époque. Mais qui étaient ces romantiques dont tu parles ?

– Le romantisme fut tout d'abord un phénomène urbain. Cela correspond à l'épanouissement de la culture dans la plupart des grandes villes d'Europe dans la première moitié du XIXe, et tout particulièrement en Allemagne. Le romantique type était un jeune homme, souvent étudiant, même s'il ne brillait pas dans ses études, avec une conception de vie très antibourgeoise, allant jusqu'à qualifier les autres, que ce soit la police ou sa logeuse, de « sales petits-bourgeois », voire d'« ennemis ».

– Ce n'est pas moi qui aurais osé héberger un étudiant romantique dans ces conditions !

– La première génération de romantiques eut vingt ans vers 1800 et on peut dire que le mouvement romantique fut la première révolte des jeunes en Europe. On trouve en effet beaucoup de traits communs entre eux et les hippies cent soixante ans plus tard.

– Les fleurs, les cheveux longs, les riffs à la guitare et l'éloge de la paresse ?

– Oui, l'oisiveté passait pour l'idéal du génie et la paresse pour la vertu du romantisme. Les romantiques considéraient comme leur devoir de faire toutes sortes d'expériences mais aussi de s'échapper du monde par le rêve. La routine, c'était bien assez bon pour les petits-bourgeois.

– Y a-t-il eu des romantiques en Norvège aussi ?

– Oui, *Wergeland* et *Welhaven* par exemple. Wergeland incarna beaucoup d'idéaux du siècle des Lumières, mais sa vie est typiquement celle d'un romantique : il était constamment amoureux, mais sa « Stella », pour qui il composa tous ses poèmes d'amour, resta toujours – trait caractéristique du romantisme – une figure aussi lointaine et inaccessible que la « fleur bleue » de *Novalis*. Ce dernier se fiança à une jeune fille qui n'avait que quatorze ans.

Elle mourut quatre jours après son quinzième anniversaire, mais Novalis lui resta fidèle toute sa vie.

– Tu dis qu'elle mourut quatre jours après avoir eu quinze ans ?

– Oui...

– Moi aussi j'ai quinze ans et quatre jours aujourd'hui.

– C'est vrai...

– Elle s'appelait comment ?

– Elle s'appelait Sophie.

– Quoi ?

– Eh bien, oui...

– Tu me fais peur ! Ce serait quand même une drôle de coïncidence.

– Je ne sais pas, Sophie. Le fait est qu'elle s'appelait Sophie.

– Continue !

– Novalis ne vécut que jusqu'à vingt-neuf ans. Il fut un de ces « jeunes morts » dont peut s'enorgueillir le romantisme. La plupart à cause de la tuberculose, mais certains parce qu'ils se suicidèrent...

– Oh, mon Dieu !

– Ceux qui vieillirent cessèrent d'être romantiques quand ils atteignirent la trentaine. Ils devinrent de bons bourgeois bien conservateurs.

– Bref, ils passèrent dans le camp ennemi.

– Oui, si tu veux. Mais revenons à la conception romantique de l'amour. Ce schéma de l'amour impossible, nous le trouvons déjà chez *Goethe* dans son roman épistolaire, *Les Souffrances du jeune Werther*, qui parut en 1774. Ce petit livre se termine par le suicide du jeune Werther qui ne peut obtenir celle qu'il aime...

– Est-ce que ce n'était pas un peu exagéré ?

– Il y eut une telle vague de suicides à la suite de ce roman qu'il fut un temps interdit au Danemark et en Norvège. Être romantique, ce n'était donc pas si anodin que ça. Il y avait de violentes émotions en jeu.

– Quand tu parles des « romantiques », je pense toujours à la peinture de paysages : j'imagine de grandes forêts sombres, une nature sauvage, un peu perdue dans les brumes...

– Une des caractéristiques du romantisme, c'était précisément la nostalgie d'une nature sauvage et mystique. C'était une vision créée de toutes pièces. Tu te souviens peut-être de Rousseau qui lança le mot d'ordre du « retour à la nature ». Le romantisme permit enfin de donner une dimension réelle à cette formule, puisque ce mouvement s'oppose à la conception mécanique de l'univers au siècle des Lumières. Le romantisme renouait avec la tradition de la conscience d'être au monde.

– Explique-toi !

– Cela implique que la nature est considérée comme un tout. Les romantiques s'inscrivent dans la tradition de Spinoza, de Plotin et des philosophes de la Renaissance comme Jacob Böhme et Giordano Bruno. Tous ces philosophes affirment avoir fait l'expérience d'un « moi » divin au sein de la nature.

– Ils étaient panthéistes...

– Descartes et Hume avaient opéré une nette distinction entre le moi du sujet et l'« étendue » de la réalité. Kant aussi avait laissé cette séparation entre le « moi connaissant » et la nature « en soi ». Et voilà qu'on déclarait que la nature n'était qu'un immense « moi » ! Les romantiques se servaient aussi de l'expression l'« âme du monde » ou l'« esprit du monde ».

– Je comprends.

– Le premier grand philosophe romantique fut *Friedrich Wilhelm Schelling*, qui vécut de 1775 à 1854 et qui tenta d'abolir la distinction entre l'« esprit » et la « matière ». Toute la nature n'était selon lui que l'expression d'un absolu ou de l'« esprit du monde ».

– Ça fait penser à Spinoza.

– « La nature est l'esprit visible, l'esprit la nature invisible », dit Schelling. Car partout dans la nature nous pouvons deviner un « esprit qui ordonne et structure ». La « matière est de l'intelligence ensommeillée », ajoute-t-il.

– Tu peux préciser, s'il te plaît ?

– Schelling voyait en la nature l'esprit du monde, mais il voyait aussi cet esprit à l'œuvre dans la conscience de l'homme. Vu sous cet angle, la nature et la conscience de l'homme sont simplement deux formes d'expression de la même chose.

– Au fond, pourquoi pas ?

– On peut donc chercher l'« esprit du monde » aussi bien dans la nature qu'en soi-même. C'est pourquoi Novalis a pu écrire que « le chemin mystérieux va vers l'intérieur ». Il entendait par là que l'homme porte tout l'univers en lui et que c'est en plongeant à l'intérieur de soi-même que l'homme peut ressentir le mystère du monde.

– C'était pas mal comme idée.

– Pour les romantiques, la philosophie, les sciences expérimentales et la littérature faisaient partie d'un grand tout. Que l'on compose des poèmes inspirés à son bureau ou que l'on étudie la vie des fleurs et la formation des pierres, c'est la même chose, car la nature n'est pas un mécanisme mort mais un « esprit du monde » vivant.

– Si tu continues, je vais finir par devenir une romantique.

– Schelling observait une évolution dans la nature qui partait de la terre et de la pierre jusqu'à la conscience de l'homme. Il soulignait les différents stades qui permettent de franchir toutes les étapes qui vont de la nature inanimée jusqu'à des formes de vie de plus en plus élaborées. La nature était conçue par les romantiques comme un organisme, c'est-à-dire un tout qui laisse s'épanouir ses possibilités internes ou si tu préfères comme une fleur qui s'ouvrirait en montrant ses feuilles et ses pétales. Ce pourrait aussi être un poète qui laisserait venir à lui ses poèmes.

– Est-ce que ça ne rappelle pas un peu Aristote ?

– Bien sûr que si. La philosophie romantique de la nature présente des traits communs à la fois avec le néo-platonisme et Aristote qui concevait davantage les phénomènes naturels d'un point de vue organique que les matérialistes mécaniques.

– Je vois ce que tu veux dire.

– Le même raisonnement s'applique à l'histoire. Celui qui à cet égard joua un rôle déterminant pour les romantiques fut *Johann Gottfried Herder*, qui vécut de 1744 à 1803. Selon lui, le cours de l'histoire était le fruit d'un processus visant à un but bien précis. Il avait une conception « dynamique », nous dirions, en opposition à la conception « statique » des philosophes du siècle des Lumières. Herder rendit justice à chaque époque, de même que chaque peuple avait sa spécificité, ce qu'il appelle l'« âme du peuple ». Toute la question est de savoir si nous sommes capables de nous transposer dans ces différentes cultures.

– Tout comme nous devons pouvoir nous mettre à la place de quelqu'un d'autre pour mieux comprendre sa situation, nous devrions être capables de nous imaginer vivre dans d'autres cultures pour mieux les comprendre.

– C'est devenu un lieu commun de nos jours, mais c'était très nouveau à l'époque romantique. Le romantisme contribua en effet à renforcer l'identité culturelle de chaque nation. Ce n'est pas un hasard si la lutte de la Norvège pour regagner son indépendance connut son apogée en 1814.

– Je comprends mieux, maintenant.

– Mais il faut distinguer deux formes de romantisme : celui qu'on a appelé le romantisme universel et qui fait référence à la conception de la nature, à l'âme du monde et au génie artistique et qui se développa surtout à Iéna en Allemagne, vers 1800.

– Et l'autre ?

– Eh bien, c'est le romantisme national qui connut un essor quelques années plus tard à Heidelberg. Les romantiques nationaux s'intéressaient surtout à l'histoire, à la langue du « peuple », c'est-à-dire à tout ce qui relevait de la culture « populaire ». Car le peuple aussi était considéré comme un organisme devant développer ses possibilités internes, tout comme la nature ou l'histoire.

– Dis-moi où tu vis et je te dirai qui tu es...

– Ce qui relie ces deux aspects du romantisme, c'est la notion d'organisme. Tout, que ce soit une plante, le peuple, un poème, la langue ou la nature tout entière, était considéré comme un organisme vivant. L'esprit du monde était tout aussi présent dans la culture populaire que dans la nature et l'art.

– Je comprends.

– Herder avait rassemblé des chansons populaires de nombreux pays et il avait fort judicieusement intitulé son recueil : *Stimmen der Völker in Liedern* (un recueil de chants traditionnels). A Heidelberg, on commença à rassembler des airs et des contes populaires. Tu as entendu parler des *Contes* des *Frères Grimm* ?

– Ah oui... Blanche-Neige, le Petit Chaperon rouge, Cendrillon, Hänsel et Gretel...

– Et tant d'autres. De même en Norvège, *Asbjørnsen* et *Moe* voyagèrent à travers tout le pays pour recueillir la « vraie littérature du peuple ». On redécouvrit aussi les anciens mythes et les poèmes païens. Des compositeurs se mirent à introduire des airs populaires dans leur musique, tentant par ce moyen de rapprocher la musique populaire de la musique dite savante.

– La musique dite savante ?

– C'est-à-dire composée selon des règles bien précises par une seule personne, disons Beethoven. Alors que la musique populaire venait du peuple lui-même et non d'un seul individu. Aussi est-il très difficile de dater les airs populaires. C'est la même chose pour les contes populaires par rapport à la littérature dite savante.

– La littérature dite savante ?

– Oui, c'est une littérature écrite par une seule personne, prenons *H. C. Andersen*. Les romantiques raffolaient justement des contes. Il suffit de songer au grand écrivain allemand passé maître dans ce genre : *E. T. A. Hoffmann*.

– Ça me dit quelque chose, les *Contes d'Hoffmann*...

– La forme du conte était une des formes littéraires de prédilection des romantiques, comme avait pu l'être le théâtre pour la période baroque. Cela permettait à l'écrivain de laisser libre cours à son imagination.

– Il pouvait se croire le Dieu d'un univers recréé de toutes pièces.

– Exactement. Bon, je crois que nous pouvons à présent nous résumer.

– Je t'en prie !

– Les philosophes romantiques concevaient l'« âme du monde » comme un « moi » qui dans un état plus ou moins onirique pouvait recréer le monde. Le philosophe allemand *Johann Gottlieb Fichte* expliquait que la nature n'est que l'émanation d'une instance supérieure qui prend inconsciemment cette forme. Pour Schelling aussi, le monde est « en Dieu ». Dieu est conscient de ce qu'il crée, mais il existe aussi des faces cachées dans la nature qui représentent ce qui est inconscient chez Dieu. Car Dieu aussi a son « côté nocturne ».

– C'est une pensée à la fois effrayante et fascinante. Ça me rappelle Berkeley.

– C'est la même chose entre l'écrivain et son œuvre. Le conte permettait à l'auteur de laisser libre cours à son imagination et l'acte de création échappe toujours un peu à la conscience de son créateur, comme si l'œuvre se produisait elle-même. On pouvait presque écrire comme sous hypnose.

– Ah bon ?

– Mais l'écrivain pouvait à tout moment briser le charme en glissant quelques commentaires ironiques à l'encontre du lecteur, histoire de rappeler que ce n'était qu'un conte.

– Je comprends.

– De cette façon, l'écrivain pouvait dire au lecteur que sa propre existence elle aussi était merveilleuse. On a qualifié cette forme de rupture de l'illusion d'« ironie romantique ». Le dramaturge norvégien *Henrik Ibsen* met par exemple dans la bouche d'un des personnages de *Peer Gynt* que « Personne ne meurt au beau milieu du cinquième acte ».

– Je vois bien ce que cette réplique a de comique, puisqu'elle dénonce complètement l'illusion théâtrale.

– Cette formulation est si paradoxale qu'il convient de sauter une ligne après.

– Qu'est-ce que tu veux dire par là ?

– Non, rien, Sophie. Mais nous avons parlé de la fiancée de Novalis qui s'appelait Sophie comme toi et qui mourut alors qu'elle avait tout juste quinze ans et quatre jours...

– Tu comprends que cela m'ait fait peur.

Le regard d'Alberto devint fixe.

– Tu ne dois pas craindre d'avoir la même destinée que la fiancée de Novalis, reprit-il.

– Et pourquoi donc ?

– Parce qu'il reste encore quelques chapitres.

– Mais qu'est-ce que tu racontes ?

– Je dis que celle qui est en train de lire l'histoire de Sophie et d'Alberto sent au bout de ses doigts qu'il reste encore beaucoup de pages à tourner. Nous n'en sommes qu'au romantisme.

– Tu me donnes le vertige.

– En réalité, c'est le major qui essaie de donner le vertige à Hilde. Tu ne trouves pas ça lâche, dis ? Allez, fin du paragraphe !

Alberto avait à peine prononcé ces mots qu'un jeune garçon surgit de la forêt. Il portait des vêtements arabes et un turban autour de la tête. Il tenait à la main une lampe à huile.

Sophie serra fort le bras d'Alberto.

– Qui est-ce ? demanda-t-elle.

Mais le garçon répondit en personne :

– Je m'appelle Aladin et je viens tout droit du Liban.

– Et qu'as-tu dans ta lampe à huile, mon garçon ? répliqua Alberto en lui jetant un regard sévère.

A ces mots, le jeune garçon frotta sa lampe et une épaisse fumée s'éleva dans les airs. Bientôt une silhouette d'homme, avec une barbe comme Alberto et un béret bleu, apparut dans la fumée.

– Tu m'entends, Hilde ? cria tout en flottant dans les airs le génie de la lampe. Je suis cette fois en retard pour te souhaiter un bon anniversaire. Je voulais juste te dire que Bjerkely et la côte sud de Norvège m'apparaissent aussi merveilleux que dans un conte. Enfin, on se verra dans quelques jours.

Le génie se volatilisa et tout le nuage de fumée retourna à l'intérieur de la lampe à huile. Le petit garçon au turban prit la lampe sous le bras et courut vers la forêt où il disparut.

– C'est… c'est vraiment incroyable, articula Sophie avec peine.

– Bof, c'est du cinéma tout ça.

– Le génie a parlé exactement comme le père de Hilde.

– Ce n'était qu'une émanation de son esprit.

– Mais…

– Toi et moi, ainsi que tout ce qui se passe autour de nous, n'existons qu'au plus profond de la conscience du major. Il est tard, ce samedi 28 avril, tous les soldats des Nations unies dorment sauf le commandant qui veille encore mais est au bord du sommeil lui aussi. Il doit se hâter de terminer le livre s'il veut pouvoir l'envoyer pour les quinze ans de sa fille Hilde. C'est pourquoi le pauvre homme doit travailler et rogner sur ses heures de sommeil.

– Je crois que je laisse tout tomber.

– Fin du paragraphe, coupez !

Sophie et Alberto laissèrent leurs regards flotter sur le lac. Alberto semblait s'être transformé en véritable statue de pierre. Aussi Sophie attendit-elle un bon moment avant d'oser lui taper sur l'épaule.

– Tu as perdu ta langue ?

– Il attaque carrément de front à présent. Les derniers paragraphes nous sont dictés par lui jusqu'au moindre détail. Et dire qu'il n'en a rien à faire ! Enfin, on peut dire qu'il s'est démasqué, qu'il s'est complètement mis à nu. Nous savons dorénavant que nous vivons notre vie de personnages dans un livre que le père de Hilde a envoyé à sa fille pour son anniversaire. Tu as bien entendu ce que j'ai dit ? Enfin… ce n'est pas vraiment « moi » qui ai dit ça.

– Si tout cela est vrai, j'aimerais bien m'échapper du livre et voler de mes propres ailes.

– C'est justement ça, mon plan secret. Mais avant cela, il nous faut parler à Hilde. Elle ne perd pas un traître mot de tout ce que nous disons. Mais une fois que nous aurons réussi à partir d'ici, il nous sera beaucoup plus difficile de reprendre contact avec elle. Aussi devons-nous saisir l'occasion maintenant.

– Qu'allons-nous lui dire ?

– Je crois que le major est à deux doigts de s'endormir au-dessus de sa machine à écrire, même si ses mains continuent fiévreusement à courir sur le clavier...

– Ça fait tout drôle d'y penser.

– C'est précisément le moment où il peut se laisser aller à écrire des choses qu'il regrettera par la suite. Et il n'a pas d'effaceur à sa disposition, Sophie. Ceci est un élément non négligeable dans mon plan. Gare à celui qui donnera un effaceur au major Albert Knag !

– Ce ne sera pas moi, en tout cas.

– J'ordonne maintenant à la pauvre jeune fille de se révolter contre son père. Elle devrait avoir honte d'être le jouet consentant de ses lubies. Si seulement il avait le courage de se présenter devant nous en chair et en os, il verrait de quel bois on se chauffe !

– Mais il n'est pas ici.

– Son esprit et son âme sont ici, même si son corps est en sécurité au Liban. Tout ce qui nous entoure vient du « moi » du major.

– Mais il ne se réduit pas seulement à ce que nous voyons autour de nous.

– Nous ne sommes que des ombres dans l'âme du major. Et ce n'est pas facile pour une ombre de s'en prendre à son maître, Sophie. Cela demande de l'intelligence et de la prudence. Mais nous pouvons agir sur Hilde. Seul un ange peut se rebeller contre un dieu.

– Nous pourrions demander à Hilde de lui faire la tête dès qu'il rentrera chez lui. Elle pourrait lui lancer à la figure qu'il est un minable, elle pourrait abîmer son bateau ou du moins casser sa lanterne.

Alberto approuva de la tête.

– Et elle peut le quitter. C'est beaucoup plus facile pour elle que pour nous, ajouta Alberto. Elle peut s'enfuir de la maison du major et ne plus jamais se montrer. Ce serait un digne châtiment pour quelqu'un qui prend plaisir à nos dépens à laisser vagabonder son imagination.

– Je vois très bien la scène, le commandant parcourant le monde entier à la recherche de Hilde, qui a quitté la maison parce qu'elle ne supportait plus que son père s'amuse aux dépens de Sophie et d'Alberto.

– Pour s'amuser, ça, il s'amuse. C'est dans ce sens que je disais qu'il nous utilise comme petit divertissement d'anniversaire. Mais il ferait bien de se méfier. Et Hilde aussi.

– Qu'est-ce que tu veux dire ?

– Tu es bien assise ?

– Du moment qu'il n'y a plus d'autres génies dans l'air, ça va.

– Essaie de t'imaginer que tout ce que nous vivons se produit dans la conscience de quelqu'un d'autre. Nous sommes cette conscience. Nous ne possédons pas d'âme en propre, nous ne sommes que l'âme de quelqu'un d'autre. Jusqu'ici rien de surprenant sur le plan philosophique. Berkeley et Schelling dresseraient simplement l'oreille.

– Ah bon ?

– Nous avons tout lieu de croire qu'il s'agit de l'âme du père de Hilde Møller Knag, en poste au Liban, et qui rédige un livre de philosophie pour les quinze ans de sa fille. Celle-ci découvre le livre à son réveil sur la table de nuit et peut comme tout un chacun lire sur nous. Plusieurs fois, il a été indiqué que le « cadeau » pouvait être partagé avec d'autres personnes.

– Je m'en souviens.

– Ce que je suis en train de te dire, Hilde est en train de le lire tandis que son père est encore au Liban et m'imagine te racontant qu'il est au Liban…

Sophie ne savait plus où elle en était. Elle essaya de se rappeler ce qu'elle avait appris sur Berkeley et sur les romantiques. Mais Alberto Knox poursuivait déjà :

– Il ne faudrait pas que tout ça leur monte à la tête et qu'ils s'imaginent s'en tirer par le rire, car ça pourrait bien leur rester en travers de la gorge.

– De qui tu parles ?

– De Hilde et de son père, voyons. De qui d'autre ?

– Pourquoi ne faut-il pas que ça leur monte à la tête ?

– Parce que rien ne nous dit qu'ils ne sont pas eux aussi le pur produit d'une conscience...

– Comment ça ?

– Si c'était possible pour Berkeley et les romantiques, ce doit aussi être possible pour eux. Peut-être que le major est une créature imaginée de toutes pièces dans un livre qui parle de lui et de Hilde, et bien sûr de nous deux, puisque nous formons une petite partie de leur vie.

– Ce serait encore pire. Nous ne serions que des marionnettes entre les mains d'autres marionnettes !

– Rien ne nous empêche d'imaginer qu'un autre écrivain rédige un livre sur le major Albert Knag qui lui-même écrit un livre pour sa fille Hilde. Ce livre parle d'un certain « Alberto Knox » qui du jour au lendemain envoie des cours de philosophie sans prétention à Sophie Amundsen, 3, allée des Trèfles.

– Tu crois ça ?

– Je dis seulement que c'est possible. Pour nous, cet écrivain serait comme un « dieu caché », Sophie. Même si tout ce que nous sommes et tout ce que nous faisons est son œuvre parce que nous sommes lui, nous ne saurons jamais rien de lui. Nous sommes la toute dernière poupée gigogne.

Il y eut un long silence. Puis Sophie prit la parole :

– Mais s'il existe vraiment un écrivain qui a imaginé toute cette histoire sur le père de Hilde au Liban, qui lui a inspiré cette histoire avec nous deux...

– Oui et alors ?

–... on peut alors penser que ça ne devrait pas lui monter à la tête non plus.

– Qu'est-ce que tu veux dire ?

– Il est là à nous imaginer, Hilde et moi, mais qui sait s'il n'est pas non plus le jouet de l'imagination d'une autre conscience ?

Alberto secoua la tête.

– Évidemment, Sophie. Tout est possible. Si c'est le cas, il nous aura laissé avoir cette discussion philosophique à seule fin d'évoquer cette éventualité. Il aura voulu de cette façon nous montrer qu'il n'est lui aussi qu'une innocente marionnette et que ce livre où Hilde et Sophie vivent leur vie est au fond seulement un manuel de philosophie.

– Un manuel ?

– Car toutes les discussions que nous avons eues, tous ces dialogues, Sophie...

– Eh bien ?

– ... ne sont en réalité qu'un monologue.

– J'ai comme l'impression que tout s'est dissous pour n'être plus que pure conscience et pur esprit. Heureusement qu'il nous reste quelques philosophes à voir. La philosophie qui a si fièrement commencé avec Thalès, Empédocle et Démocrite ne peut quand même pas s'achever ici ?

– Bien sûr que non. Je vais te parler de Hegel. Il fut le premier philosophe qui essaya de trouver un point d'ancrage à la philosophie après que le romantisme eut tout dissous dans l'esprit.

– Je suis curieuse d'en savoir plus.

– Pour ne pas nous laisser déranger par d'autres génies ou projections de l'esprit, je propose que nous rentrions nous asseoir.

– Il commence à faire un peu froid, d'ailleurs.

– Coupez !

Chapitre 27

HEGEL

...ce qui est raisonnable, c'est ce qui est doué de vie...

Hilde laissa tomber lourdement le gros classeur par terre. Elle resta sur son lit à fixer le plafond. Elle était prise de vertige, les images dansaient devant ses yeux.

Ah pour ça on pouvait dire qu'il avait réussi son coup, ah le lâche ! Mais comment avait-il fait ?

Sophie avait tenté de lui adresser la parole directement en lui demandant de se révolter contre son père. Elle était vraiment parvenue à semer le doute dans son esprit. Et si elle suivait leur plan...

Sophie et Alberto étaient hors d'état de toucher un cheveu de la tête de son père, mais Hilde, elle... A travers elle, Sophie pouvait s'approcher de son père.

Elle reconnaissait qu'Alberto et Sophie n'avaient pas tort quand ils reprochaient à son père d'aller trop loin dans son jeu avec ses personnages. Il les avait inventés de toutes pièces, soit, mais il y avait des limites à ce qu'il pouvait faire d'eux.

Pauvres Sophie et Alberto ! Ils étaient tout aussi sans défense vis-à-vis de l'imagination du major que l'écran est sans défense vis-à-vis du projectionniste.

Pour ça, oui, elle allait lui en faire voir de toutes les couleurs quand il rentrerait ! Elle imaginait déjà les grandes lignes du bon tour qu'elle allait lui jouer.

Elle alla à la fenêtre et regarda la baie. Il était presque deux heures. Elle ouvrit la fenêtre et cria en direction du hangar à bateau :

– Maman !

Sa mère sortit sur-le-champ.

– Je descends t'apporter quelques tartines dans une heure, ça te va ?

– Oui, très bien.

– Je dois juste lire un peu sur Hegel.

Alberto et Sophie s'étaient assis chacun dans leur fauteuil près de la fenêtre qui donnait sur le lac.

– *Georg Wilhelm Friedrich Hegel* était un authentique fils du romantisme, commença Alberto. Il suivit toute l'évolution de l'esprit allemand. Né à Stuttgart en 1770, il commença à dix-huit ans à étudier la théologie à Tübingen. A partir de 1799, il travailla avec Schelling à Iéna au moment précisément où le mouvement romantique était à son apogée. Après avoir enseigné à Iéna, il obtint un poste de professeur à l'université de Heidelberg qui était alors le centre du romantisme national allemand. Enfin, à partir de 1818, il obtint une chaire à Berlin qui était déjà, à cette époque, en passe de devenir le centre intellectuel de toute l'Allemagne. Il mourut en 1831 du choléra, mais l'hégélianisme avait d'ores et déjà trouvé un large public dans la plupart des universités allemandes.

– Il a somme toute plutôt réussi.

– Son œuvre de philosophe, surtout. Hegel réunit et développa les principaux courants de pensée des romantiques, ce qui ne l'empêcha pas d'exercer une critique virulente à l'égard de la philosophie de Schelling.

– Que critiquait-il ?

– Schelling et les autres romantiques voyaient dans l'« esprit du monde » l'origine de l'existence. Hegel aussi utilise l'expression d'« esprit du monde », mais il lui donne un tout autre sens. Quand Hegel parle de l'« Esprit du monde » ou de la « raison du monde », il veut dire la somme de toutes les manifestations à caractère humain. Car seul l'homme a un « esprit ». C'est dans ce sens que nous pouvons parler de la progression de l'Esprit du monde à travers l'histoire. Nous ne devons jamais oublier que nous parlons de la vie, des pensées et de la culture des hommes.

– Cet Esprit devient un peu moins fantomatique, si je comprends bien ? Il ne reste pas tapi au creux des pierres et des arbres comme une intelligence assoupie.

– Tu te rappelles que Kant avait parlé de quelque chose qu'il avait appelé *das Ding an sich* (la Chose en soi). Même si, selon lui, l'homme ne pouvait sonder le mystère de la nature, il existait cependant une sorte de « vérité » inaccessible. Hegel dit que la vérité est fondamentalement subjective et il ne croyait pas qu'il puisse exister une vérité au-dessus ou en dehors de la raison humaine. Toute connaissance est connaissance humaine, pensait-il.

– Il voulait en gros faire retomber les philosophes sur terre ?

– On peut présenter les choses de cette manière. Mais la philosophie de Hegel étant très complexe et nuancée, nous nous bornerons à souligner quelques points essentiels. Il est difficile d'affirmer que Hegel avait sa propre « philosophie », car ce terme recouvre avant tout chez lui une méthode pour comprendre le mouvement de l'histoire. C'est pourquoi il est quasiment impossible de parler de Hegel sans parler de l'histoire des hommes. Sa philosophie ne nous apprend rien sur la prétendue nature intime de l'existence, mais elle peut nous apprendre à réfléchir de manière efficace.

– Ce n'est peut-être pas plus mal.

– Tous les systèmes philosophiques avant Hegel avaient en commun d'essayer de trouver les critères éternels qui pourraient déterminer le champ du savoir de l'homme. Cela vaut pour Descartes et Spinoza aussi bien que pour Hume et Kant. Chacun avait tenté de définir les fondements de la connaissance humaine, mais en se situant chaque fois dans des conditions intemporelles.

– N'est-ce pas pourtant un des premiers devoirs du philosophe ?

– Hegel pensait justement qu'on ne pouvait pas faire l'impasse du devenir, car ce qui est à la base de la connaissance humaine se transforme au fil des générations. C'est pourquoi on ne peut parler de « vérités éternelles ». Il n'existe pas de raison intemporelle. La seule base solide à partir de laquelle le philosophe peut travailler, c'est l'Histoire elle-même.

– Attends, il faut que tu m'expliques un peu mieux. L'Histoire est en perpétuel changement, comment pourrait-elle constituer une base solide ?

– Un fleuve aussi est en perpétuel changement et tu peux quand même en parler. Mais il serait vain de se demander à quel endroit de la vallée il mérite le plus le nom de « fleuve ».

– Non, car il reste un fleuve tout du long.

– Eh bien, pour Hegel, l'Histoire est semblable au cours d'un fleuve. Le moindre mouvement de l'eau en tel point du fleuve est certes déterminé par la chute et les tourbillons de l'eau loin en amont du fleuve, mais aussi par les cailloux et les méandres du fleuve à l'endroit où tu te trouves pour l'observer.

– Je commence à comprendre.

– Toute l'histoire de la pensée – autrement dit l'histoire de la raison – est comme le cours d'un fleuve. Toutes les pensées que la tradition fait « déferler » sur nous, d'une part, et les conditions matérielles qui déterminent notre présent, d'autre part, concourent à définir notre mode de pensée. Tu ne peux donc aucunement prétendre que telle ou telle pensée est juste et éternelle. Elle peut tout au plus se révéler juste là où tu te trouves.

– Alors peu importe si c'est faux ou juste, ça revient au même, quoi !

– Mais non ! Chaque chose peut être juste ou fausse selon le contexte historique. Si tu défends l'idée de l'esclavage en cette fin du XXᵉ siècle, tu passeras dans le meilleur des cas pour un bouffon. Mais il y a deux mille cinq cents ans, on ne voyait pas les choses de la même façon, malgré quelques esprits plus avancés qui s'élevaient déjà contre cette pratique. Tiens, prenons un exemple plus proche de nous : il y a à peine cent ans, il ne semblait pas « déraisonnable » de brûler de grandes étendues de forêts afin de permettre d'accroître les terres cultivables. On a aujourd'hui bien changé d'avis. Tout simplement parce que nous avons de tout autres éléments – et de bien meilleurs – pour juger un tel acte.

– Ça va, j'ai compris maintenant.

– Hegel souligne que c'est la même chose pour la réflexion philosophique, à savoir que la raison est quelque chose de dynamique, c'est-à-dire un processus. Et la « vérité » est ce processus même. Il n'existe en effet aucun critère extérieur à ce processus historique pour déterminer ce qui présenterait le plus grand degré de « vérité » ou de « raison ».

– Des exemples !

– Tu ne peux pas tirer hors de leur contexte différentes pensées de l'Antiquité, du Moyen Age, de la Renaissance ou du siècle des Lumières et les classer en disant : celle-ci est juste et celle-là est fausse. Tu ne peux pas dire que Platon avait tort et Aristote raison, ou encore que Hume avait tort, mais que Kant et Schelling avaient raison. C'est une manière complètement antihistorique d'analyser le problème.

– Non, ça ne paraît pas génial en effet.

– En règle générale, on ne peut jamais séparer un philosophe ou une pensée – quels qu'ils soient – de leur contexte historique. Mais j'en viens à un point essentiel : parce qu'il arrive toujours quelque chose de nouveau, la raison est « progressive », c'est-à-dire que la connaissance de l'être humain est en perpétuel développement et, vu sous cet angle, ne fait qu'« aller de l'avant ».

– En ce sens, la philosophie de Kant est peut-être plus juste que celle de Platon, non ?

– Oui, l'esprit du monde s'est développé – s'est élargi – de Platon à Kant. C'est bien la moindre des choses. Si nous retournons à l'image du fleuve, nous pouvons dire qu'il y a de plus en plus d'eau. Plus de deux mille ans se sont écoulés. Kant ne doit cependant pas se leurrer en croyant que ses « vérités » vont tranquillement se déposer sur les rives et devenir des rochers inébranlables. Ses pensées, sa « raison » à lui aussi vont subir l'assaut et la critique des futures générations. Et c'est exactement ce qui est arrivé.

– Mais ce fleuve dont tu me parles…

– Eh bien ?

– Où va-t-il ?

– Hegel dit que l'esprit du monde se développe pour atteindre une conscience de plus en plus grande de lui-même. Comme les fleuves qui deviennent de plus en plus larges au fur et à mesure qu'ils se rapprochent de l'océan. Selon Hegel, l'Histoire n'est que le lent éveil de l'Esprit du monde jusqu'au stade le plus avancé de la conscience de lui-même. Le monde a toujours existé, mais à travers la culture des hommes et l'évolution des hommes, l'Esprit du monde prend de plus en plus conscience de sa spécificité.

– Comment pouvait-il en être si sûr ?

– C'est pour lui une réalité historique. Il ne s'agit nullement d'une prophétie. Quiconque étudie l'Histoire verra que l'humanité se dirige vers une plus grande connaissance. L'Histoire témoigne en effet que l'humanité évolue dans le sens d'une plus grande rationalité et d'une plus grande liberté. Malgré tous ses méandres, le processus historique va « vers l'avant ». Nous disons que l'Histoire a un seul but : celui de se dépasser elle-même.

– Bon, admettons qu'il y ait comme tu dis une évolution.

– Oui, l'Histoire n'est qu'une longue chaîne de pensées. Hegel indique quelles règles gouvernent cette longue chaîne de pensées.

Il suffit d'étudier tant soit peu l'Histoire pour se rendre compte qu'une pensée vient souvent se greffer sur d'autres pensées plus anciennes. Mais, à peine posée, cette pensée va être contrée par une nouvelle pensée, créant ainsi une tension entre deux modes de pensée. Et cette contradiction sera levée grâce à une troisième pensée qui conservera le meilleur des deux points de vue. C'est ce que Hegel appelle *un processus dialectique*.

– Un processus dialectique ?

– Tu te souviens de la discussion des présocratiques à propos d'une substance élémentaire et de ses métamorphoses...

– Oui, en gros.

– Puis vinrent les Éléates qui affirmèrent qu'aucune matière ne pouvait se transformer. Ils furent obligés de nier les changements que leurs sens percevaient pourtant dans la nature. Les Éléates avaient formulé cette affirmation et c'est un point de vue de ce type que Hegel appelle une *position*.

– Ah ?

– Mais dès qu'une position est nettement définie, elle attire son contraire. Ce que Hegel appelle une *négation*. La négation de la philosophie des Éléates, ce fut Héraclite qui déclara que « tout s'écoule ». A partir de ce moment il y a une tension entre deux manières de voir diamétralement opposées. Mais cette tension fut *conservée, niée, dépassée (subsumée)* quand Empédocle affirma que tous les deux avaient à la fois raison et tort.

– Je commence à y voir plus clair...

– Les Éléates avaient raison en affirmant que rien fondamentalement ne se transforme, mais ils avaient tort en disant que l'on ne pouvait se fier à ses sens. Héraclite, lui, avait raison de croire qu'on pouvait se fier à ses sens, mais tort quand il disait que tout s'écoule.

– Car il n'y avait pas qu'une seule substance élémentaire. La composition changeait constamment et non les éléments eux-mêmes.

– Très juste. Le point de vue d'Empédocle qui a départagé les deux points de vue opposés, c'est ce que Hegel a appelé la *négation de la négation*.

– Oh là là, quel terme !

– Il a qualifié les trois stades de la connaissance de *thèse, antithèse* et *synthèse*. Ainsi tu peux dire que le rationalisme de Descartes était une thèse qui fut contredite par l'antithèse empirique de Hume. Mais cette contradiction, cette tension entre deux différents modes de pensée, fut niée et en même temps conservée dans la synthèse de Kant. Kant donna raison à la fois aux rationalistes et aux empiristes sur des points précis tout en montrant leurs erreurs respectives sur des points importants. Mais l'Histoire ne s'arrêta pas avec Kant. La synthèse de Kant devint à son tour un *nouveau* point de départ pour une nouvelle chaîne de pensées composée de ces trois maillons que Hegel qualifie de *triade*. Car la synthèse elle aussi va être contredite par une nouvelle antithèse.

– C'est bien théorique, tout ça.

– Effectivement, c'est très théorique, mais Hegel ne veut pas appliquer un quelconque « schéma » à l'Histoire. Il s'était borné à mettre à nu certaines lois qui régissent le développement de la raison – ou de l'Esprit du monde – à travers l'histoire. Du reste, la dialectique de Hegel ne s'applique pas seulement à l'Histoire. Quand nous discutons ou voulons expliquer quelque chose, nous pensons de manière dialectique. Nous essayons de déceler les défauts de l'argumentation : c'est ce que Hegel nomme « penser négativement ». Mais quand nous critiquons un mode de pensée, nous voulons conserver aussi ce qu'il a de bon.

– Par exemple ?

– Quand un socialiste et un homme de droite s'assoient autour de la même table pour résoudre un problème de société, il y aura forcément une tension entre deux façons de voir les choses, ce qui ne veut surtout pas dire que l'un a entièrement raison et l'autre entièrement tort. Au contraire, tout porte à croire que tous deux ont un peu tort et un peu raison. Au cours de la discussion, on ne retiendra finalement que les éléments positifs de chaque point de vue.

– Je l'espère.

– Cela dit, quand on est pris à partie, il n'est pas toujours aussi aisé de faire la part du raisonnable. C'est finalement l'Histoire qui montrera ce qui était vrai ou faux. Ce qui est « raisonnable », c'est ce qui est « doué de vie ».

– Ce qui continuera à vivre, c'est ce qui est juste, c'est ça ?

– Ou *vice versa* : ce qui est juste, c'est ce qui continuera à vivre.

– Si ça ne te gêne pas, j'aurais bien aimé avoir un petit exemple.

– Eh bien, il y a cent cinquante ans, de nombreuses personnes revendiquèrent l'égalité des droits entre les hommes et les femmes. Mais d'autres s'insurgèrent contre cette égalité. Si nous nous penchons aujourd'hui sur l'argumentation des deux parties, il est très difficile de dire qui avait les arguments les plus « raisonnables ». Nous ne devons jamais oublier qu'il est toujours facile de dire « après coup » ce qu'il convenait de faire dans telle ou telle situation. Il s'avère que ceux qui prônaient l'égalité des droits entre les hommes et les femmes avaient raison. Plus d'un pourtant serait gêné de lire noir sur blanc l'opinion de son grand-père à cette même époque.

– Ça ne m'étonne pas. Et qu'en pensait Hegel ?

– De l'égalité entre les sexes ?

– C'était bien de ça qu'on était en train de parler, non ?

– Tu veux une citation ?

– Volontiers !

– « La différence qu'il y a entre l'homme et la femme est celle qu'il y a entre l'animal et la plante, a-t-il écrit. L'animal correspond davantage au tempérament masculin, la plante davantage à celui de la femme. Car la femme a davantage un développement paisible, dont le principe est l'unité indéterminée de la sensibilité. Si les femmes sont à la tête du gouvernement, l'État est en danger, car elles n'agissent pas selon les exigences de l'universalité, mais au gré des inclinations et des opinions contingentes. La formation de la femme se fait, on ne sait trop comment, par imprégnation de l'atmosphère que diffuse la représentation, c'est-à-dire davantage par les circonstances de la vie que par l'acquisition des connaissances. L'homme, par contre, ne s'impose que par la conquête de la pensée et par de nombreux efforts d'ordre technique. »

– Merci, je n'en demandais pas tant !

– Mais cette citation est un exemple excellent pour montrer à quel point la conception du « raisonnable » est en perpétuelle évolution. Elle révèle aussi que Hegel était un enfant de son siècle, comme nous tous. Nos conceptions, apparemment si « évidentes », ne résisteront guère elles aussi à l'épreuve du temps.

– Tu n'aurais pas un exemple ?

– Non.

– Et pourquoi ça ?

– Parce que je parlerais de quelque chose qui serait déjà en train de changer. Je ne peux pas te dire que c'est une idiotie de conduire puisque la voiture pollue la nature. Tant de gens l'ont déjà dit. Ce serait un mauvais exemple. L'Histoire se chargera elle-même de montrer que nos prétendues évidences ne résistent pas au jugement du temps.

– Je comprends.

– Soit dit en passant, nous pouvons noter que c'est justement parce que les hommes au temps de Hegel clamaient si fort l'infériorité de la femme que le mouvement de libération des femmes a pu voir le jour.

– Comment ça ?

– Les hommes ont avancé, selon Hegel, une « thèse ». Et s'ils avaient éprouvé le besoin de le faire, c'est que le mouvement de libération des femmes avait déjà commencé. Quel intérêt y aurait-il eu à défendre un point sur lequel tout le monde tombait d'accord ? Plus leurs propos étaient virulents, plus l'antithèse ou la « négation » était forte.

– Je vois.

– Tu peux donc affirmer que rien ne vaut d'avoir des opposants énergiques pour progresser. Plus les détracteurs seront puissants, plus la réaction qu'ils provoqueront sera violente. C'est ce qu'on appelle « apporter de l'eau au moulin ».

– J'ai l'impression que mon moulin tourne vraiment à plein maintenant.

– De manière purement logique ou philosophique, il y aura souvent une tension dialectique entre deux concepts.

– Un exemple, s'il te plaît !

– Si je réfléchis au concept « être », je suis contraint d'introduire le concept contraire, à savoir « ne pas être ». Il est impossible de réfléchir à ce qu'on est sans penser dans le même temps qu'on n'est pas éternel. La tension entre « être » et « ne pas être » sera résolue dans le concept de « devenir ». Car pour que quelque chose devienne, il faut que cette chose à la fois soit et ne soit pas.

– Je comprends.

– La raison de Hegel est donc une *raison dynamique*. A l'image de la réalité qui n'est faite que de contrastes, il est logique qu'une description de la réalité soit contradictoire. Tiens, par exemple :

on raconte que le célèbre chercheur en physique atomique, *Niels Bohr*, avait un fer à cheval au-dessus du pas de sa porte.

– Cela porte bonheur.

– Mais c'est de la pure superstition et Niels Bohr était tout sauf superstitieux. Un ami vint lui rendre visite un jour et rapporta la conversation suivante : « Tu ne crois tout de même pas à ce genre de choses ? » dit-il. « Non, répondit Niels Bohr, mais je n'ai pas entendu dire que ça ne marche pas. »

– Ça me laisse sans voix.

– La réponse était assez dialectique, d'aucuns diraient même contradictoire. Niels Bohr déclara un jour qu'il existait deux types de vérités : les vérités superficielles où le concept opposé est faux de manière évidente et les vérités plus profondes où le contraire peut aussi être juste.

– Quel genre de vérités ?

– Si je dis par exemple que la vie est brève...

– Eh bien je suis d'accord.

– Mais je peux à une autre occasion tendre mes bras vers le ciel et dire que la vie est longue.

– Tu as raison. C'est vrai aussi.

– Pour finir, tu vas entendre parler d'un exemple où la contradiction dialectique peut provoquer une action immédiate entraînant à son tour un changement.

– Je t'écoute.

– Imagine une fille qui n'arrêterait pas de répondre : « oui, Maman », « bien, Maman », « comme tu veux, Maman », « je le fais tout de suite, Maman ».

– J'en ai des frissons.

– Puis un jour la mère en a assez que sa fille soit obéissante à ce point et s'écrie, excédée : « Arrête de toujours dire oui ! » Et la fille de répondre : « Non, Maman ! »

– Moi, je lui aurais fichu une bonne paire de claques.

– Ah bon ? Et qu'aurais-tu fait si à la place elle avait répondu : « Oui, Maman » ?

– Ç'aurait été une drôle de réponse. Peut-être que je lui aurai fichu une paire de claques aussi.

– En d'autres termes, la situation est bloquée. La contradiction est tellement poussée à l'extrême que seul un événement extérieur peut dénouer cette situation.

– Tu veux parler de la gifle ?

– Oui, mais il faut mentionner un dernier point à propos de la philosophie de Hegel.

– Je t'écoute, tu sais.

– Tu te souviens que nous avons dit que les romantiques étaient des individualistes.

– « Le chemin mystérieux va vers l'intérieur… »

– Eh bien cet individualisme rencontra sa « négation » ou sa contradiction dans la philosophie de Hegel. Ce dernier souligna l'importance des « forces objectives », c'est-à-dire selon lui la famille et l'État. Bien sûr Hegel ne perdait pas de vue l'individu pris isolément, mais il l'incluait en tant que partie organique dans une communauté. La raison ou l'Esprit du monde ne se révèlent que dans les rapports des hommes entre eux.

– Explique-toi !

– La raison se révèle avant tout dans la langue. Et nous naissons au monde avec une langue. La langue française peut très bien vivre sans monsieur Dupond, mais monsieur Dupond ne peut pas vivre sans la langue française. Ce n'est pas l'individu qui crée la langue, mais bien la langue qui crée l'individu.

– Vu sous cet angle…

– De même que l'individu naît au monde dans une certaine langue, il naît aussi dans un certain contexte historique. Et personne ne peut avoir une relation « libre » vis-à-vis de ce contexte. Celui qui ne trouve pas sa place dans l'État est une personne anhistorique. Cette pensée était, tu t'en souviens, importante pour les grands philosophes d'Athènes. Pas plus qu'on ne peut concevoir un État sans citoyens, on ne peut concevoir de citoyens sans État.

– Je comprends.

– L'État, selon Hegel, est « plus » qu'un simple citoyen, voire plus que l'ensemble des citoyens. Il est impossible, selon lui, de s'abstraire de la société. Celui qui se contente de hausser les épaules quand on lui parle de la société dans laquelle il vit et qui préfère vivre « pour lui-même » est un imbécile.

– Je ne sais pas si je suis entièrement d'accord, mais bon.

– Ce n'est pas l'individu qui selon Hegel « vit pour lui-même », mais l'Esprit du monde.

– L'Esprit du monde vit pour lui-même ?

LE MONDE DE SOPHIE

– Hegel dit que l'Esprit du monde retourne à lui-même en trois étapes successives. Il entend par là que l'Esprit du monde prend conscience de lui-même en trois stades.

– Raconte !

– Tout d'abord, l'Esprit du monde prend conscience de lui dans l'individu. C'est ce que Hegel appelle la *raison subjective.* Un degré supérieur est celui de la famille et de l'État, ce que Hegel appelle la *raison objective* parce que c'est une raison qui se révèle au contact des hommes entre eux. Mais il existe encore un dernier degré...

– Je suis curieuse de savoir ce que c'est.

– La plus haute forme de connaissance de soi, l'Esprit du monde l'atteint dans la *Conscience absolue*. La Conscience absolue, c'est l'art, la religion et la philosophie. Et, de ces trois domaines, la philosophie est la forme la plus élevée de la raison, puisque dans la philosophie l'Esprit du monde réfléchit à sa propre activité au cours de l'Histoire. Ce n'est donc que dans la philosophie que l'Esprit du monde se réalise, atteint la parfaite égalité avec lui-même. Tu peux aller jusqu'à avancer que la philosophie est le « miroir » de l'Esprit du monde.

– C'était tellement étrange, tout ce que tu viens de me dire, qu'il va me falloir un peu de temps pour digérer. Mais j'ai bien aimé la dernière image que tu as employée.

– Quand j'ai dit que la philosophie était le miroir de l'Esprit du monde ?

– Oui, c'était une belle image. Tu crois que ça a un rapport avec le vieux miroir en laiton ?

– Oui, puisque tu me poses la question.

– Qu'est-ce que tu veux dire ?

– Je pense que ce miroir a une signification particulière étant donné qu'il croise constamment notre chemin.

– Alors tu as peut-être une idée de ce qu'il signifie ?

– Non, non. Je dis simplement que le miroir ne reviendrait pas sans arrêt s'il n'avait pas une signification particulière pour Hilde et son père. Mais laquelle, ça, seule Hilde peut le savoir.

– C'était de l'ironie romantique ?

– C'est une question sans réponse, Sophie.

– Pourquoi ?

– Ce n'est pas nous qui menons le jeu. Nous ne sommes que

les victimes sans défense de ce genre d'ironie. Si un enfant attardé gribouille quelque chose sur un papier, ce n'est pas le papier qui pourra te dire ce que représente le dessin.

– J'en ai froid dans le dos.

Chapitre 28

KIERKEGAARD

...l'Europe s'achemine lentement vers la faillite...

Hilde regarda sa montre. Il était déjà plus de quatre heures. Elle posa le classeur sur son bureau et se précipita à la cuisine. Il fallait qu'elle se dépêche si elle ne voulait pas que sa mère abandonne tout espoir de voir arriver sa collation. En passant, elle lança un coup d'œil au miroir.

Elle mit l'eau à bouillir et beurra quelques tranches de pain à toute allure.

C'était décidé, elle allait rendre à son père la monnaie de sa pièce ! Hilde se sentait de plus en plus l'alliée de Sophie et d'Alberto. Ça commencerait dès Copenhague...

En un rien de temps elle fut en bas près du hangar à bateau avec un grand plateau.

— Voici ton déjeuner ! cria-t-elle.

Sa mère, un grand morceau de papier émeri à la main, s'essuya le front du revers de la main.

Elles s'assirent sur la jetée pour déjeuner.

— Quand rentre Papa ? demanda Hilde après un moment.

— Samedi, tu le sais bien.

— Oui, mais quand ? Tu m'as dit qu'il passait d'abord par Copenhague.

— Eh bien...

Sa mère était en train de manger une tartine de pâté de foie avec une tranche de concombre.

— ... il atterrira à Copenhague vers cinq heures. L'avion pour Kristiansand décollera à huit heures et quart. Je crois que l'arrivée à Kjevik est prévue à neuf heures et demie.

— Il aura donc quelques heures d'attente à l'aéroport de Copenhague.

– Pourquoi me demandes-tu ça ?

– Oh, c'est juste pour savoir. Je me demandais comment il rentrait.

Elles continuèrent à manger. Au bout d'un certain temps, Hilde trouva qu'elle pouvait se risquer à poser la question qui lui brûlait les lèvres :

– Tu as eu des nouvelles de Anne et Ole récemment ?

– Oh, ils m'ont téléphoné une ou deux fois. Ils rentreront de vacances dans le courant du mois de juillet.

– Pas avant ?

– Non, je ne crois pas.

– Ils seront à Copenhague cette semaine-là...

– Tu me caches quelque chose, Hilde !

– Mais non, rien du tout.

– Ça fait deux fois que tu me parles de Copenhague.

– Ah bon ?

– Je t'ai dit que Papa atterrissait d'abord...

– C'est sans doute pour ça que j'ai soudain pensé à Anne et Ole.

Dès qu'elles eurent fini de manger, Hilde rangea les assiettes et les tasses sur le plateau.

– Bon, il faut que je remonte lire, Maman.

– Puisque tu le dis...

N'y avait-il pas un ton de reproche dans cette réponse ? C'est vrai qu'il avait été question qu'elles nettoient le bateau ensemble avant que son père ne revienne.

– Papa m'a en quelque sorte fait promettre de finir son livre pour son retour.

– Je trouve ça un peu insensé. Qu'il soit absent, c'est son affaire, mais il ne devrait pas se mêler de ce qui se passe à la maison en son absence et essayer de tout diriger de là-bas.

– Si tu savais tout ce qu'il dirige... répondit Hilde d'un ton mystérieux. Tu n'imagines pas à quel point il adore ça.

Elle monta dans sa chambre et reprit sa lecture.

Soudain Sophie entendit frapper à la porte. Alberto la regarda d'un air déterminé :

– Ne nous laissons pas distraire.

Les coups retentirent de plus belle.

– Je vais te parler d'un philosophe danois qui fut bouleversé par la philosophie de Hegel, commença Alberto.

Les coups devinrent à présent si violents que toute la porte fut ébranlée.

– C'est naturellement encore un coup monté du major qui nous envoie un de ces personnages farfelus pour nous mettre à l'épreuve, poursuivit Alberto. Ça ne lui demande aucun effort.

– Mais si nous n'allons pas ouvrir, il peut lui prendre l'envie de détruire tout le chalet.

– Tu as peut-être raison, allons voir qui c'est.

Ils se dirigèrent vers la porte. Étant donné la violence des coups, Sophie s'était imaginé se trouver en face d'un homme immense, mais il n'y avait sur le perron qu'une petite fille avec de longs cheveux blonds et une robe d'été à fleurs. Elle tenait deux petites bouteilles à la main. L'une était rouge, l'autre était bleue.

– Bonjour, lança Sophie. Qui es-tu ?

– Je m'appelle Alice, répondit la petite fille, un peu gênée, en faisant une révérence.

– Je m'en doutais, intervint Alberto. C'est Alice au Pays des Merveilles.

– Mais comment a-t-elle fait pour venir jusqu'ici ?

Alice prit alors la parole :

– Le Pays des Merveilles est un pays qui ne connaît pas de frontières. Ça veut dire que le Pays des Merveilles est partout, un peu comme les Nations unies. C'est pourquoi il devrait être un membre honoraire de l'ONU. Nous devrions avoir des représentants dans toutes les délégations.

– Ah, ce major ! grommela Alberto.

– Et qu'est-ce qui t'amène ici ?

– On m'a chargé de donner ces bouteilles de philosophie à Sophie, répondit-elle en tendant les petites bouteilles vers la jeune fille.

Toutes deux étaient en verre dépoli, seule changeait la couleur du liquide, rouge dans l'un, bleue dans l'autre. Sur la bouteille rouge était écrit : « BOIS-MOI » et sur la bleue : « BOIS-MOI AUSSI ».

L'instant d'après, un lapin blanc fila comme une flèche devant le chalet. Il courait sur deux pattes et portait veste et gilet. Il sortit une montre à gousset de sa poche en disant :

– Oh, mon Dieu ! Je vais vraiment être en retard.

Sur ce, il reprit sa course et Alice le suivit. Elle eut juste le temps de faire une autre révérence en disant :

– Ça y est, ça recommence.

– Dis bonjour à Dinah et à la Reine de ma part, lui cria Sophie avant de la voir disparaître tout à fait.

Restés seuls, Alberto et Sophie examinèrent les deux bouteilles.

– BOIS-MOI et BOIS-MOI AUSSI, lut Sophie qui ajouta aussitôt : je ne sais pas si je vais oser le faire.

Alberto se contenta de hausser les épaules.

– C'est le major qui nous l'envoie, et tout ce qui vient de lui est de la conscience. Ce ne peut donc être que du « jus de pensée ».

Sophie déboucha la bouteille rouge et la porta prudemment à ses lèvres. Le liquide avait un drôle de goût sucré, en tout cas celui-là. Mais, dans le même temps, tout ce qui l'entourait devenait soudain différent.

C'était comme si l'étang, la forêt et le chalet se fondaient en un seul élément. Elle eut bientôt l'impression qu'elle ne voyait plus qu'une seule personne et que cette personne, c'était Sophie elle-même. Elle leva les yeux vers Alberto, mais lui aussi semblait n'être qu'une partie de l'âme de Sophie.

– Ça fait un drôle d'effet, expliqua-t-elle. Je vois tout comme avant, mais c'est comme si tout faisait partie d'un tout. J'ai l'impression que tout n'est qu'une seule et unique conscience.

Alberto hocha la tête d'un air entendu, mais Sophie eut l'impression qu'elle se hochait la tête à elle-même.

– C'est le panthéisme ou la philosophie de la totalité. C'est l'Esprit du monde des romantiques. Selon eux, le monde entier n'était qu'un vaste « je ». Hegel aussi n'oubliait pas l'individu pris isolément et voyait dans le monde l'expression d'une seule et unique raison universelle.

– Est-ce que je dois aussi goûter l'autre bouteille ?

– C'est ce qui est marqué.

Sophie déboucha la bouteille bleue et but une grande gorgée. Le goût en était un peu plus acide mais c'était plus rafraîchissant. Là aussi tout ce qui l'entourait changea subitement.

Les sensations produites par le liquide rouge se dissipèrent instantanément et tout redevint comme avant : Alberto redevint

Alberto, les arbres de la forêt redevinrent des arbres et l'étang redevint comme un petit lac.

Mais ceci ne dura qu'une seconde car les choses continuèrent, sous les yeux étonnés de Sophie, à se détacher les unes des autres. La forêt n'était plus une forêt, le moindre petit arbre représentait à présent un monde à lui tout seul. La moindre petite branche représentait à elle seule tout un univers merveilleux à partir duquel on aurait pu broder mille contes.

D'un seul coup, le petit étang était une mer infinie, non en profondeur ou en largeur, mais à cause de ses jeux de lumière et du délicat tracé de ses rives. Sophie comprit qu'elle n'aurait pas trop de toute une vie pour regarder cet étang et que, même après sa mort, ce petit lac resterait un mystère insondable.

Elle leva les yeux vers la cime d'un arbre où s'amusaient trois moineaux. Elle avait bien remarqué leur présence après avoir bu une gorgée de la bouteille rouge, mais sans vraiment faire attention à eux, puisque la bouteille rouge avait effacé toutes les oppositions et les différences individuelles.

Sophie descendit les marches de pierre et se pencha au-dessus de l'herbe. Elle découvrit un univers insoupçonné – un peu comme lorsqu'on fait pour la première fois de la plongée sous-marine et qu'on ouvre les yeux sous l'eau. Dans la mousse entre les brins d'herbe et les bouts de paille, ça grouillait de vie. Sophie vit une araignée qui se frayait vaillamment un chemin à travers la mousse, une petite punaise rouge qui montait et redescendait à toute vitesse le long d'une brindille et toute une armée de fourmis au travail. Mais chaque fourmi avait une façon particulière de soulever ses pattes.

Le comble fut quand elle se releva pour regarder Alberto qui était resté sur le perron. Elle vit en lui une personne étrange, une sorte d'extraterrestre ou un personnage de conte sorti d'un autre livre que le sien. Elle aussi était à sa façon un être remarquable : elle n'était pas seulement un être humain, une jeune fille de quinze ans, mais Sophie Amundsen, la seule et unique.

– Que vois-tu ? demanda Alberto.

– Je vois que tu es un drôle de type.

– Ah bon ?

– Je crois que je ne saurai jamais l'effet que ça fait d'être quelqu'un d'autre. Il n'y a pas deux personnes semblables dans le monde entier.

– Et la forêt ?

– Elle ne forme plus un tout, mais est un univers merveilleux où se déroulent d'étranges aventures.

– Ça confirme ce que je pensais. La bouteille bleue est l'individualisme. Elle caractérise par exemple la réaction de *Søren Kierkegaard* à l'égard de la philosophie panthéiste des romantiques. A l'époque de Kierkegaard vivait un autre Danois, le célèbre conteur Hans Christian Andersen. Il décelait en la nature ses innombrables mystères et en appréciait l'infinie richesse. Il rejoignait en cela le philosophe allemand *Leibniz* qui, un siècle plus tôt, avait porté le même regard sur la nature, critiquant ainsi la philosophie panthéiste de Spinoza comme Kierkegaard critiqua plus tard Hegel.

– J'entends ce que tu dis, mais tu es si bizarre que ça me fait rire.

– Je comprends. Reprends une petite gorgée de la bouteille rouge et reviens t'asseoir ici sur les marches. Nous avons encore quelques mots à dire sur Kierkegaard avant d'en avoir terminé pour aujourd'hui.

Sophie retourna s'asseoir à côté d'Alberto. Après une gorgée du liquide rouge, les choses vinrent se fondre à nouveau les unes aux autres. Même un peu trop, car tous les détails finissaient par s'estomper. Elle dut tremper sa langue dans la bouteille bleue pour que le monde redevienne à peu près comme il était avant l'arrivée d'Alice avec les deux bouteilles.

– Mais qu'est-ce qui est vrai ? demanda-t-elle à présent. Est-ce que c'est la bouteille rouge ou la bouteille bleue qui donne une vraie expérience du monde ?

– A la fois la rouge et la bleue, Sophie. Nous ne pouvons pas dire que les romantiques se soient trompés, car il n'existe qu'une seule réalité. Mais ils n'en ont retenu qu'un seul aspect.

– Et la bouteille bleue ?

– Kierkegaard avait dû en boire de grandes gorgées, à mon avis. Il défendait ardemment une conception individualiste. Nous ne sommes pas seulement « les enfants de notre siècle », chacun d'entre nous est une personne unique qui ne vit qu'une seule fois.

– Et Hegel ne s'était pas particulièrement intéressé à cette question ?

– Non, il préférait considérer les grandes lignes de l'Histoire. Et c'est justement ce qui a irrité Kierkegaard. Le panthéisme des romantiques, tout comme l'historicisme de Hegel, noyait la responsabilité individuelle ; c'est pourquoi, Hegel ou les romantiques, c'était selon lui du pareil au même.

– Je comprends que ça l'ait rendu malade.

– Søren Kierkegaard est né en 1813 et reçut de son père une éducation sévère. C'est de lui qu'il hérita un profond sentiment religieux.

– Ça n'a pas l'air très encourageant.

– C'est ce profond sentiment religieux qui le poussa à rompre ses fiançailles. Cela fut très mal perçu par la bourgeoisie bien-pensante de Copenhague et il dut subir force moqueries et brimades. Il apprit petit à petit à répondre à ses détracteurs et se défendre, mais il devint ce que Ibsen a appelé un « ennemi du peuple ».

– Tout ça parce qu'il avait rompu ses fiançailles ?

– Pas uniquement. Vers la fin de sa vie, il se mit à critiquer violemment toute la culture européenne. « Toute l'Europe s'achemine lentement vers la faillite », déclara-t-il. Il jugeait son époque sans passion et sans engagement et ne supportait pas la tiédeur et le manque de rigueur de l'Église danoise luthérienne. Le « christianisme du dimanche » lui sortait par les yeux.

– On parle davantage de nos jours de « christianisme de communion solennelle », à savoir que la plupart ne font leur communion que pour avoir plein de cadeaux.

– C'est là que le bât blesse. Pour Kierkegaard, la religion s'imposait avec une évidence telle qu'elle s'opposait à la raison et qu'il fallait faire un choix : c'était soit l'un soit l'autre. On ne pouvait pas être « un peu » chrétien ou « jusqu'à un certain point ». Car soit le Christ était ressuscité le jour de Pâques, soit il ne l'était pas. Et s'il était vraiment ressuscité d'entre les morts, s'il était vraiment mort pour notre salut, cela était si extraordinaire que cela méritait bien de guider toute notre vie.

– Je comprends.

– Mais Kierkegaard se rendit compte que l'Église et la plupart des chrétiens avaient une vision un peu scolaire des problèmes religieux. Selon lui, la religion et la raison étaient comme l'eau et le feu. Il ne suffit pas de croire que le christianisme est « vrai ». La vraie foi chrétienne consiste à suivre les traces de Jésus-Christ.

– Qu'est-ce que Hegel a à voir là-dedans ?

– Bon, on n'aurait peut-être pas dû commencer par là.

– Alors faisons marche arrière et reprenons tout depuis le début.

– Kierkegaard commença à étudier la théologie dès l'âge de dix-sept ans, mais se passionna de plus en plus pour les problèmes philosophiques. A vingt-sept ans il obtint son diplôme avec sa dissertation *Sur le concept d'ironie en rapport avec Socrate,* où il s'attaque à la conception romantique de l'ironie et à leur jeu facile avec l'illusion. Il voit dans l'« ironie socratique » l'opposé de cette forme d'ironie, car Socrate utilisait l'ironie comme moyen d'action afin de mettre en valeur la profonde gravité de la vie. Contrairement aux romantiques, Socrate était aux yeux de Kierkegaard un « penseur existentiel », c'est-à-dire quelqu'un dont l'existence fait partie intégrante de sa philosophie.

– Si tu le dis…

– Après avoir rompu ses fiançailles avec Regine Olsen, Kierkegaard partit en 1841 pour Berlin, où il suivit entre autres les cours de Schelling.

– Est-ce qu'il rencontra Hegel ?

– Non, Hegel était mort dix ans plus tôt, mais l'esprit de Hegel continuait de souffler pas seulement sur Berlin mais sur presque toute l'Europe. Son « système » servait dorénavant de modèle d'explication pour des questions en tout genre. Kierkegaard trouva que les « vérités objectives » prônées par la philosophie hégélienne ne pouvaient aucunement s'appliquer à l'existence individuelle.

– Mais quel genre de vérité est essentiel alors ?

– Il ne s'agit pas tant de trouver la Vérité avec un grand V que de trouver des vérités qui concernent la vie de tout un chacun. Il importe de trouver ce qui est « vrai pour moi ». Il oppose donc l'individu au « système ». Selon lui, Hegel avait oublié qu'il était lui-même un homme. Le professeur hégélien par excellence est celui qui du haut de sa tour d'ivoire explique le grand mystère de la vie, il a dans sa distraction oublié jusqu'à son nom et le fait qu'il est tout simplement un homme, et non la brillante sous-partie d'un chapitre.

– Et c'est quoi un homme, selon Kierkegaard ?

– C'est difficile de répondre par une généralité. Une description générale de la nature profonde ou de l'« être » de l'homme ne présente pour Kierkegaard aucun intérêt. C'est l'existence de chacun qui est essentielle et l'homme ne prend pas conscience de son existence derrière un bureau. C'est dans l'action et tout particulièrement face à un choix que nous avons affaire à notre propre existence. On peut illustrer cela par l'histoire qu'on raconte à propos de Bouddha...

—... Bouddha ?

– Oui, car la philosophie de Bouddha elle aussi a comme point de départ l'existence de l'homme. Il était une fois un moine qui trouvait que Bouddha n'apportait aucune réponse satisfaisante à des questions aussi essentielles que la nature du monde ou celle de l'homme. Bouddha répondit au moine en montrant du doigt un homme qui avait été blessé par une flèche empoisonnée. L'homme blessé ne demanderait jamais, par pur intérêt théorique, de quoi la flèche était faite, avec quel poison ou de quel angle elle avait été tirée.

– Il voudrait plutôt qu'on l'aide à retirer la flèche et qu'on soigne sa blessure ?

– Oui, n'est-ce pas ? Voilà ce qui se révélait existentiellement important pour lui. Bouddha, comme Kierkegaard, ressentait avec une grande intensité que son existence ne durait qu'un court instant. Et, comme je l'ai déjà dit, dans ce cas-là, on ne s'installe pas derrière son bureau pour disserter sur la nature de l'Esprit du monde.

– Je comprends.

– Kierkegaard dit également que la vérité est « subjective ». Ce qui, dans son esprit, ne revient pas à dire que toutes les opinions se valent, mais que les vérités vraiment importantes sont personnelles. Ce sont seulement ces vérités qui sont « une vérité pour moi ».

– Peux-tu donner un exemple de ce genre de vérité subjective ?

– Une question fondamentale est celle de la vérité du christianisme. Impossible d'y répondre de manière théorique ou universitaire. Pour qui se conçoit comme un « être pris dans l'existence », c'est une question de vie ou de mort. Ce ne peut en aucun cas être un sujet de discussion pour le simple plaisir de discuter, mais bien quelque chose que l'on tente d'approcher avec la plus grande passion et en son âme et conscience.

– Je comprends.

– Si tu tombes à l'eau, tu ne te poses pas des questions théoriques pour savoir si tu vas ou non te noyer. Ce n'est pas non plus « intéressant » ou « inintéressant » de savoir s'il y a des crocodiles dans l'eau. C'est une question de vie ou de mort.

– Merci de la précision !

– Il faut donc faire la distinction entre le problème philosophique de l'existence de Dieu et l'attitude individuelle face à la même question. Chaque homme se retrouve seul pour répondre à des questions de ce genre. Et seule la foi peut nous permettre d'approcher ces problèmes fondamentaux. Les choses que nous pouvons savoir avec notre raison sont, selon Kierkegaard, tout à fait accessoires.

– Non, il faut que tu m'expliques ça.

– Huit plus quatre égale douze, Sophie. Nous pouvons en être parfaitement sûrs. Voilà un exemple de ce genre de vérités déterminées par la raison dont ont parlé tous les philosophes depuis Descartes. Mais qu'est-ce que cela a à voir avec la prière du soir ?

– Mais la foi dans tout ça ?

– Tu ne peux pas savoir si quelqu'un t'a pardonné une mauvaise action et c'est pourquoi c'est si important pour toi de le savoir. C'est une question qui peut t'accompagner toute ta vie. Impossible de savoir non plus si quelqu'un d'autre t'aime. Tu peux tout au plus le croire ou l'espérer. Mais tu conviendras que c'est autrement plus important *pour toi* que de savoir que la somme des angles d'un triangle est égale à cent quatre-vingts degrés. Ou, si tu préfères, on ne s'interroge pas sur la « loi de causalité » ou les « formes à priori de la sensibilité » quand on reçoit son premier baiser…

– Non, il faudrait être vraiment timbré.

– Tout d'abord, la foi est essentielle pour tout ce qui concerne les problèmes religieux. « Si je peux saisir Dieu objectivement, alors je n'ai pas la foi, mais c'est justement parce que je ne peux pas le faire que je suis obligé d'avoir la foi. Et si je veux garder la foi, je dois veiller à rester dans l'ignorance objective même par soixante-dix mille mètres de fond et garder pourtant la foi. »

– C'est un peu lourd comme formule.

– Beaucoup avaient auparavant essayé de prouver l'existence de Dieu ou du moins de le concevoir par la raison. Mais, si l'on accepte ce genre de preuves de Dieu ou d'arguments de la raison, on perd la vraie foi et, partant, tout sentiment religieux intime. Car l'essentiel n'est pas de savoir si le christianisme est vrai ou non, mais s'il est vrai pour moi. Au Moyen Age, on disait déjà : *credo quia absurdum.*

– Ah, vraiment ?

– Ce qui signifie : « je crois parce que c'est contraire à la raison ». Si le christianisme avait fait appel à notre raison, et non à d'autres aspects de notre personnalité, il n'aurait plus été une question de foi.

– Ça, j'ai compris.

– Nous avons donc vu ce que Kierkegaard entendait par « existence », par « vérité subjective » et ce que recouvrait pour lui le concept de « foi ». Ces trois notions déterminent une critique de la tradition philosophique, à commencer par celle de Hegel. Mais c'était aussi toute une « critique de la civilisation », car dans la société moderne l'homme est devenu le « grand public » ou la « masse », et son signe distinctif est de pouvoir « parler » de tout et de rien. Nous dirions peut-être aujourd'hui que c'est le « conformisme » qui domine, c'est-à-dire que tous « pensent » et « défendent » la même chose sans avoir le moindre réel engagement vis-à-vis de cette chose.

– J'étais en train de me demander si Kierkegaard n'aurait pas eu du fil à retordre avec les parents de Jorunn.

– Le moins qu'on puisse dire, c'est qu'il n'était pas très indulgent envers ses semblables. Sa plume était acerbe et il savait manier l'ironie. Il pouvait lancer des formules incendiaires du genre « la foule est le contraire de la vérité » ou encore « la vérité est toujours du côté de la minorité ». La plupart des gens se contentaient de jouer à vivre sans se poser la moindre question.

– Collectionner les poupées Barbie, c'est une chose, mais c'est presque pire d'être une vraie poupée Barbie soi-même…

– Ceci nous amène à parler des trois « stades sur le chemin de la vie ».

– Pardon ?

– Kierkegaard considérait qu'il y avait trois attitudes possibles face à l'existence. Lui emploie le terme de stades : le « stade esthétique », le « stade éthique » et le « stade religieux ». En utilisant le terme de « stade », il veut aussi montrer qu'on peut très bien vivre au niveau des deux stades inférieurs et « franchir » soudain le fossé qui vous sépare du stade supérieur. Cela dit, la plupart des gens restent au même stade toute leur vie.

– Je parie que je vais bientôt avoir droit à une explication. J'ai envie de savoir à quel stade j'en suis.

– Celui qui vit au stade esthétique vit dans l'instant et recherche à tout moment son plaisir. Le bien est ce qui est beau, agréable ou plaisant. Vu sous cet angle, un tel homme vit entièrement dans le monde des sens. L'esthète est le jouet de ses désirs et de ses émotions. Est négatif tout ce qui est ennuyeux ou qui « craint », comme on dit aujourd'hui.

– Merci, je connais ce genre d'attitude.

– Le romantique typique est donc le type même de l'esthète. Il ne s'agit pas seulement de jouissance des sens, mais l'attitude ludique vis-à-vis de la réalité, de l'art ou de la philosophie détermine le stade esthétique. Même les soucis et la souffrance peuvent être vécus et « regardés » d'un point de vue esthétique. C'est alors la vanité qui gouverne. Dans *Peer Gynt*, Ibsen a décrit le personnage du parfait esthète.

– Je vois ce que tu veux dire.

– Tu te reconnais ?

– Pas tout à fait. Mais ça pourrait correspondre au major.

– Oui, après tout. Bien que ce soit de nouveau un vulgaire exemple d'ironie romantique. A propos, tu devrais t'essuyer la bouche, Sophie.

– Qu'est-ce que tu as dit ?

– Rien, ce n'est pas de ta faute.

– Continue !

– Quelqu'un qui vit au stade esthétique ressent rapidement un sentiment d'angoisse et de vide. Mais, si tel est le cas, il y a aussi de l'espoir. Kierkegaard considère en effet l'angoisse comme quelque chose de presque positif, car elle est l'expression qu'on se trouve dans une « situation existentielle ». L'esthète peut choisir de faire le grand « saut » pour atteindre le stade supérieur. Mais il peut aussi ne rien se passer. Cela ne sert à rien d'être sur le point de franchir le pas si on ne va pas jusqu'au bout. Il est question ici d'une « alternative ». Mais personne ne peut faire ce pas à ta place, toi seul dois choisir.

– Ça me rappelle quand on veut s'arrêter de fumer ou de se droguer.

– Oui, un peu. Quand Kierkegaard parle de cette décision, cela fait penser dans une certaine mesure à Socrate qui avait montré que toute réelle prise de conscience vient de l'intérieur. Le choix qui conduira un homme à passer du stade esthétique au stade éthique, ou à un mode de vie plus religieux, doit aussi venir de l'intérieur. C'est ce qu'a décrit Ibsen dans *Peer Gynt*. L'écrivain russe *Fiodor Dostoïevski* nous a aussi donné une description magistrale de ce choix qui jaillit au cœur d'une profonde détresse intérieure et auquel est confronté le héros de son roman *Crime et Châtiment*.

– Tu veux dire que, dans le meilleur des cas, on choisit une autre conception de la vie ?

– Oui, et ainsi on passe au stade éthique. C'est un stade empreint de gravité et où l'on tente de vivre selon des critères moraux. Ce stade éthique n'est pas sans rappeler l'éthique du devoir chez Kant, quand il dit que nous devons suivre la loi morale en nous. Comme Kant, Kierkegaard fait appel à la partie sensible de l'homme : l'essentiel n'est pas de savoir très précisément ce que l'on considère comme étant juste ou faux, mais de choisir et d'agir en fonction de cette distinction. L'esthète, lui, ne s'intéresse qu'à savoir ce qui est « amusant » pour pouvoir laisser de côté tout ce qui est « ennuyeux ».

– Est-ce qu'on ne finit pas par devenir quelqu'un d'un peu trop sérieux, à vivre comme ça ?

– Bien sûr que oui. Pour Kierkegaard non plus, le « stade éthique » n'est pas satisfaisant. L'homme de devoir finira par se lasser d'être si conscient de son devoir et de ne jamais faillir à la règle de vie qu'il s'est fixée. Beaucoup de personnes connaissent cette lassitude à l'âge adulte. C'est pourquoi certains retombent au stade esthétique où la vie ressemble à un jeu. Mais d'autres franchiront la dernière étape qui les conduit au stade religieux. Ils osent faire le grand saut dans les « soixante-dix mille mètres de fond » de la foi. Au plaisir des sens et à l'accomplissement du devoir que leur dicte la raison, ils préféreront la foi. Et même si cela peut être « terrible de tomber vivant entre les mains de Dieu », comme l'exprime Kierkegaard, l'homme trouve enfin là la réconciliation tant espérée avec lui-même.

– Par le christianisme, donc.

– Oui, pour Kierkegaard, le « stade religieux » c'était le christianisme. Mais sa pensée eut aussi une grande influence sur des philosophes non chrétiens. Au cours du XXᵉ siècle se développa une philosophie dite « existentielle » qui s'inspira fortement de Kierkegaard.

Sophie jeta un coup d'œil à sa montre.

– Il est presque sept heures, il faut vite que je rentre chez moi. Sinon Maman va me faire une de ces scènes...

Elle fit un petit signe de la main au philosophe et courut vers le lac et la barque.

Chapitre 29

MARX

...un spectre hante l'Europe...

Hilde se leva du lit et vint près de la fenêtre qui donnait sur la baie. Elle avait commencé sa journée du samedi en lisant l'histoire des quinze ans de Sophie. La veille, elle avait fêté son propre anniversaire.

Si son père s'était imaginé qu'elle arriverait à lire jusqu'à l'anniversaire de Sophie, il avait mis la barre trop haut. Elle n'avait fait que dévorer le livre toute la journée d'hier ! Elle avait encore eu droit une dernière fois à des vœux de joyeux anniversaire : quand Alberto et Sophie avaient chanté *Happy birthday to you !* Hilde n'avait pas particulièrement apprécié.

Ainsi, Sophie avait décidé d'inviter tout le monde à une « garden-party philosophique », le jour même où le père de Hilde devait revenir du Liban. Hilde était convaincue qu'il allait se passer quelque chose de totalement imprévisible aussi bien pour elle-même que pour son père...

Elle était en tout cas sûre d'une chose : avant son retour, son père allait recevoir une douche froide. C'était bien le moins qu'elle puisse faire pour Sophie et Alberto. N'avaient-ils pas demandé son aide ?

Sa mère s'affairait encore dans le hangar à bateau. Hilde était descendue en catimini au rez-de-chaussée pour téléphoner. Elle trouva le numéro de téléphone de Anne et Ole à Copenhague et le composa.

– Allô, qui est à l'appareil ?

– Bonjour, c'est moi, Hilde.

– Comme c'est gentil de penser à nous ! Tout va bien chez vous ?

– Oh oui, et en plus c'est les vacances. Encore une semaine et Papa rentre du Liban.

– Ça doit te faire drôlement plaisir, Hilde.

– Oui, ça me fait plaisir, mais en fait… c'est pour ça que j'appelle…

– Ah ?

– Je crois qu'il atterrit vers cinq heures samedi 23. Est-ce que vous serez à Copenhague à ce moment-là ?

– A priori, oui. Pourquoi ça ?

– Je me demandais si vous ne pourriez pas me rendre un petit service.

– Mais bien sûr, voyons.

– C'est-à-dire que c'est un peu spécial. Je ne sais pas si c'est possible.

– Je suis curieuse de savoir de quoi il s'agit…

Alors Hilde se mit à expliquer toute l'histoire avec le classeur, Alberto et Sophie, etc. Elle dut recommencer plusieurs fois parce que tantôt elle tantôt sa tante éclataient de rire à l'autre bout du fil. Mais, quand elle raccrocha, son plan était bien arrêté.

Il ne lui restait plus qu'à prendre quelques dispositions concernant la maison. Mais elle avait quelques jours devant elle.

Le reste de l'après-midi et la soirée, Hilde les passa en compagnie de sa mère et elles prirent finalement la voiture pour aller au cinéma à Kristiansand. Ça changeait un peu de la veille où elles n'avaient rien fait de spécial pour l'anniversaire. En passant près de l'aéroport de Kjevik, les dernières pièces du puzzle auquel elle ne cessait de penser se mirent à leur place.

Elle attendit d'aller au lit pour poursuivre sa lecture dans le grand classeur.

Quand Sophie regagna sa cabane, il était presque huit heures. Sa mère était en train de désherber quelques plates-bandes à l'entrée quand elle apparut.

– Tu sors d'où comme ça ?

– De la haie.

– De la haie ?

– Tu ne sais pas qu'il y a un autre chemin de l'autre côté ?

– Mais où es-tu *allée*, Sophie ? Ce n'est pas la première fois que tu disparais tout l'après-midi sans prévenir.

– Excuse-moi. Il faisait si beau dehors. J'ai fait une longue balade.

Sa mère se redressa et, lui jetant un regard inquisiteur :

– Je parie que tu es allée retrouver ton philosophe !

– En effet. Je t'ai déjà dit qu'il aimait se balader.

– Il viendra à ta fête ?

– Oh oui, ça lui fait très plaisir.

– Eh bien, moi aussi. Je compte les jours, Sophie.

La voix de sa mère manquait de naturel. Aussi Sophie préféra-t-elle ajouter :

– Je suis bien contente d'avoir aussi invité les parents de Jorunn, ça aurait été un peu pénible sinon...

– Hmm... De toute façon, j'aurai deux mots à lui dire, à ton Alberto, d'adulte à adulte.

– Je vous prête ma chambre, si tu veux. Je suis sûre qu'il va te plaire.

– Mais enfin !... A propos : tu as reçu une lettre.

– Ah bon ?

– Le cachet de la poste indique « Contingent des Nations unies ».

– Alors ça vient du frère d'Alberto.

– Écoute, maintenant ça suffit, Sophie.

Sophie fut prise de panique, mais en l'espace d'une seconde, elle avait trouvé une réponse plausible. C'était comme si une âme secourable lui venait en aide.

– J'ai raconté à Alberto que je fais la collection de timbres rares. Ça peut toujours servir d'avoir un frère.

Cette réponse réussit à convaincre sa mère.

– Tu trouveras ton dîner dans le réfrigérateur, déclara cette dernière sur le ton de la réconciliation.

– Où as-tu mis la lettre ?

– Sur le réfrigérateur.

Sophie rentra précipitamment. L'enveloppe indiquait le 15-06-1990. Elle ouvrit l'enveloppe et sortit un petit bout de papier :

> *Que signifie alors l'éternelle création ?*
> *Emporter l'être créé et le réduire à rien ?*

Non, Sophie ne trouvait rien à répondre à cette question. Avant de manger, elle glissa le papier avec tout le bric-à-brac qu'elle avait trouvé ces dernières semaines. Elle finirait bien par trouver pourquoi on lui posait une telle question.

Le lendemain, Jorunn vint lui rendre visite dans la matinée. Après avoir joué au badminton, elles continuèrent à préparer la garden-party.

Il fallait qu'elles aient des solutions de rechange au cas où les gens commenceraient à s'ennuyer.

Quand sa mère rentra du travail, elles continuèrent leur conversation à trois. Il y avait une phrase que sa mère n'arrêtait pas de répéter : « Non, on ne va pas économiser là-dessus ! » Ce n'était pas ironique de sa part.

Cette « garden-party philosophique » lui semblait être le seul moyen de ramener Sophie sur terre après toutes ces semaines tumultueuses passées à dévorer des cours de philosophie.

Elles tombèrent d'accord sur tout, du traditionnel gâteau d'anniversaire aux lampions dans les arbres, sans oublier le concours de devinettes philosophiques avec un livre d'introduction à la philosophie comme premier lot. A condition de trouver un livre de ce genre. Sophie avait des doutes là-dessus.

Le jeudi 21 juin, deux jours avant la Saint-Jean, Alberto la rappela :

– Allô, Sophie ? C'est Alberto.

– Comment ça va ?

– Très bien, merci. Je crois que j'ai trouvé un moyen pour nous en sortir.

– Nous sortir de quoi ?

– Tu sais bien, voyons. De cette captivité mentale où nous sommes déjà restés trop longtemps.

– Ah...

– Mais je ne peux rien te dire de mon plan avant de le mettre en œuvre.

– Est-ce que ce n'est pas un peu tard ? Il faut quand même que je sois au courant !

– Non, c'est toi qui es naïve maintenant. Tu sais bien que tout ce que nous disons est sur écoute. La seule chose raisonnable que nous puissions faire est de nous taire.

– C'est vraiment aussi terrible que ça ?

– Naturellement, mon enfant. Le plus important se passera quand nous ne serons pas en train de parler.

– Oh...

– Nous vivons notre vie dans une réalité illusoire qui existe à travers les mots d'un long roman. Chaque lettre est tapée sur une machine de trois fois rien par le major. Aussi rien de ce qui est imprimé ne peut échapper à son attention.

– Je comprends bien. Mais comment se cacher à sa vue dans de telles conditions ?

– Chut !

– Quoi ?

– Il se passe des choses aussi entre les lignes ; c'est là que j'essaie de glisser tout ce que je peux de phrases à double sens et autres ruses de ce genre.

– Ah, d'accord !

– Mais nous devons mettre à profit la journée d'aujourd'hui et de demain. Car samedi, c'est le jour J. Tu peux venir tout de suite ?

– J'arrive.

Sophie donna à manger aux oiseaux et aux poissons, sortit une grande feuille de salade pour Govinda et ouvrit une boîte pour Sherekan. Elle plaça le bol de nourriture sur les marches en partant.

Elle se faufila à travers la haie et s'engagea sur le sentier de l'autre côté. Après avoir marché quelques instants, elle aperçut un grand bureau au beau milieu de la bruyère. Un vieil homme était assis derrière ce bureau. Il donnait l'impression de calculer quelque chose. Sophie alla vers lui et lui demanda son nom.

C'est à peine s'il daigna lever les yeux.

– Scrooge, maugréa-t-il en se replongeant dans ses papiers.

– Moi, c'est Sophie. Tu es un homme d'affaires ?

Il se contenta d'acquiescer.

– Et je suis riche comme Crésus. Jamais un centime de gaspillé. C'est pourquoi je dois me concentrer pour faire les comptes.

– Eh bien, si tu en as le courage !...

Sophie lui adressa un petit signe de la main et continua son chemin. Mais juste quelques mètres plus loin, elle vit une petite fille qui était toute seule sous un des grands arbres. Elle était vêtue de haillons et avait le teint pâle et maladif. Au moment où Sophie passa près d'elle, elle sortit d'un petit sac une boîte d'allumettes.

– Vous ne voulez pas m'acheter des allumettes ? demanda-t-elle.

Sophie mit sa main dans la poche pour voir si elle avait de l'argent sur elle. Ah, si ! Elle avait une pièce d'une couronne.

– Ça coûte combien ?

– Une couronne.

Sophie tendit la pièce et se retrouva avec la boîte d'allumettes à la main.

– Tu es la première à m'acheter quelque chose depuis plus de cent ans. Parfois, je meurs de faim ou je suis transie de froid.

Sophie songea que ce n'était pas étonnant qu'elle n'arrive pas à vendre ses boîtes d'allumettes au fond de la forêt. Puis elle se souvint du riche homme d'affaires d'à côté. Ce n'était pas normal que la petite fille meure de faim quand quelqu'un avait autant d'argent que ça.

– Viens par ici, dit Sophie en prenant la petite fille par la main et en l'entraînant jusqu'au riche homme d'affaires.

– Tu dois faire en sorte que sa vie soit moins dure, lança-t-elle.

L'homme leva les yeux de ses papiers et dit en plissant le front :

– Ça coûte de l'argent et je t'ai déjà dit qu'il n'était pas question que je gaspille un seul centime.

– Mais c'est injuste que tu sois si riche quand cette petite fille est si pauvre, insista Sophie.

– Quelles idioties ! La justice n'existe qu'entre les gens du même monde.

– Qu'est-ce que tu entends par là ?

– Je me suis fait tout seul et tout travail mérite salaire, non ? C'est ce qu'on appelle le progrès.

– Ça, c'est le comble !

– Si tu ne m'aides pas, je vais finir par mourir, intervint la petite fille pauvre.

L'homme d'affaires leva les yeux à nouveau et, donnant un grand coup à la table avec sa plume :

– Tu n'es inscrite nulle part dans mes livres de comptes. Allez, ouste ! A l'hospice !

– Si tu ne m'aides pas, j'allume un incendie de forêt, poursuivit la petite fille pauvre.

Alors l'homme se leva derrière son bureau, mais la petite fille avait déjà craqué une allumette. Elle la jeta dans l'herbe sèche qui s'embrasa aussitôt.

L'homme riche fit de grands moulinets avec les bras en criant :

– Au secours ! Les rouges sont de retour !

La petite fille lui lança un regard moqueur :

– Tu ne savais pas que j'étais communiste, hein ?

L'instant d'après la petite fille, l'homme d'affaires et le bureau avaient disparu. Sophie se retrouva seule à regarder le feu gagner du terrain. Elle essaya d'étouffer les flammes en marchant dessus et parvint au bout d'un moment à éteindre le feu.

Dieu soit loué ! Sophie jeta un coup d'œil aux touffes d'herbes brûlées. Elle tenait encore à la main une boîte d'allumettes.

Ce n'était quand même pas elle qui avait mis le feu ?

Quand elle rencontra Alberto devant le chalet, elle lui raconta ce qui venait de lui arriver.

– Scrooge, c'est le capitaliste radin d'*Un conte de Noël* de Charles Dickens. Quant à la petite fille aux allumettes, tu connais, j'en suis sûr, le conte de H. C. Andersen.

– Mais n'est-il pas étrange que je les rencontre ici dans la forêt ?

– Pas le moins du monde. Ce n'est pas une forêt comme les autres. Allez, parlons à présent de *Karl Marx*. Ce n'était pas plus mal de croiser un exemple des deux extrêmes de l'échelle sociale au milieu du siècle dernier. Viens, on entre. Nous serons malgré tout un peu plus à l'abri des regards indiscrets du major.

Ils s'assirent comme d'habitude à la table près de la fenêtre qui donnait sur le lac. Le corps de Sophie gardait en mémoire tout ce qu'elle avait éprouvé après avoir goûté à la bouteille bleue.

Maintenant, la bouteille bleue et la bouteille rouge trônaient au-dessus de la cheminée. Et sur la table se trouvait la copie d'un temple grec.

– Qu'est-ce que c'est ? demanda Sophie.

– Chaque chose en son temps, mon enfant.

Là-dessus, Alberto enchaîna avec Marx :

– Lorsque Kierkegaard se rendit à Berlin en 1841, il se retrouva peut-être à côté de Karl Marx pour suivre les cours de Schelling. Tandis que Kierkegaard écrivait une thèse sur Socrate, Marx passait son doctorat sur Démocrite et Épicure, c'est-à-dire sur le matérialisme dans l'Antiquité. C'est à partir de là que chacun développa sa propre voie philosophique.

– Kierkegaard devint un philosophe de l'existence et Marx un matérialiste, n'est-ce pas ?

– Marx est devenu ce qu'on appelle communément le philosophe du *matérialisme historique*. Mais laissons ça de côté pour le
moment.

– Continue !

– Aussi bien Kierkegaard que Marx sont partis de la philosophie
de Hegel, mais chacun à sa manière. Tous les deux sont marqués
par sa pensée, mais ils prennent leur distance avec l'Esprit du
monde, c'est-à-dire avec l'idéalisme de Hegel.

– Cela a dû leur sembler un peu trop flou.

– Exactement. De manière générale, on dit que Hegel marque
la fin des grands systèmes philosophiques. Après lui, la philosophie s'oriente dans une toute nouvelle direction. Au lieu de grands
systèmes spéculatifs, nous trouvons ce que l'on appelle une « philosophie de l'existence » ou une « philosophie de l'action ». Tel
est le fond de la pensée de Marx lorsqu'il constate : « Les philosophes se bornent à interpréter le monde alors qu'il s'agit de le
transformer. » C'est précisément cette phrase qui marque un tournant décisif dans l'histoire de la philosophie.

– Maintenant que j'ai rencontré Scrooge et la petite fille aux
allumettes, je comprends mieux ce que Marx entend par là.

– La pensée de Marx a aussi une visée pratique et politique. Il
ne faut pas oublier qu'il n'était pas seulement philosophe mais
aussi historien, sociologue et économiste.

– Et c'est lui qui a été un pionnier dans tous ces domaines ?

– En tout cas, personne d'autre que lui n'a joué un tel rôle en
ce qui concerne l'application politique de la philosophie. Il faut
cependant veiller à ne pas assimiler tout ce qui se réclame du
« marxisme » à la pensée de Marx. Même si lui-même s'est déclaré
ouvertement « marxiste » autour des années 1840, il a éprouvé le
besoin de se démarquer plus tard de certaines interprétations de
sa pensée.

– Au fait, est-ce que Jésus était chrétien ?

– Ça aussi, ça se discute.

– Bon, continue.

– Dès le départ, un de ses amis et collègues, *Friedrich Engels*,
participa à l'élaboration de ce qui allait devenir le « marxisme ».
Au cours de ce siècle, *Lénine*, *Staline*, *Mao* et beaucoup d'autres
ont apporté leur contribution au marxisme ou « marxisme-léninisme ».

— Et si on s'en tenait à Marx, s'il te plaît ? Tu as dit qu'il était le philosophe du « matérialisme historique ».

— Il n'était pas un « philosophe matérialiste » dans le sens des philosophes atomistes de l'Antiquité, ou encore du matérialisme mécanique des XVIe et XVIIe siècles. Selon lui, les conditions matérielles de la société déterminent de façon radicale notre mode de pensée. Ces conditions matérielles sont à la base de tout développement historique.

— C'était autre chose que l'Esprit du monde de Hegel !

— Hegel avait expliqué que le développement historique provenait de la tension entre des éléments contradictoires qui disparaissaient sous le coup d'un brusque changement. Marx est d'accord avec cette pensée mais, selon lui, ce bon vieux Hegel mettait tout la tête en bas.

— Pas toute la vie quand même ?

— Hegel nommait cette force motrice de l'histoire l'Esprit du monde ou la Raison universelle. Cette façon de voir les choses revenait, selon Marx, à prendre les choses à l'envers. Lui voulait démontrer que les changements des conditions matérielles de vie sont le véritable moteur de l'histoire. Ce ne sont pas les conditions spirituelles qui sont à l'origine des changements dans les conditions matérielles de l'existence, mais le contraire : les conditions matérielles déterminent de nouvelles conditions spirituelles. Marx souligne donc tout particulièrement le poids des forces économiques au sein de la société, qui introduisent toutes sortes de changements et par là même font progresser l'histoire.

— Tu n'aurais pas un exemple ?

— La philosophie et la science de l'Antiquité avaient une conception purement théorique. Personne ne s'intéressait vraiment aux applications pratiques de ces connaissances qui auraient apporté pourtant de notables améliorations.

— Ah ?

— Tout ceci est lié à l'organisation de la vie quotidienne sur le plan économique. Toute la vie productive était dans une très large mesure fondée sur le travail des esclaves ; c'est pourquoi les bons bourgeois de l'époque ne s'embarrassaient pas d'améliorer le travail par des inventions d'ordre pratique. Tu as là un exemple de la manière dont les conditions matérielles déterminent la réflexion philosophique au sein de la société.

– Je comprends.

– Ces conditions matérielles, économiques et sociales, Marx leur donna le terme d'*infrastructure*. Le mode de pensée d'une société, ses institutions politiques, ses lois, sans oublier sa religion, son art, sa morale, sa philosophie et sa science, Marx appela tout ça la *superstructure*.

– L'infrastructure et la superstructure, donc.

– A présent passe-moi le temple grec !

– Tiens !

– C'est un modèle réduit du Parthénon de l'Acropole. Tu l'as vu aussi en vrai.

– En vidéo, tu veux dire.

– Tu vois que ce temple a un toit fort élégant et ouvragé et c'est peut-être ce fronton qui frappe au premier abord. C'est en quelque sorte ça, la « superstructure ». Mais ce toit ne peut pas flotter dans l'air.

– Il y a des colonnes pour le soutenir.

– Le monument tout entier possède surtout une base bien solide, une « infrastructure » qui supporte l'ensemble de la construction. Selon Marx, les conditions matérielles supportent la somme de toutes les pensées au sein d'une société. C'est pourquoi, vu sous cet angle, la superstructure n'est que le reflet de l'infrastructure de départ.

– Est-ce que tu veux dire par là que la théorie des idées de Platon n'est qu'un reflet de la production de poterie et du vin athénien de l'époque ?

– Non, ce n'est pas aussi simple que ça, et Marx lui-même nous met en garde contre ce type d'interprétation. Il y a interaction entre l'infrastructure et la superstructure d'une société. S'il avait nié une telle interaction, il aurait juste été un « matérialiste mécanique » de plus. Mais Marx prend justement en considération la tension, autrement dit la relation dialectique entre l'infrastructure et la superstructure. C'est pourquoi nous disons qu'il prône un matérialisme *dialectique*. Soit dit en passant, Platon n'était ni potier ni vigneron.

– Je comprends. Est-ce que tu vas encore me parler du temple ?

– Oui, quelques mots encore. Examine avec attention les fondements du temple et dis-moi ce que tu vois.

– Les colonnes sont posées sur une base qui comporte trois niveaux ou trois marches.

– Cela correspond aux trois niveaux ou couches de l'infrastructure de la société. Tout à la base, on trouve les *conditions de production*, c'est-à-dire les conditions naturelles ou les ressources naturelles, en d'autres termes tout ce qui concerne le climat ou les matières premières. Cela permet de jeter les fondations de la société et de délimiter quel type de production cette société pourra avoir. Du même coup on définit clairement quel genre de société et de culture on aura.

– Il est clair qu'on ne peut pas pêcher le hareng au Sahara ni faire pousser des dattes au cap Nord.

– Je vois que tu as saisi. Mais on ne pense pas non plus de la même façon si l'on est un nomade dans le désert ou si l'on est un pêcheur en Laponie. La deuxième marche de l'infrastructure concerne les *moyens de production*. Marx entend par là les outils, les appareils et les machines dont disposent les hommes au sein de la société.

– Autrefois on allait à la pêche dans des barques, maintenant ce sont d'énormes chalutiers qui font l'essentiel du travail.

– Tu touches déjà du doigt la troisième marche de l'infrastructure, à savoir qui possède ces moyens de production. L'organisation du travail, c'est-à-dire la répartition du travail et le statut des propriétaires, c'est ce que Marx a appelé les *rapports de production*.

– Je comprends.

– Nous pouvons déjà conclure que le *mode de production* au sein d'une société détermine l'aspect politique et idéologique de cette société. Il n'y a rien de surprenant à ce que nous ayons aujourd'hui une manière de penser et une morale un peu différentes de celles qu'on avait autrefois, dans une société médiévale par exemple.

– Marx ne croyait donc pas à un droit naturel qui aurait été valable pour toutes les époques ?

– Non, la question de savoir ce qui est moralement bien découle selon Marx de l'infrastructure de la société. Ce n'est pas un hasard si, dans le cadre d'une société paysanne d'autrefois, les parents déterminaient qui leurs enfants devaient épouser, car il s'agissait aussi de déterminer qui hériterait de la ferme. Dans une grande ville moderne, les rapports sociaux sont assez différents : on peut se rencontrer au cours d'une fête ou dans une discothèque, et si l'on est vraiment amoureux, on finit toujours par trouver un endroit pour vivre ensemble.

– Je n'accepterais pas que ce soient mes parents qui me disent avec qui je dois me marier.

– Non, car toi aussi tu es une enfant de ton siècle. Marx dit que c'est la classe dirigeante qui, en gros, détermine ce qui est bien et ce qui est mal. Car toute l'histoire n'est qu'une histoire de *luttes de classes*. L'histoire ne fait que retracer la lutte pour s'emparer des moyens de production.

– Mais est-ce que les pensées et les idées des hommes ne contribuent pas elles aussi à transformer l'histoire ?

– Oui et non. Marx était conscient que la superstructure d'une société pouvait influencer l'infrastructure, mais il ne reconnaissait pas à la superstructure d'histoire indépendante. Tout le développement de l'histoire, de la société esclavagiste de l'Antiquité jusqu'à nos sociétés industrielles, est dû avant tout à des modifications de l'infrastructure de la société.

– Oui, tu l'as déjà dit.

– Toutes les phases historiques se caractérisent, selon Marx, par une opposition entre deux classes sociales. Dans la société esclavagiste de l'Antiquité, on trouve cette opposition entre les esclaves et les citoyens libres ; dans la société féodale, entre le seigneur et le paysan et, par la suite, entre le noble et le bourgeois. Mais à l'époque de Marx, la société était dite bourgeoise, ou *capitaliste,* et l'opposition se jouait entre le capitaliste et le travailleur ou prolétaire. D'un côté il y a ceux qui possèdent les moyens de production, de l'autre ceux qui ne les possèdent pas. Et parce que la classe dirigeante ne veut pas laisser échapper son pouvoir, seule une révolution peut l'obliger à le faire.

– Et dans un régime communiste ?

– Marx s'intéressait tout particulièrement au passage d'une société capitaliste au régime communiste. Il analyse de façon détaillée le mode de production capitaliste. Mais avant d'aborder cela, il faut dire quelques mots de sa conception du *travail de l'homme.*

– Je t'écoute.

– Avant d'être communiste, Marx s'est interrogé sur ce qui se passe quand l'homme travaille. Hegel aussi s'était penché sur ce problème et avait trouvé qu'il y avait un rapport réciproque ou « dialectique » entre l'homme et la nature. Quand l'homme travaille la nature, son travail le transforme lui aussi. Autrement dit, quand l'homme travaille, il intervient au sein de la nature et la marque de son empreinte. Mais au cours de ce processus, la nature elle aussi a une action sur l'homme et laisse une empreinte dans sa conscience.

— Dis-moi quel genre de travail tu as et je te dirai qui tu es.

— Tu as très bien résumé où Marx veut en venir. Notre façon de travailler a une influence sur notre conscience, mais notre conscience influence aussi notre manière de travailler. Il y a un rapport dialectique entre la « main » et l'« esprit ». La connaissance de l'homme entretient donc un lien étroit avec son travail.

— Alors ça doit vraiment être terrible d'être au chômage.

— Effectivement, quelqu'un sans travail tourne pour ainsi dire à vide. Même Hegel l'avait remarqué. Pour lui comme pour Marx, le travail est quelque chose de positif, cela est intimement lié au fait d'être un homme.

— Dans ce cas, ça doit être une bonne chose que d'être ouvrier ?

— Au départ, oui. Mais c'est là qu'intervient la cinglante critique de Marx à propos du mode de production capitaliste.

— Explique-toi !

— Dans le système capitaliste, l'ouvrier travaille pour quelqu'un d'autre. Son travail lui devient quelque chose d'extérieur, quelque chose qui ne lui appartient plus. Il devient étranger à son propre travail et de ce fait étranger aussi à lui-même. Il perd sa réalité en tant que personne. Marx utilise l'expression hégélienne pour dire que le travailleur est l'objet d'un processus d'*aliénation.*

— J'ai une tante qui, depuis plus de vingt ans, travaille dans une usine à emballer des chocolats, alors je comprends très bien ce que tu veux dire. Elle m'a dit que chaque matin elle éprouvait une véritable haine vis-à-vis de son travail.

— Mais si elle hait son travail, Sophie, elle finit aussi par se haïr elle-même.

— En tout cas, elle hait le chocolat.

— Dans la société capitaliste, le travail est organisé de sorte que le travailleur fait au bout du compte un travail d'esclave pour une autre classe sociale. Le travailleur remet sa force de travail – et par là même toute son existence d'homme – à la bourgeoisie.

– C'est vraiment aussi grave que ça ?

– Nous parlons de comment Marx voyait les choses. Il faut tout replacer dans le contexte social du milieu du XIXᵉ. Et là, il faut malheureusement répondre haut et fort par oui. Les ouvriers travaillaient parfois jusqu'à douze heures par jour dans des hangars de production glacials. La paie était si faible que bien souvent les enfants et les femmes qui relevaient à peine de couches étaient obligés de travailler aussi. La misère sociale était réellement indescriptible. En certains endroits, les hommes étaient en partie payés avec des litres de tord-boyaux et les femmes étaient contraintes de se prostituer. Leurs clients étaient les « hommes de la ville ». Bref, ce qui devait permettre à l'homme de s'élever, c'est-à-dire le travail, faisait de lui un animal.

– Mais c'est révoltant !

– Telle fut aussi la réaction de Marx. Pendant ce temps, après avoir pris un bain rafraîchissant, les enfants des bourgeois pouvaient jouer du violon dans de grands salons bien chauffés ou encore s'asseoir au piano avant de passer à table pour déguster un délicieux repas composé de quatre plats différents. Il est vrai que le violon et le piano convenaient pas mal à une fin de soirée, après une longue promenade à cheval...

– C'est écœurant ! C'est trop injuste !

– Marx était de ton avis. En 1848, il publia avec Friedrich Engels le célèbre *Manifeste du Parti communiste*. En voilà la première phrase : « Un spectre hante l'Europe – le spectre du communisme. »

– Arrête, ça me fait peur.

– Eh bien à la bourgeoisie aussi, car les prolétaires avaient commencé à se révolter. Tu veux entendre la fin du *Manifeste* ?

– Avec plaisir.

– « Les communistes dédaignent de dissimuler leurs conceptions et leurs desseins. Ils expliquent ouvertement que leurs objectifs ne peuvent être atteints que par le renversement violent de tout ordre social passé. Que les classes dominantes tremblent devant une révolution communiste. Les prolétaires n'ont rien à y perdre que leurs chaînes. Ils ont un monde à gagner.

PROLÉTAIRES DE TOUS LES PAYS,

UNISSEZ-VOUS ! »

– Si la situation était aussi terrible que tu me l'as décrite, je crois que j'aurais signé tout de suite. Mais les choses ont bien changé depuis, non ?

– En Norvège, oui, mais pas partout. Beaucoup continuent de vivre dans des conditions inhumaines, tout en produisant des marchandises qui rendent les capitalistes encore plus riches. C'est ce que Marx appelle l'*exploitation*.

– Est-ce que tu peux m'expliquer un peu mieux la signification de ce mot ?

– Si le travailleur produit une marchandise, cette marchandise aura un certain prix de vente.

– Oui et alors ?

– Si tu soustrais du prix de vente le salaire du travailleur et les autres coûts de production, il restera toujours une somme. Cette somme, Marx l'appelle la *plus-value* ou le profit. Cela revient à dire que le capitaliste détourne à son profit une valeur que le travailleur seul a créée. C'est ça, l'exploitation.

– Je comprends.

– Le capitaliste peut alors investir une partie de son profit dans un nouveau capital, par exemple dans la modernisation des unités de production. Mais ce sera à seule fin de pouvoir baisser les coûts de production et d'augmenter encore, de ce fait, son profit.

– C'est logique.

– Oui, cela peut paraître logique. Mais que ce soit dans ce domaine ou dans un autre, les choses n'iront pas à la longue comme le voudrait le capitaliste.

– Comment ça ?

– Marx pensait que le mode de production capitaliste avait ses propres contradictions internes. Le capitalisme est un système économique qui s'autodétruit parce qu'il n'est pas guidé par la raison.

– Tant mieux pour ceux qui sont opprimés.

– Oui, le système capitaliste porte en lui-même sa propre fin. Vu sous cet angle, le capitalisme est un élément de progrès, c'est-à-dire une étape nécessaire sur la voie du communisme.

– Est-ce que tu peux me donner un exemple du caractère autodestructeur du capitalisme ?

– Nous avons déjà dit que le capitaliste fait un certain profit et qu'il en utilise une partie pour moderniser l'entreprise. Le reste sera dépensé pour les leçons de musique des enfants et pour permettre à sa femme de mener un grand train de vie.

– Ah ?

– Il achète de nouvelles machines et réduit ainsi son personnel. Il fait tout ça pour être plus concurrentiel sur le marché.

– Je comprends.

– Mais il n'est pas le seul à penser ainsi. Tous les maillons de la chaîne de production doivent être de plus en plus rentables. Les usines s'agrandissent et finissent par appartenir à une poignée d'hommes. Que va-t-il se passer alors, Sophie ?

– Euh…

– On a de moins en moins besoin d'ouvriers. Le chômage s'installe et les problèmes sociaux deviennent de plus en plus importants. De telles *crises* sont le signal que le capitalisme court à sa perte. Mais on pourrait citer d'autres traits autodestructeurs dans le régime capitaliste. Que se passe-t-il quand tout le profit doit être lié au système de production *sans* créer malgré cela assez de plus-value pour rester concurrentiel ?… A ton avis, que va faire le capitaliste ? Tu peux me le dire ?

– Non, je ne sais vraiment pas.

– Imagine que tu sois un propriétaire d'usine et que tu aies du mal à joindre les deux bouts. Tu es menacé de faillite. Tu te poses alors la question : comment faire pour économiser de l'argent ?

– Je pourrais peut-être baisser les salaires ?

– Pas si bête ! C'est la seule chose que tu puisses faire en effet. Mais si tous les capitalistes sont aussi futés que toi et, crois-moi, ils le sont, les travailleurs deviendront si pauvres qu'ils n'auront plus les moyens d'acheter quoi que ce soit. Nous disons que le pouvoir d'achat baisse. Et c'est un cercle vicieux. C'est selon Marx le signe que l'heure a sonné pour la propriété privée de type capitaliste. Nous nous trouvons dans une situation prérévolutionnaire.

– Je comprends.

– Pour être bref, disons que les prolétaires finissent par se révolter et s'emparent des moyens de production.

– Et qu'est-ce qui se passe alors ?

– Pendant une période, une nouvelle classe sociale, à savoir les prolétaires au pouvoir, dominera la classe bourgeoise. C'est ce que Marx a appelé la *dictature du prolétariat*. Mais après une période de transition, la dictature du prolétariat sera à son tour balayée

par une « société sans classes » : le *communisme*. Ce sera l'avènement d'une société où les moyens de production appartiennent à
« tous », c'est-à-dire au peuple lui-même. Dans une telle société,
chacun aurait « sa place selon ses capacités » et recevrait « selon
ses besoins ». Le travail en outre appartiendrait au peuple lui-
même et il n'y aurait plus d'aliénation.

– Ça parait fantastique à t'entendre, mais comment ça s'est
passé en vrai ? Y a-t-il vraiment eu une révolution ?

– Oui et non. Les économistes contemporains relèvent que
Marx s'est trompé sur plusieurs points assez importants comme
l'analyse des crises du régime capitaliste. Marx a négligé l'aspect
d'exploitation de la nature que nous prenons de plus en plus au
sérieux de nos jours. Cela dit, malgré tout...

– Oui ?

– ...le marxisme a amené de grands bouleversements. Il est
incontestable que le socialisme a réellement contribué à rendre la
société moins inhumaine. Du moins en Europe, nous vivons dans
une société infiniment plus juste et solidaire qu'à l'époque de
Marx. Et ce résultat, nous le devons à Marx et à tout le *mouvement
socialiste*.

– Que s'est-il donc passé ?

– Après Marx, le mouvement s'est scindé en deux : d'un côté
la *social-démocratie* et de l'autre le *marxisme-léninisme*. La social-
démocratie, qui tend à instaurer lentement et en douceur une
société de type socialiste, s'est surtout répandue en Europe de
l'Ouest. C'est en quelque sorte la « révolution lente ». Le
marxisme-léninisme, qui a conservé la foi de Marx selon laquelle
seule la révolution peut combattre la vieille société de classes, eut
beaucoup de succès en Europe de l'Est, en Asie et en Afrique.
Toujours est-il qu'à sa façon, chacun de ces deux mouvements a
combattu la misère et l'oppression.

– Mais cela ne donna-t-il pas lieu à une autre forme d'oppression ? Je pense à l'Union soviétique et aux pays d'Europe de l'Est,
par exemple ?

– Sans aucun doute, et nous constatons encore une fois que
tout ce qui passe entre les mains de l'homme devient un mélange
de bien et de mal. D'un autre côté, nous ne pouvons pas rendre
Marx responsable de toutes les erreurs commises en son nom dans
ces pays dits socialistes cinquante, voire cent ans après sa mort. Il

n'avait peut-être pas assez réfléchi au fait que ce seraient des hommes qui seraient chargés de gérer le communisme – et que les hommes ont des défauts. Aussi le paradis sur terre n'est-il pas pour demain. Les hommes sauront toujours se créer de nouveaux problèmes.

– Ça oui.

– Nous allons considérer, Sophie, que nous en avons terminé avec Marx.

– Attends un peu ! Tu as bien dit qu'il n'y a de justice que pour les gens du même monde ?

– Non, c'est Scrooge qui l'a dit.

– Comment sais-tu qu'il a dit ça ?

– Oh !... Nous avons toi et moi le même écrivain. Vu sous cet angle, nous sommes beaucoup plus liés l'un à l'autre qu'on pourrait le croire au premier abord.

– Toi et ton ironie !

– A double sens, Sophie, c'était de l'ironie à double sens.

– Mais revenons à cette histoire de justice. Tu as dit que Marx jugeait que le capitalisme créait une société injuste. Comment pourrais-tu définir une société juste ?

– Un philosophe de la morale, sous l'inspiration de Marx, un certain *John Rawls*, a donné l'exemple suivant à méditer : imagine que tu sois membre d'une très haute assemblée qui déterminerait l'ensemble des lois pour la société de demain.

– Je crois que ça me plairait bien.

– Ils seraient obligés de penser à tout une bonne fois pour toutes car lorsqu'ils trouveraient enfin un accord – et auraient voté toutes ces lois – ils tomberaient raides morts.

– Quelle horreur !

– Mais ils se réveilleraient instantanément dans la société dont ils auraient voté les lois. Ce qu'ils ne sauraient pas, en revanche, c'est quelle *place* ils auraient dans la société.

– Ah, je vois.

– Cette société serait une société juste, car elle aurait été conçue par des hommes « égaux ».

– Et les femmes, là-dedans ?

– Cela ferait justement partie du jeu. On ne saurait pas si on se réveillerait dans la peau d'un homme ou d'une femme. Comme on aurait une chance sur deux, il y a tout lieu de croire que la société serait aussi juste pour les hommes que pour les femmes.

– Cela paraît une idée fort séduisante.

– Réponds-moi maintenant : la société européenne à l'époque de Marx était-elle une société de ce type ?

– Non !

– Peux-tu alors m'indiquer une société de ce type aujourd'hui quelque part dans le monde ?

– Euh... c'est pas évident.

– Je te laisse réfléchir. Le chapitre sur Marx est clos à présent.

– Qu'est-ce que tu as dit ?

– Coupez !

Chapitre 30

DARWIN

...un bateau qui traverse la vie avec sa cargaison de gènes...

Dimanche matin, Hilde fut réveillée par un grand bruit sec. C'était son classeur qui était tombé par terre. Elle était restée au lit à lire la conversation entre Sophie et Alberto à propos de Marx et avait fini par s'endormir sur le dos, le classeur sur la couette. La lampe au-dessus de son lit était restée allumée toute la nuit.

Son réveil à quartz indiquait en chiffres verts 8.59.

Elle avait rêvé d'usines gigantesques et de métropoles toutes noires. A un coin de rue, il y avait une petite fille qui vendait des allumettes. Des hommes et des femmes élégants dans leurs longs manteaux passaient près d'elle sans lui accorder la moindre attention.

En se levant, elle repensa aux législateurs qui allaient se réveiller dans une société qu'ils auraient conçue de A à Z. Hilde en tout cas n'était pas mécontente de se réveiller à Bjerkely.

Aurait-elle eu envie d'ouvrir les yeux si elle n'avait pas su où exactement en Norvège elle allait se réveiller ?

Il ne s'agissait pas seulement de savoir où, qui sait si elle ne devait pas se réveiller aussi à une tout autre époque ? Au Moyen Age par exemple ou encore il y a dix ou vingt mille ans, à l'âge de pierre ? Hilde essaya de s'imaginer assise devant l'entrée d'une caverne, peut-être en train de préparer une peau de bête.

Ça voulait dire quoi, être une fille de quinze ans dans un monde où tout ce qui s'appelle culture n'existait pas encore ? Quelles auraient été ses pensées ?

Hilde enfila un pull-over, reprit le classeur sur ses genoux et s'installa bien confortablement pour continuer à lire la longue lettre de son père.

Juste au moment où Alberto avait dit « Coupez ! », on frappa à la porte du chalet.

– Nous n'avons pas vraiment le choix, dit Sophie.

– Je crains bien que non, grommela Alberto.

Sur le pas de la porte se trouvait un très vieil homme aux longs cheveux blancs et avec une grande barbe. Il tenait à la main droite un bâton de pèlerin et dans la main gauche une reproduction d'un tableau représentant une sorte de bateau. Sur le bateau, ça grouillait d'animaux de toutes espèces.

– Et qui êtes-vous, respectable vieillard ? demanda Alberto.

– Mon nom est Noé.

– Je m'en doutais.

– Ton propre ancêtre, mon garçon. Mais c'est sans doute passé de mode de se souvenir de ses ancêtres ?

– Que tiens-tu à la main ? lui demanda Sophie.

– C'est l'image de tous les animaux qui furent sauvés du Déluge. Tiens, ma fille, c'est pour toi.

Sophie prit la reproduction tandis que le vieil homme poursuivait :

– Allez, il faut que je rentre pour arroser mes vignes...

A ces mots il fit un petit bond en joignant ses talons dans l'air et disparut en trottinant dans la forêt comme seuls savent le faire les vieux messieurs de très bonne humeur.

Sophie et Alberto retournèrent s'asseoir. A peine Sophie s'était-elle penchée au-dessus de la reproduction pour l'étudier qu'Alberto la lui arracha presque des mains.

– Voyons d'abord les grandes lignes.

– Eh bien, tu n'as qu'à commencer.

– Nous avons oublié de mentionner que Marx vécut les dernières trente-quatre années de sa vie à Londres. Il s'installa là-bas en 1849 et y mourut en 1883. A la même époque vivait dans les environs de Londres un certain *Charles Darwin*. Il mourut en 1882 et eut droit à des funérailles solennelles à Westminster Abbey, en tant que digne fils de l'Angleterre. Mais Marx et Darwin n'ont pas seulement vécu au même endroit au même moment, il y a d'autres points de rapprochement entre eux. Marx voulut lui dédicacer l'édition anglaise de son grand livre *Le Capital*, mais Darwin refusa. Quand Marx mourut un an après Darwin, son ami *Friedrich Engels* fit la remarque suivante : « De même que Darwin a

découvert les lois de l'évolution organique de la nature, Marx a découvert les lois du développement historique de l'humanité. »
– Je comprends.
– Un autre penseur qui eut une grande influence et que l'on peut aussi rapprocher de Darwin fut le psychologue *Sigmund Freud*. Lui aussi passa, un demi-siècle plus tard, les dernières années de sa vie à Londres. Freud montra qu'aussi bien Darwin dans sa théorie de l'évolution que lui-même avec sa théorie de la psychanalyse avaient blessé l'homme dans « l'amour naïf qu'il portait à lui-même ».
– Ça en fait des noms à la fois. On commence par qui ? Marx, Darwin ou Freud ?
– On pourrait parler d'une manière générale d'un mouvement *naturaliste* qui a commencé au milieu du XIXᵉ pour se poursuivre une bonne partie du XXᵉ siècle. Par ce terme de « naturalisme », nous entendons une conception de la nature qui ne reconnaît point d'autre réalité que la nature et le monde sensible. Aussi un naturaliste ne considère-t-il l'homme que comme faisant partie de la nature, et il fondera ses recherches exclusivement sur des faits naturels et non sur des considérations d'ordre rationnel ou encore sur une quelconque forme de révélation divine.
– Ceci vaut aussi bien pour Marx que pour Darwin et Freud ?
– Absolument. Les mots clés du milieu du XIXᵉ en philosophie et en science étaient « nature », « milieu », « histoire », « évolution » et « développement ». Pour Marx, l'idéologie des hommes était le produit des conditions matérielles de la société. *Darwin* montra que l'homme était le fruit d'une longue évolution biologique et, grâce à ses recherches sur l'inconscient, *Freud* mit en évidence que les actions des hommes sont souvent le fait de pulsions ou d'instincts.
– Je crois que je comprends à peu près ce que tu veux dire par naturalisme, mais ne pourrais-tu pas parler d'un seul homme à la fois ?
– Alors parlons de Darwin. Tu te souviens que les présocratiques voulaient trouver des explications naturelles aux phénomènes naturels. De même qu'ils durent pour ce faire s'affranchir des explications mythologiques, Darwin dut aussi se libérer de la conception de l'Église concernant la création de l'homme et de l'animal.

– Mais est-ce que c'était un philosophe ?

– Darwin était un biologiste et un chercheur. Mais il fut le premier scientifique à oser contredire la Bible sur la question de la place de l'homme dans la Création.

– Alors tu vas me parler un peu de la théorie de l'évolution chez Darwin.

– Commençons par Darwin lui-même. Il naquit en 1809 dans la petite ville de Shrewsbury. Son père, le Dr Robert Darwin, était un médecin réputé qui avait des principes sévères quant à l'éducation de son fils. Quand Charles alla au lycée à Shrewsbury, le proviseur parla de lui comme quelqu'un qui aimait traîner, se vanter de théories et discourir pendant des heures sans jamais rien accomplir de sérieux. Par « sérieux », le proviseur entendait certainement la conjugaison des verbes en latin et en grec. Par « traîner », il pensait sans doute au fait que Charles séchait les cours pour collectionner toutes sortes de hannetons.

– Il a dû regretter ses propos par la suite.

– Pendant ses études de théologie, Darwin se passionnait surtout pour la chasse aux oiseaux et sa collection d'insectes. Aussi n'eut-il pas des résultats particulièrement brillants à son examen de théologie. Mais il parvint néanmoins à jouir d'une certaine réputation en tant que naturaliste. Il s'intéressait aussi à la géologie qui était à l'époque une science fort répandue. Dès qu'il eut son diplôme de théologie de l'université de Cambridge en poche, il parcourut le nord du pays de Galles pour étudier la formation des roches et chercher des fossiles. En avril 1831, alors qu'il n'avait que vingt-deux ans, il reçut une lettre qui changea toute sa vie...

– Qu'y avait-il dans cette lettre ?

– Cette lettre venait de son ami et professeur John Steven Henslow. Ce dernier écrivait : « On m'a demandé [...] de recommander un chercheur en sciences naturelles pour accompagner le capitaine Fitzroy qui a été engagé par le gouvernement pour établir la carte de la pointe sud de l'Amérique. J'ai expliqué que je te considérais comme la personne la plus compétente pour une telle tâche. Je ne sais rien concernant le salaire. Le voyage doit durer deux ans... »

– Tu sais tout ça par cœur ?

– Oh, ce n'est rien...

– Et il a répondu oui ?

– Il mourait bien sûr d'envie de saisir la chance qu'on lui offrait, mais à cette époque les jeunes gens n'entreprenaient rien sans le consentement de leurs parents. Le père fut long à convaincre, mais il finit par accepter de laisser partir son fils et de payer son voyage. Car en fait, il ne toucha pas un centime…

– Oh !

– Le navire appartenait à la marine anglaise et s'appelait *H. M. S. Beagle*. Le 27 décembre 1831, le *Beagle* quitta le port de Plymouth et mit le cap sur l'Amérique du Sud. Il ne retourna en Angleterre qu'en octobre 1836. Les deux années prévues devinrent cinq au bout du compte. Et ce voyage en Amérique du Sud se transforma en véritable tour du monde. Il s'agit du plus important voyage scientifique de notre époque.

– Ils ont vraiment fait le tour de la Terre ?

– Oui, au vrai sens du terme. D'Amérique du Sud, ils traversèrent le Pacifique et arrivèrent en Nouvelle-Zélande, en Australie et en Afrique du Sud. De là ils remirent le cap sur l'Amérique du Sud avant de revenir enfin en Angleterre. Darwin lui-même écrivit que « son voyage sur le *Beagle* a été l'événement le plus déterminant » de toute sa vie.

– Ce ne devait pas être facile d'être un chercheur en sciences naturelles sur l'océan ?

– Les premières années, le *Beagle* longea seulement les côtes d'Amérique du Sud, ce qui permit à Darwin de bien se familiariser avec cette partie du monde. Les nombreuses incursions qu'il eut l'occasion de faire dans les îles Galapagos, au large du Pacifique, furent d'une importance capitale pour ses travaux. Il put en effet rassembler toutes sortes d'échantillons qu'il envoya en Angleterre au fur et à mesure. Mais ses réflexions sur la nature et l'histoire du vivant, il les garda pour lui. En rentrant dans son pays âgé seulement de vingt-sept ans, il était déjà un chercheur célèbre. Et il avait déjà une idée précise de ce qui allait devenir plus tard sa théorie de l'évolution. Il attendit cependant de nombreuses années avant de publier son œuvre maîtresse, car Darwin était un homme prudent, ce qui est plutôt normal pour un chercheur.

– Quel fut son ouvrage le plus important ?

– Oh, il publia divers livres, mais celui qui provoqua un véritable tollé en Angleterre parut en 1859 sous le titre : *De l'origine des espèces au moyen de la sélection naturelle*. L'intitulé exact était :

On the Origin of Species by Means of Natural Selection or the Preservation of Favoured Races in the Struggle for Life. Ce titre résume à lui seul toute la théorie de Darwin.

– Dans ce cas, tu ferais bien de traduire, s'il te plaît.

– « De l'origine des espèces par la sélection naturelle ou la préservation des races favorisées dans la lutte pour la vie. »

– Effectivement, c'est un titre qui en dit long.

– Nous allons décortiquer tout ça. Dans son livre *De l'origine des espèces*, Darwin pose d'emblée deux théories ou, si tu préfères, deux thèses principales : la première, c'est que toutes les plantes ou les animaux qui existent aujourd'hui descendent de formes plus anciennes, plus primitives. Il affirme donc qu'il se produit une évolution biologique. La deuxième, c'est que l'évolution est due à une sélection *naturelle.*

– Parce que seuls les plus forts survivent, n'est-ce pas ?

– Oui, mais analysons d'abord d'un peu plus près cette théorie de l'évolution. Au départ, elle n'est pas si originale que ça. Dès les années 1800, on vit se répandre dans certains milieux la croyance en une évolution biologique. On peut citer à ce titre le rôle joué par le zoologue français *Jean-Baptiste Lamarck.* Quant au propre grand-père de Darwin, *Erasmus Darwin,* il avait déjà lancé l'idée que toutes les plantes et les animaux s'étaient développés à partir d'un petit nombre d'espèces primitives. Mais aucun des deux n'était parvenu à expliquer comment s'était produite une telle évolution. C'est pourquoi ils n'avaient pas vraiment encouru les foudres de l'Église.

– Alors que ce fut le cas de Darwin ?

– Oui, et on comprend aisément pourquoi. Dans les milieux religieux, mais aussi dans plusieurs milieux scientifiques, on s'en tenait à la version de la Bible qui dit que les plantes et les animaux ont une nature immuable. L'idée sous-jacente était que chaque espèce animale avait été créée une fois pour toutes par un acte créateur particulier. Cette conception chrétienne présentait en outre l'avantage d'être corroborée par Platon et Aristote.

– Comment ça ?

– La théorie des idées de Platon partait du principe que toutes les espèces d'animaux étaient immuables parce qu'elles étaient créées d'après les modèles ou les formes des idées éternelles. Chez Aristote aussi on retrouve cette idée de l'immuabilité des espèces animales. Il fallut attendre l'époque de Darwin pour que toute une série de découvertes et d'observations remettent en cause cette conception traditionnelle.

– De quel genre d'observations et d'expériences s'agissait-il ?

– On trouva tout d'abord de plus en plus de fossiles, ainsi que de grands morceaux de squelettes d'animaux. Darwin lui-même s'étonna de trouver des fossiles d'animaux marins dans des régions élevées, comme cela avait été le cas dans les Andes par exemple. Que venaient faire des animaux marins dans la cordillère des Andes, Sophie ? Tu as une idée ?

– Non.

– Certains pensaient que des hommes ou des animaux les y avaient laissés. D'autres y virent la main de Dieu qui aurait créé de tels fossiles et restes d'animaux marins pour égarer les incroyants.

– Et qu'en pensait la science ?

– La plupart des géologues s'en tenaient à une « théorie de la catastrophe » selon laquelle la Terre avait été à diverses reprises soit recouverte par les eaux, soit secouée par des tremblements de terre, ou des catastrophes de ce genre, qui avaient éradiqué toute forme de vie. Une telle catastrophe est aussi attestée dans la Bible, c'est le Déluge avec l'Arche de Noé. A chaque catastrophe, Dieu renouvelait la vie sur Terre en créant de nouvelles et plus parfaites espèces animales et végétales.

– Les fossiles étaient donc les traces des formes antérieures de vie qui furent anéanties par de violentes catastrophes ?

– Exactement. On disait que les fossiles étaient la trace des animaux qui n'avaient pas trouvé de place dans l'Arche de Noé. Mais quand Darwin s'embarqua sur le *Beagle*, il emporta dans ses bagages le premier tome de l'œuvre du géologue anglais *Charles Lyell, Principles of Geology*. Selon lui, la géographie actuelle de la Terre, avec ses hautes montagnes et ses vallées profondes, témoignait d'une évolution extrêmement longue et lente. L'idée, c'était que des changements apparemment minimes pouvaient conduire à de grands bouleversements géographiques, si l'on prenait en considération des espaces de temps suffisamment grands.

– A quel genre de changements pensait-il en disant ça ?

– Il pensait aux mêmes forces qui s'exercent de nos jours : au temps et au vent, à la fonte des neiges, aux tremblements de terre et à la dérive des continents. Tout le monde sait que la goutte d'eau finit par éroder la pierre, non par sa force mais par son action répétée. Lyell pensait que de tels petits changements progressifs pouvaient sur un laps de temps assez long transformer la nature de fond en comble. Darwin pressentait qu'il détenait là l'explication pour les fossiles d'animaux marins retrouvés si haut dans les Andes, et il n'oublia jamais dans ses recherches que d'infimes changements très progressifs peuvent conduire à un bouleversement total de la nature, pour peu qu'on laisse le temps faire son travail.

– Il pensait donc que cette théorie s'appliquait aussi à l'évolution des animaux ?

– Bien sûr. Il se posa la question. Mais Darwin était, je le répète, un homme prudent. Il s'interrogeait longuement avant de se risquer à proposer une réponse. Sur ce point, il rejoint tous les vrais philosophes : l'important, c'est de poser la question et il ne s'agit surtout pas d'y répondre trop hâtivement.

– Je comprends.

– Un facteur déterminant dans la théorie de Lyell, c'était l'âge de la Terre. A l'époque de Darwin, on s'accordait généralement à reconnaître que la création de la Terre par Dieu remontait à environ six mille ans. Ce chiffre était le résultat de l'addition de toutes les générations depuis Adam et Ève.

– Plutôt naïf comme raisonnement !

– C'est toujours facile de critiquer après. Darwin, lui, avança le chiffre de trois cents millions d'années. Une chose est sûre en tout cas : la théorie de Lyell comme celle de Darwin n'avaient aucun sens si l'on ne tenait pas compte de périodes de temps tout à fait considérables.

– Quel âge a la Terre ?

– Nous savons aujourd'hui qu'elle a 4,6 milliards d'années.

– Le compte doit être bon…

– Pour l'instant, nous nous sommes concentrés sur un des arguments de Darwin pour étayer sa théorie de l'évolution biologique, à savoir la présence de plusieurs couches de fossiles dans diverses formations rocheuses. Un autre argument, c'était la répartition géographique des espèces vivantes. Son propre voyage lui permit de glaner des matériaux extrêmement neufs et intéressants. Il put constater *de visu* que diverses espèces animales dans une même région présentaient de très légères différences entre elles. Ce fut surtout le cas sur les îles Galapagos, à l'ouest de l'Équateur.

– Raconte !

– Nous parlons d'un groupe concentré d'îles volcaniques. Aussi ne pouvait-on pas constater de grandes différences dans la vie végétale ou animale, mais Darwin s'intéressait précisément aux infimes modifications au sein d'une même espèce. Sur toutes ces îles, il rencontra de grandes tortues-éléphants, mais celles-ci présentaient de légères variations d'une île à l'autre. Pourquoi Dieu aurait-il créé une espèce de tortues-éléphants différente pour chacune des îles ?

– Ça paraît peu probable, en effet.

– Ses observations sur la vie des oiseaux dans les îles Galapagos lui permirent d'aller plus loin. D'une île à l'autre, il put observer des variations très précises entre différentes espèces de pinsons. Darwin établit une corrélation entre la forme de leur bec et le type de nourriture qu'ils trouvaient sur l'île (graines de pommes de pin ou insectes vivant sur les troncs d'arbres et les branches). Chacun de ces pinsons possédait en effet un type de bec (pointu ou crochu) parfaitement adapté pour saisir sa nourriture. Tous ces pinsons descendaient-ils d'une seule espèce qui, au cours des ans, s'était adaptée à l'environnement de ces différentes îles pour aboutir à l'existence de plusieurs nouvelles espèces de pinsons ?

– Il est donc parvenu à cette conclusion ?

– Oui, c'est peut-être sur les îles Galapagos que Darwin est devenu « darwiniste ». Il remarqua aussi que la vie animale sur ce petit groupe d'îles présentait de grandes similitudes avec des espèces animales qu'il avait observées en Amérique du Sud. Dieu avait-il réellement créé une bonne fois pour toutes ces espèces avec leurs légères différences entre elles ou bien s'était-il produit une évolution ? Il douta de plus en plus de la prétendue immuabilité des espèces, mais n'avait encore aucune théorie satisfaisante pour expliquer comment une telle évolution, ou adaptation à l'environnement, pouvait se produire. Il y avait encore un argument pour démontrer que tous les animaux sur terre étaient apparentés.

– Ah ?

– Cela concernait l'évolution du fœtus chez les mammifères. Si l'on compare le fœtus d'un chien, d'une chauve-souris, d'un lapin et d'un être humain à un stade précoce, il est presque impossible de les distinguer clairement les uns des autres. Il faut attendre un stade beaucoup plus avancé pour que le fœtus d'un être humain ne ressemble plus à celui d'un lapin. Cela ne serait-il pas le signe que nous serions tous lointainement apparentés les uns aux autres ?

– Mais il n'avait toujours aucune explication pour cette évolution ?

– Non, il ne cessait de réfléchir à la théorie de Lyell sur ces infimes changements qui pouvaient à la longue provoquer d'énormes bouleversements. Mais il ne trouvait aucune explication qui pût tenir lieu de principe universel. Il connaissait la théorie du zoologue français Lamarck qui avait démontré que les espèces animales avaient progressivement développé ce dont elles avaient besoin. Les girafes par exemple avaient fini par avoir un long cou car pendant des générations elles avaient tendu le cou pour atteindre les feuilles des arbres. Lamarck pensait aussi que les qualités obtenues avec peine par un individu étaient transmises à la génération suivante. Mais Darwin dut rejeter, faute de preuves, cette théorie audacieuse sur les « caractères acquis » et qui seraient héréditaires. Mais autre chose lui trottait dans la tête : il avait pour ainsi dire le mécanisme même de l'évolution des espèces sous les yeux.

– J'attends de voir où tu veux en venir.

– Je préférerais que tu découvres ce mécanisme par toi-même. C'est pourquoi je te pose la question : si tu as trois vaches, mais assez de fourrage pour en nourrir deux seulement, que vas-tu faire ?

– En tuer une.

– Eh bien, laquelle vas-tu sacrifier ?

– Je tuerai certainement celle qui donne le moins de lait.

– Tu dis ça ?

– Oui, c'est logique.

– Et c'est ce que les hommes ont fait pendant des millénaires. Mais revenons à nos deux vaches. Si l'une d'elles devait vêler, laquelle choisirais-tu ?

– Celle qui aurait le plus de lait. Comme ça, je serais sûre que la génisse deviendrait une bonne vache laitière plus tard.

– Tu préfères donc les bonnes vaches laitières aux mauvaises ? Alors venons-en maintenant à notre dernier exercice : si tu t'occupais de chasse et possédais deux braques et que tu devais te séparer de l'un d'eux, lequel garderais-tu ?

– Je garderais naturellement celui qui saurait le mieux trouver la trace du gibier.

– Tu favoriserais donc le meilleur braque. Eh bien, c'est exactement ainsi que les hommes ont pratiqué l'élevage pendant plus de dix mille ans. Les poules n'ont pas toujours pondu cinq œufs par semaine, les moutons n'ont pas toujours donné autant de laine et les chevaux n'ont pas toujours été aussi forts et rapides. Mais les hommes ont fait une sélection artificielle. Cela vaut aussi pour le monde végétal. Qui mettrait de mauvaises pommes de terre dans son jardin, s'il peut se procurer de meilleurs plants ? Faucher des épis qui ne portent pas de blé n'a aucun intérêt. Pour Darwin, aucune vache, aucun épi de blé, aucun chien et aucun pinson n'est tout à fait identique. La nature offre des variations à l'infini. Même à l'intérieur d'une seule espèce, il n'y a pas deux individus en tout point semblables. Tu te rappelles peut-être ce que tu avais ressenti après avoir goûté à la petite bouteille bleue.

– Oui, c'est vrai.

– Darwin se posa par conséquent la question suivante : un mécanisme de ce genre pouvait-il exister dans la nature aussi ? La nature était-elle en mesure de faire une « sélection naturelle » des spécimens qui auraient le droit de survivre ? Et surtout : un tel mécanisme pouvait-il au bout d'un terme assez long créer de toutes nouvelles espèces végétales et animales ?

– Je parie que la réponse est oui.

– Darwin ne parvenait cependant pas à se représenter exactement comment une telle « sélection naturelle » pouvait se produire. Mais en octobre 1838, tout juste deux ans après son retour sur le *Beagle*, il tomba par hasard sur un petit livre de l'expert en démographie *Thomas Malthus*. Le livre s'intitulait : *An Essay on The Principles of Population*. C'est *Benjamin Franklin*, l'inventeur américain du paratonnerre entre autres choses, qui avait été à l'origine de ce livre. Franklin soutenait l'idée que s'il n'existait pas de facteurs de limitation dans la nature, chacune des espèces végétales ou animales se serait répandue sur toute la Terre. Mais du fait de leur grande diversité, elles se maintiennent en équilibre les unes par rapport aux autres.

– Je comprends.

– Malthus développe cette pensée en l'appliquant à la situation démographique de la terre. Selon lui, les êtres humains ont la capacité de donner la vie à davantage d'enfants qu'il ne peut en survivre. Parce que la production de la nourriture ne pourra jamais suivre le rythme de l'accroissement de la population, il soutenait l'idée qu'un grand nombre est condamné à périr dans la lutte pour la vie. Ceux qui parviendront à grandir et par conséquent engendreront d'autres générations seront ceux qui réussiront le mieux à survivre dans cette lutte pour la vie.

– Ça paraît logique.

– Mais c'était justement le mécanisme universel que Darwin cherchait à trouver. Désormais, il détenait l'explication de l'évolution des espèces. Tout cela était la conséquence de la « sélection naturelle » dans la lutte pour la vie : celui qui est le mieux adapté aux circonstances extérieures survit et assure la continuation de l'espèce. Voilà la deuxième théorie qui apparut dans son livre *De l'origine des espèces*. Il écrivit : « L'éléphant est de tous les animaux celui dont le développement est le plus lent, mais si tous les éléphanteaux devaient survivre, il y aurait en 750 ans près de 19 millions d'éléphants qui descendraient d'un seul couple. »

– Sans parler des milliers d'œufs de cabillaud que pond un seul poisson.

– Darwin souligne que la lutte pour la vie est souvent la plus rude entre des espèces très proches. Ils doivent se battre pour la même nourriture. C'est là qu'apparaissent le mieux les légers avantages de telle ou telle espèce par rapport à la moyenne. Plus la lutte pour la vie est dure, plus l'évolution vers de nouvelles espèces sera rapide. Seuls les meilleurs survivront, les autres espèces disparaîtront peu à peu.

– Moins il y aura de nourriture et plus les portées seront nombreuses, plus l'évolution sera rapide ?

– Il ne s'agit pas seulement de nourriture, il faut aussi veiller à ne pas être mangé par les autres animaux. Il peut se révéler avantageux d'avoir une couleur de camouflage qui vous protège, de pouvoir courir vite, de percevoir les animaux ennemis ou encore, pourquoi pas, d'avoir mauvais goût. Être armé d'un poison qui tue les prédateurs, ce n'est pas négligeable non plus. Ce n'est pas un hasard si tant de cactus sont empoisonnés, Sophie. Dans le désert ne poussent pratiquement que les cactus ; c'est pourquoi cette plante est particulièrement exposée aux animaux herbivores.

– La plupart des cactus ont aussi des piquants.

– La qualité essentielle est bien entendu celle de pouvoir se reproduire. Darwin étudia très précisément le système de fécondation des plantes. Les plantes déploient leurs couleurs chatoyantes et répandent dans l'air leur doux parfum afin d'attirer les insectes nécessaires pour transporter le pollen et féconder une autre plante. Les magnifiques chants des oiseaux ont la même fonction. C'est pourquoi un taureau paisible et mélancolique qui n'est pas attiré par les vaches ne présente aucun intérêt pour l'histoire de l'espèce. De telles qualités déviantes sont condamnées à disparaître d'elles-mêmes. Car le seul devoir de l'individu est d'atteindre l'âge de reproduction et d'assurer la survie de l'espèce. C'est comme une longue course de relais. Ceux qui ne peuvent pas pour une raison ou une autre transmettre leur patrimoine génétique seront petit à petit éliminés. De cette façon, l'espèce deviendra de plus en plus sophistiquée. La capacité de résistance aux maladies reste par exemple une constante à travers toutes les variations de l'espèce qui survit.

– Tout s'améliore donc en permanence ?

– La sélection naturelle permanente fait que ceux qui sont le mieux adaptés à un certain milieu, ou à un certain environnement écologique, assureront la survie de l'espèce dans ce cadre-là. Mais ce qui est un avantage dans ce milieu peut se révéler être un inconvénient dans un autre milieu. Pour certains pinsons des îles Galapagos, l'agilité de leur vol était une qualité essentielle. Mais cela devient accessoire de bien savoir voler si toute la nourriture se trouve au sol et qu'il n'y a pas d'animaux prédateurs dans les parages. C'est justement parce qu'il existe tant de différents milieux écologiques que tant d'espèces se sont perpétuées au fil des siècles.

– Mais il n'existe qu'une seule espèce d'homme.

– Oui, car l'être humain a une extraordinaire faculté d'adaptation quelles que soient les conditions de vie extérieures. Darwin fut frappé de voir les Indiens de la Terre de Feu réussir à vivre dans un tel froid. Cela ne veut pas dire pour autant que tous les hommes sont semblables. Si les hommes qui vivent près de l'Équateur ont la peau plus sombre que ceux qui vivent plus au nord, c'est parce que leur peau doit se protéger contre les rayons du soleil. Les Blancs qui exposent souvent leur peau au soleil risquent davantage d'avoir un cancer de la peau.

– Est-ce un avantage d'avoir la peau blanche quand on habite au nord ?

– Il faut croire que oui, sinon tous les hommes auraient la peau foncée. Un type de peau blanche permet plus facilement de prendre la vitamine D du soleil, ce qui n'est pas négligeable sous des latitudes où il y a peu de soleil. Cela a moins d'importance de nos jours car nous pouvons compenser les vitamines du soleil par notre nourriture. Mais rien dans la nature n'est le fait du hasard. Tout est le fruit d'infimes transformations au fil des générations.

– C'est extraordinaire, quand on y pense !

– Oui, n'est-ce pas ? Bon, je crois que nous pouvons pour l'instant résumer la pensée de Darwin...

– Eh bien ?

– ...en disant que la « matière première » ou le matériau de la vie sur la terre, ce sont les constantes variations entre les individus d'une seule et même espèce, et le taux de natalité élevé n'est là que pour permettre aux plus forts de se développer. Ce « mécanisme » ou cette énergie de vie à l'origine de toute l'évolution, c'est la sélection naturelle dans la lutte pour la vie. Cette sélection a pour conséquence que seuls les plus forts ou les « mieux adaptés » survivent.

– Je trouve que ça paraît aussi logique qu'un calcul en mathématiques. Quel fut l'accueil de ce livre sur *L'Origine des espèces* ?

– Il souleva un tollé général. L'Église éleva les protestations les plus vives ; quant au milieu scientifique anglais, il restait très partagé. Ce qui au fond n'a rien d'étonnant, si l'on pense que Darwin avait retiré à Dieu une bonne partie de la Création. Certains pourtant firent à juste titre remarquer que c'était plus extraordinaire de créer quelque chose possédant ses propres facultés de transformation que de créer une fois pour toutes chaque chose dans ses moindres détails.

Soudain Sophie sursauta de sa chaise :

– Regarde là-bas ! hurla-t-elle en montrant du doigt quelque chose de l'autre côté de la fenêtre.

Près du lac, un homme et une femme marchaient main dans la main. Tout nus.

– C'est Adam et Ève, dit Alberto. Il fallait bien qu'ils acceptent un jour ou l'autre d'avoir le même destin que le Petit Chaperon rouge et Alice au Pays des Merveilles. Cela explique leur présence ici.

Sophie alla à la fenêtre et les regarda se glisser entre les arbres.

– Parce que Darwin pensait aussi que les hommes descendaient des animaux ?

– En 1871, il publia le livre *The Descent of Man and Selection in Relation of Sex (La Descendance de l'homme et la Sélection sexuelle)*, traitant de la généalogie de l'homme. Il montre toutes les grandes ressemblances qui existent entre les hommes et les animaux et en conclut que les hommes et les hommes-singes doivent bien descendre d'un ancêtre commun. On venait à cette époque de retrouver les premiers crânes d'un être humain, d'abord dans une carrière des falaises de Gibraltar et quelques années plus tard à Neandertal en Allemagne. Par un fait étrange, ce livre rencontra moins d'opposition que son premier livre en 1859 sur l'origine des espèces. Il faut dire qu'on trouvait déjà en germe dans ce livre l'idée que l'homme descendait de l'animal. Toujours est-il que lorsqu'il mourut, en 1882, Darwin eut droit à de grandes funérailles solennelles en tant que pionnier en matière de sciences.

– Il finit donc par récolter tous les honneurs ?

– A la fin, oui. Mais il fut considéré un temps comme « l'homme le plus dangereux d'Angleterre ».

– Ça alors !

– « Espérons que tout ceci n'est pas vrai, avait dit une dame comme il faut, mais si cela devait être vrai, espérons que cela puisse rester entre nous. » Un scientifique d'une certaine notoriété avait quelque peu exprimé la même chose en disant : « C'est une découverte humiliante, et moins on en parlera, mieux ça vaudra. »

– On dirait qu'ils veulent plutôt démontrer que l'homme descend de l'autruche !

– Ça, tu peux le dire ! Mais il est facile de juger avec le recul, alors que sur le moment beaucoup se voyaient contraints de voir d'un œil radicalement neuf tout le récit de la Création dans la Bible. Le jeune écrivain *John Ruskin* l'exprima en ces termes : « Si seulement les géologues pouvaient me laisser tranquille. A la fin de chaque verset de la Bible, j'entends résonner les coups de leur marteau. »

– Et ces coups de marteau, c'était la parole de Dieu mise en doute ?

– Sans doute. Mais ce n'était pas seulement l'interprétation au pied de la lettre de la Création dans la Bible qui devenait caduque. Toute la théorie de Darwin repose sur l'idée que ce sont des variations tout à fait accidentelles qui ont, en dernière instance, permis à l'homme d'apparaître sur la Terre. En d'autres termes, Darwin avait osé faire de l'homme le produit de quelque chose de fort peu romantique, à savoir la « lutte pour la vie ».

– Est-ce que Darwin précise comment ont lieu ces « variations accidentelles » ?

– Tu touches là le point faible de sa théorie. Il ne pressentait que très vaguement l'importance de l'hérédité. Certains caractères disparaissent lors d'un croisement. Un couple n'aura jamais deux enfants parfaitement identiques. Déjà là, il y aura une légère variation. D'un autre côté, jamais quelque chose de vraiment neuf ne verra le jour de cette manière. Il y a des plantes et des animaux qui se créent par gemmation ou division cellulaire. Quant à savoir comment ces variations apparaissent, le *néo-darwinisme* s'est chargé d'y répondre en complétant ainsi la théorie de Darwin.

– Raconte !

– Tout ce qui est vivant, tout ce qui se crée a fondamentalement un rapport avec la division cellulaire. Quand une cellule se divise en deux, cela crée deux cellules avec exactement le même patrimoine génétique. La division cellulaire est en fait un processus de duplication d'une cellule.

– Et alors ?

– Mais il arrive que de minuscules erreurs se glissent lors de ce processus, de sorte que le double de la cellule ne ressemble pas cent pour cent à la cellule qui a servi de modèle. La biologie moderne appelle cela une mutation. Certaines mutations peuvent n'avoir pas le moindre intérêt, tandis que d'autres peuvent provoquer de grandes modifications dans les qualités de l'individu. Il peut y en avoir de carrément nuisibles et ces « mutants » doivent régulièrement être supprimés à la prochaine génération. Beaucoup de maladies sont en fait la marque d'une mutation. Toutefois, une mutation peut aussi donner à l'individu précisément le petit « plus » dont il a besoin pour mieux lutter pour sa survie.

– Comme avoir un long cou par exemple ?

– Lamarck prétendait que les girafes avaient fini par avoir un long cou à force de le tendre pour attraper les feuilles des arbres. Mais d'un point de vue darwiniste, une caractéristique de ce genre ne se transmet pas d'une génération à l'autre. Darwin considérait le long cou des girafes comme une variation naturelle des cous des ancêtres. Le néo-darwinisme se contente de donner la cause de telle ou telle variation.

– Ce qu'on appelle les mutations.

– Oui, des modifications tout à fait accidentelles du patrimoine génétique ont doté certains ancêtres des girafes d'un cou un peu plus long que la moyenne. Comme la nourriture était limitée, ce détail eut son importance car celle qui atteignait les branches les plus élevées s'en sortait mieux. Il est également fort probable que, parmi ces ancêtres de girafes, certaines développèrent la faculté de creuser la terre à la recherche de nourriture. Au bout d'un certain temps, une race en voie d'extinction peut donc se diviser en deux nouvelles races.

– Je vois.

– Nous allons prendre quelques exemples plus récents pour montrer comment s'opère cette sélection naturelle. C'est en fait un principe extrêmement simple.

– Je t'écoute.

– Il existe en Angleterre une espèce de papillon que l'on appelle la phalène du bouleau. Comme son nom l'indique, il habite sur les troncs clairs des bouleaux. Si nous remontons au XVIIIe siècle, la plupart de ces papillons étaient d'un beau bleu-gris. Et tu sais pourquoi, Sophie ?

– Peut-être étaient-ils moins visibles pour les oiseaux affamés.

– Mais, de temps à autre, certains naissaient avec une couleur plus sombre. Cela était dû à des mutations tout à fait accidentelles. Que crois-tu qu'il arriva à ces variantes plus sombres ?

– Elles étaient plus repérables et donc une proie plus facile pour les oiseaux en quête de nourriture.

– Oui, car dans ce milieu, ici les troncs argentés des bouleaux, la couleur foncée était un inconvénient. Aussi se multiplièrent les espèces claires au détriment des espèces sombres. Mais le milieu changea : à cause de l'industrialisation, les troncs argentés devinrent tout noirs. Et alors à ton avis, qu'arriva-t-il aux papillons plus sombres ?

– Eh bien, ce sont eux qui s'en tirèrent le mieux, c'est ça ?

– Oui, très vite ils se multiplièrent. De 1848 à 1948, ils augmentèrent même dans la proportion de 99% dans certains endroits. Les derniers « perdants » de couleur claire étaient irrémédiablement éliminés par les oiseaux dès qu'ils faisaient tache contre les troncs sombres. Puis, de nouveau, on assista à un important changement de milieu. On utilisa moins de charbon et on équipa les usines de stations d'épuration qui préservent l'environnement.

– Alors les troncs sont redevenus argentés ?

– C'est pourquoi les papillons sont en train de retrouver leur couleur claire d'origine. C'est ce qu'on appelle la faculté d'adaptation. C'est une loi naturelle.

– Je comprends.

– Mais l'homme peut intervenir de différentes manières sur l'environnement.

– A quoi penses-tu en disant ça ?

– On a par exemple essayé de combattre des parasites avec divers produits toxiques. Cela donne tout d'abord un bon résultat. Mais quand on répand des insecticides sur un champ ou un verger, on provoque en même temps une petite catastrophe écologique à cause des insectes que l'on veut tuer. Les mutations au sein de la même espèce peuvent produire un groupe de parasites résistants au poison utilisé. Ces « gagnants » peuvent alors librement se multiplier et cela devient un vrai casse-tête pour éliminer ces espèces de parasites qui deviennent de plus en plus résistants au fur et à mesure que l'homme essaie de les combattre, puisque seules les variantes les plus résistantes survivent aux divers traitements inventés par l'homme pour les décimer.

– Mais c'est effrayant !

– Cela mérite en tout cas réflexion. Mais dans notre propre corps aussi, nous essayons de combattre des parasites nuisibles. Je veux parler des bactéries.

– Nous utilisons la pénicilline et d'autres antibiotiques.

– Une cure de pénicilline est précisément une « catastrophe écologique » pour ces petits diables. Mais plus nous prenons de pénicilline, plus ces bactéries deviennent résistantes. Nous sommes ainsi responsables de l'apparition de bactéries beaucoup plus difficiles à combattre qu'avant, ce qui nous oblige à utiliser des antibiotiques de plus en plus forts, mais à la fin...

– A la fin, les bactéries vont pulluler dans notre bouche et se frayer un chemin pour sortir, qui sait ? On sera peut-être obligé de leur tirer dessus ?

– Sans aller jusque-là, il faut reconnaître que la médecine moderne se trouve devant un vrai dilemme. Certains microbes sont devenus plus agressifs qu'avant. Il faut se rappeler que peu d'enfants survivaient autrefois aux maladies infantiles. La médecine moderne a en quelque sorte écarté la sélection naturelle. Ce qui au départ aide l'individu à surmonter une « défaillance passagère » peut finir par affaiblir tout le genre humain en le rendant moins résistant aux diverses maladies qui le menacent. Si nous n'en tenons pas compte, nous allons lentement assister à une « dégénérescence » du genre humain. A la longue, l'homme n'aura pas le bagage héréditaire suffisant pour être en mesure de s'adapter et de lutter contre les maladies graves.

– Voilà des perspectives peu réjouissantes.

– Mais il est du devoir d'un vrai philosophe de dessiller les yeux des gens ! Bon, résumons-nous.

– Je t'en prie !

– La vie est comme une grande loterie où l'on ne voit que les lots gagnants.

– Qu'est-ce que tu entends par là ?

– Ceux qui n'étaient pas assez résistants ont été éliminés. Derrière chaque espèce végétale ou animale, il y a eu des millions d'années où a joué la sélection naturelle qui n'a laissé survivre que les « lots gagnants ». Les « lots perdants », eux, ne sont apparus qu'une seule fois.

– Seuls les meilleurs sont restés, c'est ça ?

– Si tu veux. Tiens, tu peux me passer l'image, là, tu sais... celle que ce vieillard, ce drôle de gardien de zoo, nous a apportée tout à l'heure...

Sophie lui tendit la reproduction. Elle représentait d'un côté une image de l'Arche de Noé, et de l'autre un arbre généalogique avec toutes les différentes espèces animales. C'est ce côté qu'Alberto voulait montrer à Sophie.

– Ce schéma illustre la répartition des différentes espèces végétales et animales. Tu peux voir comment elles sont regroupées en différentes familles, sous-groupes, etc.

– Oui.

– L'homme appartient, au même titre que le singe, à la famille des primates. Les primates sont des mammifères et tous les mammifères sont des vertébrés qui à leur tour font partie des animaux dits pluricellulaires.

– Ça rappelle un peu Aristote.

– C'est vrai. Mais ce schéma ne retrace pas seulement la lignée de toutes ces espèces aujourd'hui, mais aussi l'histoire de l'évolution du vivant. Les oiseaux par exemple se sont un jour différenciés des reptiles et les reptiles un jour se sont différenciés des amphibiens comme ceux-ci à leur tour se sont différenciés des poissons.

– Oui, ça apparaît clairement sur le schéma.

– Chaque fois qu'une ligne s'est scindée en deux, selon Darwin, des mutations ont créé de nouvelles espèces. C'est ainsi qu'au cours des millénaires se sont succédé toutes ces familles et ces groupes d'animaux. Cela dit, ce schéma est très simplifié. Plus d'un million d'espèces animales existent de nos jours et ce n'est qu'une goutte d'eau comparé à toutes les espèces qui ont un jour vécu sur cette terre. Tu peux constater que la famille des trilobites par exemple a complètement disparu de nos jours.

– Tout en bas il y a les animaux formés d'une seule cellule.

– Certains d'entre eux sont peut-être restés tels quels pendant des milliards d'années. Tu peux voir qu'une flèche relie ces organismes monocellulaires au monde végétal. Les plantes proviennent probablement de la même cellule originelle que tous les animaux.

– Je vois ça. Mais il y a quelque chose que je ne comprends pas.

– Quoi donc ?

– D'où vient cette première « cellule originelle » ? Quelle était l'explication de Darwin ?

– Je t'ai déjà dit que c'était un homme prudent. Il s'est cependant permis sur ce point très précis de formuler l'hypothèse suivante : « ...si (ah, quel si !) nous pouvions nous représenter un petit étang aux eaux tièdes, qui contiendrait toutes les sortes de sels ammoniaques et phosphoriques, la lumière, la chaleur, l'électricité, etc., et que des protéines s'aggloméraient chimiquement, lesquelles pourraient continuer à connaître des transformations plus complexes... »

– Eh bien ?

– Darwin philosophe ici pour comprendre comment la première cellule vivante a pu naître de la matière inorganique. Encore une fois, il anticipe. La science contemporaine part justement de l'idée que la première forme primitive de vie est apparue dans un « petit étang aux eaux tièdes » comme l'imaginait Darwin.

– Raconte !

– Nous allons nous en tenir à un schéma assez simple, mais qui n'a rien à voir avec Darwin. Nous parlons à présent des toutes dernières recherches sur l'origine de la vie sur la Terre.

– Ça me met presque mal à l'aise. Personne ne peut vraiment savoir comment la vie est apparue sur la Terre ?

– Peut-être pas, mais nous possédons de plus en plus d'éléments qui complètent le puzzle et qui permettent d'expliquer comment la vie a pu apparaître.

– Continue !

– Il faut d'abord constater que toutes les formes de vie sur terre sont formées à partir des mêmes matières. La définition la plus simple de la vie est celle qui dit que la vie est une matière qui a la possibilité de se diviser en deux parties tout à fait identiques lors d'un processus évolutif et qui est dû à l'ADN (acide désoxyribonucléique). Ce que nous appelons l'ADN, ce sont les chromosomes ou les gènes qui sont présents dans chaque cellule vivante. Nous parlons aussi de *molécule* d'ADN, car l'ADN est en fait une molécule compliquée, une macromolécule, si tu préfères. Toute la question est de savoir comment la première molécule d'ADN a vu le jour.

– Et alors ?

– La Terre vit le jour quand le système solaire fut formé, il y a 4,6 milliards d'années. C'était à l'origine une masse en fusion, mais l'écorce terrestre se refroidit petit à petit. La science moderne pense que la vie est apparue sur la Terre il y a environ trois à quatre milliards d'années.

– Cela paraît totalement invraisemblable.

– Attends la suite au lieu de juger prématurément. N'oublie pas que la Terre avait une tout autre apparence qu'aujourd'hui. Il n'y avait pas de vie et il n'y avait pas d'oxygène dans l'atmosphère. Il fallut attendre la photosynthèse par les plantes pour qu'il y ait de l'oxygène. Ceci est fondamental, car il est impensable que les éléments fondateurs de la vie, qui à leur tour peuvent former l'ADN, aient pu voir le jour dans une atmosphère contenant de l'oxygène.

– Pourquoi ça ?

– Parce que l'oxygène est une matière très réactive. Longtemps avant que ne puissent se former les molécules complexes comme l'ADN, ces pierres fondatrices, les cellules moléculaires d'ADN, se seraient « oxydées ».

– Ah bon.

– C'est pourquoi nous avons la certitude que de nouvelles formes de vie ne peuvent pas apparaître de nos jours, pas même une bactérie ou un virus. Toute vie sur Terre doit remonter très exactement à la même époque. Un éléphant a un tableau généalogique aussi long que le microbe le plus simple. Tu peux aller jusqu'à dire qu'un éléphant – ou un être humain – est en réalité toute une colonie mise bout à bout d'organismes monocellulaires, car chaque cellule de notre corps a exactement le même patrimoine génétique. La recette qui produit ce que nous sommes est donc cachée dans la moindre cellule de notre corps.

– Ça fait une drôle d'impression d'y penser.

– Une des grandes énigmes de la vie est que les cellules, dans un organisme pluricellulaire, possèdent cependant une faculté de développer une fonction particulière. Toutes les facultés héréditaires ne fonctionnent pas dans toutes les cellules. Certaines de ces facultés – de ces gènes – sont « branchées », d'autres « débranchées ». Une cellule du foie produit d'autres protéines qu'une cellule d'un nerf ou de la peau. Mais ces trois cellules ont la même molécule d'ADN qui possède, elle, l'intégralité de la recette de l'organisme en question.

– Continue !

– Quand il n'y avait pas d'oxygène dans l'atmosphère, il n'y avait pas non plus de couche d'ozone pour protéger la surface du globe. En d'autres termes, il n'existait aucune barrière contre le rayonnement de l'univers. Ceci aussi est très important ; car ce rayonnement a sans aucun doute joué un rôle essentiel lors de la formation des premières molécules complexes. Un tel rayonnement cosmique fut l'énergie même qui permit aux différentes substances chimiques présentes sur la Terre de s'unir pour former des macromolécules plus complexes.

– D'accord.

– Je tiens encore une fois à préciser : pour que de telles molécules complexes qui sont à la base de toute vie puissent se former, deux conditions doivent néanmoins être remplies : il ne doit pas y avoir d'oxygène dans l'atmosphère et le rayonnement de l'univers ne doit rencontrer aucun obstacle.

– Je comprends.

– Dans le « petit étang aux eaux tièdes » ou encore la « soupe primitive », comme s'amusent à l'appeler certains scientifiques aujourd'hui, une énorme macromolécule s'est formée un jour, avec l'étrange faculté de pouvoir se diviser en deux parties tout à fait identiques. Ceci marqua le départ de toute l'évolution à venir, Sophie. En simplifiant un peu, nous pouvons dire que nous parlons déjà du premier gène, de la première molécule d'ADN ou de la première cellule vivante. Elle n'arrêta pas par la suite de se diviser en deux, mais dès le départ il y eut d'innombrables mutations. Au bout d'un temps infini, des organismes monocellulaires se sont assemblés pour former des organismes pluricellulaires plus complexes. Il y eut la photosynthèse des plantes, ce qui a permis à l'oxygène de se former dans l'atmosphère. Cela eut deux conséquences : les conditions étaient réunies pour que vivent des animaux, puisqu'ils pouvaient respirer avec des poumons, et l'atmosphère protégea la vie des rayons nocifs de l'univers. Car précisément ce rayonnement – qui fut sans doute une « étincelle » déterminante pour la formation de la première cellule – est nocif pour tout ce qui vit.

– Mais l'atmosphère n'a quand même pas été formée du jour au lendemain ? Comment les premières formes de vie ont-elles réussi à survivre ?

– La vie apparut d'abord dans l'« océan » primitif, c'est-à-dire dans cette « soupe primitive » dont nous avons déjà parlé. Ils pouvaient y vivre dans un milieu protégé du rayonnement dangereux. Beaucoup plus tard – longtemps après que la vie dans l'océan eut formé l'atmosphère –, les premiers amphibies rampèrent hors de l'eau et gagnèrent la terre. La suite, tu la connais. Et nous voilà tous les deux assis dans un chalet dans la forêt à regarder en arrière et considérer un processus qui a pris trois ou quatre milliards d'années. C'est en nous que ce long processus a pris conscience de lui-même.

– Et tu continues à penser que tout n'est que le fruit du hasard ?

– Non, je n'ai pas dit cela. Cette reproduction montre bien que l'évolution a eu une direction. Au cours des millénaires, les animaux ont développé un système nerveux de plus en plus complexe ainsi qu'un cerveau de plus en plus important. Je ne crois pas pour ma part que cela soit le fait du hasard. Et toi, qu'est-ce que tu en penses ?

– L'œil de l'homme ne peut pas être un pur et simple fait du hasard. Crois-tu qu'il y ait une signification derrière le fait que nous pouvons voir le monde qui nous entoure ?

– Cette évolution de l'œil a aussi intrigué Darwin. Il trouvait que l'œil, qui est quelque chose d'infiniment subtil, ne cadrait pas tout à fait avec le système de la sélection naturelle.

Sophie regarda Alberto en silence. Elle réfléchissait qu'il était décidément bien étrange d'être en vie maintenant, de ne vivre qu'une seule fois et de ne plus jamais revenir sur cette terre. Elle s'écria soudain :

– Que signifie alors l'éternelle création ?
Emporter l'être créé et le réduire à rien ?

Alberto lui jeta un regard sévère :

– Tu ne dois pas parler comme ça, tu viens de prononcer les paroles du Diable.

– Du Diable ?

– De Méphistophélès dans le *Faust* de Goethe :

Was soll uns denn das ew'ge Schaffen !
Geschaffenes zu nichts hinwegzuraffen !

– Mais qu'est-ce que ça veut dire exactement ?

– Au moment de mourir, Faust jette un regard en arrière sur toutes ses actions et clame d'un ton triomphant :

Je pourrais alors dire au Moment :
Demeure donc, tu es si beau !
La trace de mes jours terrestres ne peut être anéantie
dans les Éons...
Dans le pressentiment d'une si grande félicité
Je jouis maintenant du plus sublime moment.

– C'est joliment exprimé.

– Mais c'est au tour du Diable de prendre la parole. Faust n'a plus longtemps à vivre, lance-t-il :

Fini ! Mot absurde.
Pourquoi fini ?
Fini et pur néant sont absolument identiques.
Emporter l'être créé et le réduire à rien ?
« C'est fini ! » Que faut-il entendre par là ?
C'est comme si cela n'avait jamais été,
Et cependant cela s'agite dans le cercle comme si cela existait.
J'aimerais mieux encore le vide éternel.

– Quel pessimisme ! Je préférais encore la première citation. Même si sa vie était terminée, Faust voyait un sens dans les traces qu'il avait laissées derrière lui.

– Au fond, n'est-ce pas indirectement une conséquence de la théorie de Darwin sur l'évolution si chaque forme de vie, aussi infime soit-elle, participe à sa façon à quelque chose d'infiniment plus grand ? La planète vivante, c'est nous, Sophie ! Nous sommes le grand bateau qui navigue autour d'un soleil brûlant au sein de l'univers. Mais chacun d'entre nous est aussi un bateau qui traverse la vie avec son chargement de gènes. Si nous parvenons à livrer la marchandise à bon port, nous n'aurons pas vécu en vain. Le grand poète norvégien du XIXᵉ siècle, *Bjørnstjerne Bjørnson*, exprima la même idée dans son poème « Psaume II » :

Honore le court printemps de la vie
Qui est à l'origine de toute chose sur terre !
Le plus infime connaîtra lui aussi une résurrection,
Seules les formes se perdent.
Les générations engendrent de nouvelles générations,
laissant s'épanouir l'humanité plus avant ;
l'espèce engendre l'espèce
pendant des millions d'années.
Les mondes déclinent et renaissent.

Mêle-toi à la jouissance de la vie, toi qui pus fleurir
En son printemps,

savoure chaque instant comme un hommage de l'éternel
offert à la condition des hommes ;
apporte ta modeste contribution
au tourbillon infini,
même faible et insignifiant,
enivre-toi
de l'éternité de cette journée !

– Comme c'est beau !
– Bon, assez parlé. Je dis « Coupez » !
– Allez, arrête avec ton ironie.
– « Coupez ! » j'ai dit et il faut m'obéir.

Chapitre 31

FREUD

...ce désir inavouable et égoïste qui avait surgi en elle...

Hilde Møller Knag sauta au bas du lit en tenant toujours le classeur serré dans ses bras. Elle le posa sur son bureau, prit en passant ses vêtements pour se rendre à la salle de bains, resta deux minutes sous la douche et s'habilla à toute allure. Puis elle descendit.

– Le petit déjeuner est servi, Hilde !

– Je veux juste d'abord faire un tour en barque.

– Mais enfin, Hilde !

Hilde sortit en courant et traversa le jardin. Elle détacha les amarres du bateau et sauta dedans. Puis elle fit le tour de la baie en donnant de grands coups de rames énergiques jusqu'à ce qu'elle sente le calme revenir en elle.

La planète vivante, c'est nous, Sophie ! Nous sommes le grand bateau qui navigue autour d'un soleil brûlant au sein de l'univers. Mais chacun de nous est aussi un bateau qui traverse la vie avec son chargement de gènes. Si nous parvenons à livrer la marchandise à bon port, nous n'aurons pas vécu en vain...

Elle s'en souvenait par cœur. Il faut aussi dire que ça lui était spécialement adressé, et non à Sophie.

Elle ramena les rames et les laissa glisser dans le fond de la barque. Puis elle se laissa dériver, bercée par le clapotis des vagues.

A l'image de cette modeste barque qui flottait sur la surface d'une petite baie à Lillesand, elle-même n'était qu'une coquille de noix dérivant à la surface de la vie.

Que devenaient Sophie et Alberto dans cette image ? Oui, où étaient-ils à présent ?

Elle ne pouvait se résoudre à accepter l'idée que ces deux êtres n'étaient que des « impulsions électromagnétiques » dans le cerveau de son père, qu'ils n'étaient que des créatures d'encre et de papier produites par la machine à écrire portative de son père. A ce compte, elle-même n'était-elle que la somme de protéines combinées entre elles qui un jour avaient pris forme dans un « petit étang aux eaux tièdes » ? Elle était quand même autre chose que ça. Elle était Hilde Møller Knag !

Certes, le grand classeur était un cadeau d'anniversaire vraiment fantastique. Elle devait admettre que son père avait touché en elle une corde sensible, mais elle n'aimait pas sa manière de se moquer d'Alberto et de Sophie.

Elle allait lui donner un peu de fil à retordre sur le chemin du retour. Elle leur devait bien ça, à tous les deux. Elle se représentait son papa à l'aéroport de Copenhague, arpentant les longs couloirs, perdu comme un lutin en vadrouille.

Hilde se sentit bientôt complètement apaisée. Elle reprit les rames et retourna amarrer la barque à la jetée. Ensuite elle prit tout son temps pour déjeuner avec sa mère. Quel repos de pouvoir dire des banalités du genre : l'œuf à la coque était délicieux, mais il aurait pu cuire une minute de plus...

Tard dans la soirée elle rouvrit le grand classeur. Il ne lui restait plus tellement de pages à lire.

On frappa de nouveau à la porte.

— Et si on se bouchait les oreilles ? demanda Alberto. La personne finira par se lasser.

— Non, j'ai envie de savoir qui c'est.

Alberto la suivit.

Sur le perron à l'extérieur, il y avait un homme nu. Il se tenait dans une pose extrêmement digne, mais tout ce qu'il avait sur lui était une couronne sur la tête.

— Eh bien ? Que pense la noble assemblée du nouveau costume de l'empereur ?

Alberto et Sophie étaient muets d'étonnement. Ce silence irrita l'homme nu qui s'écria :

— Vous ne faites même pas la révérence !

Alberto prit son courage à deux mains :

— Très juste, mais l'empereur est nu comme un ver.

L'homme nu se contenta de garder un maintien très digne.

Alberto se pencha vers Sophie et lui souffla à l'oreille :

– Il s'imagine être un homme très comme il faut.

L'homme nu fit soudain la moue :

– Pratique-t-on une sorte de censure dans cette maison ? demanda-t-il.

– Malheureusement, répondit Alberto, nous avons dans cette maison l'esprit particulièrement clair et nous sommes plus que jamais à l'écoute de nos sens. C'est pourquoi, dans une tenue aussi scandaleuse, l'empereur ne peut espérer passer le seuil de cette maison.

Sophie trouva la pose de l'homme nu si ridicule qu'elle ne put se retenir de rire. Comme s'il s'agissait d'un signal secret, l'homme à la couronne sur la tête comprit enfin qu'il n'avait aucun vête-ment sur lui. Il mit vite ses deux mains sur son sexe, courut vers la forêt et disparut. Peut-être qu'il allait retrouver là-bas Adam et Ève, Noé, le Petit Chaperon rouge et Winnie l'Ourson.

Alberto et Sophie restèrent un moment à rire sur le perron.

– Allez, rentrons, finit par dire Alberto. Je voudrais te parler de Freud et de sa théorie de l'inconscient.

Ils retournèrent s'asseoir près de la fenêtre. Sophie regarda l'heure et dit :

– Il est déjà deux heures et demie et j'ai encore beaucoup à faire pour préparer la fête au jardin.

– Moi aussi. Je vais juste te dire quelques mots sur *Sigmund Freud*.

– C'était un philosophe ?

– Oui, en quelque sorte. Freud est né en 1856 et il étudia la médecine à l'université de Vienne. C'est là qu'il vécut presque toute sa vie, à une époque où cette ville était un des grands centres culturels d'Europe. Très vite il se spécialisa dans la branche de la médecine qu'on appelle la neurologie. Vers la fin du XIXᵉ et durant une bonne partie du XXᵉ siècle, il travailla à sa psychologie des profondeurs ou *psychanalyse*.

– Je compte sur toi pour me donner quelques explications.

– Le terme de « psychanalyse » recouvre à la fois une description de l'âme humaine en général et une méthode pour soigner les souffrances nerveuses et psychiques. Je n'ai pas l'intention de te brosser un tableau complet de Freud ou de ses activités. Mais sa théorie de l'inconscient est tout à fait indispensable pour comprendre ce qu'est l'homme.

– Tu as piqué ma curiosité, alors continue !

– Freud pensait qu'il existe toujours une relation conflictuelle entre un homme et son milieu. Il s'agit plus exactement d'un conflit entre, d'un côté, les pulsions et les désirs de l'homme et, de l'autre, les exigences du monde qui l'entoure. On peut dire sans exagération que Freud est le premier à avoir découvert la vie pulsionnelle des hommes. Cela fait de lui un des représentants les plus importants des mouvements naturalistes qui ont tant marqué la fin du XIXᵉ siècle.

– Qu'est-ce que tu entends par la « vie pulsionnelle » des hommes ?

– Il n'y a pas que la raison pour guider nos actions. L'homme n'est pas un être purement rationnel comme ont voulu nous le faire croire les rationalistes du XVIIIᵉ siècle. Bien souvent, ce sont des impulsions irrationnelles qui déterminent ce que nous pensons, rêvons ou faisons. Ces impulsions irrationnelles peuvent être l'expression d'instincts ou de désirs profonds. La pulsion sexuelle de l'être humain, par exemple, est quelque chose d'aussi fondamental que le besoin de succion chez le nouveau-né.

– Je comprends.

– En soi, ce n'est peut-être pas quelque chose de nouveau, mais Freud montra que ce genre de besoins fondamentaux peuvent apparaître déguisés, masqués, et ainsi diriger nos actions sans que nous en soyons conscients. Il montra en outre que les petits enfants aussi ont une sorte de sexualité. Qu'il ait osé parler de « sexualité infantile » ligua toute la bonne bourgeoisie de Vienne contre lui et le rendit très impopulaire.

– Ça ne m'étonne pas.

– Nous parlons de l'époque dite « victorienne » (c'est-à-dire sous le règne de la reine Victoria d'Angleterre) où tout ce qui avait trait à la sexualité était tabou. Freud avait pris conscience de la sexualité des enfants dans le cadre de son travail en tant que psychothérapeute. Il possédait aussi certains éléments de nature plus empirique, en remarquant que de nombreuses formes de névroses ou de souffrances psychiques pouvaient remonter à des conflits dans l'enfance. Petit à petit, il mit au point sa méthode thérapeutique en pratiquant ce que nous pourrions appeler une « archéologie de l'âme ».

– Ça veut dire quoi au juste ?

– Un archéologue essaie de retrouver les traces d'un lointain passé en pratiquant des fouilles à travers différentes couches de civilisations. Il tombera peut-être sur un couteau du XVIIe. En creusant plus profondément, il trouvera un peigne du XIVe siècle et encore en dessous, qui sait, une cruche du Ve siècle.

– Ah !

– Ainsi avec l'aide de son patient, le psychanalyste peut creuser dans la conscience de ce dernier pour faire resurgir les expériences qui ont un jour provoqué des souffrances psychiques chez cette personne. Car, selon Freud, nous gardons enfouis au plus profond de nous tous les souvenirs du passé.

– Je comprends mieux maintenant.

– Il fait remonter à la conscience du patient une expérience douloureuse que ce dernier a essayé d'oublier pendant toutes ces années, mais qui est finalement restée enfouie dans les profondeurs et a miné de l'intérieur les capacités de cet homme. En faisant resurgir cette « expérience traumatisante » dans le champ de la conscience, en la mettant pour ainsi dire sous le nez de son patient, ce dernier peut enfin « régler son compte » avec elle et guérir.

– Ça paraît logique.

– Mais je brûle les étapes. Examinons tout d'abord la description que fait Freud de l'âme humaine. As-tu déjà observé un nouveau-né ?

– J'ai un cousin qui a maintenant quatre ans.

– Quand nous venons au monde, nous manifestons de façon directe et sans la moindre gêne tous nos besoins physiques et psychiques. Si l'on ne nous donne pas du lait, nous crions. Même chose si notre couche est mouillée. Nous exprimons par ailleurs de manière claire et directe que nous désirons un peu de tendresse et de chaleur. Ce « principe de pulsion », de « plaisir » en nous, Freud l'appelle le *ça*. Le nouveau-né n'est pratiquement qu'une forme de « ça ».

– Continue !

– Le ça, ou ce principe de plaisir, nous le gardons en nous et traversons toute notre vie d'adulte avec. Mais progressivement nous apprenons à modérer nos désirs et à nous conformer aux règles du monde qui nous entoure. Nous apprenons à laisser s'effacer le *principe de plaisir* devant le *principe de réalité*. Freud dit que nous construisons un *moi* qui exerce cette fonction régulatrice. Même si nous avons envie de quelque chose, nous savons que nous ne pouvons pas tout simplement nous asseoir et hurler jusqu'à ce que nous obtenions la satisfaction de nos désirs ou de nos besoins.

– Bien sûr que non.

– Il nous arrive souvent de désirer ardemment quelque chose que le monde extérieur nous refuse. Nous sommes donc obligés de refouler nos désirs. C'est-à-dire que nous essayons de les écarter de nous et de les oublier.

– Je comprends.

– Mais Freud mit en évidence une troisième instance dans l'âme de l'homme. Dès notre enfance, nous sommes confrontés aux exigences morales des adultes et de notre milieu. Si nous nous y prenons mal pour faire quelque chose, les parents s'exclament : « Mais pas comme ça ! » ou « Ce que tu peux être bête ! ». Ainsi, en grandissant, nous traînons derrière nous toutes ces exigences et ces préjugés moraux. C'est comme si nous avions fini par intérioriser toutes ces attentes du monde extérieur sur le plan moral et qu'elles étaient devenues une partie de nous. C'est ce que Freud a appelé le *surmoi*.

– Est-ce qu'il voulait parler de la conscience ?

– La conscience fait partie du surmoi, mais pour Freud le surmoi nous prévient quand nous avons des désirs « sales » ou « de mauvais goût ». Cela concerne surtout, il va sans dire, les désirs érotiques ou sexuels. Et, comme je l'ai dit, Freud souligna le fait que ces désirs déplacés ou « pervers » étaient déjà latents au stade de l'enfance.

– Explique !

– Nous savons et nous voyons aujourd'hui que de tout jeunes enfants aiment toucher leurs organes sexuels. Il suffit d'aller sur n'importe quelle plage pour s'en rendre compte. A l'époque de Freud, l'enfant de deux ou trois ans recevait en général une petite tape sur les doigts accompagnée de : « Oh, le vilain petit garçon ! » ou : « Tu n'as pas honte ? » ou encore : « Allez, mets tes mains bien à plat sur le drap ! »

– Mais c'est complètement fou !

– On crée de cette façon un sentiment de culpabilité lié à tout ce qui a trait aux organes sexuels et à la sexualité. Et comme ce sentiment de culpabilité reste dans le surmoi, beaucoup de personnes (Freud pense qu'il s'agit en fait de la majorité) vivront toute leur vie avec ce sentiment de culpabilité lié à la sexualité, alors que les désirs et les besoins sexuels font partie intégrante du corps de l'homme tel qu'il a été conçu. D'où, ma chère Sophie, l'éternel conflit entre le désir et la culpabilité.

– Tu ne crois pas que ce conflit est quand même devenu moins violent depuis l'époque de Freud ?

– Très certainement. Mais un grand nombre des patients de Freud vécurent ce conflit de manière si dramatique qu'ils développèrent ce que Freud appelle des *névroses*. Une de ses patientes par exemple était secrètement amoureuse de son beau-frère. Quand sa sœur mourut des suites d'une maladie, elle se dit : « Le voilà enfin libre de m'épouser ! » Mais cette pensée se heurta à son surmoi qui la trouva indécente et la refoula sur-le-champ, écrivit Freud. Il veut dire par là qu'elle rejeta cette idée dans son inconscient. « La jeune femme tomba malade, présentant de graves symptômes d'hystérie et, en la soignant, je m'aperçus qu'elle avait complètement oublié la scène où elle se tenait au chevet de sa sœur et où ce désir inavouable et égoïste avait surgi en elle. Mais au cours du traitement, cela lui revint en mémoire : elle reproduisit alors dans une extrême agitation ce moment pathologique et fut guérie par ce traitement. »

– Je comprends mieux ce que tu as voulu dire tout à l'heure en parlant d'« archéologie de l'âme ».

– Nous pouvons à ce stade brosser un tableau de l'âme humaine en général. Après des années d'expérience au contact de ses patients, Freud parvint à la conclusion que la conscience de l'homme ne constitue qu'une infime partie de l'âme humaine. Ce qui est conscient peut se comparer à la partie émergée de l'iceberg. Sous la surface de l'eau – en deçà de la conscience – il y a tout ce dont nous ne sommes pas conscients, le *subconscient* ou encore l'*inconscient*.

– L'inconscient, c'est donc ce que nous avons en nous, mais que nous avons oublié et dont nous ne pouvons plus nous souvenir ?

– Toutes nos expériences ne sont pas présentes en permanence dans notre conscience. Mais toutes les pensées ou les expériences qui peuvent nous revenir en mémoire, pour peu que nous nous donnions la peine de nous concentrer, forment ce que Freud appelait le *préconscient*. Il n'utilisait le terme inconscient que pour parler de ce que nous avons refoulé, c'est-à-dire toutes ces pensées et ces choses que nous nous sommes efforcés d'oublier parce qu'elles étaient inconvenantes et déplacées, voire dégoûtantes. Quand un désir est rejeté par la conscience ou le surmoi, nous le reléguons à l'étage inférieur. Bon débarras !

– Je comprends.

– Ce mécanisme fonctionne chez tous les êtres en bonne santé. Mais certains doivent déployer de tels efforts pour refouler des pensées dérangeantes ou interdites qu'ils finissent par éprouver de réelles souffrances nerveuses. Car le refoulé tente constamment de remonter à la conscience et les personnes s'épuisent à maintenir cet équilibre artificiel entre leurs désirs et la réalité. Lorsque Freud fit des conférences aux États-Unis en 1909, il cita un exemple de ce mécanisme de refoulement.

– Eh bien, je t'écoute.

– Il dit à ses auditeurs qu'il fallait s'imaginer la présence d'un élément perturbateur dans la salle qui en riant, en intervenant à tout bout de champ et en frappant du pied, gênerait son exposé au point d'obliger l'orateur à s'arrêter. Quelques solides gaillards se lèveraient probablement pour conduire *manu militari* l'intrus dans le couloir. Il serait donc refoulé et l'orateur pourrait poursuivre en paix sa conférence. Pour être même bien sûrs qu'il n'y ait pas de nouvelle intrusion – c'est-à-dire que le refoulement a réussi –, ces mêmes hommes s'installeraient avec leurs chaises devant la porte d'entrée pour servir de « barrage ». Il suffit de nommer la salle le « conscient » et le couloir l'« inconscient » pour avoir une bonne image du processus de refoulement.

– Je reconnais que c'était une bonne image en effet.

– Mais le « trouble-fête » n'a pas dit son dernier mot, Sophie. C'est en tout cas ce qui se passe avec les pensées et les pulsions refoulées. Nous vivons sous la pression constante de ces pensées refoulées qui essaient de se frayer un chemin jusqu'à la conscience. C'est pourquoi il nous arrive souvent d'avoir « la langue qui fourche », c'est-à-dire de faire des *lapsus*. C'est ainsi que des réactions inconscientes peuvent guider nos sentiments et nos actions.

– De quelle manière ?

– Freud met au jour différents mécanismes de cet ordre. Il y a d'abord ce qu'il appelle les mauvaises réactions. Nous disons ou faisons de nous-mêmes quelque chose que nous avons autrefois essayé de refouler. Il cite l'exemple de cet ouvrier qui devait un jour porter un toast à son patron. Le problème, c'était que personne n'aimait ce patron. Il était même ce que certains qualifient sans hésiter de « salaud ».

– Oh !

– L'ouvrier se leva le verre à la main et déclara solennellement : « Et maintenant buvons à la santé de notre cher salaud ! »

– Ça alors !

– L'ouvrier non plus n'en est pas revenu. En fait il avait juste dit ce qu'il pensait réellement, mais il n'avait jamais eu l'intention de le faire. Tu veux un autre exemple ?

– Volontiers.

– Dans la famille d'un pasteur où il y avait beaucoup de filles douces et bien élevées, on attendit un jour la visite d'un évêque. Cet homme avait vraiment un nez incroyablement long. Ordre fut donné aux filles de ne surtout pas faire allusion à son nez. Et tu sais qu'il n'y a rien de tel qu'un enfant pour vous envoyer vos quatre vérités en pleine figure, tout simplement parce que chez un enfant le mécanisme de refoulement n'est pas aussi au point que chez un adulte. L'évêque se rendit chez le pasteur, et les petites filles si adorables et bien élevées s'appliquèrent terriblement pour ne pas faire de commentaires sur son long nez. Mais ce n'est pas tout : elles s'évertuèrent à ne pas regarder le nez du tout, à faire comme s'il n'existait pas tout en ne pensant qu'à ça. Mais voilà qu'une des filles devait faire passer le sucre pour le café. Elle se posta devant l'évêque si digne en demandant : « Vous prendrez bien un peu de sucre avec votre nez ? »

– Oh la la ! Ça a dû être vraiment pénible.

– Une autre solution consiste à *rationaliser*. C'est-à-dire que nous nous donnons toutes sortes de mauvaises raisons pour justifier nos actes à nos yeux et à ceux des autres, tout simplement parce que la vraie raison serait trop terrible à avouer.

– Un exemple, s'il te plaît !

– Je peux sous hypnose te faire ouvrir une fenêtre. Je commence par t'hypnotiser et te dire que tu devras te lever pour ouvrir la fenêtre dès que je tambourinerai sur la table. Je le fais et tu vas ouvrir la fenêtre. Je te demande alors pourquoi tu es allée ouvrir la fenêtre. Tu me répondras peut-être que c'est parce que tu trouvais qu'il faisait trop chaud. Mais ce n'est pas la vraie raison. Tu ne voudras pas reconnaître que tu as exécuté sous hypnose un de mes ordres. Tu auras « rationalisé ».

– Je comprends.

– C'est ainsi que chaque jour nous avons un « double langage ».

– Je t'ai déjà parlé de mon cousin de quatre ans. Je crois qu'il n'a pas tant d'amis que ça avec qui jouer ; il est en tout cas drôlement content quand je viens le voir. Une fois j'ai dit qu'il fallait vite que je rentre chez ma maman à moi. Tu ne sais pas ce qu'il m'a répondu ?

– Je t'écoute !

– « Elle est bête », il a dit.

– C'est en effet un bon exemple de ce que j'entends par « rationalisation ». Le garçon ne pensait pas vraiment ce qu'il disait. Il trouvait que c'était bête que tu t'en ailles, mais il avait honte de l'avouer. Il nous arrive aussi de *projeter*.

– Tu peux traduire, s'il te plaît ?

– Le terme projeter signifie ici que nous prêtons à d'autres des sentiments ou des pensées que nous avons refoulés en nous-mêmes. Quelqu'un de très avare, par exemple, reconnaîtra vite l'avarice chez autrui. Un homme ou une femme qui aura honte d'avouer qu'il ou elle s'intéresse à la sexualité aura tôt fait de critiquer les autres et les traiter d'obsédé(e)s sexuel(le)s.

– Je vois ce que tu veux dire.

– Freud prétend que notre vie quotidienne fourmille de tels exemples d'actions inconscientes. Nous oublions constamment le nom d'une certaine personne, nous tortillons nos vêtements pendant que nous parlons ou nous déplaçons sans nous en rendre compte certains objets apparemment anodins. Sans parler de toutes ces fois où notre langue fourche et où nous disons des mots pas si innocents que ça. Tout cela, ce ne sont selon Freud que des *symptômes*. Ces lapsus d'action ou de langue trahissent en fait nos secrets les plus intimes.

– J'ai intérêt dorénavant à faire attention à ce que je vais dire.

– Oui, mais tu ne pourras pas échapper à tes impulsions inconscientes. Toute l'astuce consiste justement à ne pas faire trop d'efforts pour rejeter les pensées inavouées dans l'inconscient. C'est comme quand on veut à tout prix reboucher le trou d'une taupinière dans un jardin. A force de vouloir trop bien faire, la taupe fera déboucher sa galerie un peu plus loin, c'est tout. Aussi est-ce plus sain de laisser la porte entrebâillée entre la conscience et l'inconscient.

– Et si l'on ferme la porte, c'est là que l'on risque de développer des maladies psychiques ?

– Oui, un névrosé est quelqu'un qui fait tout son possible pour chasser de sa conscience tout ce qui le « met mal à l'aise ». Le plus souvent, il s'agit d'expériences d'une telle importance qu'il est vital pour la personne de les refouler. Freud appelait ce genre d'expériences particulières des *traumatismes*. Le terme grec τραυμα *(trauma)* signifie « blessure ».

– Je comprends.

– Lors du traitement de ses patients, Freud tentait de forcer cette porte close ou à défaut d'en ouvrir une autre. Avec l'aide du malade, il essayait de faire remonter à la surface de la conscience ces expériences refoulées. Le patient ne sait pas, lui, ce qu'il refoule. Mais il peut participer et comprendre la démarche du praticien qui est de faire resurgir ces traumatismes cachés.

– Comment s'y prend le médecin ?

– Freud mit au point ce qu'il a appelé la technique d'*associations libres*. Le patient est allongé dans une position décontractée et parle librement de tout ce qui lui vient à l'esprit, de futilités comme de choses graves ou pénibles. L'art du praticien va consister à casser ce « couvercle » ou ce « contrôle » qui maintient enfermés les traumatismes. Car ce sont précisément ces traumatismes qui occupent constamment le patient. Ils agissent en permanence, mais la personne ne s'en rend pas compte.

– Plus on fait des efforts pour ne pas penser à quelque chose, plus l'inconscient, lui, se charge d'y penser, n'est-ce pas ?

– Exactement. C'est pourquoi il faut écouter les signaux de l'inconscient. La « voie royale » qui selon Freud mène à l'inconscient, ce sont nos rêves. Son livre le plus important qui parut en 1900 s'intitulait justement *De l'interprétation des rêves*. Il y explique que nous ne faisons pas des rêves comme ça, par hasard. A travers eux, les pensées inconscientes essaient de se frayer un chemin jusqu'à la conscience.

– Continue !

– Après avoir passé des années à traiter ses patients et avoir analysé leurs rêves mais aussi les siens, Freud parvient à la conclusion que tous les rêves permettent la réalisation du désir. Il suffit, écrit-il, d'observer des enfants. Ils rêvent de glace et de cerises. Le problème chez les adultes, c'est que leurs désirs – que leurs rêves permettront de satisfaire – sont bien souvent déguisés. Car même quand nous dormons, nous exerçons une censure sévère vis-à-vis de ce que nous nous permettons de désirer. Bien sûr cette censure, ce mécanisme de refoulement, est moindre dans le sommeil qu'à l'état de veille, mais il reste suffisamment fort pour que dans le rêve nous déplacions l'objet du désir que nous refusons d'admettre.

– D'où la nécessité d'interpréter les rêves ?

– Freud indique qu'il faut distinguer entre le rêve tel que nous nous en souvenons le lendemain matin et son sens profond. Les images proprement dites du rêve, le « film » ou la « vidéo » de notre rêve, il appelle cela le *contenu manifeste* du rêve. Ce contenu « apparent » du rêve trouve toujours sa source dans les événements de la veille. Mais le rêve a un sens caché qui échappe à la conscience : c'est le *contenu latent* du rêve. Ces pensées cachées, qui sont ce dont parle le rêve, peuvent remonter très loin, parfois même jusqu'à la petite enfance.

– Il faut donc analyser le rêve pour comprendre ce dont il est question.

– Oui, et dans le cas de malades, il faut accomplir cette démarche avec le thérapeute. Mais ce n'est pas le médecin seul qui interprète le rêve, il le fait avec l'aide du patient. Dans cette situation, le médecin apparaît seulement comme une « sage-femme » au sens de Socrate, c'est-à-dire quelqu'un qui aide à accoucher de l'interprétation du rêve.

– Je comprends.

– La transformation du « contenu latent » en « contenu manifeste » du rêve, c'est ce que Freud a appelé le *travail du rêve*. Nous pouvons aussi parler de « jeu de masques » ou de « jeu de signes » quant au vrai objet du rêve. L'interprétation du rêve procède en sens inverse, en « démasquant », en « mettant en évidence » tous les signes pour dévoiler le « thème » caché derrière.

– Tu as un exemple ?

– Le livre de Freud est truffé d'exemples. Mais nous pouvons trouver par nous-mêmes un exemple tout simple et pourtant bien freudien. Si un jeune homme rêve qu'il reçoit deux ballons de sa cousine...

– Alors ?

– Eh bien, allez, à toi de risquer une interprétation !

– Hum, reprenons... Le contenu manifeste du rêve est exactement ce que tu dis : il reçoit deux ballons de sa cousine.

– Continue !

– Tu as dit tout à l'heure que les éléments du rêve sont tirés du jour précédent. On peut penser qu'il a été la veille dans un parc d'attractions – ou encore qu'il a vu une image de ballons dans le journal.

– Bien sûr, c'est possible, mais dans ce cas il aurait suffi du mot « ballon » ou de quelque chose qui fasse penser à des ballons.

– Maintenant il faut mettre au jour le « contenu latent » du rêve, c'est-à-dire son sens profond, c'est bien ça ?

– Oui, c'est à toi d'interpréter la signification du rêve.

– Peut-être qu'il a tout simplement envie d'avoir des ballons.

– Non, ça ne tient pas debout. Tu as raison de considérer que le rêve réalise un désir caché. Mais ce ne sont pas de vrais ballons qu'un homme a envie intérieurement de posséder. Si cela avait été le cas, il n'aurait pas eu besoin d'en rêver.

– Ah, je crois que j'ai compris : il désirait en fait sa cousine, et les deux ballons, c'était ses seins.

– C'est en effet une explication plus plausible. La condition étant qu'il se sente un peu gêné et honteux d'avoir un désir de cette nature.

– Les rêves empruntent donc toujours des chemins détournés, comme l'image des ballons par exemple ?

– Oui, Freud voyait dans le rêve la *satisfaction masquée de désirs refoulés*. Cela dit, ce que nous refoulons exactement a certainement changé de nature depuis le temps où Freud était médecin à Vienne. Mais le processus d'élaboration du rêve est assurément le même.

– Je comprends.

– La psychanalyse de Freud connut un énorme retentissement dans les années 1920, surtout dans le milieu psychiatrique, mais aussi dans des domaines comme l'art et la littérature.

– Tu veux dire que les artistes s'intéressèrent davantage à la vie inconsciente des hommes ?

– Exactement. La littérature de la fin du XIXᵉ siècle n'avait certes pas attendu Freud et la psychanalyse pour se pencher sur la vie intérieure de l'homme, mais ce n'est pas un hasard si Freud mit au point sa théorie de l'inconscient précisément vers les années 1890.

– En somme, c'était dans l'air ?

– Freud n'a jamais prétendu avoir « découvert » les phénomènes comme le refoulement, les actes manqués ou la rationalisation. Il a juste été le premier à voir le parti que la psychiatrie pouvait tirer de telles expériences. Il excellait aussi à émailler sa thèse d'exemples littéraires pour illustrer sa propre théorie. Mais, comme je l'ai déjà dit, c'est surtout à partir des années 1920 qu'il exerça une grande influence sur l'art et la littérature.

– Comment ça ?

– Les écrivains et les peintres essayèrent dorénavant d'exploiter ces forces inconscientes dans leur propre travail créateur. Cela vaut surtout pour les fameux surréalistes.

– Ça veut dire quoi ?

– « Surréalisme » évoque, comme son nom l'indique, une sur-réalité. En 1924, *André Breton* publia le *Premier Manifeste du surréalisme* où il déclare que l'art doit jaillir de l'inconscient. L'artiste doit selon lui retrouver dans l'inspiration la plus libre possible des images oniriques et tendre vers une « surréalité » où il n'existe plus de frontières entre le rêve et le monde réel. L'artiste doit passer outre la censure imposée par la conscience afin de laisser libre cours à son imagination et accueillir les mots et les images qui lui viennent.

– J'ai compris.

– Freud a prouvé en quelque sorte que tous les hommes sont artistes. Un rêve est en soi une petite œuvre d'art, et chaque nuit nous rêvons. Pour interpréter les rêves de ses patients, Freud dut recourir à toute une série de symboles, comme lorsqu'il s'agit d'analyser un tableau ou un texte littéraire.

– Nous rêvons vraiment chaque nuit sans exception ?

– Les dernières recherches en la matière montrent que nous rêvons à peu près vingt pour cent de notre temps de sommeil, c'est-à-dire deux à trois heures par nuit. Si l'on nous dérange pendant une phase de rêve, nous devenons nerveux et irritables. Cela revient à dire que tous les hommes sont nés avec le besoin de donner une expression artistique à leur situation existentielle. Car nous sommes la matière même de nos rêves. C'est nous qui sommes en régie, nous qui allons chercher dans notre vécu les éléments qui vont servir au déroulement du rêve et nous qui jouons tous les rôles. En d'autres termes, quelqu'un qui prétend ne pas s'intéresser à l'art se connaît bien mal.

– Je vois.

– Freud avait en outre prouvé de façon magistrale l'importance de la conscience chez l'homme. Ses pratiques thérapeutiques achevèrent de le convaincre que nous gardons quelque part enfoui au plus profond de notre conscience tout ce que nous avons vu et vécu. Et tout peut remonter à la surface. Quand nous disons que « ça nous rappelle quelque chose », que nous l'avons sur « le bout de la langue » et qu'ensuite « ça nous revient », nous ne faisons qu'illustrer le chemin que parcourt justement ce qui était dans l'inconscient et qui trouve enfin une porte entrebâillée pour se faufiler jusqu'à la conscience.

– Il y a des fois où ça ne marche pas.

– Tous les artistes le savent fort bien. Mais il arrive aussi que toutes les portes et les tiroirs d'archives soient ouverts et que ça coule tout seul, les mots et les images dont nous avons besoin s'imposant d'eux-mêmes. Il suffit d'avoir soulevé un peu la chape qui recouvre l'inconscient. C'est ce qu'on appelle l'*inspiration*, Sophie. Ce que nous écrivons ou dessinons alors ne nous semble pas venir de nous.

– Ce doit être un sentiment merveilleux.

– Mais tu as certainement dû le ressentir. Il n'y a qu'à observer le comportement d'enfants tombant de fatigue. Certains enfants sont si fatigués qu'ils donnent l'impression de dormir les yeux ouverts. Ils peuvent se mettre à parler en utilisant des mots qu'ils n'ont pas forcément encore appris. En fait ces mots et ces pensées n'étaient présents qu'à l'état « latent » dans leur conscience et c'est uniquement quand ils oublient toute prudence et tous les interdits que ces mots sortent. C'est pareil pour un artiste : il ne faut surtout pas que sa raison et ses réflexions après coup empêchent l'épanouissement d'une émotion plus ou moins inconsciente. Tu veux que je te raconte une petite histoire pour illustrer mon propos ?

– Volontiers !

– C'est une histoire à la fois très grave et très triste.

– Je t'écoute.

– Il était une fois un mille-pattes qui savait merveilleusement danser avec ses mille pattes. Quand il dansait, tous les animaux de la forêt venaient le voir danser et tous admiraient ses talents de danseur. Tous, sauf un qui n'appréciait pas du tout la danse du mille-pattes : c'était une tortue...

– Elle était simplement jalouse.

– Comment faire en sorte que le mille-pattes ne danse plus, se demandait-elle. Il ne suffisait pas de déclarer qu'elle n'aimait pas sa façon de danser. Elle ne pouvait pas non plus prétendre qu'elle dansait mieux que lui, cela eût été le comble du ridicule. Aussi conçut-elle un plan diabolique.

– Dis vite !

– Elle écrivit une lettre au mille-pattes : « Ô mille-pattes incomparable ! commença-t-elle, je suis une fervente admiratrice de votre art consommé de la danse. Aussi je me permets de vous demander comment vous procédez quand vous dansez. Commencez-vous d'abord par lever la patte gauche n° 228 puis la droite n° 59 ? Ou attaquez-vous la danse en levant d'abord la patte droite n° 26, puis la patte droite n° 499 ? J'ai hâte de connaître la réponse. Respectueusement, la tortue. »

– Ça alors !

– En recevant la lettre, le mille-pattes s'interrogea sur-le-champ pour savoir ce qu'il faisait exactement quand il dansait. Quelle patte levait-il en premier ? Puis quelle patte levait-il ensuite ? Et que se passa-t-il à ton avis ?

– Je pense que le mille-pattes n'arriva plus jamais à danser.

– Et c'est bien ainsi que ça se termina. Voilà ce qui se produit quand l'imagination est bridée par la réflexion de la raison.

– Tu avais raison de dire que c'était une histoire dramatique !

– Il est essentiel pour un artiste de « se libérer ». Les surréalistes essayèrent de se mettre dans un état tel que les choses semblaient venir d'elles-mêmes. Ils se mettaient devant une feuille de papier vierge et notaient tout ce qui leur passait par la tête. Ils appelèrent ça l'*écriture automatique*. C'est une expression empruntée au spiritisme qui pensait que l'esprit d'un mort revenait dicter ses volontés. Mais je pense que nous devrions reparler de tout cela demain.

– Si tu veux.

– L'artiste surréaliste est lui aussi, à sa manière, un « médium », c'est-à-dire un maillon intermédiaire. Il est un médium pour son propre inconscient. Il y a sans doute un élément inconscient dans chaque processus de création. Car au fond, qu'est-ce que la « créativité » ?

– Je n'en ai aucune idée. Est-ce que cela ne veut pas dire que l'on crée quelque chose de nouveau ?

– Très juste. Et cela est justement le résultat d'une collaboration intelligente de l'imagination et de la raison. Cette dernière étouffe trop souvent l'imagination et cela est grave, car sans imagination il ne peut jamais se produire quelque chose de vraiment neuf. En fait, l'imagination se présente comme un système à la Darwin.

– Excuse-moi, mais là, je ne te suis plus.

– Le darwinisme démontre que la nature n'est qu'une suite ininterrompue de mutations dont quelques-unes seulement survivront, parce que la nature en aura précisément besoin à ce moment-là.

– Oui, et alors ?

– C'est exactement la même chose quand nous pensons et sommes submergés de nouvelles idées. Telle pensée « mutante » est chassée par une autre dans le flot de la conscience. A moins que nous ne nous imposions une censure draconienne. Cependant seules quelques-unes de ces pensées peuvent nous servir. La raison reprend ici ses droits et joue à ce niveau un rôle déterminant. Le butin de la journée une fois étalé sur la table, il faut bien faire un tri.

– Elle n'est pas si mal au fond, ta comparaison.

– Imagine une seconde que nous disions tout haut tout ce qui nous passe par la tête, ou que paraisse tout ce que nous écrivons dans un carnet ou laissons traîner au fond d'un tiroir de notre bureau. Le monde croulerait sous les pensées les plus accidentelles. Il n'y aurait alors aucune « sélection », Sophie.

– Et c'est la raison qui opère cette sélection parmi toutes les idées qui nous viennent à l'esprit ?

– Oui, tu ne crois pas ? Certes c'est l'imagination qui crée quelque chose de neuf, mais ce n'est pas elle qui décide ce qu'il convient de garder ou pas. Ce n'est pas elle qui « compose ». Une composition – ce qu'est toute œuvre d'art – est le fruit d'une heureuse association entre l'imagination et la raison, entre le sentiment et la réflexion. Un processus créateur possède toujours un élément qui relève du hasard. Il est important dans une certaine phase de ce processus de laisser libre cours à son imagination. On est bien obligé de laisser courir ses moutons si on veut après pouvoir les garder.

Alberto marqua une pause et jeta un coup d'œil par la fenêtre. Sophie suivit son regard et vit une foule délirante au bord du petit lac. C'était un véritable défilé de personnages de Walt Disney.

– Mais c'est Goofy, s'exclama-t-elle... et voilà Donald et ses neveux... et Daisy... et oncle Picsou. Eh, tu entends ce que je te dis, Alberto ? Et là-bas, c'est Mickey !

– Oui, c'est bien triste, répondit-il en se tournant vers elle.

– Qu'est-ce que tu veux dire ?

– Nous voilà réduits à être les victimes du major qui lâche ses moutons. Mais c'est de ma faute, c'est moi qui ai commencé à parler de tout ce qui peut nous passer par la tête.

– Ne rejette pas la faute sur toi !

– Je voulais dire que l'imagination est importante également pour nous autres philosophes. Car pour trouver des idées neuves, il faut oser se lancer. Mais maintenant, c'est vraiment n'importe quoi.

– Ne t'en fais pas !

– Je voulais parler de l'importance de la réflexion à tête reposée. Et puis voilà qu'il nous envoie ses guignols ! Il ne manque vraiment pas d'air, celui-là !

– Tu dis ça de façon ironique ?

– C'est lui qui est ironique, pas moi. Mais j'ai une consolation et c'est là-dessus que j'ai bâti tout mon plan.

– Je ne vois pas très bien ce que tu veux dire...

– Nous avons parlé des rêves. Là aussi il y a un brin d'ironie. Car que sommes-nous d'autre sinon des créatures fantasmatiques du major ?

– Euh...

– Il a beau faire, il y a une chose qu'il a oubliée.

– Quoi donc ?

– Peut-être qu'il a cruellement conscience de son propre rêve, car il est au courant de toutes nos conversations et de tous nos actes, comme le rêveur se souvient du contenu manifeste de son rêve. C'est bien lui qui tient la plume. Mais cela ne veut pas dire qu'il est réveillé pour autant.

– Attends, qu'est-ce que tu entends par là ?

– Il ne connaît pas les pensées latentes du rêve, Sophie. Il oublie que tout ceci n'est qu'un rêve déguisé.

– Tu dis des choses si bizarres...

– C'est bien l'avis du major. Mais c'est parce qu'il ne comprend pas la propre langue de son rêve. Et c'est tant mieux pour nous. Nous disposons ainsi d'un minimum de liberté de mouvement. Et grâce à cela, nous allons pouvoir bientôt échapper à sa conscience, telles ces taupes qui vont enfin sortir de leur trou et goûter le soleil d'une belle journée d'été.

– Tu crois vraiment qu'on va y arriver ?

– Il faudra bien qu'on y arrive. Dans quelques jours, je vais te donner un nouveau ciel et le major ne pourra plus jamais savoir où sont ses taupes et où elles réapparaîtront.

– Mais, même si nous ne sommes que les images d'un rêve, je n'en reste pas moins la fille de quelqu'un. Tu sais, il est cinq heures et il faut que je rentre à la maison préparer la fête au jardin.

– Hum... Tu ne pourrais pas me rendre un petit service sur ton chemin de retour ?

– De quoi s'agit-il ?

– Essaie d'attirer un peu son attention. Ce serait bien si tu obligeais le major à te suivre du regard tout le long du chemin. Essaie de penser à lui quand tu rentreras, comme ça il sera bien contraint lui aussi de penser à toi.

– A quoi ça peut servir ?

– Ça me laissera le champ libre pour peaufiner notre plan secret. Je vais plonger dans l'inconscient du major et y resterai jusqu'à notre prochaine rencontre.

Chapitre 32

L'ÉPOQUE CONTEMPORAINE

...l'homme est condamné à être libre...

Le réveil indiquait 23.55. Hilde resta encore un moment éveillée à fixer le plafond. Elle essaya de laisser flotter ses pensées et, à chaque fois qu'elle s'arrêtait au bout d'une chaîne d'association d'idées, elle se demandait pourquoi elle n'arrivait pas à continuer. Ne serait-elle pas par hasard en train de refouler quelque chose ?

Si seulement elle réussissait à ne rien censurer, elle pourrait se mettre à rêver les yeux grands ouverts. Rien qu'à y penser, elle en avait des frissons.

Plus elle se décontractait et laissait flotter son esprit, plus elle s'imaginait au bord du lac, dans le chalet du major, avec la forêt tout autour.

Qu'est-ce qu'Alberto était en train de mijoter ? Bien sûr, c'était son père qui avait décrété qu'Alberto allait mijoter quelque chose. Savait-il ce que préparait Alberto ? Après tout, qui sait s'il ne rendait pas un peu de liberté à ses personnages dans l'espoir de se laisser surprendre à son tour ?

Il ne restait plus tellement de pages à lire. Tiens, et si elle jetait un coup d'œil sur la dernière page ? Non, ce serait de la triche. Mais ce n'était pas la seule raison : elle n'était finalement pas si sûre que le dénouement fût déjà décidé.

C'était une étrange pensée en vérité ! Le classeur était ici, il était hors de question que son père pût y changer quoi que ce soit. A moins qu'Alberto ne réussisse à prendre une initiative et à renverser la situation...

Hilde allait pour sa part se charger de lui préparer quelques surprises aussi. Il n'exerçait aucun contrôle sur elle. Mais avait-elle le plein contrôle d'elle-même ?

Qu'est-ce que c'était, la conscience ? Ne touchait-elle pas là à un des plus grands mystères de l'univers ? Et la mémoire ? Qu'est-ce qui faisait qu'on se « rappelait » tout ce qu'on avait vu ou vécu ?

Par quel étrange mécanisme laissait-on chaque nuit défiler son cinéma personnel dans ses rêves ?

Plongée dans ses pensées, elle s'amusait à ouvrir et fermer les yeux. Puis elle finit par oublier de les rouvrir.

Elle s'était endormie.

Quand elle fut réveillée par les cris des mouettes affamées, il était très exactement 6.66. Voilà qui était un chiffre plutôt bizarre ! Hilde se leva et alla comme d'habitude à la fenêtre regarder la baie. C'était devenu un rituel, été comme hiver.

Elle était là à rêvasser lorsqu'elle eut soudain l'impression que son cerveau se trouvait soudain tout éclaboussé de couleurs. Son rêve lui revint alors en mémoire. Mais c'était plus qu'un simple rêve. Elle pouvait encore nettement en percevoir les couleurs et les contours...

Elle avait rêvé que son père rentrait du Liban et tout son rêve était une prolongation du rêve de Sophie lorsqu'elle avait retrouvé sa croix en or sur la jetée.

Hilde était assise sur le bord de la jetée – comme dans le rêve de Sophie – et elle avait entendu une toute petite voix lui murmurer : « Hilde ! C'est moi, Sophie ! » Hilde s'était bien gardée de bouger d'un pouce dans l'espoir de localiser d'où venait cette voix. Ça reprit sous forme d'un faible gémissement, comme si c'était un insecte qui lui parlait : « Tu m'entends, Hilde ? Ou est-ce que tu es sourde et aveugle ? » L'instant d'après, son père, en uniforme de l'ONU, apparaissait dans le jardin. « Ma petite Hilde chérie ! » s'écriait-il. Hilde courait se jeter dans ses bras. Et c'était la fin du rêve.

Des vers du poète norvégien *Arnulf Øverland* lui revinrent tout à coup en mémoire :

Je fis une nuit un rêve étrange :
Une voix inconnue me parlait
– lointaine comme une source souterraine –
Je me levai et demandai : Que me veux-tu ?

Elle était encore à la fenêtre quand sa mère entra dans la chambre.
– Quoi ! Tu es déjà réveillée ?

– Ça, je n'en suis pas si sûre...

– Je rentrerai vers quatre heures, comme d'habitude.

– D'accord.

– Bon, j'espère que tu profiteras bien de ta journée de vacances, Hilde.

– Merci. Bon courage !

Dès qu'elle entendit la porte d'entrée se refermer, elle sauta dans son lit et rouvrit le grand classeur.

...Je vais plonger dans l'inconscient du major et y resterai jusqu'à notre prochaine rencontre.

C'était bien là ! Elle se remit à lire tout en sentant avec son index droit qu'il ne lui restait que peu de pages à découvrir.

Quand Sophie sortit du chalet du major, elle aperçut bien encore quelques personnages de Walt Disney au bord du lac, mais ils semblaient se dissoudre au fur et à mesure qu'elle approchait. Quand elle atteignit le bateau, ils avaient tous disparu.

Pendant toute la traversée, et quand elle tira la barque parmi les roseaux, elle s'appliqua à faire des grimaces et de grands moulinets avec les bras afin d'attirer l'attention du major et de permettre à Alberto de rester discrètement au chalet.

En courant sur le sentier du retour, elle fit quelques cabrioles audacieuses, puis essaya de marcher comme un automate. Pour varier un peu, elle se mit aussi à chanter à tue-tête.

A un moment, elle marqua une pause et essaya de deviner ce que pouvait bien manigancer Alberto. Mais elle eut tôt fait de se ressaisir et grimpa dans un arbre, tellement elle avait mauvaise conscience.

Sophie grimpa aussi haut qu'elle put. Mais une fois parvenue presque au sommet, elle dut s'avouer qu'elle était bien incapable de redescendre. Elle allait encore essayer, mais en attendant, il fallait bien trouver quelque chose. Sinon le major risquait de s'ennuyer et de tourner son regard du côté d'Alberto pour le surveiller.

Sophie fit semblant de battre des ailes, elle tenta même de lancer de vaillants « Cocorico » comme si elle était un coq et finit par pousser des « Tralala itou » à la manière des Bavarois. C'était la première fois de sa vie qu'elle vocalisait ainsi et, vu le cadre, elle n'était pas mécontente du résultat.

Elle voulut descendre par une autre voie, mais elle était bel et bien coincée. C'est alors qu'un gros jars gris vint se poser sur une des branches auxquelles s'accrochait Sophie. Après le défilé des personnages de Walt Disney, elle ne fut pas étonnée le moins du monde d'entendre le jars se mettre à parler.

– Je m'appelle Martin, dit le jars. D'habitude, je suis un jars apprivoisé, mais je viens tout spécialement pour l'occasion avec les oies sauvages du Liban. On dirait que tu as besoin d'un coup de main pour redescendre de l'arbre.

– Mais tu es beaucoup trop petit pour m'aider, répondit Sophie.

– Conclusion bien hâtive, ma petite dame. C'est toi qui es trop grande.

– Ça revient au même.

– Je te signale à titre d'information que j'ai transporté un petit garçon de ton âge qui habitait dans une ferme à travers toute la Suède. Il s'appelait Nils Holgersson.

– Moi, j'ai quinze ans.

– Et Nils avait quatorze ans. Une année de plus ou de moins, ça n'a pas grande importance pour le transport.

– Comment as-tu réussi à le soulever ?

– Il a reçu un petit coup de massue sur la tête qui l'a fait s'évanouir et, quand il a repris connaissance, il n'était pas plus grand qu'un pouce.

– Tu n'as qu'à me donner un petit coup à moi aussi, car je ne vais tout de même pas rester indéfiniment dans cet arbre. De plus, j'ai organisé une garden-party philosophique samedi prochain.

– Tiens, ça m'intéresse ce que tu viens de dire. Alors je suppose que ceci est un livre philosophique. Quand j'ai survolé la Suède avec Nils Holgersson, on a atterri un jour à Mårbacka dans le Värmland. Nils a fait là-bas la rencontre d'une vieille femme qui, toute sa vie, avait rêvé d'écrire un livre sur la Suède à l'intention des écoliers. Il fallait que ce soit un livre à la fois instructif et véridique. En écoutant Nils lui raconter ses aventures, elle a décidé de rédiger un livre sur son voyage sur le dos du jars.

– C'était pas mal comme idée.

– Je reconnais qu'il y avait une part d'ironie là-dedans puisqu'en réalité nous étions déjà dans ce livre.

Sophie sentit qu'on lui donnait une petite tape sur la joue et elle rapetissa instantanément. L'arbre devint une immense forêt à lui tout seul et le jars avait la taille d'un cheval.

– Allez, viens ! Tu peux monter à présent, dit le jars.

Sophie fit quelques pas sur la branche et grimpa sur le dos du jars. Ses plumes étaient douces, mais comme elle était toute petite, elles piquaient un peu au lieu de la chatouiller.

A peine fut-elle confortablement installée que le jars prit son envol. Il vola très haut au-dessus des arbres. Sophie se pencha pour apercevoir le lac et le chalet. Là se trouvait Alberto en train de mettre la dernière touche à son plan top secret.

– On va juste faire une petite balade, annonça le jars tout en battant des ailes.

Et il se posa au pied de l'arbre sur lequel tout à l'heure Sophie avait voulu grimper. Une fois que ses pattes touchèrent le sol, il put laisser Sophie glisser le long de son dos. Celle-ci fit quelques galipettes dans l'herbe avant de se relever. A sa grande surprise, elle avait retrouvé sa taille normale.

Le jars tourna plusieurs fois autour d'elle.

– Merci pour ton aide, lui dit Sophie.

– Oh, ce n'était pas bien difficile. Tu m'as dit que c'était un livre de philosophie ?

– Non, je crois que c'est toi qui as dit ça.

– De toute façon ça revient au même. Si ça ne tenait qu'à moi, je t'aurais bien accompagnée à travers toute l'histoire de la philosophie comme j'ai traversé la Suède avec Nils Holgersson. Nous aurions survolé Milet, Athènes, Jérusalem, Alexandrie, Rome, Florence, Londres, Paris, Iéna, Heidelberg, Berlin, Copenhague...

– Merci, ça me suffit comme ça.

– Cela dit, même pour un jars très ironique, cela n'aurait pas été une mince affaire que de traverser les siècles. C'est quand même plus facile de survoler les provinces suédoises.

Après avoir prononcé ces mots, il prit son élan et s'envola.

Sophie se sentit complètement épuisée mais, en regagnant sa cabane, elle trouva qu'Alberto avait toutes les raisons d'être satisfait de sa dernière manœuvre de diversion. Comment le major aurait-il eu une minute à lui pour penser à Alberto ? Ou alors il était complètement schizophrène !

Sophie parvint à rentrer à la maison juste avant que sa mère ne revienne du travail. Cela lui évita d'avoir à expliquer comment un jars apprivoisé l'avait aidée à descendre d'un arbre. Après le repas, elles commencèrent les préparatifs pour la fête. Elles allèrent chercher au grenier une longue planche de trois ou quatre mètres de long et la portèrent dans le jardin. Puis il fallut remonter chercher les tréteaux pour soutenir la planche. Elles dressèrent une longue table sous les arbres fruitiers. La dernière fois qu'on avait dû sortir la grande planche, cela avait été pour les dix ans de mariage de ses parents. Sophie n'avait alors que huit ans, mais elle se rappelait bien cette grande réception où toute la famille et les amis, petits et grands, s'étaient trouvés rassemblés.

La météo annonçait une belle journée. Il n'était pas tombé une seule goutte de pluie depuis le violent orage qui s'était abattu la veille de l'anniversaire de Sophie. Mais elles attendraient quand même le samedi matin pour finir de décorer la table. Sa mère trouvait qu'avoir réussi à installer la table dans le jardin, cela suffisait pour la journée.

Plus tard dans la soirée, elles firent avec deux pâtes différentes des petits pains au lait et un pain blanc en forme de tresse. Il y aurait aussi du poulet et de la salade. Sans oublier la limonade. S'il y avait bien une chose dont Sophie avait peur, c'était qu'un des garçons de sa classe ne vienne avec de la bière. Elle ne voulait surtout pas d'histoires.

Au moment où Sophie allait se coucher, sa mère lui redemanda si Alberto serait bien de la fête.

– Mais bien sûr qu'il vient. Il m'a même promis de réaliser devant nous un tour de prestidigitation philosophique.

– De prestidigitation philosophique ? En quoi ça va consister ?

– Eh bien, s'il avait été un prestidigitateur normal, il se serait amusé à faire sortir un lapin blanc de son chapeau haut-de-forme...

– Tu ne vas pas recommencer !

– ... mais puisque c'est un philosophe, il réalisera un tour de force en philosophie. C'est bien une fête philosophique, non ?

– Tu as la langue toujours aussi bien pendue, à ce que je vois !

– Et toi, là-dedans, est-ce que tu as pensé à ta contribution personnelle ?

– Bien sûr, Sophie. J'ai ma petite idée.

– Ce sera un discours ?

– Ce n'est pas la peine d'insister, je ne t'en dirai pas plus. Allez, bonne nuit !

Tôt le lendemain matin, Sophie fut réveillée par sa mère qui était montée lui dire au revoir avant d'aller à son travail, et lui remit par la même occasion la liste des dernières courses à faire en ville en prévision de la réception.

Dès qu'elle fut partie, le téléphone sonna. C'était Alberto. A croire qu'il savait exactement quand il était sûr de la trouver seule.

– Alors, ça avance, ton petit complot ?

– Chut ! Pas un mot. Ne lui donne même pas une chance de deviner de quoi il s'agit.

– Je crois que j'ai su retenir son attention hier.

– C'est bien.

– Il reste encore des cours de philosophie ?

– Je t'appelle justement pour ça. Nous en sommes déjà à l'époque contemporaine. Je pense que tu devrais pouvoir t'en tirer toute seule à partir de maintenant. Le plus important, c'était les bases. Mais j'aimerais quand même qu'on se voie pour en parler un peu.

– Mais il faut que j'aille en ville…

– Ça tombe bien puisque nous allons parler de l'époque actuelle.

– Ah ?

– Autant être en plein dedans, si tu vois ce que je veux dire.

– Tu veux que je vienne chez toi ?

– Mais non, pas chez moi. En plus, il y a une de ces pagailles ! J'ai tout mis sens dessus dessous pour vérifier s'il n'y avait pas de micros cachés.

– Oh !

– Non, il y a un nouveau café qui vient d'ouvrir juste en face de la place du Marché : le Café Pierre. Tu vois où il est ?

– Oui. A quelle heure on se donne rendez-vous ?

– Disons… à midi ?

– D'accord, à midi au café.

– Alors je t'en dirai plus tout à l'heure.

– Salut !

Peu après midi, Sophie fit son entrée au Café Pierre. C'était un de ces nouveaux lieux à la mode avec des tables de bistrot et des chaises noires. Derrière le comptoir s'alignaient des bouteilles d'alcool la tête en bas avec un bec verseur, des baguettes beurrées et des portions de salade individuelles.

La salle n'était pas très grande et la première chose qui sauta aux yeux de Sophie, c'était qu'Alberto n'était pas là. Il y avait foule et elle dévisagea rapidement chaque personne dans l'espoir de le découvrir parmi tout ce monde.

Elle n'avait pas l'habitude d'aller seule au café. Peut-être valait-il mieux qu'elle ressorte et revienne voir un peu plus tard s'il était arrivé ?

Non, finalement elle alla au comptoir et commanda un thé citron. Puis elle emporta sa tasse et s'assit à une table libre en gardant les yeux fixés sur la porte d'entrée par où entraient et sortaient beaucoup de gens. Mais Alberto ne venait pas.

Si au moins elle avait eu un journal !

Pour s'occuper, elle finit par jeter un coup d'œil autour d'elle. Elle eut droit à quelques regards en retour et tout à coup Sophie se sentit promue au rang de jeune femme. Elle n'avait que quinze ans, mais en paraissait bien dix-sept... ou disons seize et demi.

Que pouvaient bien penser tous ces gens assis au café de leur existence ? Ils semblaient se trouver là par hasard, ils avaient vu la porte ouverte et étaient entrés. Ils discutaient et gesticulaient, mais leurs sujets de conversation paraissaient complètement futiles.

Il lui revint en mémoire une phrase de Kierkegaard disant qu'une des caractéristiques les plus significatives de la foule était ce « verbiage ». Est-ce que tous ces gens vivaient au stade esthétique ? Ou y avait-il quand même quelque chose d'existentiellement important pour eux ?

Dans une de ses premières lettres, Alberto avait écrit qu'il y avait une parenté entre les enfants et les philosophes. De nouveau, Sophie sentit qu'elle avait peur de devenir adulte. Et si elle aussi choisissait de vivre bien enfouie dans la fourrure du lapin blanc qu'on avait fait sortir du chapeau haut-de-forme de l'univers ?

Elle n'avait pas quitté des yeux la porte d'entrée depuis un bon moment lorsqu'elle aperçut enfin Alberto qui se précipita à l'intérieur. On avait beau être en été, il avait gardé son béret noir sur la tête. Il portait une veste longue avec un motif gris. Il la repéra immédiatement et alla vite la rejoindre. Sophie se rendit compte qu'ils ne s'étaient encore jamais donné rendez-vous dans un lieu public.

– Tu as vu l'heure ? Il est midi et quart, espèce de goujat !

– C'est ce qu'on appelle le « quart d'heure autorisé », non ? Puis-je offrir à cette demoiselle quelque chose à manger ?

Il s'assit et la regarda droit dans les yeux. Sophie se contenta de hausser les épaules.

– Oh, ça m'est égal. Un sandwich, si tu veux.

Alberto alla commander et revint avec une tasse de café et deux sandwiches au fromage et au jambon.

– C'était cher ?

– Laisse Sophie, ce n'est rien.

– Est-ce que tu as au moins une excuse pour arriver à cette heure-ci ?

– Non, je n'en ai pas car je l'ai fait exprès. Attends, je vais t'expliquer.

Il commença par mordre dans son sandwich puis reprit :

– Nous allons parler de notre propre siècle.

– Est-ce qu'il s'y est passé quelque chose d'important sur le plan philosophique ?

– Oui, beaucoup de choses, tellement que ça va dans toutes les directions. Nous allons d'abord parler d'un courant déterminant, celui de l'*existentialisme*. On regroupe sous ce terme divers mouvements qui ont tous leur origine dans la situation existentielle de l'homme. Nous parlons à ce titre de la philosophie de l'existence du XXᵉ siècle. Plusieurs de ces philosophes de l'existence – ou existentialistes – sont partis de Kierkegaard, mais aussi de Hegel et Marx.

– Je comprends.

– Un philosophe qui joua un rôle clé pour tout le XXᵉ siècle, c'est *Friedrich Nietzsche*, un philosophe allemand qui vécut de 1844 à 1900. Lui aussi s'était élevé contre la philosophie de Hegel et l'« historicisme » allemand. Il opposa, à cet intérêt désincarné pour l'histoire et à ce qu'il appelait une *morale d'esclave* chrétienne, la vie elle-même. Il voulut opérer une *transmutation de toutes les valeurs* afin que l'épanouissement des forts ne soit pas entravé par les faibles. Selon lui, le christianisme et la tradition philosophique s'étaient détournés du monde réel pour montrer le « Ciel » ou le « monde des idées ». Mais c'est précisément ce qu'on a voulu faire passer pour le vrai monde qui se révèle un monde illusoire. « Sois fidèle à la terre, disait-il, n'écoute pas celui qui te promet une vie meilleure dans l'autre monde. »

– Eh bien...

– Quelqu'un qui a aussi été fortement influencé par Kierkegaard et Nietzsche, ce fut le penseur existentialiste *Martin Heidegger*. Mais j'aimerais plutôt te parler de l'existentialiste français *Jean-Paul Sartre*, qui vécut de 1905 à 1980. C'est vraiment lui qui fut le chef de file des existentialistes, du moins pour le grand public. Il développa sa thèse de l'existentialisme surtout après la guerre, dans les années 40. Puis il fut proche du mouvement marxiste, sans pour autant appartenir à aucun parti.

– C'est pour ça que tu m'as donné rendez-vous dans un café français ?

– Ce n'est pas un hasard, en effet. Sartre fréquentait beaucoup les cafés. C'est d'ailleurs dans un de ces cafés qu'il rencontra sa compagne *Simone de Beauvoir*. Elle aussi était une philosophe existentialiste.

– Une femme philosophe ?

– Tu as bien entendu.

– Ça fait plaisir d'apprendre que l'humanité commence enfin à se civiliser.

– Encore que notre époque connaisse de nombreuses préoccupations d'un ordre très différent.

– Tu devais me parler de l'existentialisme.

– « L'existentialisme est un humanisme », déclara Sartre. Il voulait dire que les existentialistes n'ont pas d'autre point de départ pour leur réflexion que l'homme lui-même. Cela dit, la perspective est autrement plus sombre dans cette forme d'humanisme que sous la Renaissance.

– Pourquoi ça ?

– Kierkegaard était chrétien, comme certains philosophes existentialistes de notre siècle. Mais Sartre fait partie de la branche dite athée de l'existentialisme. On peut considérer sa philosophie comme une analyse impitoyable de la situation de l'homme après la *mort de Dieu*. L'expression est de Nietzsche.

– Continue !

– Le mot clé de la philosophie de Sartre, comme pour celle de Kierkegaard, est le mot « existence ». Mais ce terme ne reflète pas uniquement le fait d'exister. Les plantes et les animaux aussi existent, ils vivent eux aussi, avec cette différence qu'ils n'ont pas à se soucier de ce que cela signifie. L'homme est le seul être vivant qui soit conscient de sa propre existence. Être un homme, ce n'est pas comme être une chose.

– Ça me paraît assez évident.

– De la même façon, Sartre prétend que l'existence précède toute signification qu'on veut en donner. Le *fait* que j'existe précède la question de savoir *ce que* je suis. « L'existence précède l'essence », dit-il.

– Oh, c'est une phrase compliquée, ça.

– Par « essence », nous entendons ce qui constitue une chose, c'est-à-dire sa « nature » ou son « être ». Mais Sartre ne pense pas que l'homme ait une nature innée de cet ordre. C'est à l'homme de se créer lui-même. Il doit créer sa propre nature, son essence, parce qu'elle n'est pas donnée au départ.

– Je crois comprendre ce que tu veux dire.

– Dans toute l'histoire de la philosophie, les philosophes se sont interrogés sur l'essence de l'homme, sur sa nature. Mais Sartre pensait que l'homme ne possède pas une nature éternelle de ce genre. C'est pourquoi se poser des questions sur le sens de la vie en général n'a aucun sens. Nous sommes en d'autres termes condamnés à improviser. Nous sommes ces acteurs qu'on a poussés sur scène sans qu'on leur ait distribué de rôle bien défini, sans manuscrit en main et sans souffleur pour nous murmurer ce que nous avons à faire. Nous seuls devons choisir comment nous voulons vivre.

– Au fond, c'est vrai. Ce serait trop commode s'il suffisait d'ouvrir la Bible ou un quelconque ouvrage de philosophie pour savoir comment nous devons vivre.

– Tu as tout compris. Mais quand l'être humain prend conscience de son existence, de la mort qui l'attend un jour, et qu'il ne trouve pas de signification à laquelle s'accrocher, il est saisi d'*angoisse*, dit Sartre. Tu te rappelles peut-être que Kierkegaard lui aussi décrivait l'angoisse comme étant caractéristique de la situation existentielle de l'homme.

– Oui.

– Sartre ajoute que l'homme se sent *étranger*, de trop, dans un monde dépourvu de sens. Quand il décrit cette « étrangeté » au monde, il rejoint les thèses de Hegel et Marx. Ce sentiment d'être un étranger sur terre crée un sentiment de désespoir, d'ennui, de dégoût et d'absurdité.

– Il y en a encore beaucoup qui pensent que tout est « pourri » et que le monde est « foutu »...

– Oui, Sartre décrit l'homme de la ville au XXᵉ siècle. La Renaissance, tu t'en souviens, avait montré de façon quasi triomphale la liberté et l'indépendance de l'homme, alors que pour Sartre la liberté est un poids terrible. « L'homme est condamné à être libre, dit-il. Condamné, parce qu'il ne s'est pas créé lui-même, et cependant libre. Car une fois qu'il est jeté dans le monde, il est responsable de tout ce qu'il fait. »

– Nous n'avons demandé à personne de nous créer en tant qu'individus libres.

– C'est bien l'avis de Sartre. Mais de fait, nous *sommes* des individus libres et notre liberté fait en sorte que nous sommes toute notre vie condamnés à faire des choix. Il n'existe aucune valeur ou norme éternelle pour nous guider. D'où l'importance du *choix*. Nous sommes entièrement *responsables* de nos actes. Sartre insiste beaucoup sur ce point : l'homme ne peut pas rejeter la responsabilité de ses propres actes sur autrui ou sur autre chose. Nous devons assumer nos propres choix et non prétendre que nous « devons » aller travailler ou que nous « devons » tenir compte des convenances de la société bourgeoise pour savoir comment nous allons vivre. Quelqu'un qui subit ces pressions de l'extérieur devient un être anonyme qui se fond dans la masse. Cette personne se ment à elle-même pour entrer dans le moule, elle se réfugie dans la mauvaise foi. La *liberté* de l'homme, au contraire, nous pousse à devenir quelque chose, à être autre chose que des pantins, à exister véritablement, de manière « authentique ».

– Je comprends.

– Cela concerne en priorité nos choix en matière de morale. Pas question de rejeter la faute sur la « nature humaine », la « misère de l'homme » et ce genre de choses. Mais si Sartre soutient que l'existence n'a pas de signification en soi, cela ne veut pas dire pour autant qu'il est heureux qu'il en soit ainsi. Il n'est pas non plus ce que nous appelons un *nihiliste*.

– Qu'est-ce que c'est ?

– C'est quelqu'un qui considère que rien n'a de sens et que tout est permis. Sartre pense que la vie *doit* prendre un sens. C'est un impératif. Mais c'est à nous de donner un sens à notre propre vie. Exister, c'est créer sa propre existence.

– Est-ce que tu peux développer ?

– Sartre essaie de montrer que la conscience n'est pas quelque chose en soi avant de percevoir quelque chose. Car la conscience est toujours *conscience de* quelque chose. Et ce « quelque chose » est autant dû à nous-mêmes qu'aux conditions extérieures. C'est nous qui pouvons dans une certaine mesure décider de ce que nous voulons percevoir en choisissant ce qui a un sens pour nous.

– Tu n'aurais pas un exemple, par hasard ?

– Deux personnes peuvent se trouver dans le même café et ressentir des choses complètement différentes. La raison en est que, dans ce qui nous entoure, nous donnons notre propre sens aux choses qui nous intéressent. Une femme enceinte, par exemple, aura l'impression de voir d'autres femmes enceintes partout. Ces femmes enceintes avaient beau être là avant, il aura fallu qu'elle attende elle-même un enfant pour les voir enfin. Qui sait si quelqu'un qui est malade en voiture ne voit pas autour de lui que des gens malades en voiture comme lui...

– Je comprends.

– Notre propre existence conditionne donc notre façon de percevoir ce qui nous entoure. Si quelque chose ne signifie rien pour moi, il y a de grandes chances pour que je ne le voie pas. Bon, maintenant je peux peut-être t'expliquer pourquoi je suis arrivé si tard.

– Tu as dit que tu l'as fait exprès ?

– Mais dis-moi d'abord ce qui t'a frappée quand tu es entrée dans ce café.

– J'ai tout de suite vu que tu n'étais pas là.

– Tu ne trouves pas un peu bizarre que la première chose que tu aies vu soit précisément quelque chose qui *n'était pas* là ?

– Peut-être, mais c'est avec toi que j'avais rendez-vous.

– Appelle ça un petit exercice d'application, si tu préfères.

– Tu exagères !

– Si tu es amoureuse et que tu attends un coup de fil du garçon dont tu es amoureuse, tu « entendras » peut-être toute la soirée qu'il n'appelle pas. Aussi paradoxal que ça puisse sembler, c'est justement le silence du téléphone que tu entendras. De même, si tu dois aller le chercher à la gare et qu'une foule de gens descendent du train mais pas lui, tu ne verras pas tous ces gens. Ils ne feront que te gêner car ils ne représentent rien pour toi. Tu les trouveras peut-être même insupportables et répugnants, qui sait ? C'est fou la place qu'ils prennent soudain. La seule chose que tu enregistreras, c'est que *lui* n'est pas là.

– Je comprends.

– Simone de Beauvoir, elle, a essayé d'appliquer l'existentialisme à l'analyse des rôles sexuels. Sartre avait bien montré que l'homme ne peut se référer à une quelconque « nature » éternelle. C'est nous-mêmes qui créons ce que nous sommes.

– Oui, et alors ?

– C'est la même chose quand il s'agit de l'image qu'on se fait des sexes. Il n'existe pas selon Simone de Beauvoir une « nature féminine » éternelle ou une « nature masculine » éternelle. C'est pourtant ce que la conception traditionnelle veut nous faire croire. Il est tout à fait d'usage d'affirmer que l'homme a une nature qui aime à transgresser, une nature « transcendante ». C'est la raison pour laquelle il cherchera toujours un sens et un but hors de chez lui. La femme, au contraire, passe pour avoir une orientation de vie complètement opposée : elle est « immanente », c'est-à-dire qu'elle veut toujours être là où elle est. Son domaine, c'est la famille, la nature et toutes les choses proches qui l'entourent. Nous dirions de nos jours que la femme s'intéresse davantage à des « valeurs douces » que les hommes.

– Est-ce que c'était vraiment ce que pensait Simone de Beauvoir ?

– Non, tu as mal écouté. Elle pensait justement qu'il n'existe pas de « nature féminine » ou de « nature masculine ». Bien au contraire : il était du devoir des hommes, selon elle, de se libérer de ces préjugés et de ces idéaux fortement ancrés.

– La, je suis bien d'accord avec elle.

– Son livre le plus important parut en 1949 sous le titre *Le Deuxième Sexe*.

– Qu'est-ce qu'elle entendait par là ?

– Elle pensait à la femme. C'est elle que notre culture a reléguée au rang de « deuxième sexe ». Les femmes étant réduites à n'être que des objets pour les hommes, eux seuls apparaissent comme des sujets. La femme perd ainsi la responsabilité de sa propre vie.

– Ah...

– Cette responsabilité, il faut la reconquérir. Elle doit se retrouver et ne plus lier son identité à celle de l'homme. Car l'homme n'est pas seul à opprimer la femme. Elle s'opprime elle-même en n'assumant pas la responsabilité de sa propre vie.

– Tu veux dire que c'est nous qui décidons si nous voulons être réellement libres et indépendants ?

– Si tu veux. L'existentialisme a influencé la littérature à partir des années 40 jusqu'à aujourd'hui. Sans parler du théâtre. Sartre écrivit aussi des romans et des pièces. Il faut mentionner *Albert Camus*, l'Irlandais *Samuel Beckett*, le Roumain *Eugène Ionesco* et le Polonais *Witold Gombrowicz*. Le point commun de tous ces auteurs – et de tant d'autres contemporains – c'est ce qu'on a appelé l'*absurde*. Leur théâtre est un « théâtre de l'absurde ».

– Bon.

– Tu comprends ce que signifie le terme « absurde », n'est-ce pas ?

– Je crois que cela veut dire quelque chose qui n'a pas de sens, qui est contraire à la raison.

– Exactement. Le « théâtre de l'absurde » s'oppose au « théâtre réaliste ». Le but consistait à montrer sur scène l'absurdité de l'existence pour amener le public à réagir. Il ne s'agissait pas de cultiver l'absurde pour l'absurde. Bien au contraire : en exposant, en mettant à nu le côté absurde de certains événements de la vie de tous les jours, le public devait être contraint de trouver une forme d'existence plus authentique.

– Continue !

– Ce théâtre de l'absurde met souvent en scène des situations tout ce qu'il y a de banal. On a pu à ce titre dire que c'était presque une forme d'« hyperréalisme ». L'homme est représenté exactement tel qu'il est. Mais si tu montres sur une scène de théâtre exactement ce qui se passe dans une salle de bains un matin comme les autres dans la maison de monsieur Tout le monde, je te garantis que le public est plié en deux. On peut interpréter ce rire comme étant une protection qui évite à chacun de se reconnaître mis à nu sur scène.

– Je comprends.

– Le théâtre de l'absurde présente parfois aussi des traits surréalistes. Les personnages sur la scène se retrouvent dans les situations les plus invraisemblables, comme dans un rêve. En voyant ces acteurs évoluer dans des conditions imposées sans pouvoir manifester leur désaccord, le public, lui, est obligé de s'étonner et de réagir justement à ce manque de réaction. C'est la même chose avec les films muets de *Charlie Chaplin*. Tout le comique de ces films réside dans le fait que Charlot n'est pas surpris le moins du monde de se retrouver mêlé à des situations complètement invraisemblables. Par le biais du rire, les spectateurs sont contraints de s'interroger sur leur propre existence qu'ils peuvent enfin voir avec une certaine distance.

– C'est vrai qu'il y a vraiment des situations incroyables parfois et personne ne proteste !

– C'est important de prendre conscience qu'il faut *se détacher* de tout ça, même si l'on ne sait pas encore très bien comment s'y prendre et où aller.

– C'est comme lorsqu'une maison est en feu : il faut partir même si on n'a pas encore une autre maison où habiter.

– C'est ça. Au fait, veux-tu une autre tasse de thé ? Ou peut-être un Coca-Cola ?

– Oui, merci. Je trouve que tu ne manques vraiment pas d'air de m'avoir fait poireauter si longtemps.

– Libre à toi de penser ce que tu veux.

Alberto revint vite avec une tasse de café et un Coca-Cola. Pendant ce temps, Sophie commençait à prendre goût à la vie de café. Elle n'était finalement pas si convaincue que ça de la superficialité des conversations aux autres tables.

Alberto posa la bouteille de Coca sur la table avec un petit bruit sec. Plusieurs personnes levèrent la tête.

– Nous voilà bientôt au terme de notre route, déclara-t-il.

– Est-ce que tu veux dire que l'histoire de la philosophie s'arrête avec Sartre et l'existentialisme ?

– Non, ce serait un peu exagéré. Les thèses existentialistes ont exercé une énorme influence dans le monde entier. Comme nous l'avons vu, nous pouvons trouver des analogies chez Kierkegaard ou même Socrate. Mais le XXᵉ siècle a aussi vu s'épanouir d'autres courants philosophiques dont nous avons déjà parlé.

– Lesquels par exemple ?

– Il y a ainsi le *néothomisme* qui reprend les thèses de saint Thomas d'Aquin. Quant à la *philosophie analytique* ou l'*empirisme logique*, ça remonte à Hume et à l'empirisme britannique mais aussi à la logique d'Aristote. Sans oublier bien entendu ce qu'on a appelé le *néo-marxisme* et ses courants dérivés. Nous avons déjà parlé sinon du *néo-darwinisme* et souligné l'importance capitale de la *psychanalyse.*

– Je comprends.

– Il faut cependant s'arrêter un instant sur un dernier mouvement, le *matérialisme*, qui lui aussi est profondément ancré dans l'histoire de la philosophie. La science moderne doit beaucoup aux travaux des présocratiques. On est par exemple toujours à la recherche de cette fameuse « particule élémentaire » qui serait à l'origine de toute la matière. Personne n'est encore aujourd'hui en mesure d'expliquer véritablement ce qu'est la « matière ». La science contemporaine, prenons la physique nucléaire ou la chimie biologique, est si fascinante qu'elle fait partie intégrante de la vie de beaucoup de gens.

– Il y a donc un amalgame entre les théories anciennes et les nouvelles ?

– On peut dire ça comme ça, oui. Les questions que je t'ai posées au début du cours restent sans réponse. Sartre avait raison d'affirmer que les problèmes existentiels ne pouvaient pas se régler une bonne fois pour toutes. Une question philosophique est par définition une chose à laquelle chaque génération, voire chaque personne, est et restera confrontée.

– Voilà qui n'est pas spécialement réconfortant.

– Je ne suis pas d'accord avec toi. N'est-ce pas en se posant ce genre de questions que nous sentons que nous sommes en vie ? Et n'oublions pas que c'est en cherchant à répondre à des questions insolubles que l'homme trouve finalement des réponses précises et définitives à toutes sortes d'autres problèmes. Que ce soit la science, la recherche ou la technique, tout découle de la réflexion philosophique. N'est-ce pas au fond l'étonnement de l'homme devant l'univers qui le poussa à marcher sur la Lune ?

– Oui, c'est vrai.

– Lorsque l'astronaute *Neil Armstrong* posa le pied sur la Lune, il déclara : « C'est un petit pas pour l'homme, mais un grand pas pour l'humanité. » C'était une façon d'englober tous les hommes qui l'avaient précédé et, d'une certaine manière, lui avaient permis de poser son pied sur la Lune. Le mérite n'en revenait pas à lui tout seul.

– Bien sûr que non.

– Notre époque contemporaine doit faire face à de tout nouveaux problèmes. Tout d'abord les grands problèmes d'environnement. C'est pourquoi le *courant écologique* de la philosophie a une telle importance au XXᵉ siècle. De nombreux philosophes tirent la sonnette d'alarme en montrant que la civilisation occidentale est fondamentalement sur une mauvaise voie et va à l'encontre de ce que notre planète peut supporter. Ils essaient d'aller au-delà des propositions concrètes pour limiter la pollution et les catastrophes écologiques. Notre mode de penser occidental est malade, affirment-ils.

– Ils ont raison, à mon avis.

– Les philosophes écologistes ont par exemple problématisé la pensée même de progrès. A la base, il y a l'idée que l'homme est « supérieur », qu'il est le maître de la nature. Cette pensée se révèle extrêmement dangereuse pour la survie de la planète.

– Ça me rend malade d'y penser.

– Beaucoup de philosophes se sont appuyés sur les pensées et les idées d'autres cultures pour étayer leur critique, en se référant à la culture indienne par exemple. Ils ont aussi étudié les pensées et les coutumes des peuples « traditionnels » et des peuplades dites « primitives », comme les Indiens, pour trouver la trace de ce que nous avons perdu.

– Je comprends.

– Au sein même des milieux scientifiques, des voix de chercheurs se sont élevées pour dire que la démarche scientifique se trouve confrontée à un « changement de paradigme ». C'est-à-dire que les chercheurs remettent en cause de manière fondamentale le mode de pensée scientifique. Dans plusieurs domaines, cette réflexion a déjà porté ses fruits, citons par exemple l'émergence de *mouvements alternatifs* qui privilégient une approche globale des problèmes et essaient de créer un autre mode de vie.

– Ça, c'est plutôt positif, non ?

– Malheureusement, l'homme est ainsi fait que dès qu'il s'intéresse à quelque chose, cela donne le meilleur comme le pire. Certains annoncent que nous sommes entrés dans une nouvelle ère appelée *New Age*. Mais tout ce qui est neuf n'est pas forcément intéressant, comme tout ce qui est vieux n'est pas bon à jeter. C'est, entre autres, une des raisons pour lesquelles je t'ai donné ce cours de philosophie. Tu possèdes enfin l'arrière-plan historique nécessaire pour te diriger dans la vie.

– C'était une charmante attention de ta part...

– Je crois que tu trouveras que beaucoup de choses estampillées « New Age » sont des attrape-nigauds. Nous avons en effet été envahis ces dernières années par ce qu'on pourrait appeler la « nouvelle religiosité », le « nouvel occultisme » ou encore la « superstition moderne ». C'est devenu une véritable industrie. Dès que le christianisme a baissé dans les sondages, ces prétendues doctrines ont poussé comme des champignons en prétendant offrir aux gens un nouvel art de vivre.

– Quoi par exemple ?

– La liste est si longue que je ne sais pas par quoi commencer. Ce n'est d'ailleurs pas facile de décrire sa propre époque, on manque toujours de recul. Allez, si on faisait un tour en ville ? J'aimerais bien te montrer quelque chose.

Sophie haussa les épaules.

– Je ne peux pas rester trop longtemps. Tu n'as pas oublié la fête au jardin demain, j'espère ?

– Bien sûr que non. C'est là qu'il se produira quelque chose de merveilleux. Il faut juste que nous finissions le cours de philosophie de Hilde. Le major n'a pas pensé au-delà. Et c'est là que nous avons une chance de reprendre le dessus.

Il souleva à nouveau la bouteille de Coca-Cola qui était vide à présent et la reposa d'un geste déterminé sur la table.

Ils sortirent et firent quelques pas. La rue grouillait de monde comme une fourmilière débordante d'activité. Sophie était curieuse de savoir ce qu'Alberto tenait tellement à lui montrer.

Ils passèrent devant un grand magasin spécialisé dans les chaînes hi-fi, les téléviseurs, magnétoscopes, antennes paraboliques, téléphones portables, ordinateurs et autres télécopieurs.

– Tu as devant toi, Sophie, tout le XXᵉ siècle, commenta Alberto en montrant du doigt la vitrine. Le monde a pour ainsi dire explosé à partir de la Renaissance. Dès l'époque des grandes découvertes, les Européens commencèrent à voyager dans le monde entier. Mais aujourd'hui, c'est le contraire qui se produit. C'est en quelque sorte une explosion dans le sens opposé.

– Attends, qu'est-ce que tu veux dire par là ?

– Je veux dire par là que le monde entier est pris dans les filets d'un gigantesque réseau de communication. Il n'y a pas si longtemps que ça, les philosophes devaient voyager plusieurs jours à cheval et en voiture de poste pour se déplacer ou rencontrer d'autres penseurs. De nos jours, il nous suffit d'appuyer sur une touche d'ordinateur pour avoir immédiatement la somme des connaissances humaines sur son écran.

– C'est quand même assez fabuleux, quand on y pense. Ça fait presque un peu peur.

– Toute la question est de savoir si l'histoire s'achemine vers sa fin ou si au contraire nous sommes à l'orée d'une toute nouvelle époque. Nous ne sommes plus seulement les citoyens d'une ville ou d'un seul État. Nous vivons à l'échelle planétaire.

– C'est vrai.

– Le développement technique – il suffit de penser à l'évolution des moyens de communication – a connu un essor plus important ces trente ou quarante dernières années qu'au cours de toute l'histoire qui a précédé. Et ce n'est peut-être qu'un début...

– C'est ça que tu voulais me montrer ?

– Non, viens, c'est de l'autre côté de l'église.

Au moment où ils s'apprêtaient à partir, des soldats en uniforme des forces de l'ONU apparurent sur un écran de télévision.

– Oh, regarde ! s'écria Sophie.

La caméra filmait à présent un soldat en gros plan. Il avait presque la même barbe noire qu'Alberto. Il brandit soudain une pancarte sur laquelle était écrit : *Rentrerai bientôt, Hilde !* Il fit un signe de la main et disparut.

– Ah, quel charlatan, celui-là !

– C'était le major ?

– Je ne veux même pas répondre.

Ils traversèrent le parc devant l'église et débouchèrent sur une large avenue. Alberto faisait visiblement la tête, mais il montra du doigt une grande librairie. Elle s'appelait Libris et était la plus importante de la ville.

– C'est là ?

– Entrons.

Une fois à l'intérieur, Alberto indiqua le mur où se trouvaient le plus de livres. Il se divisait en trois rayons : New Age, Mouvements alternatifs et Mystique.

Les titres étaient aguicheurs : *Y a-t-il une vie après la mort ?*, *Les Secrets du spiritisme*, *Le Tarot*, *Les Ovnis*, *Guérir*, *Le Retour des dieux*, *La Vie antérieure*, *Qu'est-ce que l'astrologie ?*, etc. Il y en avait des centaines comme ça. Sur une étagère en dessous de ces rayons, on voyait des piles entières de ces mêmes livres.

– Voilà, notre XXᵉ siècle, c'est aussi ça. Ceci est le temple de notre temps.

– Tu ne crois pas à ce genre de choses ?

– Il y a en tout cas beaucoup de charlatanisme là-dedans. Mais ça se vend aussi bien que la pornographie. Au fond, ça revient presque au même. On leur raconte exactement ce qui excite leur esprit. Mais il y a autant de lien entre la vraie philosophie et ce genre de livres qu'entre le vrai amour et la pornographie.

– Tu ne crois pas que tu exagères un peu ?

– Allez, viens, on va s'asseoir dans le parc.

Ils sortirent de la librairie et trouvèrent un banc libre devant l'église. Les pigeons volaient sous les arbres, parmi eux on pouvait apercevoir aussi un ou deux moineaux tout affairés.

– Cela s'appelle la parapsychologie, commença-t-il. On peut aussi dire télépathie, clairvoyance, don de voyance ou psychokinésie. Ou encore spiritisme, astrologie, science des ovnis. Les chouchous ont toujours plusieurs noms.

– Mais dis-moi, tu penses vraiment que tout ça, ce n'est que de la blague ?

– Il serait indigne d'un vrai philosophe de tout mettre sur le même plan. Mais, d'après moi, tous ces grands sujets ne font qu'esquisser un paysage qui n'existe pas. C'est en tout cas truffé de ces « fœtus de l'imagination » que Hume aurait jetés au feu. Dans la plupart de ces livres, on ne trouve au départ aucune expérience réelle.

– Alors comment expliques-tu qu'on écrive tant de livres sur le sujet ?

– Parce que ça rapporte de l'argent. C'est ce que les gens ont envie de lire.

– Et pourquoi, à ton avis ?

– Il est clair qu'ils ont la nostalgie d'une forme de « mystique », de quelque chose qui serait « différent » et qui leur permette d'échapper à la dure réalité de leur quotidien. Mais ils cherchent midi à quatorze heures.

– Qu'est-ce que tu veux dire ?

– Nous avons été projetés au cœur d'une merveilleuse aventure. A nos pieds se déroule au fur et à mesure une œuvre d'art, et cela en plein jour, Sophie ! N'est-ce pas incroyable ?

– Si.

– Quel besoin aurions-nous d'aller voir des diseuses de bonne aventure ou de fréquenter les coulisses de l'Université pour faire des expériences « passionnantes » ou « limites » ?

– Tu penses que ceux qui écrivent la plupart des livres qu'on a vus ne sont que des charlatans et des menteurs ?

– Non, je n'ai pas dit ça. Mais, ici encore, nous avons à faire à un système darwiniste.

– Explique-toi !

– Imagine tout ce qui se passe au cours d'une seule journée. Tu peux même te limiter à un jour de ta propre vie. Imagine tout ce que tu vois et qui t'arrive cette journée-là.

– Oui, et alors ?

– Il peut aussi se produire de drôles de coïncidences. Tu entres par exemple dans une boutique et tu achètes quelque chose à vingt-huit couronnes. Un peu plus tard Jorunn te rend exactement vingt-huit couronnes qu'elle t'avait empruntées un jour. Puis vous allez toutes les deux au cinéma et ton siège porte le numéro vingt-huit.

– Oui, ce serait vraiment une drôle de coïncidence !

– Une coïncidence, certes, mais le problème est que les gens *collectionnent* ce genre de coïncidences. Ils collectionnent toutes les expériences mystiques ou inexplicables. Quand on réunit dans un livre ce type d'expériences tirées de la vie de milliards d'hommes, cela peut donner l'illusion que l'on détient enfin des preuves très convaincantes. On a même l'impression qu'on en découvre de plus en plus. Mais c'est comme si on jouait à une loterie où seuls apparaîtraient les numéros gagnants.

— Il existe pourtant des gens qui ont le don de voyance, des médiums qui font tout le temps ce genre d'expériences ?

— Bien sûr que oui. Mais, les charlatans mis à part, nous pouvons trouver une explication relativement plausible pour tous ces phénomènes de type « mystique ».

— Ah oui ?

— Tu te rappelles que nous avons parlé de la théorie de l'inconscient chez Freud ?

— Tu fais exprès de croire que j'oublie tout ou quoi ?

— Freud a montré que nous pouvons jouer le rôle d'un médium vis-à-vis de notre propre inconscient. Nous pouvons nous surprendre à penser ou faire des choses sans trop bien comprendre pourquoi. La raison en est que nous avons accumulé en nous infiniment plus de connaissances, de pensées et d'expériences que celles dont nous sommes conscients.

— D'accord, mais qu'est-ce que ça change ?

— Il arrive que des gens marchent et parlent dans leur sommeil. On pourrait appeler ça une sorte d'« automatisme mental ». Sous hypnose également, les gens peuvent dire et faire des choses « d'elles-mêmes ». Tu peux aussi songer à l'« écriture automatique » des surréalistes : c'était pour eux une façon d'être leur propre médium et de faire parler leur inconscient.

— Je m'en souviens.

— A intervalles réguliers, on a assisté au XXᵉ siècle à différents « éveils spirituels ». L'idée est qu'un médium peut entrer en contact avec un défunt. Soit en parlant avec la voix du mort, soit en faisant appel à l'écriture automatique, le médium capte le message de quelqu'un qui a vécu il y a des siècles. Certains se sont fondés là-dessus pour affirmer qu'il existe une vie après la mort ou encore que l'homme vit plusieurs fois.

— Je comprends.

— Je ne dis pas que ces médiums ont été des imposteurs. Certains d'entre eux sont de bonne foi. Mais s'ils ont joué le rôle de médium, c'est vis-à-vis de leur propre inconscient. Plusieurs expériences ont été faites qui ont clairement montré qu'en état second les médiums font preuve de connaissances et de dons dont les autres et eux-mêmes ignorent l'origine. Une femme ne connaissant pas un traître mot d'hébreu, par exemple, a transmis un message dans cette langue. Elle a donc dû avoir une vie antérieure, Sophie. Ou alors avoir été au contact d'un esprit défunt.

– Et quelle est ton opinion ?

– On apprit qu'elle avait eu une nourrice juive quand elle était toute petite.

– Oh…

– Tu es déçue ? Tu devrais au contraire t'émerveiller de la capacité qu'ont certaines personnes d'emmagasiner dans l'inconscient des connaissances si précoces.

– Je vois ton point de vue.

– Beaucoup de petites coïncidences dans la vie de tous les jours peuvent s'expliquer grâce à la théorie freudienne de l'inconscient. Si par exemple je reçois un coup de téléphone d'un vieux camarade que j'ai perdu de vue et que j'étais justement en train de chercher son numéro…

– Ça me donne des frissons !

– L'explication peut tout simplement être que nous avons tous les deux entendu une vieille chanson à la radio qui nous a rappelé le bon vieux temps. Tout le problème, c'est que ce lien caché n'est pas conscient.

– Donc c'est soit du charlatanisme, soit une sorte de loterie où l'on gagne à tous les coups, soit encore un coup de ce fameux « inconscient » ?

– Il vaut mieux en tout cas aborder ce genre de livres avec la plus grande réserve. Surtout quand on est philosophe. Il existe en Angleterre un club spécial pour les sceptiques. Il y a plusieurs années de cela, ils ont lancé un grand concours avec une grosse somme d'argent pour le premier qui parviendrait à leur montrer un phénomène tant soit peu surnaturel. Ils ne demandaient pas de grand miracle, un simple exemple de transmission de pensée leur aurait suffi. Ils attendent toujours.

– Je vois.

– D'autre part, il faut avouer qu'il y a beaucoup de choses qui nous échappent encore. Peut-être que nous ne connaissons pas toutes les lois naturelles. Au siècle dernier des phénomènes comme le magnétisme ou l'électricité passaient pour une forme de magie. Je suis prêt à parier que mon arrière-grand-mère ouvrirait des yeux grands comme des toupies si je lui parlais de la télévision ou des ordinateurs.

– Tu ne crois donc à rien de surnaturel ?

– Nous en avons déjà parlé. L'expression même de « surnaturel » est un peu bizarre. Non, j'ai la conviction qu'il n'existe qu'une nature. Mais elle est en revanche tout à fait étonnante.

– Et tous ces phénomènes étranges dont parlent ces livres, qu'est-ce que tu en fais ?

– Tous les philosophes dignes de ce nom se doivent de rester vigilants. Même si nous n'avons encore jamais vu de corbeau blanc, nous continuerons d'aller à sa recherche. Et un jour un sceptique de mon espèce sera peut-être bien obligé d'accepter un phénomène auquel il n'avait jusqu'alors jamais cru. Si je n'avais pas laissé cette possibilité ouverte, j'aurais alors été un dogmatique. Et donc pas un vrai philosophe.

Après avoir échangé ces mots, Alberto et Sophie restèrent silencieux sur le banc. Les pigeons tendaient leur cou et roucoulaient à leurs pieds, effrayés seulement par un vélo ou un geste brusque.

– Il va falloir que je rentre préparer la fête, finit par dire Sophie.

– Mais juste avant de nous quitter, j'aimerais bien te montrer un de ces corbeaux blancs. Ils sont parfois beaucoup plus près qu'on ne pense.

Il se leva et fit signe à Sophie qu'ils devaient retourner à la librairie de tout à l'heure.

Cette fois-ci, ils se contentèrent de passer devant le rayon des sciences occultes. Alberto s'arrêta devant une minuscule étagère au fin fond du magasin. Au-dessus, il y avait une toute petite pancarte qui indiquait « Philosophie ».

Alberto montra du doigt un certain livre et quelle ne fut pas la surprise de Sophie en découvrant son titre : *LE MONDE DE SOPHIE !*

– Veux-tu que je te l'achète ?

– Je ne sais pas encore si j'en ai le courage.

Quelques instants plus tard, elle reprenait le chemin de sa maison, le livre dans une main, les courses pour la fête dans l'autre.

Chapitre 33

LA RÉCEPTION EN PLEIN AIR

...un corbeau blanc...

Hilde se sentit littéralement clouée au lit. Ses bras étaient tout engourdis et ses mains qui tenaient le grand classeur tremblaient. Il était presque onze heures. Cela faisait deux heures qu'elle lisait au lit. Elle avait bien levé les yeux de temps à autre et éclaté de rire, mais elle s'était aussi tournée sur le côté pour gémir. Heureusement qu'elle était toute seule à la maison !

C'était fou tout ce qu'elle avait lu en deux heures ! Tout d'abord Sophie avait dû retenir l'attention du major sur son chemin de retour. Elle avait fini par trouver refuge dans un arbre, mais Martin, le jars, était venu la sauver, tel un ange venu du Liban.

Il y avait fort longtemps de ça, mais Hilde se souvenait encore de son père lui faisant la lecture du *Merveilleux Voyage de Nils Holgersson*. Des années durant, cela avait été une sorte de code entre eux, une langue secrète. Et voilà qu'il se servait à nouveau de ce bon vieux jars.

Puis Sophie s'était retrouvée seule au café. Hilde s'était surtout attachée à retenir ce qu'Alberto racontait à propos de Sartre et de l'existentialisme. Il avait presque réussi à la convaincre que c'était la seule attitude valable, mais en fait elle s'était déjà laissé convaincre par d'autres théories auparavant.

Un an plus tôt, Hilde s'était acheté un livre d'astrologie. Un autre jour, elle était rentrée avec un jeu de tarot. Et, pour finir, avec un livre sur le spiritisme. Chaque fois son père l'avait mise en garde en employant des termes comme « sens critique » ou « superstition », mais il tenait enfin sa vengeance. Et il avait frappé fort, ce coup-ci. Il était clair qu'il ne voulait pas que sa fille grandisse sans avoir été prévenue contre ce genre de choses. Histoire d'en être bien sûr, il s'était même offert le luxe de lui faire un petit signe de la main d'un téléviseur en vitrine dans un magasin. Là, il exagérait tout de même...

Ce qui l'étonnait le plus, c'était cette fille aux cheveux noirs.

Sophie, Sophie... qui es-tu ? D'où viens-tu ? Pourquoi es-tu entrée dans ma vie ?

A la fin, Sophie avait reçu un livre sur elle-même. Était-ce le même livre que celui que Hilde tenait entre ses mains maintenant ? Ce n'était qu'un classeur, mais qu'importe : comment était-ce possible de trouver un livre sur soi-même dans un livre sur soi-même ? Que se passerait-il si Sophie se mettait à lire ce livre ?

Qu'allait-il se passer maintenant ? Que *pouvait*-il se passer à présent ?

Hilde sentit sous ses doigts qu'il ne lui restait plus que peu de pages à lire.

Sophie rencontra sa mère dans le bus qui la ramenait à la maison. Quel manque de chance ! Qu'est-ce que sa mère allait lui dire quand elle verrait le livre que Sophie tenait à la main ?

Sophie essaya bien de le glisser dans le sac avec les serpentins et les ballons qu'elle avait achetés pour la fête, mais elle n'y arriva pas.

– Tiens, Sophie ! On rentre avec le même bus ? Ça tombe bien !

– Euh...

– Tu t'es acheté un livre ?

– Non, ce n'est pas tout à fait ça...

– *Le Monde de Sophie*... quelle coïncidence !

Sophie comprit vite qu'elle n'avait aucune chance de s'en sortir par un mensonge.

– C'est Alberto qui me l'a offert.

– Cela ne m'étonne pas. J'ai vraiment hâte de faire la connaissance de cet homme. Tu permets ?

– Tu peux pas attendre qu'on soit à la maison ? C'est *mon* livre, Maman.

– Allez, je sais bien que c'est ton livre, mais laisse-moi juste jeter un coup d'œil sur la première page. Ça alors... « Sophie Amundsen rentrait de l'école. Elle avait d'abord fait un bout de chemin avec Jorunn. Elles avaient parlé des robots... »

– C'est vraiment ce qui est écrit ?

– Mais oui. C'est un certain Albert Knag qui l'a écrit. Ce doit être un débutant. Au fait, il s'appelle comment ton Alberto ?

– Knox.

— Je suis prête à parier que c'est cet homme bizarre qui a écrit tout un livre sur toi, Sophie. C'est ce qui s'appelle utiliser un pseudonyme.

— Ce n'est pas lui, Maman. Laisse tomber, tu comprends rien de toute façon.

— Si c'est toi qui le dis... Enfin, demain c'est la fête au jardin et je pense que tout rentrera dans l'ordre.

— Albert Knag vit dans une autre réalité. C'est pourquoi ce livre est comme un corbeau blanc.

— Bon, maintenant ça suffit comme ça. Je croyais que c'était un lapin blanc ?

— Laisse tomber, d'accord ?

La conversation en était là lorsqu'elles descendirent du bus au début de l'allée des Trèfles. Il y avait justement une manifestation.

— Oh non ! s'écria la mère de Sophie. Moi qui pensais que dans ce coin-ci nous étions à l'abri de toute cette agitation !

Il n'y avait qu'une dizaine de personnes qui brandissaient des pancartes sur lesquelles on pouvait lire :

LE MAJOR RENTRE BIENTÔT
OUI A UN BON REPAS DE LA SAINT-JEAN
DAVANTAGE DE POUVOIR A L'ONU

Sophie avait presque pitié de sa mère.

— Fais comme s'ils n'étaient pas là, dit-elle.

— C'est quand même une drôle de manifestation, Sophie. Elle est presque absurde.

— Oh ! ce n'est rien.

— Le monde change de plus en plus vite. Au fond, ça ne m'étonne pas du tout.

— Tu devrais en tout cas être étonnée de ne pas être étonnée, justement.

— Mais puisqu'ils n'étaient pas violents. Tu sais, du moment qu'ils n'ont pas piétiné mes rosiers... Mais je ne vois vraiment pas quel est leur intérêt à traverser un jardin privé ! Allons, dépêchons-nous de rentrer !

— C'était une manifestation philosophique, Maman. Les vrais philosophes ne piétinent pas les rosiers.

— Ah vraiment, Sophie ? Eh bien, je ne suis pas sûre qu'il reste encore de vrais philosophes. De nos jours, tout est tellement trafiqué.

Le restant de l'après-midi et la soirée furent consacrés aux préparatifs. Elles continuèrent à mettre la table et à décorer le jardin le lendemain matin. Jorunn vint leur donner un coup de main.

– Tu sais pas la dernière ? Maman et Papa viennent avec les autres. C'est de ta faute, Sophie.

Une demi-heure avant l'arrivée des invités, tout était fin prêt : dans les arbres, on avait tendu des guirlandes et suspendu des lanternes japonaises en papier (un long cordon électrique parvenait d'une lucarne de la cave) et le portail, les arbres et la façade de la maison étaient décorés avec des ballons. Sophie et Jorunn avaient passé deux heures rien qu'à gonfler tous ces ballons.

Sur la table étaient disposés du poulet froid, des assiettes de salade, des petits pains au lait et une longue tresse de pain. A la cuisine attendaient les brioches, les gâteaux à la crème, les palmiers et le gâteau au chocolat, mais elles avaient déjà mis au centre de la table le gâteau d'anniversaire, une pièce montée avec vingt-quatre anneaux en macaron. Tout en haut trônait une figurine de communiante. La mère de Sophie avait eu beau dire qu'il pouvait tout aussi bien s'agir d'une fille de quinze ans qui n'avait pas fait sa communion, il était clair pour Sophie que sa mère tentait par ce biais de transformer la réception en une sorte de fête de communion.

– Tu vois que je n'ai lésiné sur rien, répéta sa mère à plusieurs reprises.

Les premiers invités arrivèrent. Ce furent d'abord trois filles de la classe, en chemisettes d'été, avec des pulls légers, des jupes longues et les yeux légèrement maquillés.

Puis ce fut le tour de Jørgen et de Lasse qui passèrent la porte du jardin, un peu gênés mais affichant tout de même une certaine arrogance toute masculine.

– Salut ! Bon anniversaire !

– T'es adulte maintenant !

Sophie remarqua tout de suite que Jorunn et Jørgen se dévisageaient à la dérobée. L'air était lourd. Il faut dire que c'était le soir de la Saint-Jean.

Tous avaient apporté des cadeaux, et puisque c'était une réception philosophique en plein air, la plupart des invités s'étaient interrogés sur ce qu'était la philosophie avant de venir. A défaut de trouver des cadeaux philosophiques, ils s'étaient du moins creusé la tête pour écrire quelque chose de philosophique sur la carte. Sophie reçut un dictionnaire de philosophie et un petit carnet intime qu'on pouvait fermer à clé sur lequel était écrit : « NOTES PHILOSOPHIQUES PERSONNELLES ».

Au fur et à mesure que les invités se pressaient dans le jardin, on servit du jus de pomme dans de vrais verres à vin. C'était la mère de Sophie qui s'occupait du service.

– Soyez tous les bienvenus... Comment vous appelez-vous, jeune homme ?... Je ne crois pas vous avoir déjà rencontré... Oh, Cécile, comme c'est gentil à toi d'être venue !

Une fois que tous les jeunes se furent retrouvés et alors qu'ils étaient en train de discuter sous les arbres fruitiers, un verre à la main, la Mercedes blanche des parents de Jorunn se gara devant la maison. Le conseiller financier portait un costume gris à la coupe impeccable, sa femme un ensemble-pantalon rouge rehaussé de paillettes bordeaux. Sophie n'aurait pas été étonnée si elle avait d'abord acheté une poupée Barbie avec ce costume et avait demandé ensuite à une couturière de lui faire le même ensemble. Ou alors il y avait une autre possibilité. Le conseiller financier avait pu acheter la poupée puis demander à un magicien de la métamorphoser en une femme en chair et en os. Mais c'était trop tiré par les cheveux.

Quand ils sortirent de la Mercedes et arrivèrent dans le jardin, tous les jeunes les regardèrent, stupéfaits. Le conseiller financier remit en personne à Sophie un petit cadeau de la part de la famille Ingebrigtsen. Sophie fit un immense effort sur elle-même pour ne pas exploser quand elle découvrit, précisément, une poupée Barbie ! Jorunn était hors d'elle :

– Vous êtes complètement cinglés ou quoi ? Vous croyez vraiment que Sophie joue encore à la poupée ?

Madame Ingebrigtsen répliqua dans un cliquetis de paillettes :

– Mais c'est pour *décorer* sa chambre, Jorunn.

– Merci beaucoup en tout cas, essaya de dire Sophie pour limiter les dégâts. Je peux peut-être commencer une collection.

Un cercle s'était formé autour de la table.

– Bon, nous attendons encore Alberto, dit la mère de Sophie

sur un ton qui se voulait léger mais trahissait une certaine inquiétude.

Les rumeurs sur le fameux invité qui se faisait attendre allaient bon train.

– Il a promis de venir, alors il viendra.

– Mais on ne peut quand même pas commencer sans lui ?

– Allez, on s'assoit.

La mère de Sophie indiqua aux invités leur place, tout en veillant à laisser une chaise libre entre Sophie et elle-même. Elle bredouilla quelques phrases sur la nourriture, sur le beau temps et sur le fait que Sophie était dorénavant presque une adulte.

Ils étaient à table depuis une bonne demi-heure lorsqu'un homme d'une quarantaine d'années avec une barbiche noire et coiffé d'un béret franchit la porte du jardin. Il tenait à la main un bouquet de quinze roses rouges.

– Alberto !

Sophie se leva et courut à sa rencontre. Elle se jeta à son cou et prit le bouquet qu'il lui tendait. La seule réaction d'Alberto à cet accueil fut qu'il fit mine de fouiller dans ses poches. Il en sortit quelques pétards qu'il alluma avant de les lancer en l'air. Puis, tout en se dirigeant vers la table, il alluma un cierge magique qu'il planta au sommet de la pièce montée et s'approcha de la chaise restée vide entre Sophie et sa mère.

– Je suis très heureux d'être ici ! dit-il.

Toute l'assemblée resta stupéfaite. Madame Ingebrigtsen lança un regard plein de sous-entendus à son mari. La mère de Sophie, elle, était si soulagée qu'il ait fini par venir qu'elle était prête à tout lui pardonner. Quant à Sophie, elle avait du mal à réprimer un violent fou rire.

La mère de Sophie demanda le silence en donnant quelques coups de cuiller sur son verre et commença :

– Je propose que nous souhaitions la bienvenue à Alberto Knox qui a eu la gentillesse de se joindre à nous pour cette petite fête philosophique. Je précise tout de suite qu'il n'est pas mon nouveau petit ami, car même si mon mari est souvent en voyage, je n'en ai pas pour le moment. Cet homme étonnant est par contre le nouveau professeur de philosophie de Sophie. Il sait donc faire autre chose qu'allumer des fusées de feu d'artifice. Il est par exemple capable de faire sortir un lapin blanc d'un chapeau haut-de-forme noir. Ou était-ce un corbeau, Sophie ?

– Merci, merci, dit Alberto en s'asseyant.

– A ta santé ! lança Sophie, entraînant toute l'assemblée à trinquer avec leurs verres à vin remplis de Coca-Cola.

Ils passèrent un bon moment à table à manger le poulet et la salade. Soudain, Jorunn se leva, alla vers Jørgen d'un pas décidé et l'embrassa sur la bouche. Il répondit à ce geste en la serrant contre lui et en essayant de renverser son buste au-dessus de la table afin de mieux pouvoir lui rendre son baiser.

– Je crois que je vais m'évanouir ! s'exclama madame Ingebrigtsen.

– Je vous en prie, pas au-dessus de la table ! fut l'unique commentaire de la mère de Sophie.

– Et pourquoi pas ? demanda Alberto en se tournant vers elle.

– Quelle question !

– Toutes les questions se valent pour qui est un vrai philosophe.

Quelques-uns des garçons qui, eux, n'avaient pas reçu de baiser, commencèrent à lancer leurs os de poulet sur le toit de la maison.

– Oh, soyez gentils, ne faites pas ça ! C'est tellement ennuyeux de retrouver des os de poulet dans la gouttière du toit, se contenta de répondre la mère de Sophie.

– Désolé, répondit un des garçons.

Et tous de se mettre à lancer leurs os par-dessus la haie du jardin à la place.

– Je crois qu'on peut desservir et apporter les gâteaux, ajouta la mère de Sophie. Qui prendra du café ?

Les parents de Jorunn, Alberto et quelques invités levèrent la main.

– Si Sophie et Jorunn veulent bien me donner un petit coup de main...

Le temps d'arriver à la cuisine, nos deux amies en profitèrent pour discuter un peu.

– Pourquoi tu l'as embrassé ?

– J'étais là bien tranquille à regarder sa bouche quand soudain j'en ai eu terriblement envie. Tu ne le trouves pas craquant ?

– Euh... et c'était comment ?

– Pas tout à fait comme je me l'étais imaginé, mais...

– C'était la première fois ?

– Mais ce ne sera pas la dernière.

Entre-temps, on avait servi le café et posé tous les gâteaux sur la table. Alberto avait commencé à distribuer des fusées aux garçons. On entendit à nouveau un verre tinter et la mère de Sophie reprit la parole :

– Je ne veux pas faire un long discours, commença-t-elle. Mais je n'ai qu'une fille et cela fait exactement une semaine et un jour qu'elle a eu quinze ans. Comme vous pouvez le constater, nous avons vu grand. Il y a vingt-quatre anneaux dans le gâteau aux amandes, comme ça il y aura au moins un anneau pour chacun. Ceux qui se serviront les premiers pourront donc en prendre deux. Les anneaux deviennent, comme chacun sait, de plus en plus grands au fur et à mesure qu'on se sert. A l'image de nos vies. Lorsque Sophie n'était encore qu'un petit bout de chou, elle trottinait en décrivant de tout petits cercles. En grandissant, les cercles aussi sont devenus plus grands. Ils vont maintenant de la maison jusqu'à la vieille ville. Sans compter qu'avec un père toujours par monts et par vaux, elle téléphone dans le monde entier. Allez, joyeux anniversaire, Sophie !

– Splendide ! s'exclama madame Ingebrigtsen.

Sophie se demanda si le commentaire concernait sa mère, le discours qu'elle venait de faire, le gâteau aux amandes ou Sophie en personne.

L'assemblée applaudit et un des garçons jeta une fusée dans le poirier. Jorunn, à son tour, se leva de table et entraîna Jørgen. Il se laissa faire et ils se retrouvèrent tous deux à s'embrasser dans l'herbe avant de disparaître en roulant derrière des groseilliers.

– De nos jours, ce sont les filles qui prennent l'initiative, déclara le conseiller financier.

Sur ce, il se leva et, marchant résolument vers les arbustes, alla observer le phénomène d'un peu plus près. Toute l'assemblée suivit son exemple. Seuls Sophie et Alberto restèrent assis. En un rien de temps, les invités firent demi-cercle autour de Jorunn et Jørgen, qui avaient depuis longtemps passé le cap du premier baiser et en étaient à des gestes beaucoup moins innocents.

– Je crois qu'on ne pourra plus les arrêter, dit madame Ingebrigtsen avec une certaine fierté dans la voix.

– Non, la race suit l'appel de la race, lança son mari.

Il jeta un regard autour de lui dans l'espoir de récolter quelques compliments pour ces termes si choisis. Ne rencontrant que des visages qui acquiesçaient silencieusement, il crut bon d'ajouter :

– Il n'y a rien à y faire.

De loin, Sophie comprit que Jørgen essayait de déboutonner le chemisier blanc de Jorunn, lequel était déjà couvert de taches d'herbe. Quant à Jorunn, elle avait fort à faire avec le ceinturon de Jørgen.

– N'attrapez pas froid, surtout ! dit madame Ingebrigtsen.

Sophie jeta un regard désespéré à Alberto.

– Tout se passe un peu plus vite que je n'aurais cru, dit-il. Il faut vite partir d'ici, mais avant je voudrais prononcer quelques mots.

Sophie s'empressa de claquer des mains :

– Allez, venez vous rasseoir, Alberto voudrait dire quelque chose.

Tous, à l'exception de Jorunn et Jørgen, revinrent s'asseoir.

– Dites, c'est vrai, vous allez réellement faire un discours ? s'enquit la mère de Sophie. Comme c'est aimable de votre part !

– Je vous remercie de votre attention.

– Il paraît que vous aimez beaucoup vous promener ? C'est important pour rester en forme, à ce qu'on dit. Mais je trouve que c'est particulièrement sympathique d'emmener son chien en balade. Il s'appelle Hermès, n'est-ce pas ?

Alberto se leva et tapota sa tasse à café avec une cuiller.

– Ma chère Sophie, commença-t-il, je tiens à rappeler que ceci est une réception à caractère philosophique. C'est pourquoi je tiendrai un discours philosophique.

Une salve d'applaudissements accueillit ses propos.

– Dans cette fête qui tourne à la débauche, il me paraît fort à propos de revenir à une certaine raison. N'oublions pas qu'il s'agit de célébrer les quinze ans d'une jeune fille.

A peine avait-il prononcé ces mots qu'ils entendirent le vrombissement d'un moteur d'avion qui se rapprochait. On le vit survoler à basse altitude le jardin traînant une banderole sur laquelle était écrit : *Bon anniversaire !*

Cela provoqua des applaudissements encore plus chaleureux.

– Comme vous pouvez voir, cet homme sait faire autre chose que de lancer des fusées, interrompit la mère de Sophie.

– Merci, ce n'était pas grand-chose. Sophie et moi-même avons mené ces dernières semaines une grande recherche philosophique. Nous aimerions, ici et maintenant, vous communiquer les résultats de notre travail. Nous allons vous révéler le plus grand des secrets concernant notre existence.

Tout le monde s'était tu, on pouvait de nouveau entendre le chant des oiseaux, sans compter quelques bruits étouffés du côté des groseilliers.

– Continue ! dit Sophie.

– Après des recherches philosophiques approfondies qui se sont étendues des premiers philosophes grecs jusqu'à aujourd'hui, nous sommes en mesure d'affirmer que nos vies se déroulent dans la conscience d'un major. Il est actuellement en poste comme observateur de l'ONU au Liban, mais il a aussi écrit un livre sur nous, pour sa fille qui habite à Lillesand. Elle s'appelle Hilde Møller Knag et a eu quinze ans le même jour que Sophie. Ce livre qui parle de nous tous, elle l'a trouvé en se réveillant sur sa table de nuit, le matin de son anniversaire, le 15 juin. Il s'agit d'un grand classeur, pour être plus précis. A cet instant, elle sent sous ses doigts qu'il ne lui reste plus beaucoup de pages à lire.

Une vague de nervosité avait gagné l'assistance.

– Notre existence n'est donc ni plus ni moins qu'une forme distrayante de cadeau d'anniversaire pour Hilde Møller Knag. Nous sommes tous inventés pour servir de décor à un cours de philosophie destiné à sa fille. Ce qui revient à dire que la Mercedes blanche garée devant la porte ne vaut pas un clou. Cela en soi n'a aucune espèce d'importance. Elle est comme toutes ces Mercedes qui roulent dans la tête de ce pauvre major de l'ONU qui vient de s'asseoir sous un palmier pour éviter une insolation. Les journées sont chaudes au Liban, mes amis.

– C'est insensé ! s'exclama à cet instant le conseiller financier. Qu'est-ce que c'est que ces histoires à dormir debout ?

– La parole est naturellement libre, continua Alberto, impassible. Mais la vérité, c'est que toute cette réception est une histoire à dormir debout. La seule petite once de raison se trouve dans ce discours.

Le conseiller financier se leva alors et déclara :

– C'est bien la peine d'essayer de se couvrir avec une assurance tous risques. Vous allez voir que ce poseur va vouloir tout détruire au nom de prétendues affirmations « philosophiques » !

Alberto fit un signe approbateur et ajouta :

– Rien ne résiste à ce genre d'analyse philosophique. Nous parlons de quelque chose de bien pire que les catastrophes naturelles, monsieur le conseiller financier. Qui, d'ailleurs, ne sont pas couvertes, elles non plus, par les compagnies d'assurances.

– Il ne s'agit nullement ici d'une catastrophe naturelle.

– Non, c'est une catastrophe existentielle. Il suffit de jeter un coup d'œil derrière les groseilliers pour s'en persuader. On ne peut pas s'assurer contre le fait qu'un jour toute son existence s'effondre. On ne peut pas non plus contracter une assurance pour éviter que le soleil ne s'éteigne.

– Et nous sommes censés accepter ça ? demanda le père de Jorunn en s'adressant à sa femme.

Elle secoua la tête, tout comme la mère de Sophie.

– Voilà qui est bien triste. Et nous qui avions cru si bien faire !

Les jeunes, eux, ne quittaient pas Alberto des yeux. C'est un fait reconnu que les jeunes sont plus ouverts aux nouveaux courants d'idées que ceux qui ont déjà vécu un moment.

– On aimerait bien en apprendre un peu plus, fit un garçon à lunettes, aux cheveux blonds et frisés.

– Je vous en remercie, mais je crois vous avoir tout dit. Quand on est finalement arrivé à la conclusion qu'on n'est rien d'autre qu'une image illusoire dans la conscience somnolente d'un autre individu, mieux vaut à mon avis se taire. Je voudrais cependant finir en conseillant à tous ces jeunes gens de suivre un petit cours d'histoire de la philosophie. Ainsi, vous pourrez avoir une attitude plus critique vis-à-vis du monde dans lequel vous vivez. Cela permet entre autres choses de prendre ses distances par rapport aux valeurs établies. Si Sophie a appris quelque chose grâce à moi, c'est à avoir un esprit critique. Hegel appelait ça la pensée négative.

Le conseiller financier ne s'était toujours pas rassis. Il était resté debout à tambouriner nerveusement sur la table.

– Cet agitateur essaie de réduire à néant toutes les saines attitudes que nous avons tenté, d'un commun effort avec l'École et l'Église, de faire germer dans l'esprit des jeunes générations. Ce sont elles qui ont l'avenir devant elles et qui vont un jour hériter de nos biens. Si on n'éloigne pas immédiatement cet individu d'ici, j'appelle mon avocat personnel. Lui saura comment prendre l'affaire en main.

– Quelle importance peut avoir l'affaire, puisque vous n'êtes qu'une ombre ? De toute façon, Sophie et moi n'allons pas tarder à quitter la fête. Le cours de philosophie n'a pas été seulement un pur projet théorique. Il a eu aussi un aspect pratique. Le moment venu, je réaliserai devant vous un numéro où nous nous volatiliserons. C'est ainsi que nous parviendrons à nous échapper de la conscience du major.

La mère de Sophie prit sa fille par le bras.

– Tu ne vas quand même pas me quitter, Sophie ?

Ce fut au tour de Sophie de la prendre dans ses bras. Elle leva les yeux vers Alberto.

– Maman est si triste...

– Non, c'est de la comédie. Allez, n'oublie pas ce que je t'ai appris. C'est de tous ces mensonges que nous voulons nous libérer. Ta mère est une gentille petite dame tout comme le panier du Petit Chaperon rouge était tout à l'heure rempli de nourriture pour sa grand-mère. Elle n'est pas vraiment triste de même que l'avion n'avait pas besoin de carburant pour effectuer sa manœuvre.

– Je comprends ce que tu veux dire, avoua Sophie.

Elle se retourna cette fois vers sa mère et ajouta :

– Je dois faire ce qu'il me dit, Maman. Il fallait bien que je te quitte un jour.

– Tu vas me manquer, répondit sa mère. Mais s'il y a un ciel au-dessus de celui-ci, tu n'as qu'à prendre ton envol. Je promets de veiller sur Govinda. Au fait, c'est une ou deux feuilles de salade qu'il lui faut par jour ?

Alberto posa la main sur son épaule :

– Nous n'allons manquer ni à vous ni à personne, tout simplement parce que vous n'existez pas. Vous n'avez donc pas ce qu'il faudrait pour pouvoir nous regretter.

– C'est la pire injure que j'aie jamais entendue jusqu'ici ! s'écria madame Ingebrigtsen.

Son mari l'approuva de la tête.

– De toute façon, il aura à répondre de ses insolences. Je te parie que c'est un communiste. Il veut nous enlever tout ce qui nous est cher. C'est de la racaille, un voyou de la pire espèce...

Après cet échange, Alberto et le conseiller financier se rassirent. Ce dernier était rouge de colère. Jorunn et Jørgen revinrent à table. Leurs vêtements étaient sales et froissés, de la terre et de la boue collaient aux cheveux blonds de Jorunn.

– Maman, je vais avoir un bébé, annonça-t-elle.

– C'est très bien, mais attends au moins qu'on soit rentrés à la maison.

Son mari vint tout de suite à la rescousse :

– Elle n'a qu'à se retenir ! Si le baptême doit avoir lieu ce soir, ce sera à elle de tout organiser.

Alberto lança à Sophie un regard grave.

– Le moment est venu.

– Tu ne pourrais pas aller nous chercher un peu de café avant de partir ? demanda sa mère.

– Bien sûr que si, Maman, j'y vais.

Elle prit la Thermos à café posée sur la table. A la cuisine, elle dut brancher la cafetière électrique et, en attendant, elle donna à manger aux oiseaux et aux poissons. Elle fit un petit tour à la salle de bains et laissa une grande feuille de salade à Govinda. Elle ne vit pas le chat, mais elle versa le contenu d'une grande boîte dans une assiette creuse et la posa sur le pas de la porte. Elle avait les larmes aux yeux.

Quand elle revint avec le café, la fête ressemblait davantage à un goûter d'enfants qu'à l'anniversaire d'une fille de quinze ans. Beaucoup de bouteilles étaient couchées sur la table, la nappe était barbouillée de chocolat, le plat avec les brioches était renversé. Au moment où Sophie revenait, un des garçons était en train de glisser une fusée à l'intérieur du gâteau à la crème. Elle explosa en éclaboussant de crème toute la table et les invités. Mais ce fut le pantalon rouge de madame Ingebrigtsen qui en reçut le plus.

Le plus étrange, c'était le grand calme avec lequel ils prenaient les choses. Jorunn prit à son tour un grand morceau de gâteau au chocolat et en barbouilla le visage de Jørgen. Tout de suite après, elle entreprit de le lécher pour le nettoyer.

La mère de Sophie et Alberto avaient pris place dans la balancelle, un peu à l'écart des autres. Ils firent signe à Sophie de venir les rejoindre.

– Vous avez enfin pu vous expliquer entre quatre-z-yeux ? demanda Sophie.

– Et tu avais tout à fait raison, répondit sa mère toute joyeuse. Alberto est quelqu'un de très bien. Je te confie à ses bras vigoureux.

Sophie s'assit entre eux.

Deux des garçons avaient réussi à grimper sur le toit. Une des filles faisait le tour du jardin et crevait un à un tous les ballons avec une épingle. Un garçon qu'on n'avait pas invité arriva en vélomoteur. Il avait sur son porte-bagages une caisse remplie de canettes de bière et de bouteilles d'alcool. Des âmes charitables vinrent l'accueillir.

Voyant cela, le conseiller financier quitta aussi la table. Il applaudit en disant :

– Et si on jouait, les enfants ?

Il saisit une des bouteilles de bière, la vida d'un trait et la jeta dans l'herbe. Puis il alla prendre les cinq grands anneaux en pâte d'amande qui restaient et montra aux invités comment lancer les anneaux autour de la bouteille.

– Ce sont les derniers soubresauts, dit Alberto. Il faut vraiment partir avant que le major ne mette le point final et que Hilde ne referme le classeur.

– Je te laisse seule pour tout ranger, Maman.

– Ça n'a aucune importance, mon enfant. Ici, de toute façon, ce n'est pas une vie pour toi. Si Alberto peut t'offrir une meilleure existence, je serai la plus heureuse sur terre. Tu ne m'as pas dit qu'il avait un cheval blanc ?

Sophie regarda autour d'elle. Le jardin était méconnaissable. Des bouteilles vides, des os de poulet, des brioches et des ballons crevés jonchaient l'herbe.

– Ceci fut autrefois mon petit paradis, dit-elle.

– Et tu vas maintenant être chassée du paradis, répondit Alberto.

Un des garçons s'assit au volant de la Mercedes blanche. Elle démarra en trombe, emboutit la porte du jardin, dévala l'allée de graviers et finit sa course dans le jardin.

Sophie sentit qu'on lui serrait fortement le bras et qu'on l'entraînait vers sa cabane. Elle eut juste le temps d'entendre la voix d'Alberto :

– Maintenant !

A cet instant précis, la Mercedes blanche alla s'écraser contre un pommier. Toutes les pommes dégringolèrent sur la carrosserie.

– Cela va trop loin ! s'écria le conseiller financier. Je réclame des dommages et intérêts !

Sa femme, toujours aussi ravissante, appuya sa demande.

– C'est la faute de cet imbécile. A propos, où est-il passé ?

– On dirait que la terre les a avalés, dit la mère de Sophie avec une pointe de fierté.

Elle se leva et commença à ranger ce qui restait de la fête philosophique.

– Quelqu'un veut encore du café ?

Chapitre 34

CONTREPOINT

...deux ou plusieurs chants dont les lignes mélodiques se superposent...

Hilde se redressa dans son lit. Ainsi se terminait donc l'histoire de Sophie et d'Alberto. Que s'était-il passé au juste ?

Pourquoi son père avait-il écrit ce dernier chapitre ? Était-ce seulement pour faire étalage du pouvoir qu'il exerçait sur le monde de Sophie ?

Plongée dans ses pensées, elle alla s'habiller dans la salle de bains. Elle avala rapidement son petit déjeuner et descendit s'installer dans la balancelle du jardin.

Elle était d'accord avec Alberto pour dire que la seule chose censée de toute la fête avait été son discours. Son père voulait-il sous-entendre que le monde de Hilde était aussi chaotique que la fête de Sophie ? Ou son monde à elle aussi allait-il finir par se volatiliser ?

Oui, ces deux-là, Sophie et Alberto... Qu'était-il advenu de ce fameux plan secret ?

Était-ce à Hilde de continuer à inventer l'histoire ? Ou avaient-ils vraiment réussi à s'échapper de la narration ?

Mais où étaient-ils alors ?

Elle fut frappée par un détail : si Alberto et Sophie avaient réussi à s'échapper de la narration, il ne pouvait plus rien y avoir d'écrit sur eux dans le classeur. Car tout ce qu'il y avait dedans, son père le savait par cœur.

Mais pouvait-il y avoir quelque chose d'écrit entre les lignes ? Il lui semblait avoir lu cette phrase quelque part en toutes lettres. Hilde comprit qu'il lui fallait relire toute l'histoire plusieurs fois.

Tandis que la Mercedes blanche débouchait en trombe dans le jardin, Alberto avait entraîné Sophie dans sa cachette. Puis ils avaient traversé la forêt en courant et regagné le chalet.

— Vite ! criait Alberto. Il faut le faire avant qu'il ne parte à notre recherche !

— Est-ce que nous avons échappé à l'attention du major maintenant ?

— Nous nous trouvons dans la zone frontalière !

Ils ramèrent jusqu'à l'autre côté du lac et se précipitèrent à l'intérieur du chalet. Alberto ouvrit alors une trappe et poussa Sophie dans la cave. Tout devint noir.

Les jours qui suivirent, Hilde peaufina son propre plan. Elle envoya plusieurs lettres à Anne Kvamsdal à Copenhague et lui téléphona aussi plusieurs fois. A Lillesand, elle demanda l'aide de tous ses amis et relations, et presque la moitié de sa classe fut engagée à participer.

De temps à autre, elle reprenait *Le Monde de Sophie*, car ce n'était pas une histoire dont on pouvait faire le tour en une seule lecture. Elle imaginait chaque fois une autre version de ce qui avait pu arriver à Sophie et Alberto depuis leur disparition à la fête.

Le samedi 23 juin, elle se réveilla en sursaut vers neuf heures. Elle savait que son père avait déjà décollé du Liban. Il ne restait plus qu'à attendre. L'emploi du temps pour le restant de la journée de son père avait été minutieusement préparé dans les moindres détails.

Dans le courant de la matinée, elle commença à préparer la soirée de la Saint-Jean avec sa mère. Hilde ne pouvait s'empêcher de penser à la manière dont Sophie, elle aussi, avait aidé sa mère à préparer sa fête.

Mais tout ça, c'était du passé ! Ou bien étaient-elles en train de mettre la table en ce moment précis ?

Sophie et Alberto s'assirent sur une pelouse devant deux grands bâtiments avec d'affreux ventilateurs et bouches d'aération sur la façade. Une jeune femme et un jeune homme sortirent d'un des bâtiments, lui portait une serviette marron et elle un sac rouge en bandoulière. Dans une petite rue derrière eux, on voyait passer une voiture.

– Que s'est-il passé ? demanda Sophie.

– Nous avons réussi !

– Mais où sommes-nous ici ?

– A Majorstua.

– Mais Majorstua... c'est le « chalet du major » !

– C'est ici, à Oslo.

– Tu en es sûr ?

– Tout à fait sûr. Ce bâtiment-ci s'appelle « Château-Neuf ». On y étudie la musique. Et celui-là, c'est la faculté de théologie. Plus haut sur la colline, on étudie les sciences de la nature et tout en haut la littérature et la philosophie.

– Est-ce que nous sommes sortis du livre de Hilde et échappons au contrôle du major ?

– Oui. Jamais il ne pourra nous retrouver ici.

– Mais où étions-nous quand nous avons traversé la forêt en courant ?

– Quand le major était occupé à faire s'écraser la Mercedes blanche du conseiller financier contre un pommier, nous avons saisi notre chance en nous dissimulant dans ta cabane. Nous en étions au stade fœtal, Sophie. Nous appartenions à la fois à l'ancien et au nouveau monde. Mais il est impossible que le major ait songé à nous cacher ici.

– Pourquoi ça ?

– Il ne nous aurait pas lâchés si facilement. Ça a marché comme sur des roulettes. Encore que... on peut toujours imaginer qu'il est au courant et se mêle au jeu.

– Qu'est-ce que tu veux dire par là ?

– C'est lui qui a fait démarrer la Mercedes blanche. Peut-être qu'il a fait tout son possible pour nous perdre de vue. Il était peut-être au fond épuisé après tout ce qui s'était passé...

Le jeune couple n'était plus à présent qu'à quelques mètres d'eux. Sophie avait un peu honte d'être vue assise sur la pelouse avec un homme nettement plus âgé qu'elle. Elle avait surtout envie que quelqu'un lui confirme les propos d'Alberto.

Elle se leva et alla à leur rencontre.

– Excusez-moi, mais comment ça s'appelle ici ?

Mais ils ne lui répondirent pas et firent comme s'ils ne l'avaient pas vue. Sophie trouva que c'était de la provocation et repartit à l'assaut :

– Il n'y a rien d'extraordinaire à répondre à une question, que je sache !

Le jeune homme était visiblement lancé dans une grande discussion avec la jeune fille :

– La forme de composition contrapuntique travaille sur deux plans : horizontal, c'est-à-dire mélodique, et vertical, c'est-à-dire harmonique. Il s'agit donc de deux ou de plusieurs chants dont les lignes mélodiques se superposent...

– Excusez-moi de vous interrompre, mais...

– Les mélodies se combinent de façon à se développer le plus indépendamment possible de l'effet d'ensemble, mais tout en respectant les lois de l'harmonie. C'est ce que nous appelons le contrepoint. Ce qui signifie en fait « note contre note ».

Quel culot ! Ils n'étaient ni sourds ni aveugles. Sophie fit une troisième tentative en leur barrant carrément le chemin.

Elle fut doucement poussée sur le côté.

– On dirait que le vent se lève, dit la femme.

Sophie courut rejoindre Alberto.

– Ils ne m'entendent pas ! s'écria-t-elle et au même moment lui revint en mémoire son rêve de Hilde avec sa croix en or.

– Eh oui ! C'est le prix que nous devons payer. Quand nous nous échappons d'un livre, il ne faut pas s'attendre à réapparaître avec exactement le même statut que l'écrivain du livre. Mais nous sommes là, c'est ce qui compte. A partir d'aujourd'hui, nous aurons toujours l'âge que nous avions quand nous avons quitté la fête philosophique.

– Mais nous ne pourrons jamais nouer de contacts avec les gens qui nous entourent ?

– Un vrai philosophe ne dit jamais « jamais ». Tu as l'heure ?

– Il est huit heures.

– L'heure qu'il était quand nous nous sommes enfuis de la fête.

– C'est aujourd'hui que le père de Hilde revient du Liban.

– Aussi il n'y a pas de temps à perdre.

– Qu'est-ce que tu veux dire ?

– Tu n'as pas envie de savoir ce qui va se passer quand le major va rentrer à Bjerkely ?

– Si, bien sûr...

– Alors viens vite !

Ils descendirent vers le centre-ville. A plusieurs reprises, ils croisèrent des gens, mais tous marchèrent droit devant eux comme s'ils n'étaient que de l'air.

Tout le long du trottoir, des voitures étaient garées les unes derrière les autres. Soudain Alberto s'arrêta devant une voiture de sport décapotable rouge.

– Je pense que celle-ci fera l'affaire, dit-il. Il faut juste s'assurer que c'est bien *notre* voiture.

– Je ne comprends plus rien.

– Laisse-moi t'expliquer : nous ne pouvons pas tout simplement prendre la voiture de quelqu'un ici en ville. Comment réagiraient les gens, à ton avis, s'ils voyaient une voiture rouler sans conducteur ? Une autre chose est que nous aurions beaucoup de mal à la faire démarrer.

– Et cette voiture de sport-là ?

– Je crois que je l'ai déjà vue dans un vieux film.

– Excuse-moi, mais je commence à en avoir assez de toutes tes allusions plus obscures les unes que les autres.

– C'est une voiture imaginaire, Sophie. Elle est exactement comme nous. Les gens qui passent ne voient qu'une place libre pour se garer. C'est la seule chose que je tiens à vérifier avant de partir.

Ils attendirent un instant et virent un garçon foncer à bicyclette sur le trottoir. Il donna un brusque coup de guidon et descendit dans la rue en traversant la voiture rouge.

– Tu vois ! C'est bien la nôtre.

Alberto ouvrit la portière avant droite.

– Sois mon invitée ! dit-il et Sophie s'assit.

Il se mit au volant. Les clés étaient dessus et la voiture démarra sur-le-champ.

Ils descendirent l'allée de l'Église et arrivèrent sur la grande route de Drammen. Ils passèrent Lysaker et Sandvika. Ils voyaient de plus en plus de grands feux de la Saint-Jean, surtout après avoir dépassé Drammen.

– C'est la nuit du solstice d'été, Sophie. N'est-ce pas merveilleux ?

– C'est tellement agréable de rouler en décapotable et d'avoir le vent frais qui souffle au visage. Tu crois vraiment que personne ne peut nous voir ?

– Sauf ceux qui sont comme nous. Nous en rencontrerons peut-être. Quelle heure est-il ?

– Il est huit heures et demie.

– Il va falloir prendre un raccourci. Nous ne pouvons pas rester indéfiniment derrière ce camion.

Là-dessus, il bifurqua et s'engagea dans un grand champ de blé. Sophie se retourna et vit une large bande d'épis de blé couchés à terre après leur passage.

– Ils diront demain que c'est le vent qui a soufflé sur les champs, se contenta de dire Alberto.

Le major Albert Knag atterrit à l'aéroport de Copenhague à quatre heures et demie ce samedi 23 juin. Il avait une longue journée derrière lui, ayant déjà, pour cette avant-dernière étape, pris l'avion à Rome.

Il passa le contrôle des passeports dans son uniforme des Nations unies, qu'il avait toujours porté avec grande fierté. Il ne représentait pas seulement lui-même ni son propre pays, mais une organisation de droit internationale, une tradition centenaire qui englobait à présent toute la planète.

Il portait juste un petit sac sur l'épaule, le reste de ses bagages ayant été enregistré à Rome. Il lui suffisait de brandir son petit passeport rouge.

Nothing to declare.

Le major Knag devait attendre presque trois heures sa correspondance pour Lillesand. Autant acheter quelques cadeaux pour sa famille. Le plus grand cadeau de sa vie, il l'avait envoyé à sa fille, voilà deux semaines de cela. Sa femme Marit l'avait posé sur la table de nuit de sa fille afin que Hilde le trouve à son réveil, le jour de son anniversaire.

Depuis son coup de téléphone tard dans la soirée ce jour-là, il n'avait pas reparlé à Hilde.

Albert acheta quelques journaux norvégiens, s'assit au bar de l'aéroport et commanda une tasse de café. Il était en train de parcourir les gros titres lorsqu'il entendit au haut-parleur :

« Message personnel pour monsieur Albert Knag. Monsieur Albert Knag est prié de contacter le comptoir SAS. »

De quoi s'agissait-il ? Albert Knag eut des sueurs froides. On ne lui demandait quand même pas de retourner au Liban ? Ou était-il arrivé quelque chose de grave à la maison ?

Il se présenta le plus vite possible à l'endroit demandé :

– C'est moi, Albert Knag.

– Ah, très bien. C'est urgent.

Il ouvrit l'enveloppe sur-le-champ. A l'intérieur de l'enveloppe se trouvait une autre enveloppe plus petite sur laquelle était écrit : *Au major Albert Knag, c/o comptoir d'informations SAS à l'aéroport Kastrup, Copenhague.*

Albert se sentit devenir nerveux. Il ouvrit la plus petite enveloppe. Elle ne contenait qu'un bout de papier :

> *Cher Papa,*
> *Je te souhaite la bienvenue. Quel bonheur de te savoir bientôt à la maison, après tout ce temps passé au Liban. Tu comprendras aisément que je n'en puisse plus d'attendre. Excuse-moi si j'ai été obligée de te faire appeler au haut-parleur, mais c'était plus facile ainsi.*
>
> *P.-S. : Une demande de dommages et intérêts de la part du conseiller financier Ingebrigtsen concernant un accident survenu à une Mercedes volée t'attend à la maison.*
>
> *P.-P.-S. : Je serai peut-être dans le jardin quand tu rentreras. Mais il se peut que tu aies de mes nouvelles avant.*
>
> *P.-P.-P.-S. : Tout d'un coup, j'ai un peu peur de rester trop longtemps dans le jardin. Dans ce genre d'endroits, on peut si facilement disparaître sous terre.*
>
> *Ta petite Hilde qui a eu tout le temps nécessaire pour se préparer à ton retour.*

Le major Albert Knag ne put tout d'abord s'empêcher de sourire. Mais il n'aimait pas se sentir manipulé de cette façon. Il aimait garder le contrôle de sa propre existence. Et cette coquine de fille prétendait diriger ses faits et gestes depuis Lillesand ! Mais comment s'était-elle débrouillée ?

Il glissa l'enveloppe dans une des poches de sa veste et commença à flâner dans les boutiques de l'aéroport. Au moment où il s'apprêtait à entrer dans le magasin vendant les produits danois si prisés en Norvège, son regard tomba sur une petite enveloppe collée sur la vitre. La mention *MAJOR KNAG* y était écrite au feutre épais. Il déchira l'enveloppe et lut :

> *Message personnel à l'intention du major Albert Knag, c/o magasin d'alimentation, aéroport de Kastrup, Copenhague.*
>
> *Cher Papa,*
> *J'aimerais bien que tu achètes un grand salami, pourquoi pas même un de deux kilos. Quant à Maman, elle apprécierait certainement une saucisse au cognac.*
>
> *P.-S. : Le caviar de Limfjord n'est pas mal non plus, tout compte fait.*
>
> *Hilde qui t'embrasse.*

Albert Knag regarda autour de lui. Elle ne pouvait quand même pas être là à proximité ? Sa mère lui aurait offert un voyage à Copenhague pour qu'elle vienne à sa rencontre ? C'était pourtant bien l'écriture de Hilde...

D'un seul coup, l'observateur de l'ONU se sentit lui-même observé, comme s'il était manipulé de loin. Il se sentait comme une poupée entre les mains d'une enfant.

Il entra dans le magasin et acheta un salami de deux kilos, une saucisse au cognac et trois pots de caviar de Limfjord. Puis il continua son chemin, car il avait l'intention de trouver aussi un vrai cadeau d'anniversaire pour Hilde. Que dirait-elle d'une machine à calculer ? Ou d'une petite radio de voyage... oui, ça c'était une bonne idée.

En arrivant à la boutique qui vendait les chaînes hi-fi et tous les gadgets électroniques, il constata que là aussi une petite enveloppe était collée à la vitre : « *Major Albert Knag, c/o la plus intéressante boutique de l'aéroport.* ». À l'intérieur de l'enveloppe blanche, le petit mot disait :

> *Cher Papa,*
> *Tu as le bonjour de Sophie qui tient à te remercier pour le mini-poste de télévision combiné avec une radio qu'elle a reçu pour son anniversaire de la part de son généreux papa. C'était*

une folie, mais d'un autre côté ce n'était qu'une bagatelle. Je dois avouer que je partage avec Sophie le goût pour ce genre de bagatelles.

P.-S. : Si tu n'y es pas encore allé, tu trouveras d'autres instructions dans le magasin d'alimentation et dans la grande boutique tax-free *où l'on vend les alcools et les cigarettes.*

P.-P.-S. : J'ai reçu de l'argent pour mon anniversaire et je peux participer à l'achat du combiné télévision-radio à hauteur de 350 couronnes.

> *Hilde qui a déjà farci la dinde*
> *et préparé ta salade Waldorf préférée.*

La mini-télévision coûtait 985 couronnes danoises. Ce n'était rien comparé à l'état dans lequel se trouvait Albert Knag, ballotté dans tous les sens selon le bon vouloir de sa fille. Était-elle là, oui ou non ?

Il commença à se retourner tous les cinq pas. Il se sentait à la fois espion et marionnette. Ne lui avait-on pas volé sa propre liberté d'homme ?

Il fallait aussi qu'il aille à la boutique *free-tax*. Il y trouva une nouvelle enveloppe à son nom. Tout l'aéroport n'était plus que l'écran d'un gigantesque ordinateur où il jouait le rôle de la souris. Le mot disait :

Major Knag, c/o la grande boutique free-tax *de l'aéroport.*

Tout ce que je désire ici, c'est un paquet de chewing-gums et quelques boîtes de chocolats Anthon Berg. Tout ça est tellement plus cher en Norvège ! Si mes souvenirs sont bons, Maman aime bien le Campari.

P.-S. : Garde tes sens bien en éveil sur le chemin du retour. Je suis sûre que tu n'aimerais pas manquer quelques précieuses informations ?

Ta fille Hilde qui, comme tu le vois, a beaucoup appris.

Albert Knag poussa un soupir de découragement, puis finit par entrer dans la boutique, mais il n'acheta que ce qui lui avait été demandé. Chargé de trois sacs en plastique, son bagage sur l'épaule, il se dirigea enfin vers la porte 28 pour attendre l'embarquement. Tant pis s'il restait encore des petits mots quelque part.

Mais sur une colonne, à la porte 28, l'attendait encore une enveloppe blanche : *Au major Knag, c/o porte 28, aéroport de Kastrup, Copenhague.* C'était encore l'écriture de Hilde, mais on aurait dit que le numéro de la porte avait été rajouté par quelqu'un d'autre... Il n'y avait aucun moyen de le savoir, car comment comparer des lettres avec des chiffres ? Il la prit et l'ouvrit. Le mot disait seulement :

C'est bientôt terminé.

Il s'enfonça dans un fauteuil, le dos bien calé, tout en gardant ses sacs en plastique serrés contre lui sur les genoux. C'est ainsi qu'un fier major resta assis à regarder tous les passagers comme s'il était un enfant qui voyageait seul pour la première fois de sa vie. Si jamais elle était ici, il n'allait pas lui faire le plaisir de la laisser l'apercevoir la première !

Inquiet, il dévisageait tous les voyageurs au fur et à mesure de leur arrivée. Il avait l'impression d'être un ennemi étroitement surveillé par les services secrets du pays. En montant enfin dans l'avion, il poussa un soupir de soulagement. Il fut le dernier à embarquer.

En remettant sa carte d'embarquement, il trouva une dernière enveloppe collée sur le comptoir.

Sophie et Alberto avaient franchi le pont de Brevik et arrivèrent à la bifurcation vers Kragerø.

– Tu roules à cent quatre-vingts, dit Sophie.

– Il est presque neuf heures. Il ne va pas tarder à atterrir à l'aéroport de Kjevik. De toute façon, on ne peut pas être pris en infraction de vitesse.

– Et si nous avons un accident ?

– Cela n'a aucune importance si c'est contre une voiture normale. En revanche, contre une voiture comme la nôtre...

– Eh bien ?

– Il faut faire attention, c'est tout.

– Oui, mais ça ne va pas être facile de doubler ce bus de tourisme. La forêt longe la route des deux côtés.

– Ça ne fait rien du tout, Sophie. Il va falloir que tu t'habitues.

En disant ces mots, il donna un coup de volant et traversa l'épaisse forêt comme si de rien n'était.

Sophie soupira, soulagée.

– Tu m'as fait peur.

– On ne sentirait rien même si on traversait un mur en acier.

– Cela signifie que nous sommes seulement des esprits par rapport au monde environnant.

– Non, tu vois les choses à l'envers. C'est la réalité autour de nous qui n'est qu'une aventure de l'esprit pour nous.

– Attends, je ne te suis pas.

– Alors, écoute bien. C'est un malentendu largement répandu que l'esprit est d'une nature plus « aérienne » que la vapeur d'eau. Mais c'est le contraire. L'esprit est plus solide que la glace.

– Je n'y ai jamais pensé.

– Alors, je vais te raconter une histoire. Il était une fois un homme qui ne croyait pas aux anges. Un jour, cependant, un ange vint le visiter pendant qu'il travaillait dans la forêt.

– Et alors ?

– Ils marchèrent ensemble un moment. Vers la fin, l'homme se tourna vers l'ange et lui dit : « Oui, me voilà obligé d'admettre que les anges existent. Mais vous n'existez pas vraiment comme nous. » « Qu'entends-tu par là ? » demanda l'ange. Et l'homme répondit : « Lorsque nous avons croisé un gros rocher, j'ai dû le contourner mais j'ai vu que tu n'as fait que passer à travers. De même, quand un tronc couché nous a barré le chemin, j'ai été obligé de l'enjamber alors que toi, tu as continué à marcher tout normalement. » Cette réponse surprit beaucoup l'ange qui dit : « N'as-tu pas remarqué que nous avons aussi traversé un marécage ? Là, nous avons pu tous les deux marcher dans le brouillard. C'était parce que nous avons une consistance beaucoup plus solide que le brouillard. »

– Ah...

– Il en va de même pour nous, Sophie. L'esprit peut traverser des portes d'acier. Aucun tank ni aucun bombardier ne peuvent détruire quelque chose qui est fait d'esprit.

– Ça fait tout drôle de penser à ça.

– Nous arriverons bientôt à Risør et cela fait à peine une heure que nous avons quitté Majorstua. Je prendrais bien un café.

A la hauteur de Fiane, juste avant Søndeled, ils aperçurent une cafétéria sur la gauche. Elle s'appelait Cinderella. Alberto quitta la route et gara la voiture sur un bout de pelouse.

Au café, Sophie s'efforça vainement de soulever une bouteille de Coca-Cola du comptoir, mais on eût dit qu'elle était collée. Un peu plus loin, Alberto essayait d'appuyer sur la machine à café, mais il avait beau appuyer de toutes ses forces, rien n'y faisait.

Il devint si furieux qu'il se retourna et réclama de l'aide des autres clients. Comme personne ne réagissait, il se mit à crier si fort que Sophie dut se boucher les oreilles :

– Je veux du café !

Il ne devait pas être si en colère que ça car la seconde d'après il éclata de rire.

– Ils ne peuvent nous entendre, c'est vrai. Nous ne pouvons pas non plus nous servir de leur café.

Ils allaient partir quand soudain une vieille dame se leva et alla vers eux. Elle portait une jupe rouge vif, un pull tricoté main bleu glacier et un foulard blanc sur la tête. Ces couleurs et toute sa personne tranchaient sur le reste de ce café plutôt terne.

– Qu'est-ce que tu as à crier comme ça, mon garçon ?

– Excusez-moi.

– Tu voulais du café, c'est ça ?

– Oui, mais...

– Nous avons un petit établissement un peu plus loin.

Ils suivirent la vieille femme et s'engagèrent sur un sentier derrière la cafétéria. Chemin faisant, elle demanda :

– Vous êtes nouveaux dans le coin ?

– Oui, on peut dire ça comme ça, répondit Alberto.

– Alors, bienvenue au royaume de l'éternité, mes enfants !

– Et vous-même ?

– Je viens d'un conte des frères Grimm. Ça va bientôt faire deux cents ans. Et ils viennent d'où, ces petits jeunes ?

– Nous venons d'un livre de philosophie. Je suis professeur de philosophie et Sophie est mon élève.

– Eh bien ! Voilà qui change un peu !

Ils débouchèrent dans une clairière. Il y avait plusieurs maisons brunes accueillantes. Sur la petite place au milieu brûlait un grand feu de la Saint-Jean et tout autour dansait une joyeuse compagnie. Sophie reconnaissait la plupart de ces personnages. Il y avait Blanche-Neige et les sept nains, Cendrillon, Sherlock Holmes, Peter Pan et Fifi Brin d'acier. Autour du feu se trouvaient aussi rassemblés tous ces êtres qu'on appelle elfes, lutins, faunes, trolls, anges et diablotins.

– Oh là là ! Quelle animation ! s'exclama Alberto.

– C'est le soir de la Saint-Jean, expliqua la vieille femme. Nous n'avons pas eu pareille fête depuis la nuit de Walpurgis. Ça se passait en Allemagne. Je ne suis ici que de passage. Tu voulais du café, c'est bien ça ?

– Oui, merci.

C'est alors que Sophie comprit que toutes les maisons étaient en pain d'épices, en caramel et en sucre glace. Plusieurs des personnages prenaient des petits bouts de maisons qu'ils grignotaient. Une cuisinière effectuait des rondes et réparait les dommages au fur et à mesure. Sophie prit un morceau du faîte d'un toit. Il lui semblait n'avoir jamais rien goûté d'aussi délicieux de toute sa vie.

L'instant d'après, la vieille femme revenait avec une tasse de café.

– Merci infiniment, dit Alberto.

– Et avec quoi allez-vous payer ?

– Comment ça, payer ?

– D'habitude, nous payons en racontant une histoire. Pour un café, un court passage suffit.

– Nous pouvons raconter l'histoire mouvementée de l'humanité, dit Alberto. Mais le hic, c'est que je suis horriblement pressé. Ne pourrions-nous pas revenir payer une autre fois ?

– Naturellement. Mais pourquoi êtes-vous si pressés ?

Alberto expliqua ce qu'ils avaient à faire et la vieille femme dit :

– Ah, pour une fois qu'on voyait des visages nouveaux ! Mais il va falloir bientôt couper le cordon ombilical avec votre origine charnelle. Nous ne dépendons plus de la chair et du sang des hommes. Nous appartenons au peuple invisible.

Peu après, Alberto et Sophie retrouvaient la cafétéria Cinderella et la voiture rouge. Juste à côté, une maman énervée aidait son petit garçon à faire pipi contre une autre voiture.

En prenant quelques raccourcis à travers champs et fourrés, ils arrivèrent rapidement à Lillesand.

L'avion SK 876 de Copenhague atterrit très exactement à 21 heures 35. Au moment du décollage, le major avait ouvert la dernière enveloppe qu'il avait trouvée collée sur le comptoir d'embarquement, adressée :

Au major Knag, à son passage au comptoir d'embarquement, le soir de la Saint-Jean 1990.

Il avait lu :

> *Cher Papa,*
> *Tu t'attendais peut-être à me voir apparaître en chair et en os à Copenhague. Mais le contrôle que j'exerce sur tes faits et gestes est plus subtil que ça. Je te vois partout, Papa. En effet, j'ai rendu visite à une vieille famille tzigane qui a vendu, il y a bien longtemps, un miroir magique en laiton à mon arrière-grand-mère. Je me suis en outre procuré une boule de cristal. Je peux voir que tu viens tout juste de t'asseoir dans ton fauteuil. Aussi vais-je simplement te rappeler que tu es prié d'attacher ta ceinture de sécurité et de garder le dossier de ton siège relevé jusqu'à ce que le signe Fasten seat-belt soit éteint. Dès que l'avion aura pris sa vitesse de croisière, tu pourras faire basculer ton siège et t'accorder un petit somme. Il serait sage d'arriver reposé à la maison. Il fait à Lillesand un temps splendide, mais la température est inférieure de quelques degrés à celle du Liban. Je te souhaite un agréable voyage.*
>
> *Ta petite sorcière préférée,*
> *Reine du Miroir et Grande Protectrice de l'Ironie,*
> *qui t'embrasse.*

Albert ne savait toujours pas s'il était vraiment en colère ou simplement mort de fatigue. Soudain, il se mit à rire. Il rit si fort que les passagers autour de lui se retournèrent et le regardèrent d'un air surpris. Puis l'avion décolla.

Elle lui avait tout bonnement rendu la monnaie de sa pièce. Mais ça faisait un drôle d'effet. Certes, il avait manipulé Sophie et Alberto, mais eux n'étaient que le produit de son imagination.

Il fit ce que Hilde lui avait conseillé de faire. Il fit basculer le dossier de son siège et piqua un somme.

Il ne se réveilla tout à fait qu'après avoir passé le contrôle des passeports, quand il se retrouva dans le hall d'arrivée. Il fut alors accueilli par une véritable manifestation.

Ils étaient environ une dizaine, la plupart de l'âge de Hilde. On pouvait lire sur les pancartes : « BIENVENUE À LA MAISON, PAPA ! », « HILDE T'ATTEND DANS LE JARDIN » et « L'IRONIE CONTINUE ».

Le pire, c'était qu'il ne pouvait pas sauter dans un taxi. Il devait attendre ses bagages. Et pendant tout ce temps, les camarades de classe de sa fille tournaient autour de lui, l'obligeant à lire et relire ces pancartes. Mais quand une des filles vint lui donner un bouquet de roses, il fondit. Il glissa la main dans un des sacs en plastique et distribua les chocolats à tous les manifestants. Il n'en restait plus que deux pour Hilde. Quand il eut enfin récupéré ses bagages sur le tapis roulant, un jeune homme s'avança, expliqua qu'il agissait sur ordre de la Reine du Miroir et qu'il avait pour mission de le ramener à Bjerkely. Les autres manifestants se perdirent dans la foule.

Ils prirent la E18. Au-dessus de tous les tunnels et tous les ponts, des banderoles disaient : « BIENVENUE À LA MAISON ! », « LA DINDE T'ATTEND », « JE TE VOIS, PAPA ! ».

Quand ils arrivèrent enfin à Bjerkely, Albert Knag poussa un soupir de soulagement et glissa au chauffeur un billet de cent couronnes ainsi que trois canettes de bière Carlsberg en guise de remerciement.

Sa femme Marit l'attendait sur le pas de la porte. Il l'embrassa longuement avant de demander :

— Et elle, où est-elle ?

— Elle est sur la jetée, Albert.

Alberto et Sophie garèrent la voiture de sport rouge sur la place du Marché à Lillesand, devant l'hôtel Norge. Il était dix heures moins le quart. Ils aperçurent un grand feu de joie sur une des îles de la côte.

— Comment allons-nous faire pour trouver Bjerkely ? demanda Sophie.

– Il suffit de chercher. Tu te souviens du tableau dans le chalet du major ?

– Mais il faut se dépêcher. Je voudrais être là-bas avant lui.

Ils prirent des petites routes, mais coupèrent par des collines et des rochers. Une chose était sûre : Bjerkely se trouvait au bord de la mer.

Tout à coup Sophie poussa un cri :

– C'est là ! Nous l'avons trouvé !

– Je crois que tu as raison, mais il ne faut pas crier comme ça.

– Bah ! Personne ne peut nous entendre.

– Ma chère Sophie, après tous les cours de philosophie que je t'ai donnés, ces conclusions hâtives me déçoivent de ta part.

– Mais…

– Tu ne crois tout de même pas que cet endroit est totalement dépourvu de lutins, de trolls, d'esprits des bois et de bonnes fées ?

– Oh, pardon !

Ils traversèrent la porte du jardin et remontèrent l'allée de graviers devant la maison. Alberto gara la voiture sur la pelouse à côté de la balancelle. Un peu plus loin dans le jardin, une table était dressée pour trois personnes.

– Je la vois ! chuchota Sophie. Elle est en bas sur la jetée, exactement comme dans mon rêve.

– Vois-tu à quel point ce jardin ressemble au tien, allée des Trèfles ?

– Oui, c'est vrai. La balancelle et tout. Je peux aller la retrouver ?

– Évidemment. Je t'attends ici…

Sophie courut vers la jetée. Elle faillit trébucher et bousculer Hilde, mais elle se calma et s'assit tranquillement à côté d'elle.

Elle était en train de jouer avec les amarres d'une barque attachée à l'embarcadère. Dans la main gauche, elle tenait un petit papier. Il était clair qu'elle attendait. Elle regarda plusieurs fois sa montre.

Sophie trouva qu'elle était si belle ! Ses longs cheveux blonds tombaient en boucles sur ses épaules et ses yeux brillaient d'un bel éclat vert clair. Elle portait une robe d'été jaune. Elle lui faisait un peu penser à Jorunn.

Sophie essaya de lui dire quelque chose, bien qu'elle sût que c'était inutile.

– Hilde ! C'est moi, Sophie !

Aucune réaction.

Sophie se mit à genoux et essaya de lui crier dans les oreilles :

– Tu m'entends, Hilde ? Ou est-ce que tu es sourde et aveugle ?

Il lui sembla lire un certain étonnement dans son regard. N'était-ce pas le signe qu'elle avait entendu quelque chose, même très faiblement ?

Hilde se retourna, fit un brusque mouvement de tête sur la droite et regarda Sophie droit dans les yeux. Mais son regard ne faisait que la traverser, à la recherche d'autre chose.

– Pas si fort, Sophie !

C'était Alberto qui lui parlait de là-haut, à côté de la voiture de sport rouge.

– Je ne veux pas voir ce jardin envahi par des sirènes.

Sophie resta silencieuse. Elle était heureuse de pouvoir enfin être assise à côté de Hilde.

Soudain, on entendit une grave voix d'homme :

– Ma petite Hilde chérie !

C'était le major, en uniforme et avec son béret sur la tête. Il était là-haut dans le jardin.

Hilde bondit sur ses pieds et courut à sa rencontre. Entre la balancelle et la voiture de sport rouge, ils se jetèrent dans les bras l'un de l'autre. Puis il la fit tournoyer dans les airs.

Hilde avait finalement décidé d'attendre son père sur la jetée. Depuis que son père avait atterri sur le sol norvégien, elle s'était mentalement représenté, au quart d'heure près, ses moindres faits et gestes ainsi que ses réactions. Elle avait noté tous ses horaires sur un bout de papier qu'elle n'avait pas lâché de la journée.

Et s'il se mettait en colère ? Mais il devait bien se douter qu'après lui avoir écrit un livre aussi étrange, les choses ne pouvaient plus être comme avant.

Elle regarda encore une fois sa montre. Il était dix heures et quart. Il devait arriver d'un instant à l'autre.

Mais qu'est-ce que c'était ? N'entendait-elle pas un faible souffle, tout comme dans le rêve de Sophie ?

Elle tourna rapidement la tête. Il y avait vraiment une présence, elle en était sûre. Mais une présence de quoi ?

N'était-ce que le charme mystérieux d'une soirée d'été ?

L'espace de quelques secondes, elle se crut douée de voyance.

– Ma petite Hilde chérie !

Elle tourna la tête de l'autre côté. C'était son père ! Il l'attendait là-haut dans le jardin.

Hilde se leva et courut vers lui. Ils se retrouvèrent près de la balancelle, il la souleva de terre et la fit tournoyer dans ses bras.

Hilde avait les larmes aux yeux et le major avait lui aussi du mal à retenir ses larmes.

– Comme tu as grandi, Hilde ! Une vraie petite femme, dis donc !

– Et toi, tu es devenu un vrai écrivain, répondit Hilde en s'essuyant les yeux avec la manche de sa robe jaune.

– Alors on est quittes ?

– On est quittes !

Ils se mirent à table. Hilde voulut savoir en détail tout ce qui s'était passé à l'aéroport de Copenhague et sur le chemin du retour. Ce fut une succession de fous rires.

– Alors tu n'as pas trouvé l'enveloppe dans la cafétéria ?

– Je n'ai pas eu une minute pour m'asseoir et boire quelque chose, petite peste, va ! Je meurs littéralement de faim.

– Pauvre petit Papa !

– Le coup de la dinde farcie, c'était une blague, hein ?

– Mais non ! J'ai tout préparé. Aujourd'hui, c'est Maman qui fait le service.

Puis il fut bien sûr question du grand classeur et de l'histoire de Sophie et d'Alberto. Pendant qu'ils dissertaient en long et en large, la dinde fut servie avec la salade Waldorf, du vin rosé et le pain en forme de tresse.

Son père était en train de dire quelque chose à propos de Platon, quand il fut interrompu par Hilde :

– Chut !

– Qu'y a-t-il ?

– Tu n'as pas entendu ? On aurait dit le cri d'une souris…

– Ah ?

– Je suis sûre d'avoir entendu quelque chose. Bon, ce n'était peut-être qu'une souris.

– Mais, tu sais, Hilde, le cours de philosophie n'est pas tout à fait terminé.

– Qu'est-ce que tu veux dire ?

– Cette nuit, je vais te parler de l'univers.

Avant d'attaquer le repas, il ajouta :

– Hilde est peut-être trop grande à présent pour être sur les genoux de son père, mais pas toi !

Et en disant cela, il attira sa femme Marit sur ses genoux. Elle dut rester là un bon moment avant d'avoir le droit de toucher au repas.

– Et dire que tu vas avoir quarante ans...

En voyant Hilde courir rejoindre son père, Sophie eut les larmes aux yeux.

Elle ne pourrait jamais l'atteindre !

Elle enviait tellement Hilde d'être une vraie personne en chair et en os...

Au moment où Hilde et le major passèrent à table, elle entendit Alberto klaxonner de la voiture.

Sophie leva les yeux. Et Hilde, ne faisait-elle pas de même ? Elle sauta dans la voiture et s'assit à côté d'Alberto.

– On va rester là un petit moment pour voir quelle tournure prennent les événements, dit-il.

Sophie acquiesça.

– Tu as pleuré ?

Sophie fit un nouveau signe de tête.

– Mais que se passe-t-il ?

– Elle en a de la chance d'exister réellement... Elle va grandir et devenir une vraie femme. Elle pourra certainement un jour avoir des enfants...

–... et des petits-enfants, Sophie. Mais chaque chose a deux faces. C'est ce que j'ai essayé de te faire comprendre tout au début de ce cours de philosophie.

– A quoi penses-tu ?

– Je reconnais comme toi qu'elle a de la chance. Mais celui qui gagne le gros lot de la vie gagne du même coup le lot de la mort. Car le lot de la vie, c'est la mort.

– Mais cela ne valait-il pas la peine d'avoir vécu, même si ce n'était pas une vraie vie, plutôt que pas du tout ?

– Nous ne pouvons pas vivre comme Hilde... ou, disons, comme le major. En revanche, nous ne mourrons jamais. Rappelle-toi ce que disait la vieille femme, là-bas dans la forêt. Nous appartenons au peuple invisible. Elle-même disait avoir presque deux cents ans. Mais lors de la fête de la Saint-Jean, j'ai reconnu des personnages qui avaient plus de trois mille ans...

– Peut-être que ce que j'envie le plus chez Hilde, c'est... sa vie de famille.

– Mais toi aussi, tu as une famille. N'as-tu pas aussi un chat, un couple d'oiseaux et une tortue ?

– Nous avons quitté cette réalité-là.

– Pas du tout. Le major l'a quittée, c'est différent. Il y a mis un point final, mon enfant. Et qu'il ne s'imagine pas pouvoir nous retrouver !

– Tu veux dire qu'on pourra y revenir ?

– Autant qu'on veut. Mais nous allons d'abord nous faire de nouveaux amis dans la forêt, derrière la cafétéria Cinderella à Fiane.

La famille Møller Knag s'était mise à table. Un court instant, Sophie craignit que le repas ne tourne mal comme lors de sa fête philosophique, allée des Trèfles. Le major semblait en effet décidé à renverser Marit sur la table. Mais il la fit vite se rasseoir sur ses genoux.

La voiture était un peu à l'écart de la famille, toute à son dîner. Des bribes de phrases leur parvenaient. Sophie et Alberto restèrent à contempler le jardin. Ils eurent le temps de revivre tous les événements de la pitoyable fête au jardin.

Il fallut attendre minuit pour que la famille Knag quitte la table. Hilde et le major se dirigèrent vers la balancelle, en faisant un signe de la main à la mère de Hilde qui s'éloignait vers la maison.

– Allez, va te coucher, Maman ! Il nous reste encore tellement de choses à discuter.

Chapitre 35

LE BIG BANG

...nous aussi sommes poussière d'étoiles...

Hilde s'installa confortablement dans la balancelle à côté de son père. Il était presque minuit. Ils laissèrent longtemps leur regard flotter sur la mer tandis que dans le ciel brillait la faible clarté des étoiles. Ils entendaient le doux clapotis des vagues contre les rochers monter jusqu'à eux.

Ce fut son père qui brisa le silence :

– Ça fait drôle de penser que nous vivons sur une petite planète perdue dans l'univers.

– Oui...

– La Terre n'est qu'une des nombreuses planètes qui tournent autour du Soleil. Et pourtant seule notre planète est vivante.

– Elle est la seule dans tout l'univers ?

– Oui, il y a de fortes chances. Mais il se peut que l'univers bouillonne de vie, car l'univers est immensément grand. Les distances sont telles que nous les mesurons en « minutes-lumière » et en « années-lumière ».

– Ça veut dire quoi exactement ?

– Une minute-lumière est la distance que parcourt la lumière en une minute. Et c'est beaucoup quand on sait que la lumière parcourt trois cent mille kilomètres en une seule seconde. Ce qui fait qu'en une minute, la lumière parcourt soixante fois trois cent mille kilomètres, c'est-à-dire dix-huit millions de kilomètres. Quant à l'année-lumière, cela fait presque dix billions de kilomètres.

– Quelle distance y a-t-il jusqu'au Soleil ?

– Un peu plus de huit minutes-lumière. Les rayons qui réchauffent notre joue par une belle journée de juin ont par conséquent voyagé dans l'univers pendant huit minutes avant de nous atteindre.

– Continue !

– Pluton, la planète la plus éloignée dans notre système solaire, se trouve à plus de cinq heures-lumière de nous. Quand un astronome aperçoit Pluton dans son télescope, il observe en réalité quelque chose tel qu'il était cinq heures auparavant. En d'autres termes, l'image de Pluton met cinq heures à arriver jusqu'à nous.

– C'est un peu difficile à s'imaginer, mais je comprends dans les grandes lignes.

– Tant mieux, Hilde. Mais nous avons tout juste commencé à nous orienter, tu sais. Notre propre Soleil est une des quatre cents milliards d'étoiles dans cette galaxie que nous avons appelée la Voie lactée. Cette galaxie ressemble à un grand disque constitué de plusieurs bras en forme de spirale et notre Soleil est sur un de ces bras. Si nous observons le ciel par une claire nuit d'hiver, nous voyons une large ceinture d'étoiles, parce que nous traversons tous ces anneaux du regard, vers le centre de la Voie lactée.

– Ce qui explique à présent pourquoi la Voie lactée se dit « le Chemin d'hiver » en suédois.

– Notre plus proche étoile dans la Voie lactée est située à quatre années-lumière. Qui sait si ce n'est pas cette étoile que nous apercevons au-dessus de cette île là-bas ? Imagine un astronome nous observant d'un puissant télescope de là-bas : il verrait Bjerkely comme c'était il y a quatre ans. Il verrait peut-être une petite fille de onze ans se balancer dans le jardin en battant des jambes.

– C'est stupéfiant !

– Et encore, je ne te parle que de la plus proche étoile. Ce « brouillard d'étoiles » comme nous l'appelons, s'étend sur quatre-vingt-dix mille années-lumière. C'est le temps que mettra la lumière pour aller d'un bout à l'autre de notre galaxie. Quand nous regardons une étoile située dans la Voie lactée à plus de cinquante mille années-lumière du Soleil, nous regardons cinquante mille années en arrière.

– J'ai mal à la tête rien que d'y penser.

– Quand nous observons l'univers, nous regardons en fait le passé. Nous ne pouvons pas faire autrement. Nous n'avons aucun moyen de connaître l'univers comme il *est*, nous pouvons seulement le connaître tel qu'il *était*. L'étoile que nous apercevons à des milliers d'années-lumière nous permet en réalité de voyager dans l'histoire de l'univers en remontant dans le temps.

– C'est difficile à concevoir.

– Tout ce que nous voyons, nous le percevons parce que des ondes lumineuses parviennent à nos yeux. Et ces ondes lumineuses mettent du temps à parcourir l'espace. On peut faire une comparaison avec le tonnerre. On entend toujours le grondement du tonnerre après avoir vu l'éclair. Car, quand j'entends le tonnerre, j'entends le bruit de quelque chose qui s'est déjà passé il y a un moment. C'est la même chose avec les étoiles. Quand j'aperçois une étoile située à des milliers d'années-lumière de nous, c'est comme si je voyais le « tonnerre » d'un événement qui s'est produit des milliers d'années plus tôt.

– Je comprends.

– Mais nous n'avons jusqu'ici parlé que de notre propre galaxie. Les astronomes estiment qu'il existe une centaine de milliards de ces galaxies au sein de l'univers, et chacune de ces galaxies est composée d'une centaine de milliards d'étoiles. La galaxie la plus proche de la Voie lactée est ce qu'on appelle la nébuleuse d'Andromède. Elle se trouve à deux millions d'années-lumière de notre propre galaxie. Comme nous l'avons vu, cela revient à dire que la lumière de cette galaxie met deux millions d'années à venir jusqu'à nous. Cela veut aussi dire que nous remontons deux millions d'années dans le temps quand nous observons le Nuage d'Andromède là-haut dans le ciel. Et si un petit futé pouvait nous observer de là-bas avec son télescope – tiens, je l'imagine très bien tout là-haut – ce n'est pas nous qu'il verrait ; il pourrait tout au plus apercevoir quelques ancêtres de l'homme au cerveau minuscule.

– C'est terrible.

– Les plus lointaines étoiles que nous connaissons aujourd'hui se trouvent à environ dix milliards d'années-lumière de nous. Quand nous captons des signaux de ces galaxies, nous regardons par conséquent dix milliards d'années en arrière dans l'histoire de l'univers. Ce qui correspond à presque deux fois le temps d'existence du système solaire.

– Ça me donne le vertige.

– Il est bien sûr difficile de se représenter de telles unités de temps et d'imaginer qu'on remonte si loin dans le passé. Mais les astronomes ont trouvé quelque chose qui a encore une plus grande importance pour notre conception du monde.

– Qu'est-ce que c'est ?

– Il s'avère qu'aucune galaxie dans l'univers n'est immobile. Toutes les galaxies dans l'univers se déplacent à toute vitesse les unes par rapport aux autres. Plus elles sont éloignées de nous, plus elles paraissent se mouvoir rapidement. En d'autres termes, la distance entre les étoiles devient de plus en plus grande.

– J'essaie de me représenter tout ça.

– Si tu dessines des ronds noirs sur un ballon et que tu le gonfles, tu verras ces ronds noirs progressivement s'éloigner les uns des autres. C'est la même chose avec les galaxies de l'univers. Nous disons que l'univers est en expansion.

– A quoi c'est dû ?

– La plupart des astronomes s'accordent à reconnaître une seule explication à l'expansion de l'univers : il y a environ quinze milliards d'années, toute la matière de l'univers se trouvait ramassée dans un tout petit espace. La matière avait alors une densité inimaginable et la pesanteur ainsi que la chaleur atteignaient des sommets inimaginables. D'un seul coup, tout explosa. Cette explosion, on l'appelle l'explosion originelle, en anglais *the big bang*.

– Y penser me donne la chair de poule.

– Toute la matière se trouva projetée dans l'univers dans toutes les directions et, en se refroidissant, cette matière donna les étoiles, les galaxies, les lunes et les planètes...

– Mais tu as dit que l'univers continuait à s'étendre.

– C'est justement la conséquence de ce qui s'est produit il y a des milliards d'années. Car l'univers n'a pas de topographie intemporelle. L'univers est un événement, une explosion. Et les planètes continuent à s'éloigner les unes des autres à toute vitesse.

– Et ce sera comme ça jusqu'à la nuit des temps ?

– C'est une possibilité parmi d'autres. Tu te souviens peut-être qu'Alberto parla à Sophie de deux forces qui, réunies, font que les planètes tracent une trajectoire constante autour du Soleil ?

– Oui, la loi de la gravitation et la loi d'inertie, n'est-ce pas ?

– La même chose se produit pour les galaxies. Car bien que l'univers continue à s'étendre, la pesanteur agit dans l'autre sens. Et un jour, dans quelques milliards d'années, quand l'effet du big bang commencera à décroître, la pesanteur rapprochera peut-être à nouveau les corps célestes. Nous aurons alors le contraire d'une explosion, c'est-à-dire une implosion. Mais ce n'est pas pour demain, étant donné la mesure du temps de l'univers. C'est comme un film au ralenti infini. Imagine si tu préfères un ballon qui se dégonflerait tout doucement.

– Est-ce que toutes les galaxies vont s'aspirer mutuellement et se concentrer en une seule masse à nouveau ?

– Oui, tu as compris. Mais après ?

– Il y aura peut-être une nouvelle explosion qui permettra à nouveau à l'univers de s'étendre. Parce que les lois physiques resteront toujours les mêmes. Et ainsi de nouvelles étoiles et de nouvelles galaxies devraient se former.

– C'est un bon raisonnement. En effet, concernant l'avenir de l'univers, les astronomes envisagent deux cas de figure : soit l'univers continuera à s'étendre indéfiniment de sorte que les galaxies seront de plus en plus éloignées les unes des autres, soit l'univers va se ramasser sur lui-même. Ce qui est décisif, c'est la masse de l'univers, et c'est encore une inconnue pour les astrophysiciens.

– Mais on peut alors imaginer que l'univers s'est déjà plusieurs fois étendu puis ramassé sur lui-même ?

– C'est un raisonnement fort séduisant. Mais là aussi il y a une autre possibilité, à savoir que l'univers ne s'étend qu'une seule fois. S'il s'étendait ainsi pour l'éternité, la question sur l'origine du monde serait entièrement à reconsidérer.

– Et d'où vient ce qui a explosé ?

– Pour un chrétien, l'explosion originelle est considérée comme le moment de la création du monde. Il est écrit dans la Bible que Dieu dit : « Que la lumière soit ! » Tu te rappelles peut-être qu'Alberto montre que le christianisme a une vision linéaire de l'histoire. D'un point de vue chrétien, il serait logique de penser que l'univers continuera à s'étendre.

– Ah bon ?

– En Orient, on a davantage une conception cyclique de l'histoire. On pense que l'histoire se répète indéfiniment. Il existe par exemple en Inde une vieille croyance selon laquelle le monde s'étend en permanence jusqu'au moment où il se ramasse sur lui-même. Ainsi alternent ce que les Indiens appellent « le jour de Brahma » et « la nuit de Brahma ». Cette croyance correspond bien sûr davantage à un processus cyclique de l'univers. Il faut s'imaginer un gros cœur cosmique qui bat et bat…

– Je trouve les deux théories aussi passionnantes et inconcevables l'une que l'autre.

– Et on peut les comparer au grand paradoxe sur l'éternité, tel que le présentait Sophie : soit l'univers a de tout temps existé, soit il est né tout à coup à partir de trois fois rien…

– Aïe !

Hilde se toucha le front.

– Qu'est-ce que c'était ?

– J'ai cru que j'avais été piquée par un taon.

– Qui sait si ce n'était pas Socrate qui essayait de te sortir de ta torpeur ?

Sophie et Alberto étaient restés assis dans la voiture de sport à les écouter disserter sur l'univers.

– Est-ce que tu t'es rendu compte que les rôles sont à présent inversés ? demanda Alberto après un moment.

– Qu'est-ce que tu veux dire par là ?

– Avant, c'était eux qui nous épiaient et nous ne pouvions pas les voir. Maintenant, c'est nous qui les épions et eux ne peuvent pas nous voir.

– Et ce n'est pas tout.

– A quoi penses-tu ?

– Au début, nous ne savions pas qu'il existait une autre réalité dans laquelle vivaient Hilde et le major. Maintenant, c'est eux qui ignorent notre réalité.

– Ah, ça fait du bien de se venger un peu !

– Mais le major pouvait intervenir dans notre monde…

– Notre monde n'était pas autre chose que son intervention.

– Je ne veux pas abandonner tout espoir de pouvoir aussi intervenir dans leur monde.

– Mais tu sais bien que c'est impossible. Tu ne te rappelles pas la scène au café Cinderella ? Je te revois très bien t'échiner à soulever la bouteille de Coca-Cola.

Sophie resta silencieuse et écouta le major parler du big bang. Quelque chose dans cette expression lui donna une idée.

Elle se mit à fouiller la voiture.

– Qu'y a-t-il ? demanda Alberto.

– Rien.

Elle ouvrit la boîte à gants où elle trouva une clé anglaise, sortit de la voiture et vint se planter devant Hilde et son père. Elle essaya de capter le regard de Hilde, mais c'était impossible. Alors elle leva la clé anglaise bien haut au-dessus de sa tête et asséna un grand coup sur le front de Hilde.

– Aïe ! cria Hilde.

Sophie s'empressa de faire la même chose avec le major mais il n'eut aucune réaction.

– Qu'y a-t-il ? demanda-t-il.

– Je crois que j'ai été piquée par un taon.

– Qui sait si ce n'était pas Socrate qui essayait de te sortir de ta torpeur ?

Sophie se coucha dans l'herbe et essaya de donner des coups de pied dans la balancelle. Mais elle ne bougea pas d'un pouce. Ou avait-elle tout de même bougé d'un millimètre ?

– Je commence à avoir des frissons dans le dos, dit Hilde.

– Voyons, il fait si doux ce soir...

– Ce n'est pas ça. Je sens comme une *présence*.

– Nous ne sommes que tous les deux dans cette douce nuit d'été.

– Non, il y a quelque chose dans l'air.

– Que veux-tu que ce soit ?

– Tu te souviens du plan secret d'Alberto ?

– Comment pourrais-je l'oublier ?

– *Ils disparurent de la fête et c'était comme si la terre les avait engloutis...*

– Mais...

– *Comme si la terre les avait engloutis...*

– Il fallait bien arrêter l'histoire à un moment. Oh, tu sais, ce ne sont que des mots.

– Ces mots-là, oui, mais pas ce qui s'est passé ensuite. Et s'ils étaient ici maintenant ?...

– Tu crois ça ?

– Je le sens, Papa.

Sophie retourna vers la voiture en courant.

– Impressionnant, dut avouer Alberto quand elle remonta dans la voiture avec la clé anglaise. Cette fille doit avoir des dons particuliers.

Le major passa son bras autour de Hilde.

– Tu entends comme les vagues font un drôle de bruit ce soir ?

– Oui.

– Demain, il faudra mettre la barque à l'eau.

– Mais tu entends comme le vent semble murmurer quelque chose ? Regarde comme les feuilles du hêtre tremblent...

– C'est ça, une planète vivante !

– Tu as écrit quelque chose à propos de ce qui se trame « entre les lignes »...

– Ah bon ?

– Il y a peut-être quelque chose entre les lignes dans ce jardin aussi.

– La nature est en tout cas pleine d'énigmes. Nous étions en train de parler des étoiles dans le ciel.

– Bientôt il y aura des étoiles dans l'eau aussi.

– C'est ce que tu appelais la lumière des étoiles, quand tu étais petite. Tu n'avais pas tort, en un sens. Car tous les organismes sur la terre viennent de matières premières qui ont autrefois servi à former une étoile.

– Nous aussi ?

– Oui, nous aussi sommes poussière d'étoiles.

– C'est poétique.

– Quand les radiotélescopes captent la lumière qui provient de galaxies situées à des milliards d'années-lumière, ils établissent la carte du monde tel qu'il a été à l'origine, juste après le big bang. Tout ce qu'un homme peut observer dans le ciel, ce sont des fossiles cosmiques qui remontent à des milliers et à des millions d'années. La seule chose que puisse faire un astrophysicien, c'est de lire dans le passé.

– Parce que les étoiles d'une constellation se sont éloignées les unes des autres avant que leur lumière ne nous parvienne ?

– Il suffit de remonter à quelques millénaires pour constater que les étoiles étaient notées à un autre emplacement qu'aujourd'hui.

– Je ne savais pas.

– Si la nuit est claire, nous remontons des millions, oui, des milliards d'années dans le temps, dans l'histoire de l'univers. Nous regardons en quelque sorte en direction de là d'où nous venons.

– Explique-toi mieux.

– Nous aussi, nous sommes issus du big bang. Car toute la matière de l'univers est une unité organique. En regardant le ciel, nous essayons de retrouver le chemin qui nous a fait naître.

– C'est une drôle de façon de dire les choses.

– Toutes les étoiles et les galaxies dans l'espace sont formées de la même matière. Il peut y avoir des milliards d'années-lumière d'une galaxie à l'autre, mais toutes ont la même origine. Toutes les étoiles et les planètes sont de la même famille…

– Je comprends.

– Quelle est cette matière du monde ? Qu'est-ce qui a explosé un jour voici plusieurs milliards d'années ? D'où venait cette matière ?

– Cela reste la grande énigme.

– Mais il y a quelque chose qui nous concerne directement. Car nous sommes faits de cette matière. Nous sommes une étincelle de ce grand feu qui a embrasé l'univers il y a plusieurs milliards d'années.

– Ça aussi, c'est plutôt poétique.

– Mais nous ne devons pas nous laisser emporter par tous ces chiffres. Il suffit de tenir une pierre dans sa main. L'univers aurait été tout aussi inconcevable s'il s'était limité à la taille de cette pierre, pas plus grosse qu'une orange. La question cruciale serait restée la même : d'où vient cette pierre ?

Sophie se redressa soudain et montra du doigt la mer :

– J'ai envie d'essayer la barque, s'écria-t-elle.

– Elle est amarrée. De toute façon, nous ne pourrions même pas soulever les rames.

– Et si on essayait quand même ? Allez, c'est la Saint-Jean…

– On peut toujours descendre au bord de la mer.

Ils sortirent de la voiture et traversèrent le jardin en courant. Sur la jetée, ils tentèrent de desserrer les amarres qui étaient attachées à un anneau d'acier. Mais ils ne purent même pas soulever une extrémité de la corde.

– C'est comme si c'était cloué, dit Alberto.

– Mais on a du temps devant nous.

– Un vrai philosophe ne s'avoue jamais battu, je sais… Ah, si seulement on pouvait soulever ça…

– Il y a encore de nouvelles étoiles dans le ciel, dit Hilde.

– Oui, c'est parce que la nuit d'été est d'un noir intense à présent.

– Mais en hiver elles brillent d'un éclat particulier. Tu te rappelles la nuit avant que tu ne partes au Liban ? C'était le premier janvier.

– C'est ce jour-là que je me suis décidé à t'écrire un livre de philosophie. J'étais allé dans une grande librairie à Kristiansand et à la bibliothèque. Mais je n'ai trouvé aucun livre de ce genre pour les jeunes.

– On dirait que nous sommes assis tout à l'extrémité d'un des poils tout fins de la fourrure du lapin blanc.

– Crois-tu qu'il existe quelqu'un là-bas à des années-lumière d'ici ?

– Oh, regarde ! La barque s'est détachée !

– Ça alors !

– C'est impossible. J'étais tout à l'heure en bas et j'ai moi-même contrôlé que les amarres étaient bien fixées juste avant ton arrivée.

– Vraiment ?

– C'est comme lorsque Sophie avait emprunté la barque d'Alberto et qu'elle l'avait laissée dériver au beau milieu du lac, tu te rappelles ?

– Qui te dit qu'elle n'a pas encore fait des siennes ?

– Tu dis ça en plaisantant ! Moi, j'ai senti comme une présence toute la soirée.

– Il va falloir aller récupérer la barque à la nage.

– On y va ensemble, Papa ?

INDEX

A

B

F

femme : 110, 136, 386, 487.
féodalisme, société féodale : 192.
fertilité (dieu, déesse de la) : 38-39.
Ficin, Marsile (1433-1494) : 234.
finalité : 129.
foi : 196, 201, 291.
forme : 124, 128.
forme à priori : 345.
fossiles : 433.
Freud, Sigmund (1856-1934) : 455.

G

galaxie : 225.
Galilée (1564-1642) : 224.
géocentrique : 225.
Goethe Johann Wolfgang von (1749-1832) : 183, 368.
Gombrowicz, Witold (1904-1969) : 487.
Gouges, Olympe de (1748-1793) : 337.
gravitation (loi de) : 230.
Grimm (les frères) : 371.

H

Hamlet : 249.
Hamsun, Knut (1859-1952) : 203.
Hegel, Georg Wilhelm Friedrich (1770-1831) : 380.
Heidegger, Martin (1889-1976) : 482.
héliocentrique : 225.

I

M

Q

R

S

volonté (bonne) : 354.
Voltaire, François Marie Arouet, dit (1694-1778) : 332.

W

Welhaven, Johan Sebastian (1807-1873) : 367.
Wergeland, Henrik (1808-1845) : 367.

X

Xénophane de Colophon (env. 570-480 av. J.-C.) : 42.
Xerxès, roi perse (env. 519-465 av. J.-C.) : 92.

Z

Zénon (env. 335-264 av. J.-C.) : 150.
Zeus : 42, 170.

RÉALISATION : IGS CHARENTE-PHOTOGRAVURE À L'ISLE-D'ESPAGNAC
IMPRESSION : BUSSIÈRE CAMEDAN IMPRIMERIES
À SAINT-AMAND (3/96)
DÉPÔT LÉGAL : MARS 1995. N° 21949-30 (4/193)